普通高等教育广告学"十二五"规划教材
编审委员会

普通高等教育广告学『十二五』规划教材

广告心理学：原理与方略

薛振田 主编

南长全 刘艳蓉 副主编

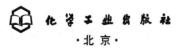化学工业出版社

·北京·

本书融合受众对广告信息的心理加工过程和广告运作两个视域，以理论与实践相结合为指导来构建广告心理学的内容体系。全书分为三篇：上篇为广告认知心理与方略，包含消费者对广告信息的注意、感知、记忆原理与方略；中篇为广告说服心理与方略，包括广告诱发消费者的需要和动机、广告的理性诉求和情感诉求、消费者态度转变与广告说服方略等内容；下篇为广告创意表现心理与方略，涵盖广告创意中的思维、想象与联想、广告表现元素的心理效应及创作、广告媒体接触心态以及品牌塑造广告方略等内容。本书注意反映和吸收广告心理学领域的最新研究成果和蓬勃发展的广告实践经验、广告案例，突出时代性。在体例上，将教学大纲、教材和习题"三位一体"，体现"适教性"和"实用性"。

本书可作为广告学及相关专业本、专科学生教材，也可作为广告从业人员、市场营销人士的参考书。

图书在版编目（CIP）数据

广告心理学：原理与方略/薛振田主编. —北京：化学
工业出版社，2011.12（2022.9重印）
普通高等教育广告学"十二五"规划教材
ISBN 978-7-122-12769-3

Ⅰ. 广⋯　Ⅱ. 薛⋯　Ⅲ. 广告心理学-高等学校-教材
Ⅳ. F713.80

中国版本图书馆 CIP 数据核字（2011）第 229051 号

责任编辑：郝英华　　　　　　　文字编辑：谢蓉蓉
责任校对：王素芹　　　　　　　装帧设计：尹琳琳

出版发行：化学工业出版社（北京市东城区青年湖南街 13 号　邮政编码 100011）
印　　装：北京虎彩文化传播有限公司
710mm×1000mm　1/16　印张 17¾　字数 366 千字　2022 年 9 月北京第 1 版第 4 次印刷

购书咨询：010-64518888　　　　售后服务：010-64518899
网　　址：http://www.cip.com.cn
凡购买本书，如有缺损质量问题，本社销售中心负责调换。

定　　价：56.00 元　　　　　　　　　　　　　　版权所有　违者必究

编写说明

　　我国广告教育已经走过了二十八年的路程！在这二十八年里，广告教育从无到有、从有到大的发展，取得了令人振奋也引人注目的成绩。广告教育的发展不仅表现为办学数量的增长和规模的扩张，还表现为办学模式的科学化以及办学质量的显著提升。广告教育发展正在从"高速"走向"高质"，这是广告学科发展的内在需要和必然趋势。广告学作为新兴学科，在新闻传播学科的领域得到快速发展，已大大超过学科历史更为悠久的新闻学专业，呈现出蓬勃发展的势头。

　　在这二十八年的历程中，广告学专业的教材也是从无到有，不断丰富，不断完善。文章千古事，得失寸心知。要想建构一套能经得起岁月推敲的广告学教材，谈何易事！然仍有不少学者孜孜以求。我们不揣浅陋，也加入到了这个行列。

　　这套教材在编写过程中贯彻实用、够用的原则，基本概念的讲述力求简明、扼要，各章节之间承继连贯，论述科学，并辅以大量的优秀实例作论据，同时汲取了国内外近年来广告运作的新观念和新手法，以拓宽学生视野。本套教材有以下特点。

　　（1）力求为广告学专业各相关课程建立一个比较现代、科学、完善的基本体系，以便于读者能比较系统地从宏观层面与微观层面把握现代广告运作的重要理论。

　　（2）力求信息传播理论与广告运作的密切融合，理论与实际的密切融合。在科学体系建构过程中，注意解决好"两张皮"的现象。同时，扬弃空泛玄奥的理论，使论题尽量能切中实践的要害，对实际运作具有积极的理论启示价值。

　　（3）力求站在现代信息传播理论发展的高度，对广告运作的重要基本概念、基本理论脉络重新进行梳理，并做出富有独到见解的阐释。

　　（4）主编、副主编以及所有的参编人员，都来自于广告教育的第一线，他们经过十几二十年在广告教育与广告运作领域的摸爬滚打，积累了丰富的广告教学和广告运作经验。因此本套教材既能适应学生的学，也更能适合教师的教。

　　我们要感谢这套教材的每一位作者，这套教材字里行间都凝结着他们的心血与汗水。

　　我们诚心地期待着您的不吝指教。

普通高等教育广告学"十二五"规划教材

编审委员会

2011 年 7 月

前　言

　　有人说，20 世纪是心理学的世纪；也有人说，我们面前正精彩展开的 21 世纪是传播学的世纪，这个世纪是由心理学的世纪延伸而来。针对受众心理进行有效的传播与沟通，这就是 21 世纪人类的使命。而广告心理学就是在此背景下所研究、探讨的心理学与传播学、广告学相交叉的领域。广告心理学在我们未来的社会经济生活中必大有作为。

　　随着市场经济的发展与社会文明进步程度的提高，人们的消费心理开始发生显著的变化，"人类正从一种饱肚子经济走向心理经济"（托夫勒）。在美国市场营销学家菲利普·科特勒提出的大众消费行为的三个阶段中，在最后一个阶段即感性消费阶段（前两个阶段分别为量的消费阶段和质的消费阶段），消费者所看重的已不是产品数量和质量，而是与自己关系的密切程度，消费者更注重追求情感上的满足，或产品与理想的自我概念的吻合程度。这就要求我们关注消费者消费心理和广告接受心理的研究。另外，买方市场时代的到来让市场竞争更为激烈，广告在市场销售中担当的作用更加重要，商家对广告不吝投入。但按照广告界一个广为流行的说法，只有一半的广告费是起了作用的。为什么另外一半广告费白白打了水漂？"科学的广告术是依据心理学法则的"。这句话也许是最好的诠释。广告成功的关键在于找对人、说对话，也就是解决"说什么"、"怎么说"、"对谁说"和"由谁说"等问题。为此，就要研究广告过程中消费者接受广告信息的心理活动规律。广告心理学正是研究广告活动中消费者心理活动规律和广告创意规律的一门学科。

　　自 1979 年我国恢复商业广告以来，广告业获得了空前的发展。2009 年虽然经历了全球金融危机的影响，我国依然有广告经营单位 20.5 万户（比 2008 年增长 10.34％，广告从业人员 133.31 万人，广告营业额突破 2000 亿元大关（2041.03 亿元），占 GDP 的 0.69％。广告业的迅猛发展带动了我国广告教育的快速发展。从 1983 年厦门大学开设了国内第一个广告学专业起，在 1992～1999 年期间全国开设广告学专业的高校只有 90 所左右。但自 1999 年以来，中国的广告高等教育进入一个顶峰时期。据不完全统计，在这期间全国共有 300 多所高校开设了广告学专业。广告业和广告教育的发展对应的是对广告心理学专业教材和参考书的需求。

　　综观目前市面上出版的广告心理学教材（专著），内容体系虽有差异，但梳理一下，不难发现，现有的广告心理学教材大致可以分成两种体系框架：或借鉴心理学的理论体系，从消费者对广告信息的心理加工过程的角度，阐释广告心理学的基本原理；或从广告运作的角度，以广告活动过程为主线搭建广告心理学框架体系。广告心理学是介于广告学和心理学、传播学等学科边缘的综合性交叉学科，我们尝试着融合两个不同的角度，既注重受众（消费者）对广告信息进行加工的心理历程的考察，同时站在广告策划、广告创意传播的高度，从广告心理学原理的阐释中提炼出对广告创意有指导意义的方略性的内容，即将广告实践活动的客体（受众）和主体（广告人）相结合，理论（广告心理学的原理）和实践（广告方略）相结合。以此为指导思想，贯穿全书各章节板块，同时行文中根据各板块内容的不同又有所侧重。在内容体系的构建上，除了第一章"广告心理学概说"阐述广告心理学的研究意义、研究范畴、研究方法，介绍广告心理学的产生与发展和第十四章"广告心理效果测量的方略"（最后一章我们是把它作为全书的逻辑结尾来处理的）外，全书主体部分分为上、中、下三篇。

上篇为"广告认知心理与方略"，包含第二章"广告吸引消费者注意的方略"、第三章"消费者对广告信息的感知与广告方略"、第四章"广告信息的学习与记忆方略"共三章内容。

中篇为"广告说服心理与方略"，包括第五章"广告诱发消费者需要和动机的方略"、第六章"广告理性诉求的方略"、第七章"广告情感诉求的方略"和第八章"消费者态度转变与广告说服策略"共四章内容。

下篇为"广告创意表现心理与方略"，涵盖了第九章"广告创意中的思维方略"、第十章"广告创意中的想象和联想方略"、第十一章"广告表现元素的心理效应及创作方略"、第十二章"广告媒体接触心态与整合营销传播方略"和第十三章"品牌塑造中的广告方略"共五章内容。

在我们构建的这个广告心理学内容体系中，上、中篇更侧重受众广告信息心理加工过程的分析，下篇更侧重广告策划、创意表现的挖掘——各板块间虽有侧重，但落脚点又是相同的，三个内容板块都注意理论和实践相结合，原理呼应方略，方略照应原理，从而使本书更有实际价值和意义。

除内容体系新颖之外，在体例编排上，本书每章的开篇首先给出的是本章的"学习目标"，涉及本章的"基本要求和学习目标"、"基本知识点"和"重点与难点"。这样既方便老师教学，也有助于学生的学习。在每章正文的后面，列有"思考题"供学生复习之用。另外，为了促进学生对本章内容的理解，提高实际解决问题的能力，每章的最后都增加了2～3道"实战模拟练习"。"实战模拟练习"结合本章内容进行设计，有的是结合实际案例进行的设计，具有很强的针对性和可操作性。这样做既是为了方便学生学习，也是为了培养训练学生的实际技能，凸显理论和实际相结合的实用性特色。既注重理论的阐释，也注重实践的演练，体现出"适教性"、"实用性"和"可读性"，是本书的一大特色。另外，本书在内容上也注意反映蓬勃发展的广告心理理论和丰富多彩的广告实践经验，吸收广告心理学领域的最新研究成果和广告案例，突出时代性。

为方便教学，本书配套的电子课件可免费提供给采用本书作为教材的相关院校使用，如有需要，请发邮件至 cip edu@163.com 索取。

本书参编单位包括山东省设有广告学专业的六所高校：山东大学、山东科技大学、青岛理工大学、山东建筑大学、青岛农业大学、临沂大学。参加本教材编写的大都是工作在广告心理学最前沿的中青年专家、学者。他们或从事广告心理学的教学工作，或从事相关的科研或管理工作，有的还在广告公司兼职。他们既有扎实的理论功底，又有丰富的实践经验，思路新、有激情和干劲、充满活力的团队是完成这样一个项目的有力保证。本书是团体智慧的集成，由薛振田主编，南长全、刘艳蓉担任副主编。各章具体分工：第一章，李洪、薛振田；第二章，薛振田；第三章，南长全；第四章，李洪；第五章，李荣祥；第六章，王怀明；第七章，薛振田；第八章，南长全；第九章，刘艳蓉；第十章，李荣祥；第十一章，南长全；第十二章，谢春虎；第十三章，刘艳蓉；第十四章，刘艳蓉。全书由薛振田、南长全、刘艳蓉负责统稿，最后由薛振田定稿。感谢团队伙伴们的辛勤付出，感谢山东大学的王怀明博士的友情支持，也感谢化学工业出版社编辑的热心帮助。

由于我们水平所限，加之时代发展太快，本书难免有疏漏之处，还请读者朋友雅正。

编者

2011 年 10 月

目　录

上篇　广告认知心理与方略

中篇　广告说服心理与方略

第八章　消费者态度转变与广告说服方略　　**136**

下篇　广告创意表现心理与方略

第九章　广告创意中的思维方略　　**158**

第十章　广告创意中的想象和联想方略　**177**

第十一章　广告表现元素的心理效应及创作方略　**192**

第十二章　广告媒体接触心态与整合营销传播方略　**211**

第一章
广告心理学概说

【学习目标】

　　了解广告心理学的研究任务、研究范畴、研究方法，了解广告心理学的发展简况以及与相关学科的关系。

　　基本知识点：广告心理学的研究任务、研究范畴、研究方法、广告心理学的发展。

　　重点：广告成功的心理基础、广告心理学的研究任务和意义、研究范畴。

　　难点：广告心理学的研究方法。

　　广告作为一种重要的营销工具和手段，其主要功能就是促进商品的销售与推广，这也是广告安身立命之所在。随着市场竞争环境的日益激烈，传播环境的日趋复杂，广告要发挥出最佳效力，就必须真正以消费者为中心。广告活动要激起消费者的欲求，要对消费者的思想、情感、观念和行为产生影响，就要符合消费者的心理与行为特点，满足消费者内心真正的心理需求。将心理学的研究与广告结合起来，便产生了广告心理学，其目的正是对广告活动与消费者之间的相互关系、相互影响的实质进行探讨。

第一节　广告成功的心理基础

一、成功的广告必遵循心理学法则

　　广告是为了实现传播者的目标而带有较强自我展现特征的说服性信息传播活动，通过改变或强化人们的观念和行为，来达到特定的传播效果。雀巢咖啡一句"味道好极了"，简单而又意味深远，经典之处在于可以发自内心，脱口而出；"钻石恒久远，一颗永流传"，戴比尔斯钻石使人们把钻石与爱情联系起来，并感受其中的美妙；柯达胶卷打出了"串起生活每一刻"，把拍照片和美好的生活联系在一起，让人们记住生活中那些幸福的时刻；朗朗上口的"没有最好，只有更好"，让我们记住了追求永无止境的澳柯玛电器；果汁行业霸主汇源集团的"喝汇源果汁，走健康之路"的口号已深入人心；"送礼就送脑白金"的狂轰滥炸，让人心烦意乱，"送爸爸，送妈妈，送爷爷，送奶奶，送小弟，送小妹，送阿姨，送老师……"的铺天盖地，遭到了很多人的口诛笔伐。

都是广告，有的对受众产生了持久的影响，很多年后依然耳熟能详；有的却形象不佳，甚至产生了负面影响。无论从何种角度来看，广告的"质"远比"量"来得重要，有"量"无"质"的广告甚或会引起人们的反感，作用更将适得其反。要想获取广告的"质"，心理学研究的介入显然是必不可少的，正如广告界的一名言："科学的广告，遵从了心理学定律。"❶

广告是通过传播，按广告主的欲求，通过策略的运用以及创意与表现等手段，促使人们采取某种行动；而心理学则将感知觉、记忆、想象、注意、情感、意志等心理过程和需要、动机、兴趣、性格等个性心理作为研究对象。要达到广告的预期，就必须对消费者的心理进行研究。例如，人的需要是怎样产生的？消费者有哪些需要？消费者对商品是怎样进行决策的？哪些心理因素影响着消费者进行决策？消费者的购买动机是怎样产生的？只有弄清楚这些问题，才可能使广告符合消费者的心理。

要引起消费者对广告内容的兴趣、注意及情感共鸣，相信和接受广告内容，按照说服者的意图采取购买行动，事先就要对消费者购买商品前后的一些诸如性格、需要、意志等心理活动有所了解，把握消费者是求新还是求美，是张扬还是保守，是坚定还是随波逐流。有的消费者购买商品时可能是一种心理在波动，有的则可能是几种心理活动并存。只有真正了解消费者的这些心理活动及心理活动过程，才能使广告产生预期效果。广告活动必须符合消费者的心理与行为特点，必须要满足消费者的心理需求，必须要运用心理学的原理和方法。如果说没有对市场进行调查分析的广告计划是无根据的，那么，没有对消费者心理进行研究的广告就是盲目的。

成功的广告必然是对有关心理学原理自觉的或不自觉的应用。正如斯科特所言："广告是现代商业方法的必要元素，商业人士要想聪明地做广告，就必须了解其顾客心理，知道如何有效地影响他们，总而言之，他必须懂得将心理学运用于广告。"❷ 美国广告界泰斗奥格威有一句名言："在广告活动中，消费者是我们的上帝，而消费者的心理则是上帝中的上帝。"这句话十分形象地说明了研究广告心理的重要性。广告的设计和传播需要遵循心理学法则。这是广告科学性的内在要求。

随着市场经济的发展与社会文明进步程度的提高，人们的消费心理开始发生显著的变化，感性消费阶段的消费者更注重追求情感上的满足，或产品与理想的自我概念的吻合程度。这就要求我们关注消费者的消费心理和广告心理的研究。买方市场时代的到来让市场竞争更为激烈，广告在市场销售中担当的作用越加重要，商家对广告从来不吝投入。但按照广告界一个较为流行的说法，只有一半的广告费是起了作用的。为什么另外一半广告费白白打了水漂？"科学的广告术是依据心理学法则的"，广告界的这句名言道出了问题的根本所在。广告成功的关键在于找对人、说对话，为此，就要研究广告过程中消费者接受广告信息的心理活动规律。广告心理学正是研究广告活动中消费者心理活动规律和广告创意规律的一门学科。

总之，在广告活动中，消费者处于中心的位置，消费者的心理是广告活动的出

---

❶ 沃尔特·D·斯科特著. 广告心理学. 李旭大译. 北京：中国发展出版社，2004.

❷ 赛来西·阿不都拉著. 广告心理学. 季靖译. 杭州：浙江大学出版社，2007：1.

发点，只有科学地揭示消费者心理活动的规律，并以这种规律为依据进行广告的策划、创意和传播，才能达到预期的广告目的，也只有通过科学的方法才能揭示和把握消费者的心理活动规律。作为广告从业人员，了解广告中的心理学规律，可以更好地学习和分析前人的经验，在广告设计中有效地把握可以控制的因素，使广告效果更接近期望；作为一般的广告受众，可以避免盲目被动地接受或简单地回避广告，而成为成熟的广告欣赏者和清醒的评判者。所以，凡是立志从事广告事业的人，都应该尽可能多地掌握一些广告心理学的知识。

二、广告心理学的研究任务和意义

广告心理学是广告学和心理学交叉而产生的一门学科，是应用心理学的一个分支，主要探索如何将心理学理论应用于广告传播的具体实践活动。如果广告能抓住消费者的心理特点，根据消费者的心理需求进行策划，研究消费者的心理活动规律，就能打动消费者的心，使消费者对商品心有向往，观念有所改变，最后导致购买行为的发生。广告要产生预期的影响力，不仅要研究广告活动中产生的心理现象和规律，还要研究如何将广告活动与心理规律结合起来。广告心理学就是研究广告活动与消费者相互作用而产生的心理现象及其发生、发展规律的一门科学。

1. 广告心理学的研究任务

广告心理学的研究任务主要包含两个方面。

一方面，研究消费者在广告活动中产生的心理现象。广告经过特定的媒介传播后，会对消费者的心理活动产生一定影响。但是，广告活动中的消费者并不是被人任意操纵和影响的对象，他们接受广告影响的心理过程有其内在的规律。广告不仅仅要考虑吸引广告受众的注意，还要考虑是否能让他们记住，更要考虑是否符合他们的需要，使广告受众产生某种广告所期望引起的情绪情感。广告心理学的任务就是分析、研究和掌握广告传播对象，即消费者的心理特征，并遵循这些规律，使广告达到事半功倍的效果。

另一方面，研究心理现象和规律在广告活动中的应用。广告是与人打交道的一项活动，甚至可以称之为一门艺术。科学的广告需要心理学有关理论和方法的指导，广告心理学要把心理学的基本原理应用于广告设计、制作和传播中，从而产生最能激发消费者消费欲求的广告，为广告传播提供心理学依据。因为只有掌握了消费者的心理，根据消费者不同性别、年龄、文化程度、收入水平、工作性质等，才可以更好地迎合、引导消费需求，做出有效的广告，进而达到双赢的局面。广告心理学的主要任务就是探讨广告活动过程中消费者心理活动的规律，使广告活动建立在心理学法则的基础之上，以提高广告的科学性。

2. 学习和研究广告心理学的意义

学习和研究广告心理学，可以帮助我们探索广告活动与消费者相互作用过程中产生的心理学现象及其存在的心理规律，同时也可以运用所学的广告心理学有关理论去指导实践，更好地进行广告创意和传播。因而，学习和研究广告心理学，无论在理论层面还是在实践层面，都具有重要意义。

从理论层面讲，广告心理学的研究能够丰富广告学和心理学的研究，为广告学和心理学的蓬勃发展奠定基础。特别是在我国，广告心理学的研究起步较晚，与西方相比差距较大，我们自己的理论研究和实证研究都比较少，很多时候都是在学习和借鉴西方的广告心理学的理论、技术。可以说，构建有中国特色的广告心理学理论体系的任务依然很艰巨，这更触发我们奋起而直追。

从实践层面讲，其意义可从三个方面理解。

第一，运用广告心理学的原理与规律，使广告活动建立在科学的基础之上。理论研究的目的，就是为实践提供依据。广告传播活动如果遵循人们的认知程序，遵循传播的规律，就会使人乐于接受，也易于接受，从而达到较好的广告效果。反之，就很难奏效。现代广告已经从以企业的生产或产品为中心转为以消费者为中心，强调从消费者的需要及广告接受者的心理出发开展广告活动。换句话说，企业的广告活动只有适应消费者的需求和接受心理，才能为消费者所注意和接受。因而，可以说广告心理学研究成果指导着广告实践活动的具体操作和发展方向。广告心理学的研究成果不仅是对当时广告实践中的经验和规律的总结，更是对未来广告活动的指引。广告心理学之所以要从消费者的角度审视广告活动的全过程，是为了给广告实践中的决策提供科学的依据和理论指导，为广告实践中的问题提供科学的解决方法，其意义就在于使广告活动的操作建立在科学的基础之上。

第二，可以更好地满足消费者的需求，从而提高广告主的经济效益。广告就是为了传播有关商品、服务和思想观点的信息，并获得预期的受众反应。这种反应对于营利性的广告主来说，是其利润预期，即扩大销售，增加利润；对于非营利性的广告主来说，是为了传播某种思想观点。对这两类人来说，广告要想获得成功，都必须借助于广告心理学的研究成果，以便按照广告活动的心理规律进行广告宣传。

第三，研究广告心理学，有利于传播理性的消费观念，建立社会主义的文化、伦理道德和价值观念。戈公振在 1927 年出版的《中国报学史》中曾论述广告的政治思想和文化价值，"广告学为商业发展之史乘，亦即文化进步之记录"，"不仅为工商界推销产品之一种手段，实负有宣传文化与教育群众之使命"。❶ 广告学兼有的使命，广告心理学自当分担起应尽的职责。在商业活动繁盛、人们的消费感性化倾向初露端倪的今天，传播理性消费观念，建立与社会主义核心价值体系相应的伦理道德观念、价值观念，是广告心理学责无旁贷的使命。

第二节　广告心理学的研究范畴

一、广告心理学的研究范畴

广告心理学是应用心理学的一个重要分支学科，是把心理学的知识应用于广告实践，研究广告活动中消费者心理活动发生发展规律的一门学科。广告心理学的研究对象是消费者在广告活动中的心理现象及其对广告活动的影响规律。这一表述包含三层意思：一是广告心理学研究的是广告这种特殊的社会实践活动，即广告传播本身；

---

❶ 舒咏平主编. 广告心理学教程. 第 2 版. 北京：北京大学出版社，2010：15.

二是广告心理学的研究对象是广告活动中消费者的心理活动，即广告受众的心理现象；三是广告心理学的研究重点是消费者产生的心理现象对广告活动的制约与影响，即如何根据消费者的心理进行广告策划与传播。要了解广告心理学的研究范畴，我们首先就要回归广告心理学的"原点"。广告心理学的"原点"在哪里？毫无疑问，它就是广告实践活动。我们首先要了解什么是广告，广告的终极目标是什么。

广告是通过一定的媒介物（报刊、广播、电视、网络等）将某种商品、服务或观念传播传递给受众，让受众了解广告产品或提供的服务，进一步去说服受众，让受众接受所传达的内容，或产生购买的欲望。这是广告宣传的直接目的，或者说广告的近期目标。广告的最终目标当然不会仅仅盯着广告当时的促销效果，而是让消费者形成积极的品牌态度，树立品牌在消费者心目中的良好形象，以与消费者维持一种长期的良性互动关系。从这点来说，广告心理学的研究范畴当包括以下几个方面。

第一，研究广告作用于消费者的心理机制和心理过程。广告活动期望达成的目标就是改变消费者的行为（公益广告）或者销售产品（产品广告），实质而言则是要对消费者的心理产生影响，进而在这种影响之下可能采取某种行动。但有时消费者接触了广告之后，没有采取实际行动。这是否意味着广告没有发挥作用？要回答这个问题，就要研究在广告的刺激下，在消费者行为反应之前，消费者究竟经历了怎样的心理历程，消费者对广告的心理加工机制是怎样的。比如，消费者是怎样注意到一则广告的？消费者对广告信息的感知通常都会表现出什么特征和规律？消费者是怎样记忆广告信息的？广告信息怎样组织才能方便消费者记忆？等等。广告认知和传播心理是广告心理学研究的重要领域之一。弄清楚广告发挥作用的心理历程，对于预设广告的目标，衡量广告的效果有着重要的理论指导意义。

第二，研究广告诉求和广告说服的心理依据。广告需要通过广告语言影响消费者的认知，引导消费者的态度、情感和信念、行为发生变化。但要使广告的语言做到有的放矢，就要了解消费者需要什么，对什么事情比较敏感，哪些问题能够引起他们的兴趣、激发他们的欲望，哪些问题会使他们置若罔闻。也就是说，要探讨消费者的需要、动机、兴趣、爱好以及影响他们采取行动的原因等。只有了解了这些，广告宣传才知道"说什么"和"怎么说"，也才可能对消费者的态度和行为产生实际影响。广告说服过程中的语言表达，除了要表达的内容之外，表达方式（如何表达、由谁表达）也是至关重要的，有时甚至"方式"较"内容"更为重要。所以广告心理学在研究"表达内容"——"说什么"背后规律的同时，也探讨"如何表达"——"怎么说"等相关问题的基本心理原则。

第三，研究广告创意和表现的心理规律。在今天这个信息泛滥的时代，广告要达到好的说服效果，首先必须有好的创意。从广告创作的角度看，一则广告作品的构成要素有很多。广告效果的产生是广告各个构成要素共同作用的结果，但是不同的构成要素在广告中所发挥的作用可能不同，对广告效果做出的贡献也可能不同。因此，要探讨各种广告构成要素的心理功能及其运用原则。创意是广告表现的灵魂，创意活动是广告活动的至为关键的一个环节。它是各广告诸要素和广告媒体统合的"高级统领者"。广告心理学当然要探讨、总结广告的创意方法，将心理学关于思维、想象、联想等方法的研究引用到广告创意实践之中。因此，广告创意和表现心理就成为广告心理学研究的另一个重要领域。

第四，研究广告媒体接触心理。广告信息是借助于媒体送达消费者的，可以说媒体是联系广告与消费者的纽带。广告信息能否有效送达消费者，不仅取决于广告本身，还取决于消费者与媒体的接触程度和媒体自身的吸引力——消费者与媒体关系密切，广告信息被接受的概率就比较大；媒体对消费者有吸引力，消费者就能接受媒体。因此，知晓媒体的特性，了解消费者接触媒体的意图、目的及心理活动，比较各种媒体在消费者心目中的差异等，也成为广告心理学研究所关心的问题。另外，媒体之间的组合效果、不同媒体的消费方式等方面也是这个领域所应关注的问题。

第五，品牌建设心理。广告与品牌个性的塑造密不可分。20 世纪 90 年代以后，品牌资产问题引起了营销学界和广告学界的广泛关注，人们甚至认为，提升品牌资产是广告活动的长远目标。目前，有许多心理学家从消费者的角度来研究这一领域的问题，提出了许多新的理论见解和研究证据。广告心理学必须回答怎样提高品牌的知名度、美誉度和忠诚度这个问题。

第六，广告心理效果的测量。在这个研究领域中，包含着两个研究方向：一个是广告活动究竟产生了哪些效果，对消费者心理产生了哪些影响，对社会、文化的进步和发展起到什么样的作用；另一个是研究广告效果测定的方法和技术。这些问题的研究不仅对广告实践具有重要的意义，而且对检验和发展广告理论观点有重要的作用。

上述六个方面共同构成了广告心理学的研究体系。当然，各研究领域会因时代不同而受到不同程度的重视。例如，在 20 世纪六七十年代，广告心理学研究关注的重点是广告作用机制、广告效果及其测量，而到了 20 世纪 90 年代末，媒体（特别是网络）和品牌又成为研究的焦点。

二、广告心理学内容体系的构建

广告心理学是介于广告学和心理学、传播学等学科边缘的综合性交叉学科。本书在编写的过程中，尝试着融合两个不同的角度（心理学的视角和广告学、传播学的视角），既注重消费者对广告信息进行加工的心理历程和机制的考察，同时又站在广告策划、广告创意传播的高度，从广告心理学原理的阐释中提炼出对广告创意有实际指导意义的方略性的东西，即将客体（受众）和主体（广告人）相结合，原理与方略相结合。以此为指导思想，贯穿全书各章节板块，同时行文中根据各板块内容的不同又有所侧重。在内容体系的构建上，除了第一章"广告心理学概说"阐述广告心理学的研究意义、研究范畴、研究方法，介绍广告心理学的产生与发展和最后第十四章"广告心理效果的测量方略"（最后一章我们把它作为全书的逻辑结尾来处理）外，全书主体部分分为上、中、下三篇。

上篇为"广告认知心理与方略"，包含第二章"广告吸引消费者注意的方略"、第三章"消费者对广告信息的感知与广告方略"、第四章"广告信息的学习与记忆方略"共三章内容；

中篇为"广告说服心理与方略"，包括第五章"广告诱发消费者需要和动机的方略"、第六章"广告理性诉求的方略"、第七章"广告情感诉求的方略"和第八章"消费者态度转变与广告说服策略"共四章内容；

下篇为"广告创意表现心理与方略"，涵盖了第九章"广告创意中的思维方略"、第十章"广告创意中的想象和联想方略"、第十一章"广告表现元素的心理效应及创作方略"、第十二章"广告媒体接触心态与整合营销传播方略"和第十三章"品牌塑造中的广告方略"共五章内容。

在我们构建的这个广告心理学内容体系中，上、中篇更侧重受众广告信息心理加工过程的分析，下篇更侧重广告策划、创意表现的挖掘——虽有侧重，但落脚点又是相同的，三个内容板块都注意理论和实践相结合，原理照应方略，从而使本书更有实际价值和意义。

三、广告心理学和相关学科的关系

西方的广告学大师们经过不断的探索，在心理学和广告学的交叉领域，开创了广告心理学这门学科。广告心理学作为一门边缘交叉学科，与广告学、心理学、消费心理学等学科都有近缘关系。

1. 广告心理学与广告学

广告学是研究广告活动过程及规律的科学。广告学的研究描绘出广告活动的基本框架，包括广告的运作、广告活动的管理等。广告心理学正是在广告学所描绘的广告活动框架之下，探讨人在广告活动中产生的心理现象和心理规律，为广告活动提供理论基础。相对而言，广告学研究的广告活动过程是宏观的，而广告心理学研究的广告活动中人的心理是微观的。

在广告学中，人们既强调广告的艺术性，也强调广告的科学性。但在广告心理学中，人们更加重视从科学性的角度来审视和探讨广告以及广告活动。换个角度来说，广告心理学是适应广告的科学性要求逐步发展起来的，它为广告活动中的各种决策提供科学的理论依据、实证依据。例如，广告目标的决策问题，如果没有广告心理学提供的层次效果等理论模型，解决起来就缺乏理论基础。现代广告诉求对象的确定，如果没有心理学关于人格分类的理论和测量手段，广告传播要做到有的放矢就比较困难，因为传统的按人口统计学特征来界定广告诉求对象在许多情况下并非十分有效。

2. 广告心理学与心理学

心理学是一门研究人的心理现象及其发生、发展规律的科学。人的心理活动可以概括为心理过程和个性心理两大方面。心理活动过程又分为认识过程、情感过程和意志过程。各种心理活动在每个人身上表现又各不相同，因此又形成不同的兴趣，气质、能力和性格，这就是个性心理特征。心理学以心理现象及其规律为研究对象，是最基本、最重要的基础研究。心理学研究所揭示的许多规律是各个应用心理学科的理论基础，当然也是广告心理学的重要理论基础。例如，在广告心理学中，要求广告人员创作出来的广告语不能过长。这一指导原则的理论依据就是认知心理学关于短时记忆的研究结论，即短时记忆的容量一般为7±2个组块。所以，要深入研究广告活动中的心理学问题，离不开基础心理学研究提供的理论基础以及方法。

广告心理学就是从探索心理学原理在广告活动中的应用开始，而后逐渐发展形成一门独立的学科，是运用心理学的一般知识来解决广告活动中的心理问题的科学。虽然广告心理学与基础心理学都是以人为研究对象，但是心理学研究的是最一般情况下的人，而广告心理学研究的则是处于广告活动情景中的人。虽然广告心理学要以基础心理学的研究为基础，但是广告心理学的研究成果，反过来也丰富了心理学的学科知识。

总之，广告心理学是心理学在应用领域的一个分支，是应用心理学的一个分支。

3. 广告心理学与消费心理学

广告心理学与消费心理学有着密切关系。广告是通过某种媒体，向广大读者和视听众传递有关产品或服务等信息，达到促进销售和服务的目的，因而其最终指向是消费者。就此而言，广告的效力在很大程度上依赖于对消费者心理特点、需求趋向、购买习惯和生活方式的研究。因此，要研究广告心理学势必会联系到消费心理学，而消费心理学的研究领域中也会涉及广告心理学中关注的内容，二者是密不可分的。在西方国家，广告心理学常常被看做消费心理学的重要组成部分。这种认识并非偶然，因为无论是广告心理学，还是消费心理学，都将消费者作为重要的研究对象。特别是关于消费动机的研究，都深受这两个学科的重视，也可以说，在消费动机这个领域，两个学科是统一的。

但是仅将广告心理学当做消费心理学的一部分是不恰当的。原因在于，第一，广告心理学所研究的一些问题，消费心理学研究并不关心。如广告的认知过程、广告的说服、广告创意的思考方法、媒体接触的心理活动等。同样，一些消费心理学关注的问题，广告心理学并不关心。如消费情景、文化环境对消费行为的影响等。第二，消费心理学侧重研究人与商品的关系，广告心理学虽然也关注这种关系，但它更加侧重于人与广告活动的关系。第三，消费心理学研究服务于市场营销，而广告心理学研究主要服务于营销活动中的广告传播。所以说，这两个学科有共同关心的问题，也有各自要解决的问题。它们是相互交叉的两个学科。更确切地说，广告心理学研究如何把产品信息传达给受众，以便更好地引发消费者的购买行为。消费心理学则以社会大众的消费行为为研究对象，考察消费动机、购买行为以及影响和促进消费行为的各种因素。

在学科实际研究和发展中，广告心理学先于消费心理学产生，广告心理学孕育了消费心理学。最初人们关注消费现象是集中于对广告心理学的研究，后来，对广告心理学的研究逐渐从单纯传递商品信息、说服消费者购买的广告心理，发展到以研究消费者为主体，这也就导致了消费心理学的问世。现今在美国心理学会的消费心理学分支中，广告心理学占有重要地位。

第三节　广告心理学的研究方法

广告心理学的研究多采用心理学研究方法。同时，广告心理学也吸收了传播学以及其他社会科学的研究方法。从现代广告心理学的研究状况来看，常用的研究方法主要有调查法、实验法和内容分析法。

一、调查法

调查法是社会科学的常用研究方法，是指为了达到设想的目的，制订某一计划，全面或比较全面地收集研究对象的某一方面情况的各种材料，并作出分析、综合，得到某一结论的研究方法。它的目的可以是全面把握当前的状况，也可以是揭示存在的问题，弄清前因后果，为进一步的研究或决策提供观点和论据。调查法在广告心理学中通常用来收集人们对广告活动的意见和看法，以及广告活动对消费者产生的心理影响。调查法的主要特点是以问题的方式要求被调查者针对问题进行陈述。根据研究的需要，可以向被调查者本人作调查，也可以向熟悉被调查者的人作调查。调查法能够同时收集到大量的第一手资料，便于归纳分析，效率高。

采用调查法进行研究时，首先，研究者要选定调查对象，确定调查范围，了解调查对象的基本情况，拟订调查计划、表格、问卷、谈话提纲等，规划调查的程序和方法等必要安排。其次，通过各种手段收集材料，收集受调查者对事物、观点的态度或意见。最后，进行材料整理，进行分类、统计、分析、综合，写出调查报告。

调查法常用的有访谈法、电话调查法和问卷法。访谈法是调查者通过与受调查者直接交谈，来探索被调查者的心理状态的研究方法。电话调查法是指调查者通过电话向被调查者问询有关问题，了解所需情况的一种调查方法，是一种间接的调查方法。问卷调查法是由调查者事先设计列有若干问题的调查表，要求被调查者予以回答的方法，调查表既可当场直接发放，也可将问卷通过邮寄电子邮箱及网上调查等方式送达被调查者。这三种方法各有利弊，访谈调查时，调查者与被调查者面对面地交流，针对性强，灵活、真实可靠，便于深入了解人或事件的多种因素和内部原因，但访谈法比较花费人力和时间，调查范围比较窄；电话调查法耗时耗资不多，调查的人多，但调查者提问的问题不能过于复杂；问卷法调查的范围大，便于收集受访资料，便于作统计分析，但由于问卷的填写受文化水平的局限和填写认真程度的影响，加上编制工作本身也有相当困难，有可能使问卷的质量受损。

使用调查法时，抽样的问题应该非常谨慎。因为大多数调查都是抽样调查，研究者只有通过样本的调查推断总体的情况。如果抽样不合理，样本没有代表性，那么所作的统计推论也就失去了意义。

二、实验法

实验法是指有目的地严格控制或创设一定条件，引起被试的某些心理活动进行，从而找出其发生原因和变化规律的研究方法。通常把实验的研究者称为主试，把被研究者称为被试。实验中，研究者可以控制住一些干扰或无关因素使另一些因素发生有序的变化，而后观察在不同条件下被试所产生的心理变化。这种方法主要用于探索心理现象之间是否存在着因果关系，是探讨广告传播心理机制、揭示广告活动心理规律的一种重要的研究方法。实验法是心理学研究中的一种普遍方法。1918 年，拉斯勒（H. R. Laslett）就采用实验法研究广告插图与文案内容是否相关联的价值。

实验法是在控制的条件下系统操纵某种变量的变化，来研究这种变量的变化对其他变量所产生的影响。实验者操纵变化的变量即自变量，或称实验变量；由自变量而引起的某种特定反应即因变量。实验需要在控制的条件下进行，其目的在于排除自变量以外的一切可能影响实验结果的无关变量。为了控制无关变量，实验者必须设立实验组和控制组，并使两个组除了在自变量的变化上存在差异外，其他各个方面的条件大致相同。在实验中，实验者系统控制和变化自变量，客观地观测这两组的反应（即因变量）是否不同，以确定因变量受自变量影响的情况，从而探究自变量与因变量之间的因果关系。因此，实验法不仅能够有助于研究者揭示"是什么"的问题，而且能进一步探究问题的根源"为什么"。一旦揭示了变量之间的因果关系，以后对同类现象进行处理时，根据其前因就能预测其结果，根据其结果也可了解其原因，甚至可以根据原因制造出结果。所以，通过实验法可以实现心理学描述、解释、预测及控制行为等科学研究的目的。

实验法可分为实验室实验法和自然实验法。

实验室实验法也叫控制实验法，是在严密控制实验的条件下，借助一定仪器所进行的实验。例如，为了研究人对不同广告视觉和听觉刺激反应时间的差异，主试在实验室中布置好电秒表、光、声刺激、电键等仪器，让被试将一只手放在电键上，要求他当看到或听到信号时立即按下电键，经过多次实验，主试可以统计分析出人对不同的广告视觉和听觉刺激的反应时间是否存在显著差异。实验室实验的最大优点是对无关变量进行了严格控制，对自变量和因变量作了精确测定，精确度高；主要缺点是研究情境是人为的，脱离实际情境，难以将结论推广到日常生活中去。

自然实验法又称现场实验，是在实际生活情境中，或模拟自然的情况下，适当控制外界条件，有目的地研究某些心理活动及其规律的方法。自然实验中被试一般不清楚自己正在接受实验，实验结果比较符合客观实际，比较容易为人们所理解、接受。例如，要研究两则平面广告的效果差异时，可以分别记录被试觉察到广告存在以及所需要的呈现时间，就可以分析两个平面广告的效果了。自然实验的优点是把心理学研究与平时的业务工作结合起来，研究的问题来自现实，具有直接的实践意义；缺点是容易受无关因素的影响，对其他干扰因素往往无法加以严格控制，不容易严密控制实验条件。

三、内容分析法

内容分析法是指一种主要以各种文献或资料为研究对象进行分析以揭示其中隐含的规律的研究方法，它是传播学研究中的一种重要方法。在广告心理研究中，经常被用于广告活动心理策略运用以及民族心理差异的研究。例如，了解性诉求和感性诉求这两种策略在现行报纸广告中的运用情形，就可以使用内容分析法。此外，研究者还经常将它与其他方法（如实验法）结合起来，用于探讨广告作品的各种构成要素与广告效果之间的关系，如广告语的各种特点与广告语记忆效果的关系等。

早期的内容分析法源于社会科学，借用自然科学研究的方法，进行历史文献内容的量化分析。内容分析法作为一种科学调查方法已存在了几个世纪，但其发展和推广主要是由19世纪的大众传播媒介和20世纪的电子传播媒介促进的。进入20

世纪以后，内容分析法得到了迅速发展，形成了系统的理论。

采用内容分析法进行研究时，通常要经过以下几个步骤。

第一，提出研究问题或假设，确定研究范围。内容分析必须有严密周到的思索，反复阅读文献形成研究问题或假设。这种假设也可以来自个人预感和常识，还可以从已有的理论、原先的类似研究结果或实际问题中得出。应考虑对本课题关系最密切、信息含量大、系统连续、学术价值较高的文献。

第二，抽取样本。如果资料众多，必须进行抽样。研究者要熟悉资料结构及群体特征，决定适当的抽样方法，抽到用于分析的资料应该具有代表性。一般分层随机抽样与多阶段随机抽样的使用较为普遍。

第三，界定分析单元。分析单元是指对传播信息进行分类或测量的最小记数对象，它是实际计算描述或解释的最小元素，是内容分析要具体统计的对象，关系重大，也是最难解决的问题。它可以是字、词语、句子、段落、章或整篇文章等。分析单位越小，所收集的信息就越具体，统计结果也越精确。

第四，编制编码表，培训编码员。编制编码表是内容分析的核心问题，分类太粗，会掩盖研究者关心的特征；分类太细，最终落到每个类别的分析单位太少，统计的结果会失去意义。分类应当具有较高的"编码员信度"：不同的编码员用同样的方法对相同的内容进行编码时，他们判断其归入哪一个类别的意见应该是一致的。培训的详细内容、编码须知、编码实例应该以文字方式提供给编码员。对编码员进行训练，让他们熟练地掌握内容分析标准和编码过程。经过训练，力求使不同的编码员对内容分析标准的理解达成一致。在实际研究中，一般要求不同编码员的一致性程度达到85％以上。

第五，编码与录入。把所有分析样本集中起来统一分配编号，在对应的编码表上记录这一编号，为每一个分析单位分配编码表，进行编码。建立相应的变量，录入数据。

第六，对编码后获得的数据进行统计分析。

内容分析法的优点在于节省人力和研究经费，应用主题非常广泛，可靠性大，不是接触性研究，不会对研究对象发生影响。但是，内容分析法对某些内容的分析可能需要较高的费用，由于媒介内容经过人为选择，并不能代表真实世界的状况。另外，不同的研究者对同一个问题的研究结论可能不同，且只局限于对有记载的资料进行分析和研究。

调查法、实验法和内容分析法，三种方法各有特色，分别适用于不同的研究课题，在广告心理学的研究中，既可以单独使用，也可以结合使用。

第四节　广告心理学的产生与发展

一、广告心理学诞生的历史背景和发展脉络

广告心理学的诞生不是偶然的。从其诞生的理论背景来看，广告心理学在其产生和发展的过程中，借鉴了许多其他学科的研究成果，这其中，心理学、市场营销学和传播学的基本原理和方法构成了广告心理学的学理基础。我们甚至可以这样

说，没有现代心理学的独立，没有现代营销学的问世和现代传播学的发展，广告心理学就成了"无源之水，无本之木"，其诞生也就无从谈起。广告心理学正是从这些学科汲取了丰富的营养，借鉴了这些学科的概念和方法、技术，才从这些学科的交叉边缘地带脱颖而出。当然，广告心理学之所以在 20 世纪初的美国诞生，也有其当时的社会基础。市场经济的建立和逐步完善，为广告心理学的孕育打下了坚实的物质基础；卖方市场的形成，消费选择的多元化又不断呼唤广告学、广告心理学和消费心理学的诞生；大众传播技术的崛起则是其背后的有力"推手"。

广告是商品经济的产物，在人类社会发展到商品交换之后，人们便开始了广告活动，即采取各种手段吸引人们进行商品交易或买卖。由此推断，广告已经有了相当长的历史。在漫长的广告发展过程中，为了有效地招徕顾客，广告者不断地摸索，不断地改变广告技法。如叫卖者用摇铃、敲打器械代替喊叫，将"叫卖"改变为"唱卖"，以及后来利用大众媒体进行广告传播等。这些广告技法以及工具的革新和演变，实质上都意味着叫卖者（广告者）对经验的总结和对顾客接受信息状况有了新的认识，反映了广告者对广告心理现象及规律的探索。尽管如此，真正将广告和心理学联系起来，是在科学的心理学诞生之后。

19 世纪末，由于生理学的发展和实验方法的推广，心理学才逐渐形成独立的学科体系。1879 年，著名的德国心理学家威廉·冯特（Wilhelm Wundt）在莱比锡大学建立了人类历史上的第一个心理学实验室，由此标志着科学心理学的诞生。之后，许多心理学实验室纷纷建立，越来越多的心理学家开始放弃原来的内省法（早期心理学的研究方法），转而采用实验法、调查法来研究心理学问题。

随着社会经济的迅速发展，人在广告实践中的心理活动越来越受到重视。1895 年，美国明尼苏达大学心理实验室的 H·盖尔（H. Gale）率先采用问卷调查法，调查消费者对广告及广告商品的态度，最早把心理学研究用于广告实践。1900 年，美国心理学家哈洛·盖尔（HarJow Gale）在多年广泛调查研究的基础上写成《广告心理学》一书，强调商品广告的内容应该使消费者容易了解，并应适当运用心理学原理以引起消费者的注意和兴趣，谈到了广告活动中的心理现象。一般认为盖尔是最早研究广告心理方面的专家，但他的研究工作没有产生足够的影响。1901 年美国西北大学校长、社会心理学家瓦尔特·狄尔·斯科特（W. D. Scott）在芝加哥的年会上，首次提出了要把现代广告活动和广告工作的实践发展成科学，得到了当时与会者的热烈支持。在随后的两年间，斯科特连续发表了 12 篇有关广告心理的文章，并整理成册于 1903 年出版了《广告原理》。该书的问世标志着广告心理学的诞生。1908 年，斯科特进一步将广告心理学的知识系统化，写成《广告心理学》一书并出版，运用心理学的原理分析了消费者的接受心理，开始了对广告心理学较为系统的探索。1921 年，斯科特的《广告心理学的原理与实务》出版发行，在对广告全面研究的基础上，列举出能在印刷媒介广告中应用的有关的心理学原理，如知觉、想象、联想、记忆、情绪和错觉等，尤其强调情绪感染力在广告中的价值。与此同时，闵斯特伯格（Munsterberg）也开展了关于广告面积、色彩、文字运用、广告编排等因素与广告效果关系的研究，这些研究成果汇集在他所撰写的《心理学与经济生活》一书中。

早期关于广告心理的研究都是在以生产者为中心的经济条件下进行的，因而研究的目的自然是服务于卖方市场。20 世纪 20 年代，随着无线电广播事业的发展，广播广告也得到了很大的发展，广告心理学于是在有关消费者对广告的记忆上开始深入的研究，增强广告人对广告如何引人注意的认识。20 世纪 30 年代，西方经济大萧条时期到来，为了刺激消费，营销观念开始转变为以消费者为中心，广告心理学因此得到更多的关注。20 世纪 40 年代以后，随着商品经济的快速发展，市场竞争的日益剧烈化，以及市场营销观念由生产者为中心向消费者为中心转变，对消费者行为的研究越来越受到广告研究者和心理学家的重视，美国的许多商业机构都开展消费者行为尤其是消费者购买动机这一涉及广告主题或广告诉求问题的研究，其中最著名的例子是关于美国速溶咖啡的促销广告活动，心理学家通过测试得知消费者不愿购买此产品的深层动机，重新定位广告诉求，最后使得产品销售大获成功。20 世纪 50 年代，不少学者开始关注潜意识广告和商标的忠诚性研究。这些实用性研究，大大地丰富了广告心理学的知识。

与此同时，心理学和社会心理学的研究也有了很大的发展。当时，心理学界正是行为主义心理学的时代，一方面，以华生、斯金纳为代表的行为主义心理学家围绕着刺激与反应的问题进行了大量研究。另一方面，以霍夫兰为代表的一批社会心理学家在战后继续了战时关于说服方面的研究，也取得了丰硕的成果。这些研究成果以及心理学其他相关的研究成果大量地被引用到广告实践之中，从而丰富了广告心理学的内容，促进了广告心理学的发展。

20 世纪 60 年代以后，西方发达国家的科学技术突飞猛进，经济快速成长，广告业也取得了前所未有的发展。在这种背景下，对广告活动的科学化要求日益提高。在这阶段，心理学本身也发生了重大的历史性变化，一种新的心理学思想、一个新的心理学学科——认知心理学诞生了。认知心理学以其旺盛的生命力在短短的时间内取代了传统行为主义心理学的地位，渗透到心理学的各个研究领域。在广告活动实践要求的推动和认知心理学以及其他科学技术发展的影响下，20 世纪 60 年代以后的广告心理学取得了巨大的发展，具体表现在：实证性研究数量增多，研究的领域越来越广泛，研究方法、手段越来越多而且越来越先进。

由于广告心理各个方面研究的发展以及研究资料的积累，20 世纪 80 年代以后，美国、日本等发达国家，一些广告心理学方面的专著纷纷出版问世。如朝仓利景的《广告心理学》，阿尔维特和米切尔的《心理过程与广告效果：理论、研究和运用》。这些著作的问世，标志着广告心理学已经初步成为一门具有相对完整体系和内容的独立学科，它不仅探索有关心理学理论原理在广告实践中的运用，也研究广告活动本身特有的心理现象和心理规律。

这个时期，广告心理学研究的起点和终点变成了消费者。广告面对的是心理人口，要了解消费者的预期心理与购买力，注意消费者的关心点，找准对象，分析消费者的需要和可能，准确联想，广告绝对不是广告公司的自我表现。一切广告行为，首先要关心的是消费者，消费心理是各种消费因素的综合反映，既是消费变化的体现，也是引导消费、引导生产的重要信息导向。

20世纪90年代，对美国广告业来说，是一个充满挑战和机遇的时代。美国广告业出现了许多新的趋势和流向。20世纪90年代初期美国经济衰退严重，传统的广告业已经深陷重围。但许多新兴的技术，如卫星接收器、光导纤维、闭路电视、因特网等的广泛应用带来了一场传播业的革命，为广告提供了更多、更快的新媒体。全球信息高速公路和互联网革命使广告进入了双向媒介时代。互联网媒介为顾客参与广告活动提供了契机，使广告从独白变成了对白。这个时期，学者所关注的从广告效果测量指标体系按其重视程度来看依次是态度、记忆、购买行为、注意。具体说来，在对态度的研究中，主要是研究影响态度的各种因素，在各种态度中最关心的是消费者的广告态度。有关记忆的研究中，记忆被广泛作为广告效果的评判标准之一，影响记忆的因素是具体的关注焦点。有关购买行为的研究从数量上看并未受到足够重视。有关注意的研究是学者们比较忽视的一个问题。从总体上看，本次研究发现约有一半是关于态度和广告测量指标的研究，这也说明研究者对广告效果测量指标的重视程度很高，有关态度的研究是最受关注的焦点。

二、广告心理学的发展趋势展望

广告心理学的研究是随着心理学（特别是实验心理学）、营销学、传播学以及现代统计技术的发展而不断深入的。从前面对广告心理学发展脉络的梳理中，我们不难发现广告心理学的发展呈现出一些新的时代特征。随着相关学科的不断发展，广告心理学的研究将为我们展现出下列趋势。

第一，从研究的理论基础看，多科性研究方向更加突出。广告心理的研究与心理学、广告学、传播学、市场营销学、经济学、统计学、设计学、美学等多学科存在密切的关系。广告心理研究既要利用普通心理学原理，也要借鉴其他多学科的专门知识，综合多学科研究成果。随着相关学科的发展，广告心理研究的广度和深度都将得到迅速发展。今后不仅要探索有关普通心理学原理在广告实践中的应用，也应研究广告活动本身引起的特有的心理现象和心理规律。广告心理学理论基础的广泛性决定了它未来的多科性研究方向。

第二，从研究性质看，实证性、应用性研究越来越多，理论与实践的联系更加密切。不断丰富和发展变化的广告实践是广告心理理论研究的持久源泉和动力。广告心理的研究不满足于理论的思辨，更加强调实证的探讨和检验。广告的策划和创意不仅要靠策划、创意人员的灵感闪现，更要依赖对消费者的调研和实证数据的分析，广告作品发布前的事前测试更加重要。一方面，越来越多的广告心理研究人员将涉足广告实践，另一方面，越来越多的广告实务人员将会加入广告心理问题的研究队伍行列。从国外的大学发展来看，许多大学、研究机构的专家学者兼职于各大广告公司，甚至自己开办广告公司；同时，也有不少广告公司的老总被聘为大学广告系的兼职教授。这对广告心理的研究来说，是一件幸事。广告心理学本来就是一门从广告实践的发展中产生并发展起来的一门学科，理论和实践密切结合既是广告心理学发展的内在驱动力，同时也是不断发展变化的广告实践强大推动的结果。也就说，无论是从"应然"还是"实然"的角度，广告心理学的未来发展，理论和实践的关系都将更加紧密。

第三，从研究内容看，研究的领域越来越广泛。广告心理的研究不仅包括消费者对广告的认知过程，各种广告表现或诉求手段的心理效果分析，而且涉足广告表现与民族心理的关系、广告说服技巧、广告的重复策略与广告心理效果的关系、潜意识与广告效果的关系、广告情感作用、广告对儿童的影响、消费者对广告的心理加工机制、名人广告效应的制约因素等领域，研究的范畴越来越宽泛。

第四，从研究方法与手段看，研究手段越来越多样化、现代化，研究的问题也趋向复杂化、综合化。现代广告心理的研究，一方面，继承了传统的研究方法如访谈法、问卷调查法、实验法，而且在技术上作了改进和更新，采用了许多现代电子技术，如录音录像设备、多媒体技术、速视器、眼动记录仪、心电图、脑电波分析仪、核磁共振、肌电图、节目分析器、双眼竞争技术等；另一方面，采用了一些心理学、传播学研究的新方法，如内容分析法、语义分析法、投射法等，从而使演技方法与手段越来越多样化、现代化。这些技术的应用也极大地提高了广告心理研究的水平和质量。从统计方法与技术来看，高级统计分析技术已被应用于广告心理学的研究，从而使广告心理学研究的问题趋向复杂化、综合化。随着计算机技术和统计学的发展，特别是高级统计分析软件包的开发，人们开始涉足更复杂的广告心理现象的研究。例如，借助于方差分析技术，广告心理研究中多因素实验设计得到广泛应用，以探讨多个因素对消费者心理的影响，特别是揭示出一些实验变量间的交互作用，对广告的策划和创意提供了极其宝贵的资料。近些年来，随着高级统计技术的发展，探索性因素分析法（SPSS 软件包）和验证性因素分析法（结构方程建模软件 Lisrel）被应用于广告心理与消费行为的研究。这些统计技术和心理测量技术的创新应用，使广告心理学研究的问题越来越复杂化和综合化，研究水平也越来越高。

三、我国广告心理学发展概况

如前言所述，自 1979 年我国恢复商业广告以来，广告业获得了空前的发展。特别是最近的 10 年间，广告业的迅猛发展带动了我国广告教育的快速发展。据不完全统计，在这期间全国共有 300 多所高校开设了广告学专业。广告业和广告教育的发展对应的是对广告学、广告心理学理论研究的渴望。但我国广告心理学的研究在蓬勃发展的广告实践活动面前相形见绌，与如火如荼的广告实践极不相称。我国广告心理学的研究，用两句话来概括就是："起步晚，差距大；开端好，任务重。"

我国广告心理学的研究起步较晚，受西方研究取向的影响比较大。我国最早的广告研究团体是 1918 年成立的北京大学新闻研究会，它把广告作为新闻学研究和教学的组成部分。20 世纪 20 年代，孙科雷曾以"广告心理学概论"为题介绍该学科，吴应国翻译了西方的一部《广告心理学》。1920—1925 年一些大学相继开设了广告学的课程，如厦门大学、燕京大学和上海南方大学等。1982 年，我国成立了中国广告协会，同年举办了第一届广告学术研究会，参会论文随后被集结出版为《广告研究》，这次会议因其拨乱反正的学术意义和科学研究态度，而成为现代中国广告理论研究的重要会议。由于当时特殊的社会政治和经济背景，坦率地说，1978年前我国学者几乎没发表过广告心理学方面的文章，直到 1981 年国内才出版了一本《实用广告学》，1984 年翻译出版《消费和广告心理学》。20 世纪 80 年代末到 90 年代初，我国台湾出版的一些广告心理学书籍对广告心理的研究起到了促进作用。总体来说，我国广告心理学的研究与西方相比，差距还比较大。近些年，广告心理学方面的译著、编著增多，研究队伍不断壮大，也呈现了一些有价值的研究成果，但建立有"中国特色"的广告心理学理论体系依然任重而道远。

 思考题

（1）为什么说成功的广告必遵循心理学法则？广告心理学的研究任务和意义是什么？

（2）现代广告心理学的研究领域有哪些？

（3）展望一下未来广告心理学的发展趋势是怎样的。

（4）广告心理学的常用研究方法有哪些？

实战模拟练习

（1）结合你对广告心理学的理解和对广告心理学研究方法的掌握，想想广告心理学的诸研究领域应该采用哪些方法进行研究。

（2）案例分析讨论

为什么消费者不领情？

1971 年，日本一家公司深感供暖器有利可图，便设计生产了一种"翠绿牌"供暖器。考虑到各类顾客的消费水平差异，公司设计了三种不同的机型投入市场，价格从 4.9 万到 7.9 万日元不等。三种机型的质量与功能相差并不太多，考虑到这一点，该公司将推销重点放在了价格最低的那种，并作了大量配套的广告。然而，出乎该公司意料的是，最畅销的反而是价格最高的那种机型。原来，虽然三种机型在质量上并不存在多大差别，但在顾客心理中，却是价格越高越保险。4.9 万和 7.9 万日元都不是什么特别大的数目，既然如此，又何必要贪那点便宜去买一个不够"保险"的产品呢？幸好"失之桑榆，收之东隅"，三种机型都是一个公司的产品，否则损失就难说了。

讨论题

① 分析消费者买贵不买廉的心理学原理。

② 结合这个案例，谈谈在产品价格宣传上要注意哪些问题。

上篇　广告认知心理与方略

　　消费者接触广告信息首先是从广告认知过程开始的。其中，注意是通向消费者心理世界的门户，吸引受众注意是广告成功的前提。在广告活动中，消费者是通过感知器官来接收广告信息的。感知是消费者认识广告商品的开端，没有良好的感知，就不可能进一步认识广告推介的是什么商品，更无法了解其意义。同时，消费者消费行为的改变、消费者习得广告信息的过程，本质上也是一个学习的过程。通过学习，消费者获得了有关商品或服务方面丰富的知识和经验，提高了对商品的鉴别能力，同时也习得了某种消费行为或习惯，形成或改变了对商品品牌的态度。在学习过程中，其行为也在不断地调整和改变。消费者的学习与记忆是紧密联系在一起的，没有记忆，学习是无法进行的。因此我们有必要了解消费者的注意、感觉和知觉、学习与记忆等认知过程的原理与规律，探讨其中的广告心理方略。上篇《广告认知心理与方略》包括第二章"广告吸引消费者注意的方略"、第三章"消费者对广告信息的感知与广告方略"和第四章"广告信息的学习与记忆方略"三章内容。

第二章
广告吸引消费者注意的方略

【学习目标】

了解注意的基本原理与规律，知晓注意在广告信息加工中的地位与作用，掌握广告吸引消费者注意的具体方略，将之应用在广告设计和传播中。

基本知识点：注意的基本理论、注意在广告信息加工中的地位与作用、广告吸引消费者注意的方略及广告注意策略的误区。

重点：注意的基本原理及其在广告实践中的应用。

难点：广告实践中如何正确把握注意在广告信息加工中的地位与作用。

有人说，当今世界进入了一个"眼球经济"或"注意力经济"的时代。诺贝尔经济学奖获得者赫伯特·西蒙（Harbert Simen）认为："随着信息的发展，有价值的不是信息，而是注意力。"❶ 从传播影响方式来看，市场竞争就是一种争夺注意力的竞争，是一种争夺眼球经济的竞争。商家要想推销自己的产品，首先就得吸引消费者的注意力。因为你的产品再好，如果不与消费者的注意力结合，也创造不了市场价值。注意力之所以重要，是由于注意力可以优化社会资源配置。谁能吸引更多的注意力，能得到更多的关注，谁就能吸引更多的资金，创造更大的财富，谁就会成为新经济市场的翘楚。由此，注意力就成为市场竞争的稀缺资源，开发、支配、利用注意力，使注意力发挥最大价值，已成为市场竞争的重要杀手锏。眼下，明星广告、明星产品、美女大使、名模代言，商家使尽浑身解数，目的只有一个，那就是吸引消费者的眼球。以"吸引眼球"为代表的注意力经济，已成为当今中国众多行业的制胜法宝。

注意是通向消费者心理世界的门户，引起消费者注意是广告成功的前提。注意在广告信息传播中的地位和作用如此重要，那么注意是一种什么样的心理现象？它有什么特点和规律？怎样才能使广告信息更容易引起消费者的注意？本章将对这些问题进行探讨。

---

❶ http://www.3158.cn/news/20081021/13/495228187_1.shtml.

第一节 注意在广告信息加工中的地位与作用

一、吸引受众注意是广告成功的前提

随着改革开放政策的逐步深入和社会主义市场经济体制的建立，中国经济告别了短缺经济的时代，供不应求的现象基本消失，各种产品与服务从短缺转为过剩，市场形势由"卖方市场"转向"买方市场"，消费者有了更多的选择，市场竞争也更趋激烈。为了获得消费者的青睐，企业和商家不吝投入，使出浑身解数，大打"广告战"，于是广告铺天盖地，令人目不暇接，消费者也不由自主地卷入广告海洋的包围之中。今天，广告无孔不入，无时不有，无处不在。有人甚至说，就连我们呼吸的空气中都包含广告的分子，这话并不为过。

虽然我们每天都要接触到这么多的广告信息，但是否所有的广告信息都能被消费者注意到呢？事实证明，能引起消费者注意的只有少数广告信息。20世纪六七十年代，国外有人进行过两项调查研究，旨在了解评估一个消费者一天大约能接触多少则广告。其中的一份调查报告说，有560余份，另一份调查报告说，平均为300份左右。当然，今天每个消费者接触到的广告数量可能远不止这个数目。在这么多暴露给消费者的广告中，消费者真正能看到听到的又有多少呢？雷蒙德（Raymend A. Bauer）等人1968年所作的研究告诉我们，一个工作日中，成人被试有意注意到的广告平均数只有76则。❶美国另一项调查研究则表明，虽然美国人平均每天处在1500多个广告的包围之中，但实际感受到的广告不到100个，而有意识地注意到，并在头脑中进行加工的广告只有十几个。这说明，在众多暴露给消费者的广告中，只有一少部分广告信息能进入消费者的关注之中，消费者对广告刺激的注意具有明显的选择性。

注意是通向消费者心理世界的门户。广告对消费者发生作用的前提首先是在众多广告中脱颖而出，成功吸引消费者的注意。在广告传播过程中，广告要想达到预期的目标，就必须首先引起消费者的注意，吸引消费者注意是广告成功的前提。日本学者顺腾久说，"要捉住大众的眼睛和耳朵，是广告的第一步"。❷著名的广告人威廉·伯恩巴克（William Bembach）也说过，"你没有吸引力使人来看你的这页广告，因此不管你在广告中说了什么，你都是在浪费金钱"。❸从这个意义上讲，广告成功的心理基础是吸引广告受众的注意。在广告界有一个广为接受和认可的发挥广告心理功效的理论模型，就是美国广告学者路易斯提出的AIDMA原则。其中，A——Attention，吸引注意；I——Interest，引发兴趣；D——Desire，激发欲望；M——Memory，强化记忆；A——Action，促成行动（也有的学者把此原则

❶ Raymend A. Bauer & Stempphen A. Freyser. *Advertising in America：The Consumer Review*，in Cambridge Mass，Harvand University Press，1968，173～176.

❷ 余小梅著. 广告心理学. 北京：中国传媒大学出版社，2003：34～35.

❸ 黄合水著. 广告心理学. 北京：高等教育出版社，2005：169.

修改为 AIDCA，其中 C——Convction，取得信任）。在这个模型中的第一步，就是首先吸引消费者的注意。可见，从消费者的接受心理来讲，广告能否吸引消费者的注意是其成败的心理基础。广告界流行着这样一句名言：让人注意到你的广告，就等于你的产品推销出了一半。这话不无道理，它从一个侧面说明了吸引受众注意对广告传播的重要意义和价值。

二、注意在广告信息加工中的功能

注意在广告信息加工中的具体功能和作用可概括为如下几个方面。

（1）选择性功能 我们来做一个心理实验：让一个被试毫无目的地走进一个大厅，大厅里有很多人在讲话，当很多声音一起袭来时，被试可能什么也没听见。这时，如果有人叫被试的名字，他会很自然地转头去看。这个实验说明，消费者对信息的注意是有选择性的。在当今信息爆炸的现代社会，过多过滥的信息资讯已超过了人们注意力的负荷。面对排山倒海而来的信息资讯，人们并不是被动地一味接受，而是会有所取舍和选择。注意使我们的心理活动指向于特定的广告信息，而忽略其他广告信息，这就是注意选择性功能发挥作用的结果。每天暴露在消费者面前的广告信息都非常多，消费者能感知到的总是其中的一小部分，而大部分都被过滤掉了，这正是注意的选择性功能的体现。消费者总是优先注意那些新异而有意义的广告信息，选择那些符合自己兴趣和需要的广告信息，避开各种无关的广告信息，从而避免信息超负荷对个人身心所带来的不利影响。如果没有注意的选择性功能，消费者所需要的信息可能会被淹没在信息的海洋中，得不到反映，甚至人的认知系统可能会由于信息超载而瘫痪。

（2）保持功能 心理学的研究告诉我们，感知到的信息，从感觉记忆到短时记忆再进入长时记忆系统，在这个过程中常常需要我们对感知到的信息多加注意和进行复述，信息才能长时间被保持。如果没有注意的保持作用，即时感知到的广告信息很快就会遗忘消失。消费者对广告信息的感知、记忆、理解及加工的过程，离不开注意的参与，注意相伴广告信息加工的全过程。注意的这种保持功能，让我们的心理活动始终指向并集中于特定的广告信息。

（3）调节与监督功能 当消费者进行有目的的活动时，注意具有某种调节与监督的功能，依靠注意的调节与监督作用，消费者这种有目的的行动才能不受干扰地顺利进行。在广告信息的加工过程中，消费者也会碰到许多无关刺激的干扰，消费者不仅需要把注意力集中在广告内容上，而且必须抑制无关刺激的干扰，才能顺利完成对广告信息的加工。

第二节 注意的基本原理

一、注意的概念和特征

注意指的是心理活动对一定对象的指向和集中。如消费者专心地听广播广告，仔细浏览商场海报等，都是消费者将意识活动指向并集中于特定对象的注意想象。注意是一种意识状态，它不是一个独立的心理活动过程，而是伴随着感知、记忆、思维等心理过程出现并存在于其中的一种共同的心理活动特性。比如，我们提醒他人"注意听"、"注意看"、"注意想"等。注意不仅存在于人的认知过程中，也存在于人的情感体验和意志行动中。

注意有两个基本特征：指向性和集中性。注意的指向性是指在某一瞬间人的心理活动有选择地指向某一特定事物，同时离开其他事物。受众在面对铺天盖地的广告信息时，总会在众多的广告信息中有选择地注意某个广告，并使心理活动在这个广告上停留一段时间，使得认识活动能够对它进行加工。注意的集中性是指人的心理活动只集中在某个特定事物上，用全部注意力关注这一事物，而离开一切与注意对象无关的刺激物，并对局外干扰进行抑制，以保证注意对象得到鲜明、清晰的反映。注意的指向性体现出的是注意的选择性功能，注意的集中性体现出注意对心理活动的调节和监督功能。如果说广告受众注意的选择性是将心理活动指向某个广告，那么集中性就是受众心理活动在这个广告上的强度或紧张度。注意的指向性和集中性共同起作用的结果是，广告受众的注意力始终保持在特定的广告对象上。在广告信息的传播过程中，受众注意的两个特征虽严格来说有先有后，但几乎是同时发生的。当受众的视觉或听觉受到新异的广告信息刺激时，注意力就可能指向这个广告；当受众对这种广告产生兴趣并能够持续下去时，受众就会将注意力集中到该广告上了。

二、注意的发生机制和外部表现

从注意发生的生理机制看，注意是人的一种定向反射。当这种反射发生时，大脑皮层相应的区域会产生一个优势兴奋中心，优势兴奋中心使其相邻的大脑皮层区域出现抑制，从而使优势兴奋中心内暂时的神经联系加强，保证了对注意对象的心理加工活动。注意是可以转移的，当更新异的刺激出现时，人的心理就会产生一种变化，优势兴奋中心发生转移，引起注意的分散与转移。

怎样才能知道受众是否正在注意企业的广告信息呢？这可以通过注意的外部表现来观察判断。当注意发生时，往往会伴随着一些外部表现，如感官（眼、耳、鼻等）会作朝向运动（如举目凝视、目不转睛、侧耳倾听等），受众多余的无关动作会暂时停止和有关动作的有规律进行（如眼睛扫描）；内脏器官也会作适应性变化，如呼吸变得轻微而缓慢，甚至出现所谓的"屏气"、"屏息"现象。注意发生时也可能会伴随着一些特殊的表情动作，如握紧拳头、紧闭牙关。这些都可为我们判断消费者的注意力集中在何处提供有用的线索。当然，注意的外部表现，有时与其内部状态相一致，有时与内部状态并不一致，如有的学生虽然坐在教室里上课，手里捧着书或握着笔，但心里可能在掂量别的事情，开了小差，这就是注意力的不集中，也就是我们常说的分心现象。对此，我们要细心加以辨别。

三、注意的分类

心理学根据引起和保持注意时有无目的性和意志努力的程度，把注意分为有意注意和无意注意两种形式。有意注意又叫随意注意、主动注意，是有明确的预定目的，必要时还要付出一定意志努力的注意。无意注意又叫不随意注意、被动注意，指事先没有预定目的，也不需要做出意志努力的注意。消费者在商场里闲逛，对店内许多商品和广告的注意多属于无意注意；消费者在购买目标明确的情况下发生的注意以有意注意为主要形式。心理学里还有一个概念，叫有意后注意，也称为"后有意注意"或"继有意注意"，是指自觉的，有预定目的的注意，但不需付出意志的努力。有意后注意往往是在有意注意的基础上发展起来的，通常情况下，人们刚开始从事一项生疏的、不感兴趣的工作时，需要经过一段时间的意志努力才把自己的注意保持在该项工作上，当他们对这项工作熟悉了，产生兴趣了，就可以不需要经过意志努力而继续保持注意，这就是有意后注意。有意注意和后有意注意的共同点都是由主观原因引起的自觉的、有预定目的的注意。而无意注意多是由客观因素引起的注意。

有意注意和无意注意既有区别又相互联系。两者的区别表现为：第一，目的性。有意注意有明确的预定目的，自觉性强；无意注意没有预定目的，自觉性差。第二，持久性。有意注意需要付出一定的意志努力，相对稳定和持久；无意注意没有意志的参与，保持时间较短，也容易发生注意力的转移。第三，疲劳性。有意注意时，神经细胞处于紧张状态，容易出现心理疲劳，处于抑制状态；无意注意时，神经细胞有时紧张有时松弛，不容易产生心理疲劳，不易被抑制。第四，制约性。有意注意受主体的主观努力所制约，无意注意则受刺激物的性质和强度等所支配。不同类型的注意虽有区别，但他们之间也有着内在的联系，并在一定条件下可以互相转化。如一个人可能是在无意注意状态下接触到某广告信息，并根据广告信息采取了购买行为，使用商品后感到非常满意。这人在受益于广告信息后开始留心收集各种广告信息并加以运用，这时的注意已从无意注意转变为有意注意，对广告的长期兴趣会使有意注意转化为有意后注意。这一过程就是客观因素刺激的不自觉行为可以转化为有意识、有目的的自觉行为。

四、注意的品质

作为一种心理活动特性，消费者的注意力是有一定的个体差异的，这可以用注意的品质加以衡量。注意的品质包括以下几个维度。

（1）注意的广度　注意的广度又叫注意的范围，是指一个人在同一时间内可以清楚地把握的对象的数量。心理学的实验表明，在 1/10 秒的瞬间，成人一般能注意到 6～7 个信息单位，或是 4～6 个没有联系的英文字母，注意到的汉字通常不超过 7 个。在这么短的时间内，人的眼球还来不及转动，不可能对所有视野范围内的刺激都加以注意，只对某些对象有清楚的视觉印象，此时，注意的广度正好是知觉的范围。注意的广度并不是恒定不变的，这既与注意的主体因素（如个体的知识经验）有关，也与注意的客体对象有关。被注意材料的意义性、摆列的规律性和集中性、受众对材料的熟悉度会影响注意的范围和准确度，文化教育水平较高的人比文化水平低的人对文字的注意范围要广。

了解注意的广度原理对广告实践有实际参考价值。广告传播和设计必须了解广告受众的特点，要考虑广告受众的知识经验，并要设计合理的信息量，以方便受众注意。平面广告标题的文字数量应尽可能的简短扼要，控制在受众的注意广度内，而不能超越这个范围。

（2）注意的强度　注意的强度也可理解为注意的紧张度，是指心理活动对某些对象的高度集中而同时离开其他事物的特性。注意的紧张性越大，注意的广度就越小，也越容易疲劳。从注意的外部表现来看，人在紧张注意时，呼与吸的时间比例会发生改变，往往会吸变得短促，呼变得加长，甚至会出现呼吸暂时停止的情况，也会出现心跳加速、紧握拳头等现象。

（3）注意的稳定性　注意的稳定性是指注意力长时间保持在需要注意的对象上的特性。但并不一定是指向同一刺激物，而是指活动的总方向不变。与注意的稳定性相对应的是注意的分散。在一段时间内，注意的稳定性越好，活动的效率会越高。刺激物本身的特点如其新奇性、有趣性、变化性以及注意者的身体状态、年龄和个性特征等主客观因素都可能影响注意的稳定性。儿童注意稳定的时间较成人短，这也是小孩喜欢看电视广告的一个原因，因为电视广告画面持续时间短、变化快。

（4）注意的分配性　注意的分配是指在同一时间内把注意分配到两种或两种以上的对象或活动中去的能力。汉朝的文学评论家刘勰在其《文心雕龙》著作中提出一个被认为是世界上最早的心理实验，这就是有名的"画方画圆"实验："一手画方，一手画圆，一时不能两成。"实验证明，注意的分配是有一定条件的，同时进行的几种活动的复杂程度、熟悉程度和自动化程度都会影响注意分配的难易程度。注意分配最重要的条件是，同时进行的两种活动必须有一种是熟练化了的，并且注意力是分配在不同的感知器官上。

（5）注意的转移　注意的转移是根据活动任务的需要有意识地把注意力从一个对象转移到另一个对象上去的能力。注意的转移是大脑皮层优势兴奋中心转移的结果。从原来的注意对象转移到新的对象，整个注意范围中的内容发生变化。注意转移的快慢和难易，依赖于原来注意的强度和新注意的对象的特点。原来注意强度越大，注意的转移就越困难、越缓慢；新注意的对象越符合人的需要和兴趣，注意的转移就越容易。反之，注意的转移就越困难。不少商家借助热播电视剧中间插播广告，是希望观众的注意力能有效转移到广告信息上，但实际效果并不理想，有时效果适得其反，就是因为广告与正在播出的电视剧没有任何关联，没能与电视剧进行完美的"嫁接"，融合得天衣无缝。观众因高度关注并沉迷于电视情节而很难实现这种转移。如果商家的广告内容和表达与电视剧没有任何一致性，又不符合观众的兴趣和需要，想让观众将注意力转移到广告信息上是徒劳无益的。

需要指出的是，注意的转移和注意的分散、分心是两码事。注意的转移是根据活动任务的要求，自觉、主动进行的注意调整，注意的分散是指注意不自觉地离开当前应当完成的活动而被无关刺激所吸引。注意的分散可能由无关刺激的干扰所致，也可能由单调刺激的长期作用所致。

注意的品质原理在广告实践中有着多方面的应用价值。广告设计制作人员了解了受众的注意品质特性，才可能对广告的注意有深的认识，才会采取合适的措施和技巧吸引注意，使注意稳定，并引导受众根据广告产品的特性进行有效的转移和分配。

第三节　广告吸引消费者注意的方略

什么因素会影响受众的注意呢？分析起来，大致包括三个方面：客观刺激物本身的特性或状态，受众个体的主观性因素（如其需要和态度、兴趣爱好、知识经验等）以及情境因素（如广告所处的环境条件、受众对节目的介入程度等），都会对受众的注意产生影响。从这个角度来说，广告要吸引受众注意，也必须从这三个方面着手，按照注意的原理与规律进行广告的创意设计与传播，这是广告科学性的内在需要。从受众的主观因素方面讲，广告内容必须具有实用性，能满足消费者的需要；广告内容应多提供支持性信息，以期与消费者的态度与观念相一致；等等。这些内容将分别在第五章和第八章展开阐述，这里重点对广告信息的表现形式进行分析，探讨广告注意的有效方略以及需要注意的问题。

一、广告吸引消费者注意的方略

1. 利用广告刺激本身的特点增强广告的吸引力

一般来说，受众对广告的注意多是在低卷入状态下发生的，以无意注意的发生居多。无意注意主要受外界刺激物本身特点的影响，如刺激物的新异性、大小与强度、活动与变化、对比的鲜明性等都会影响人们的注意。广告信息本身对消费者来说，也是一种刺激物，广告自身的特性是否鲜明突出，无疑会影响受众的注意。利用广告刺激本身的特点，是增强广告吸引力的最常用手段。具体来说，可以考虑以下几点。

（1）增大广告的刺激强度　心理物理学的研究表明，一个刺激要引起反应就必须达到一定的强度，而且在一定强度范围内，反应随刺激强度的增加而增加。强烈的光线，明艳的彩色，巨大的声响，浓郁的气味，都会吸引人不由自主地加以注意。刺激物的强度在广告上主要体现在版面大小和布局、色彩的明暗程度以及广告的音响和节奏等方面。要增大广告的强度，在视觉广告中，可以通过扩大户外广告的尺寸比例（如制作户外巨幅广告，大屏幕显示等），增加印刷广告的版幅或采用大标题、利用浓艳亮丽的色彩表现来达到目的。在听觉广告中，广告设计制作者也有多种增大广告强度的方式：采用特殊的音响、突然加大音量、改变音频等。例如，广播广告中常用与平常说话不同的音频来播出广告语或用混声造成与日常播音效果不同的声音以引起注意；电视广告常在电视节目播出商业广告时突然加大音量。这些都是利用了强度原理。

国外有研究认为，扩大广告画面的尺寸会使读者的注意加大，但二者并未构成正比关系，还受其他因素的影响。心理学家斯特朗（E. K. Strong）曾以心理实验方法，对广告面积大小和广告注意的关系做了研究，其结果是：如以 1/4 页广告注意值为 100，那么 1/2 页的注意值为 156，全页广告的注意值为 240。

商场开业时门面布置极尽奢华，彩旗飘飘，横幅招展，锣鼓喧天，大张旗鼓地营造节日的氛围，就是为了增大刺激的强度，吸引顾客和媒体的眼球。一些广告之所以吸引人们，也正是由于它的特大尺寸。例如，堪称世界广告之最的瑞士钟表广告，直径达到 16 米，重 6 吨，垂挂在东京一座新落成的摩天大楼上。又如美国印第安纳州的辛辛那提五金公司的建筑物，远远看去就像是一把巨大的扳钳广告。这些巨型广告一般都位于交通要道，每天观览时间很长，吸引来的观众每月竟高达百万人之多。2006 年 2 月，辽宁省气象台在其办公楼楼外设立了一个巨型温度计（见图 2-1），从气象台的一楼一直延伸到 18 楼，达 45 米高，温度计上有很醒目的刻度线和亚克力温度读数发光字。这个巨型温度计可实时进行天气预报，既方便市民了解气温的实时变化，也对建筑物功能是一个无言的广告。人们之所以关注它们，就是由于其强度，给人以视觉冲击力和心灵的震撼。

需要指出的是，刺激强度不是越强越好，刺激不能超过了广告受众的感觉阈限，否则会引起受众的心理防御和反感。广告刺激的强度除了包括其绝对强度外，还包括其相对强度。强烈的刺激固然能引起人的注意，但对引起无意注意起主要作用的是刺激物的相对强度，即与这个刺激物同时出现的其他刺激物在强度上的对比关系。一个强烈的刺激如果在其他强烈刺激背景上出现，可能不会引起人的注意；相反，一个弱的刺激出现在没有其他刺激的背景上，则会引起人的注意。例如，在一个相对宁静的超级卖场，一则广播广告可能会引起消费者的注意，但同样强

图 2-1　辽宁省气象台办公楼楼外设立的 45 米高的巨型温度计

度的广告，在集贸市场，就不可能吸引大家的注意。20 世纪 90 年代中期，中央电视台可谓"酒气冲天"，黄金时段广告大部分是白酒广告，口号一家比一家叫得响，声音一个比一个大，但就在其他酒都在比谁的配音嗓门大的时候，"拌倒井"请了一位可人、娇巧的古代侍女用非常温柔、缠绵的声音向广大消费者诉说"饮不尽的豪爽——拌倒井"，与其他白酒广告形成了鲜明的对比，因而也备受消费者注意。

（2）利用广告创意的新异性吸引受众注意　新奇的刺激容易吸引人的注意，而刻板的、千篇一律的、多次重复的习惯化刺激不易吸引和维持注意，这是注意的基本规律之一。刺激的新异性是引起注意的重要条件。广告表现形式流于俗套，缺乏创意，或反复刊播、缺乏变化的广告刺激，由于长期带给消费者的刺激类似，受众的感觉器官就会产生适应现象，对广告差别的分辨率变低，也就难以对广告产生兴趣。一旦消费者对某类广告习以为常，就会出现"视而不见，听而不闻"，"熟视无睹"的条件性的非觉察现象，对广告刺激的反应也是淡漠。好奇求变是人的天性，利用人们的求新求变心理做广告，很容易得到人们的注意。广告表现的新奇可以体现在多个方面，如采用新颖的广告形式，广告创意新颖独特等。在街头发放宣传单，这种宣传形式是济南三株实业有限公司的广告创举，这种宣传单在该媒体开发初期确实达到了很好的效果。三株口服液就是以宣传单为主要宣传媒体，在全国的各个角落，铺天盖地地发放，达到了很好的宣传效果。营销界对三株这一举措进

行了形象的描述，"一张报纸打天下"，凭着在当时非常新颖的宣传单作为主要广告方式，创造了年销售额 80 多个亿的骄人战绩，创造了中国保健品市场上的一个奇迹。三株成功后，许多厂家特别是保健品、药品纷纷仿效，如今已成为许多企业惯常采用的广告宣传手段，在城市的闹市区，广告单页到处飞，不但起不到宣传效果，反而引起消费者的反感。美国一家企业也是请人在大街上发放宣传单，但每位促销小姐都牵着一条非常可爱的狼狗，这种牵着狼狗发放宣传单的举措，引起广大路人的注意，从而使发传单这种老掉牙的宣传方法再次成为受众的焦点，起到很好的宣传效果。2009 年 4 月 26 日，两名身着古装的妙龄女子出现在青岛最繁华的台东三路商业步行街头，向过往行人派发宣传资料（见图 2-2），这是一家古装摄影楼在进行促销宣传，吸引了许多市民的注意。这都是新异刺激的注意效果。

图 2-2　古装女子青岛闹市做促销

需要说明的是，以广告促销的新异性引起刺激，不是越新奇越好。新异性引起人们的注意，是建立在人们理解和接受的基础上的。一则广告的表现，虽然很新异，但人们不理解，或从情感上无法接受，是难以引起消费者注意的，即使一时引起注意，也未必会达到促销的目的，甚至会贬损企业的形象。2007 年 12 月 16 日，中国（海南）国际热带农产品交易会在海南海口市举行。海交会成为商家促销的主战场，有的商家赠饮，有的商家试吃，有的公司把金发碧眼的俄罗斯姑娘请到了现场，甚至还有请"鬼怪"来帮忙，有媒体报道："海交会宣传出奇招　鬼怪美女齐出动。"[1] 商家卖力地"鼓噪"，消费者不为所动。广告的标新立异如果离开了广告对象的文化背景和固有观念，则会因得不到理解而被排斥。广告刺激的新异性过于离奇，哗众取宠，就会适得其反，事与愿违。

（3）使用动态与变化的刺激　动态或变化着的刺激比静止的物体更容易引起人们注意，这是生活给我们的经验，也是注意的基本规律之一。消费者对广告的注意也受到刺激物活动变化的影响。周围环境发生变化，或是活动的、多变的广告刺激，都易引起消费者的无意注意。在广告中就可以加进动态因素引起注意，如制作设计 flash 广告。即使是在平面广告中，广告设计者仍在寻找可以产生动感的因素，如利用似动图形（见图 2-3），使人产生似动错觉，让一个看似呆板的刺激变得生动并有吸引力。

---

[1] http://www.hq.xinhuanet.com/focus/2007djh/pic.html.

广告表现的动态可分为渐变和突变两种形式。渐变是按一定的时间频率或空间位置有规律地连续变化，如霓虹灯广告有规律的闪动；突变是指突发性的、没有固定规则的变化，如广播广告中突然出现大的音响效果或将声音的大小与快慢结合起来产生抑扬顿挫的变化效果。

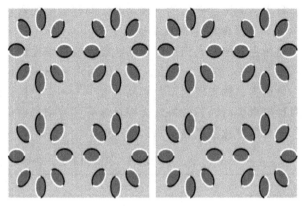

图 2-3　似动图形

动态广告由于生动形象，立体感强，比静态广告更容易吸引受众注意。但在广告设计中要注意动态刺激的变化不宜过快、过于闪烁，否则会让受众眼花缭乱，造成识别困难，甚至引起眩晕的感觉。广告设计中可考虑动静结合。

（4）利用对比性刺激吸引注意　通过对比的形式，可以使对象的特点更加突出，更容易引起人们注意其与众不同的品质或特征，给受众留下深刻的印象。"万绿丛中一点红"，"于无声处听惊雷"，鹤立鸡群，就是对比带给我们的鲜明感受。对比也是广告中常用的吸引受众注意的手法。

广告中的对比有颜色对比、声音对比、大小对比、空间对比、虚实对比、疏密对比、动静对比、功效对比、价格对比、数量对比等。这种对比既可以是自我对比（如新旧产品的对比），也可以是与其他品牌或想象的对手进行比较。有一种常用的广告对比形式是情境对比广告，通过对同种产品在不同时间、地点、使用方式、用途等方面的对比，强调该产品在多种情境下的适用范围，以图达到诱使消费者增加对该产品使用次数的目的。如大宝系列化妆品的广告，用小学教师、京剧演员、摄影记者、纺织女工等多种人物形象，进行情境式对比，充分展示了这种产品的广泛适应性。

运用对比性刺激，要注意对比与调和的关系，不能因强调对比而破坏调和。这里所说的调和，既包括广告商品的调和，也包括广告本身整体的调和。如果因强调对比而影响到调和，就会损害商品本身的格调，也会损害广告的整体艺术性和整体形象，把一则完整的广告搞得支离破碎。另外，在和其他竞争对手的产品或服务进行对比时，不管采用明比还是暗比的方式，也不论和谁比，都必须公正平等。最好的对比应该是既无损于人，又有利于己。特别是要避免刻意去贬低别人抬高自己的做法，对比描述要尽可能做得隐蔽一些，巧妙一些，表露得模糊一些，以免被视为不当竞争。

（5）运用色彩吸引注意　运用色彩吸引注意是广为采用的广告策略。一般来讲，彩色广告比黑白广告更容易吸引注意。美国学者 T.B·斯坦利在研究色彩在广告中的作用时归纳出七个方面，其中，第一个作用就是色彩能很好地吸引人们对广告的注意力。从彩色广告与黑白广告的对比看，色彩的确可以得到更多受众的注意。日本新闻协会做过的研究表明，同样版面的彩色广告，其注意率比黑白广告增加10%，注意时间也提高2倍以上。

运用色彩增加人们对广告的注意，要考虑运用较多的色彩品种。美国广告学者D·斯塔奇曾对美国《生活》和《星期六晚邮报》两种刊物的7种产品的3819则广告做调查，调查发现，色彩品种太少不一定比黑白广告更能吸引受众注意，但当色彩种类增多时，其效果就会变得显著。若把黑白广告的注意值定为100，受众对彩色广告的注意值见表2-1。

表2-1　受众对彩色广告的注意值

广告颜色	半页广告	全页广告	双页广告
双色广告	110	97	105
四色广告	185	153	150

不同色彩的组合也会产生不同的视觉效果，广告中恰当运用色对比可以产生强烈的视觉冲击力，引起受众注意。这方面常使用的方法是利用不同色差颜色的对比和不同色相的明暗对比。黑白广告的恰当运用有时也会产生引人注目的效果。这就是颜色对比广告手法的运用。色彩作为一种广告元素，其心理作用在第十一章将进一步讨论。

2. 利用广告时空位置效应吸引注意

广告信息的位置反映广告刺激的时空特性。广告信息的位置分为空间位置和时间位置。印刷媒体广告的空间位置指的是印刷广告的版面位置。视听媒介广告的时间位置指广告播出的不同时段。不同位置广告产生的注意效果有很大的差异。不同传播媒介都有其最佳的广告位置，这是广告传播必须考虑的。了解了广告的时空位置效应，对我们科学安排广告刊播时间和空间有实际指导意义。下面具体分析报纸广告、杂志广告、影视广播广告的不同位置对注意的影响。

报纸广告。位于报纸上部分的报纸广告比位于报纸下部分的广告更容易引起读者的注意，位于头版的广告比其他版次的广告注意率更高。在同一版面内，根据读者的视线流动规律，注意力值左比右大，上比下大，中间比上下大。从人的阅读习惯来看，东方人对印刷品的阅读习惯从左到右，因而左页比右页能产生更大的注意值。根据这一认知规律，广告的标题等关键性信息应尽可能安排在印刷媒介的左上方；如果以整版的注意率为100%，则同一版中不同位置的广告注意率（见图2-4）不同。

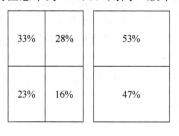

图2-4　同一版中不同位置的广告注意率

杂志广告。如果把最高注意值定为100，则不同位置广告的注意值分别为：封面为100，封底为95，封二为90，封三为80，内页为50。由此可见，相对突出位置的广告能获得较高的注意，处于内页位置的广告，其注意的效果要差得多。而且即使广告刊登在内页，也需要刊登在有影响的文章旁边。此外，广告信息的空间位置还可以从一则广告内文字、图画内容在广告画面中的位置这个角度来理解，这样，广告的画面上就出现了空白和非空白的空间。许多广告正是利用这种空间的对比增强广告的注意效果。美国广告专家斯塔奇认为，要引起注意，广告配置图画或口号的最恰当地方在以下几处：视觉中心、视觉分配线上部、视觉分配线下部、近上端部分、近下端部分。

广告的时间位置，以电视、广播广告为例。电视广告、广播广告播出时段不同，注意率也不同。通常在收视率、收听率高的黄金时段播出的广告更易被注意。这也就是为什么商家在每年央视黄金时段广告标王的争夺中"一掷千金"，"竞争惨烈"的重要驱动力。电视广告一般在正式节目播出前播放效果较好，节目结束次之。插播广告中，排在首播和末播的效果最好。

3. 适当进行广告重复

适当进行广告重复，有利于吸引消费者的注意力，并可提高产品知名度。广告重复包括广告出现频率的增多和同一广告中主题的重复。广告出现频率的提高，会增加消费者对广告注意的机会。在同一广告中适时地重复强调主题，能使消费者保持对广告注意的稳定性。正因如此，在广告活动中，许多商家惯用所谓"地毯式轰炸"的广告传播手法。但是，这种做法也面临不小的风险。如前所述，过度的重复，特别是在同一媒体上过度的重复广告，会让消费者产生感觉适应，出现习惯性的淡漠现象，而且很容易产生厌烦和抵触情绪，不利于提高品牌形象。因此，广告的重复又不可过度。广告的重复也不一定非得是同一则广告在同一媒体上不断重复，这里也要讲求策略，可以适时做些变化和调整。具体来说可以考虑以下方略：

第一，变换广告媒体，或改单一媒体策略为"多"媒体策略，打"组合拳"。例如，可以在目标消费者能够接触到的不同媒体上进行广告。同一则广告可以安排在不同的电视频道播出，或在同一频道的不同时段播出，甚至在多种不同媒体上进行有效组合。同一广告可以通过广播、电视表达，也可运用报纸、路牌、POP、网络等其他媒体传播。同是这个品牌的广告，消费者能在广播广告中闻其声，电视广告中见其形，路牌广告、报纸杂志中见其文（文案），这种"多管齐下"的全方位的"立体式轰炸"，可以给消费者以多通道的刺激信息，可以调动消费者的多种感官参与其中，有利于吸引消费者的注意，加深消费者对其的印象。这种通过媒体的不同变换发动的"立体广告攻势"，既强化了广告重复的效果，达到了广告重复的目的，又可以避免重复广告的负面效果，还可以在消费者心目中树立品牌"强势"的形象，提高产品的知名度。

第二，变换广告主题，围绕某一诉求主题制作主题系列广告。如海王银得菲推出的"关键时刻，怎能感冒"这一主题，制作了《生日蜡烛篇》、《求婚篇》、《中奖篇》、《理发篇》，既重复了广告的主题，保持消费者的注意力，又不让消费者厌烦，满足消费者求新求异的心理需求。在使用这种策略时，须注意保持广告诉求主题的一致，这样才能维护消费者心目中的品牌形象。

4. 以广告的艺术性吸引受众注意

好的广告应是科学性和艺术性的完美统一。增强广告的艺术性，也有助于增强广告的吸引力。美的东西会首先被人们注意，对美的追求是人类的一种天性，而艺术可以给人们带来美的享受，可以满足人们的审美需要。增强广告的艺术性，使消费者产生美感，满足了消费者对美的追求，自然可以吸引他们的注意。广告的艺术加工，包括创造完美有效的色调、字体、造型、构图、言辞和意境等。广告的艺术性应是创意新颖、不落俗套；表现技巧精湛，声音、图像、文字配合得当，画面优美、色彩亮丽，辅以动听的广告乐曲，富有趣味的故事情节，恰当的人物模特表现等，都能调动人的情绪，吸引人的注意。在这方面，出人意料、生动有趣的广告表现形式（如采用广播小品或电视小品，网络 Flash 动画等）；寓意丰富、别具一格的广告标题；活泼生动、富有幽默感的广告语言；赏心悦目、情调高雅的广告画面等，都能产生较强的吸引力，使受众有个愉悦的心情，获得艺术美的享受。同时，经过艺术加工的广告，如利用色彩的远近感、构图虚实疏密的处理等手法，可以使推介的商品具有较强的真实感和立体感，广告的主题更加鲜明突出，从而可以更好地吸引受众注意。

5. 借力社会热点事件，吸引受众注意

不同时间人们关注的社会热点事件是不同的。广告如果能敏锐地捕捉公众关注的焦点，把自己的产品与社会热点巧妙地联系起来，"借势用势"，确实不失为一种吸引媒体和受众注意的有效方略。

蒙牛乳业可谓是近些年来国内迅速成长起来的食品企业，在当今群雄并起、硝烟弥漫的乳业激烈竞争中，蒙牛一路狂奔，在短短四五年间以年均 365% 的增长速度，一举坐上行业的第二把交椅，成绩斐然，有目共睹。熟悉蒙牛市场操作的人都知道，蒙牛不愧为借力社会热点事件吸引受众注意力的高手。2003 年 4 月中国发生了史无前例的"非典"疫情，当全国的大部分企业都在因为"非典"肆虐，销售急剧下滑而发愁的时候，蒙牛加大公益广告投放力度，并率先为抗击"非典"捐款、捐物 1000 万元，拔得头筹，获得了广大消费者对其崇高的赞誉。2003 年 10 月 12 日中国成功地发射了"神舟五号"载人航天飞船升空，全世界为之关注，蒙牛就恰在这个时候大力宣传"中国航天员的专用牛奶"，且到处发布"举起你的手，为中国航天喝彩！"的广告宣传，正是这句话唤出了中国人民的自豪感，使全国人民为之一震。10 月 16 日 6 时 23 分，神舟五号在蒙牛的故乡——内蒙古大草原安全着陆后，上午 10 点，关于蒙牛产品的电视广告和户外广告实现"成功对接"，北京的公交车站全部换上蒙牛的新装，消费者突然一下子被蒙牛的标语和画面重重包围。而这次才 1500 万元的总体花费，将这场吸引受众眼球的经典的借力营销演绎得淋漓尽致，博得了一个满堂彩。

利用社会热点事件借力营销时必须注意，只有在自己的产品与社会热点的关联度较大时，才能把受众的注意力由社会热点事件顺利迁移到广告产品上。如果产品与社会热点事件关系不密切，就难以达到预期的目的。这里需要有好的创意，不能给人以牵强附会和生硬的感觉。

6. 用悬念广告吸引消费者注意

悬念，是叙事性文学常用的一种表现手法，到了某个关头，故意停住，设下卡子，对矛盾不加解决，让读者对情节、对人物牵肠挂肚，以达到吸引读者的目的。最后通过解悬，使读者恍然大悟或顿开茅塞，产生强烈的艺术感受。设置悬念是中国古代章回小说的惯用创作手法。

悬念型广告是指广告信息不是一次，而是通过系列广告，逐渐完善与充实的。由于这种信息的不完善，刺激了消费者的探究欲，并为他们留下了充分的想象空间，消费者由此可能更加关注并寻找信息和线索，使消费者从不自觉的被动状态转为自觉的主动状态，并积极展开想象去解开悬念。这个过程使消费者乐在其中，并可以使广告的作用时间在消费者头脑中得以延长，加深印象，同时消费者想象的作用，相对延伸扩大了广告的信息量。悬念广告的始发信息常以提问的方式，或者直接突出其带有特色的信息。在报刊广告中，这种悬念常大片留空。这些特点引起的一个直接心理效果是受众的好奇心。在好奇心的驱使下，受众可能更加注意去寻找信息或信息的线索，这无疑有利于无意注意向有意注意的转化，并加深对已给信息的记忆。鉴于始发的悬念广告信息十分有限，根本不足以满足好奇心和求知欲，因而就形成了一种动机，趋向于对该系列的下一次广告，这就是所说的定向活动。由此发展，受众对该系列广告信息就会努力地进行精细加工。可见，悬念广告是符合受众的认知规律的。

2011年新年伊始，城市的许多公交站牌出现同一个灯箱广告——黑色的背景下没有任何商标标注，也没有产品的介绍宣传，只有一句醒目的话："ROY是谁？"外加一个科技感十足的机器人酷酷地躺在上面（见图2-5）。一时间，引起人们的不断猜想——这广告客户是谁？到底这个ROY是谁？几周以后，ROY公交站的广告牌已经全面更新，随着第二幅广告出现，"ROY是谁？"答案也揭晓了，画面中除了ROY和那个机器人外增加了"中国2010年上海世博会指定卫浴产品供应商"的字眼及世博会中国馆。原来，这个让人议论纷纷，想来想去也想不到是什么的广告是来自德国的一个卫浴品牌——ROY卫浴，中文名"乐伊"，并且是"中国2010年上海世博会指定卫浴产品供应商"。这种密集的公交车站的地面推广＋悬念式的营销，让许许多多的城市中人见到它就会开始思考ROY是谁？而最奇特的是，很多人事后还在BBS或者Blog上探讨这个ROY广告，并且上传拍到的这个奇怪的路牌广告图片，这又利用了广告的"悬念"成功地进行了二次传播。可

图2-5 ROY卫浴的户外广告

以说，这个广告策划是成功的，至少现在提到卫浴产品，我们知道了一个来自德国的卫浴品牌，名叫ROY，中文名"乐伊"。

悬念广告有三种表现方式：一悬一答式——即这一次设出悬念，下一次解答悬念；一悬多答式——即这一次设出悬念，接下来几次分批解答悬念；多悬一答式——即在一个阶段内，围绕一个主题分批设出悬念，最后集中解答悬念。设置悬念广告，应注意以下几个要点：一是内容必须让人感兴趣，才会引起关注。事不关己，高高挂起，如传播的内容与当时社会所关注的焦点相去甚远，就不能引起人们的兴趣与关注，就不可能实现预期目的。二是要有故事情节，才能引发读者共鸣。引人入胜，才会引人探究。一则没有故事情节的广告，就好像一场没有悬念的电影，最多博观众一笑。只有精彩的故事情节，才会引起受众的关注与共鸣。三是"悬念"设置要恰到好处，应尽量做到巧妙、自然，才能引发读者足够兴趣。有的悬念式广告无法引起读者关注，没有悬念可言。所谓的"悬念"一看就明，连三岁小孩都"蒙骗"不了，自然就不会引起大家关注。有的则是无病呻吟，"悬念"过头，给人以生硬和故弄玄虚之感，让人看了大倒胃口。这样的"悬念"不仅不能达到目的，甚至还会弄巧成拙，令读者反感。悬念要"顺其自然"，如果为了"悬念"而人为设置悬念，可能会适得其反。四是时间上要把握"火候"，才能吊足受众胃口。科学实验表明，人的好奇欲望在接受该事物3～5次范围内达到最佳点。一个人的好奇心，也即常说的"吊胃口"是有一定限度的。"吊胃口"时间太短，不能激发好奇心理，达不到应有效果；"吊胃口"时间太长，会让受众失去兴趣和耐心，得不偿失。物极必反，只有把握恰到好处的"悬念时间"，才会收到最好的悬念效果。

二、广告注意策略的误区

注意在广告信息加工中有多方面的功能和作用，但我们也应看到，吸引力是广告成功的手段，而不是目的。在美国广告学者路易斯提出的广告作用于消费者心理历程的AIDA模型中，"引起注意"只是广告发挥作用的第一步，它不是广告的目的和归宿。对于广告效果来讲，引起消费者注意只是一种手段，这种手段不能脱离目的而存在，只有有利于达到目的手段才具有意义。当广告设计采用的手法有利于给定的广告任务的实现时，其吸引力是积极的；而与广告信息无关或很少有关的表现手法，势必会转移对广告信息的注意，吸引力越强，就越背离广告目标。吸引力本身，既可能起积极作用，也可能起消极作用。孤立地提出把引起注意作为广告的第一目的和首要标准，实质上就混淆了手段与目的之间的关系。理论上的混乱，将不可避免地给广告实践带来危害。这种危害突出地表现在某些广告过于追求所谓的冲击力。不可否认，冲击力对增强广告的吸引力有一定的意义，但如果为冲击力而冲击力，则是本末倒置，"喧宾夺主"。广告注意策略上的误区表现为以下几个方面。

（1）为了注意而注意，没有突出真正重要的信息　有的广告刊播后会给人们留有很深的印象，记得广告表现的情节和主角，但是如果问起来，广告的主题是什么，广告宣传的是什么产品、品牌，很多人都摇头。在广告效果调查中经常会碰到这种情况。消费者注意到了商家刊播的广告，但由于广告表现不当，消费者将注意力集中在广告情节上，却忽略了真正重要的广告信息。

（2）片面追求刺激强度和轰动效应，忽略了受众的情感体会　有的广告为增强冲击力，经常使用增大刺激强度的做法，比如使用巨大的声音刺激。曾有一段时间中央电视台的黄金时段充斥了白酒广告，声音一个比一个叫得大，这种广告被有些专家称为大嗓门广告。这种广告没有充分考虑消费者的接受心理，对消费者大呼小叫，指手画脚，在引起注意的同时，很容易使人产生逆反心理，难免使广告效果大打折扣。再者，有的广告在策划过程中，不考虑市场状况，不分析产品特性，不考虑企业实际情况和财力，一味追求轰动效应，吸引消费者的注意，认为只要舍得大把投钱做广告，就能带来滚滚财源。最突出的例子就是20世纪90年代中央电视台的标王现象，有些商家把广告当成了赌博，过于迷信标王的轰动效应，结果可想而知。还有的广告商家，只求吸引受众注意，忽略受众的情绪情感体会。

（3）广告人物模特使用上的误区　一般来说，广告模特的使用能够增强广告的吸引力，引起消费者更多的注意。带有人物的广告比仅带有产品的广告效果好。但这里是以广告上的人物性别和职业与广告的内容有关联为前提的。例如，化妆品、清洁用品、女性时装等，使用与之相适应的女性形象，有利于增强广告版面的感染力，诱人去接触广告。这样，广告人物模特引起的高注意就有了积极意义，因为它易于集中指向所联系的广告内容。但是如果广告中的人物模特与内容无关或关系很弱，或广告人物模特的表演吸引力过强，那么，由它引起的注意，就会离开广告中的产品和品牌，而集中指向模特本身，其结果是广告至多不过成为供人欣赏的艺术作品或明星的宣传片，根本起不到应有的广告作用。因此，人物模特相对于单纯的产品诉求有着较好的注意度和亲和力，但如果运用不好的话，也会产生负效果。

（4）误认为性感广告效果一定就好，甚至打色情广告的擦边球　在人类的需要结构中，性的需要是人类的基本需要之一。通过性诉求满足受众需要，吸引注意力，是许多广告人愿意探索、尝试的一种广告诉求形式。研究也表明，性诉求广告有吸引男人或女人注意的价值。当同一页杂志上有好几则广告时，大多数人首先会选择含有性诉求的广告。运用性诉求形成人的心理积极情绪来认知产品早被全世界许多广告人所看重。在欧美等发达国家，性诉求在广告中已被普遍采用，近几年夏纳广告节、纽约广告节获奖作品中性感广告占了很大的比例。在国内的各种广告大赛中，性感广告也有愈演愈烈的趋势。

性诉求在广告中的运用，是以富有魅力的姿色、激发美感的情景吸引男人或女人的。性诉求常用与性有关的画面和语言来表现，如身穿泳装、露胸袒背、赤身裸体、谈情说爱、拥抱接吻的表现等都与性诉求有关。性感广告是具有一定审美价值的广告表达形式，它是对自然人体的审美肯定和超越，好的作品不但可以促进销售，还可以给受众带来美感。于是乎在广告实践中，很多广告人对这种表达形式"情有独钟"，总认为性感广告效果一定就好，不断进行尝试和超越、突破，甚至冒险打色情广告的擦边球，色情手法有被滥用于广告中的危险。异性吸引理论认为，性感广告固然能够吸引一部分受众，但也可能使受众的注意力离开产品信息，而集中在性感模特上。"性"一向还是人们最为敏感的话题，在人们的眼中性常和色情、暴露、屏幕污染、少儿不宜等挂钩，所以并不是任何性感广告都能起到很好的效果，广告在进行性感诉求的时候必须慎重。具体来说，应注意以下几点：

第一，性感广告的诉求产品必须与性感有较大的相关性。只有这样才能使受众自然地由模特联想到产品。性感诉求也必须紧扣产品的功能。那些与性感完全无关的产品采用性感诉求，只是为了吸引广告受众的最初注意力，是要承担很大风险的。

第二，性感表达必须具有一定的美学价值，健康高尚。性感带给我们的是一种艺术的美感，但它必须要把握好一个度，必须以维护社会道德为前提，使受众得到健康的陶冶和欣赏。即使有较多的"露"，甚至全裸，也应是健康的、圣洁的。过了"度"，方式不当，极易陷入低级庸俗的性暴露、性诱惑、性暗示。广告本是一种商业促销手段，为的是让顾客能记住这个商品；同时，广告也是一种艺术形式，有着很高的审美价值。广告的表现形式这些年也在不断变化与进步，但无论怎么发展，也不能走在色情的边缘，因为广告也是一种大众媒体，它对社会风气有间接的引导作用。国外的那些艳情广告之所以能成功，除与广告发布环境有关外，还在于能将艳情广告处理得很得当，在画面上讲求一种美感，而不是一种恶俗表现，同时能将广告中的人物形象与品牌的个性结合起来，真正体现了品牌的魅力。性感广告的表达应充分考虑消费者的接受心理，体现"以人为本"的广告潮流。

第三，性感广告要适合目标市场的文化背景及民族心理。人类的道德观在很大程度上是以国家、文化心理而异的。东方的温柔含蓄和西方的率直坦白，两种性格间有着很大的差异。即使改革开放后形成了文化交融的强劲趋势，但历史形成的文化心理沉淀是很难逾越的。西方的性暴露、性诱惑广告必然会引起东方消费者的反感和拒斥，不但会失去受众的认同，而且会给销售带来巨大的损失。而那些符合东方人的审美特点的含蓄型性感广告在我国将会有极大的发展空间。

因此，性感广告在表现上应把握一个合适的度，广告不应赤裸地把性作为吸引消费者注意的手段，而应借助形象及主题体现整体品牌或企业的个性形象，形成风格。在利用性诉求作为广告内容表现时，要保证画面与主题的协调性，不能超过了受众所能接受的"度"。

思考题

（1）影响注意的刺激因素有哪些？在广告创意中有哪些应用价值？

（2）注意在广告信息加工中的地位与作用是什么？为什么说吸引力是手段，而不是目的？在广告实践中有哪些误区？

（3）如何根据学过的注意理论增强广告的吸引力？举例说明之。

实战模拟练习

（1）随身带上纸和笔，记录一下你每天接触的广告条数，回想这一天中接触的广告，哪些广告给你的印象比较深刻。想一想，为什么会给你留下深刻的印象？

（2）运用本章学得的知识，为某化妆品（或男性用品）设计一个广告，说明你所运用的注意原理与规律。

（3）快闪族——你怎样看待这种广告策划方式？阅读以下材料，试运用所学的注意原理，谈谈应如何完善这种广告营销形式。

【阅读材料】：走近岛城快闪一族　日挣百元背后商业公司操纵❶

车展、闹市、街头……越来越多的城市居民经常在这些地方看到一件怪事：或多或少的年轻人穿着统一的服装突然摆出一个动作，然后快速闪人。原来，这是城市"快闪族"们在活动。不过，快闪族的出现却并非是网友自发的行为，而是商业公司事先策划好的广告宣传方式之一。近日，记者采访相关业内人士得知，青岛的快闪族大都由商业公司策划好后雇用大学生统一行动，一次活动的收费标准最少也要千元。

从2003年开始，一股无厘头式的"快闪暴走族"（flashmobs）风潮从纽约开始，迅速横扫世界各大都市。纽约、伦敦、阿姆斯特丹、柏林、奥斯陆、堪萨斯城、西雅图到亚洲的新加坡、中国香港、中国台北，那些原本躲藏在电脑背后互不相识的年轻男女，瞬间聚集在一起兴致勃勃地到麦当劳跳芭蕾舞、到家具店里坐沙发、到购物中心忽然鼓掌起哄……然后又迅速散去。来如风，去如雨，令旁观者一头雾水，完全摸不着头脑。

岛城街头频现"快闪族"

如今，细心的市民在今年车展上、街头上经常可以看到一群年轻人突然集合在一起做出某种令人莫名其妙的行动，他们有的做沉思状、有的读书……当市民百思不得其解时，他们却快速离开。

例如，2009年8月29日下午6点，台东三路步行街上突然出现的50多名年轻人一分半钟的时间里整齐地跳着杰克逊的经典热舞之后，舞者齐声欢呼，然后四散而去，融入人潮，只留下不知情的围观观众久久不愿离去，迷茫地四处寻找。

快闪一天能赚百元

记者采访了车展上一名快闪族张思远，他是青岛大学计算机系的大三学生。张思远告诉记者，他受雇于一家广告公司，按广告公司事先安排好的活动方案进行"快闪"。"这次我们一共5名同学，集体给一家车商做广告，目的是吸引市民的注意力。"张思远说，整个"快闪"活动一天4次，每天广告公司给的费用是每人100元。"快闪族"渐成新职业。据雇用张思远的广告公司介绍，他们策划快闪行动主要是为了给客户带来"眼球效应"，让目标人群长时间内停留在客户前，加深目标人群对客户产品的印象。"我们策划一次快闪活动收费大都在千元以上，按照人数不等进行收费。"他们事先为客户设计好"快闪"方案，然后再到大学里选学生，按照方案让学生们实现"快闪"。

---

❶ 走近岛城快闪一族　日挣百元背后商业公司操纵. 青岛早报，2010：5.18.

第三章
消费者对广告信息的感知与广告方略

【学习目标】

了解感觉、知觉概念的基础上，理解常见的社会知觉偏差在消费者认知过程中的作用原理，掌握知觉偏差、感觉阈限和通感在广告中的应用技巧，在此基础上把握消费者广告认知的共性心理规律，并能够将之灵活应用到广告传播中。

基本知识点：感觉、知觉的基本理论；感觉阈限、通感及其在广告中的应用；广告信息知觉的特征；错觉以及首因效应、近因效应、晕轮效应和刻板印象等知觉偏差在广告中的应用。

重点：感觉和知觉的基本原理及其在广告实践中的应用。

难点：广告实践中如何正确把握广告认知的共性心理规律。

在广告活动中，消费者通过感觉器官来接收广告信息并作出判断。感知是消费者认识广告商品的开端，没有感知，就不可能进一步认识广告推介的是什么商品，更无法了解其意义。从传播学的角度出发，弄清消费者对广告信息的感知过程，是非常必要的。本章将对感觉和知觉的基本原理及其在广告实践中的应用展开讨论，对广告信息的感知规律和方略进行探讨。

第一节　消费者对广告信息的觉察

在当今这个资讯发达的社会环境中，消费者每天面对的是庞杂的信息。人们对那些对自己工作、生活至关重要的信息都已感到难以应付，那些无意注意的广告要想被大家注意到，其难度可想而知，"视而不见"、"听而不闻"在广告于现实的传播活动中常常发生。我们在路旁竖立的广告牌上，字体应设计为多大才合适呢？字太小了，则不能被坐在汽车上的人所看清，广告的信息便无法有效地传达。字太大了，又显得不太美观，甚至会让人反感。广告首先要能够被消费者感知察觉到，才能保证受众接受到广告信息，感知觉是我们进行广告说服的基础。

一、感觉和感觉阈限及其在广告中的应用

1. 什么是感觉

感觉是对客观事物个别属性的反应。根据感觉刺激的来源和感受器的不同，可将感觉分为外部感觉和内部感觉。外部感觉的感受器位于人体表面或靠近表面的地方，主要接受来自体外的适宜刺激，反映外界事物的个别属性。外部感觉主要有视觉、听觉、嗅觉、味觉、肤觉等。由于正常人从外界接受的信息中，80％～90％是通过视觉获得的，因此，视觉是我们认识外部世界的主导感觉。当然，听觉对我们认识世界也很重要，因为听觉与言语信息输入有着密切联系。内部感觉的感受器位于机体内部，主要接受机体内部的适宜刺激，反映个体自身的位置、运动和内脏器官的不同状况，包括运动觉（动觉）、平衡觉（静觉）和机体觉等。

消费者对商品外部个别属性的反应，就产生了诸如对商品颜色或轻重等感觉。尽管感觉是对商品个别属性的反应，是一种最为简单的心理现象，但它却是一切高级复杂心理活动的基础。没有这些感觉，就不可能进一步认识它是什么商品，更无法了解它的意义。因此，有经验的厂商在设计、包装、宣传自己生产或经营的产品时，总是千方百计地突出自己产品与众不同的特点，以便给消费者留下深刻的印象。如柯达为黄色，富士为绿色，可口可乐为红色，百事可乐为蓝色等。卖场内很多商家在促销时会让消费者"看一看"、"摸一摸"、"尝一尝"或"试一试"，也有的会免费赠送试用的小包装样品，这正是试图通过消费者试用赠品，获得对商品的丰富而直观的感觉信息，进而了解该产品和接受该产品，这其实是商家很高明的一种促销方式，他们营销中运用的正是感觉的基本原理。

2. 常见的广告感觉刺激

广告中常用的感觉刺激主要是视觉刺激和听觉刺激，其他感觉刺激运用较少。

（1）视觉刺激　视觉是我们认识外部世界的主导器官，而广告活动就是把通过对视觉器官的刺激使消费者产生兴奋作为一种基本手段。视觉包括颜色视觉、暗适应与明适应、对比和视觉后像等内容，其中，颜色视觉对于广告心理学有着特殊的意义。因为颜色对人的心理情绪和行为有着十分重要的影响，所以人们对颜色的这种重要性的认识也越来越深刻。由于颜色对视觉的刺激功能，因而，它在实践中可以传递更多的信息。据美国有关报道，在报刊广告中增加一种颜色，比黑白广告能增加50％的销售额，而全色广告则比黑白广告高70％的广告效益。在广告中应用颜色视觉刺激，至少有以下几方面的功效：吸引人们对广告的注意力；完全真实地反映人、物和景致，从而使人产生美感；可以强调产品和宣传内容的特定部位，从而加强视觉刺激，加深消费者对广告中关键内容的记忆；表明销售魅力中的抽象质量，从而增强体认效果；使广告在第一眼就给人以良好印象，从而为广告的项目内容、产品或广告作者本身树立威信。鉴于颜色在实践中的重要性，目前，许多工程心理学家和广告心理学家纷纷对这一问题展开研究，以求通过颜色视觉的刺激，达到更佳的工作效益或广告效益。

（2）听觉刺激　听觉刺激也是广告宣传发挥其功效作用的有效途径。听觉心理学的研究证明，声音的三个基本物理量——频率、强度和振动形式，反映在心理学中人的主观体验领域，分别表现为音高、响度和音色三种形式。声音的这三种形式是广告心理学的重要研究内容。实践证明，音的高低、响度的大小和音色的优美，对广告宣传具有极为关键的影响。广告宣传不仅要考虑这三种因素的选择，而且应该注意由它们演变或相互作用形成的听觉变化。

人对声音的选择比较复杂。有的广告心理学家指出，男高音与女低音所产生的效果，比男低音和女高音的效果要差，给人的感觉也不舒服。另外，从社会和心理的意义上说，为人所不需要的噪音也是对广告宣传具有反作用的。此外，广告的气氛和环境对声音也有严格的要求。因此，在进行广告宣传时，应该小心从事，选择好广告伴音的音色、音高和响度，有效地发挥听觉刺激的愉悦效应，避免造成过度的令人厌烦的听觉刺激。

3. 感觉阈限

不同的感觉通道有着不同的感觉能力，不同的人，其感觉能力也是有差异的。这种反映刺激物心理量与物理量之间关系的感觉能力，称为感受性。检验感受性大小的基本指标称感觉阈限，感觉阈限是指人感到某个刺激存在或刺激发生变化所需刺激强度的临界值。

感觉阈限是用刚刚能感受到的刺激强度或强度大小的变化来表示的，可分为绝对感觉阈限和差别感觉阈限两类。绝对感觉阈限测量感觉系统的绝对感受性。例如，把一个非常轻的物体慢慢地放在被试的手掌上，被试不会有感觉，但如果一次次地稍稍增加其重量，并达到一定数量时，就会引起被试的感觉反应。这个刚能引起感觉的最小刺激量称为刺激阈限或感觉的下绝对阈限。当引起感觉的刺激量继续增加，并超过一定限度时，就会使该感觉受到破坏，引起痛觉。能够引起感觉的最大刺激量为上绝对阈限。从下绝对阈到上绝对阈之间的距离是有关感觉阈限的整个范围。阈限越小说明感受性越强，反之则说明感受性较弱。

在已有感觉的基础上，为引起一个差别感觉，刺激必须增加或减少到一定的数量。不同感觉通道或不同人之间，对差别的感觉能力是不同的。刚能引起差别感觉的刺激的最小变化量称为差别感觉阈限。差别阈限是指能感觉到的最小的刺激差异量，所以也叫最小可觉差。比如说手持一定重量的重物，然后逐渐增加微小的重量，当持物者感到重量变化时，那个添加的重量就是差别阈限。

德国莱比锡大学教授 E·H·韦伯从"肌肉感觉"开始，对最小可觉差进行了研究。他在实验中还发现"最小可觉差"可以用一个分数来表示，这个分数虽然随着被试的感官不同而有变化，但对于一定的感官来说却是不变的。因此他认为，我们可以为每一种感官确定其"最小可觉差"的不变分数。后来，莱比锡大学教授费希纳把韦伯的研究结果转变成了数学形式，这就是现在人们所说的韦伯-费希纳定律，也叫做韦伯比例或韦伯分数，见下列公式：

$$K = \Delta I / I$$

式中，K 为常数；I 为标准刺激的强度或原刺激量；ΔI 为引起差别感觉的刺激增量。

心理物理学对"最小可觉差"的研究揭示了差别阈限的规律：最小可觉差是一个恒定的比例常数，而不是一个差值。就是说，最小可觉差和原有强度是成正比关系的。例如，举重的韦伯比例为 0.03，那么任何重量，无论是一支牙签还是一包水泥，只要增减原来重量的 0.03 倍，其重量差别的主观量都是相等的。打个比方，如果 100 克的物体至少要增减 3 克才可以产生差别感觉，那么 200 克的物体就要增减 6 克。

韦伯定律的提出，为我们提供了一个比较辨别能力的重要指标。根据韦伯分数 K 值的大小，我们可以判断某种感觉的敏锐度。韦伯分数越小，感觉越敏锐。但是，尽管韦伯-费希纳定律揭示了引起差别感觉的一些定律，他只适用于中等强度的刺激。在刺激过强或过弱时，韦伯定律就不再适用，其 K 值就会发生变化。验证性试验表明，当重量刺激低于 100 克或者高于 500 克时，韦伯分数就会发生变化。在不同的感觉中，韦伯分数的差别是很大的。

韦伯-费希纳定律是营销学中研究购买者价格差异感受的一条定律。所谓价格差异感是指当购买者在面对价格的调整、变化或者不同价格时的心理认知程度。如果消费者能够对价格的差异作出理性的判断，那么当绝对的价差一样时，就应该产生相同的行为。但是实践和实验的结果都表明，购买者对同样的价差的反应并不相同。下面是两个不同假设条件的实验：

实验 A：假设你所光顾的文具店计算器的价格是 20 元，而有人告诉你其他商店的价格是 15 元。

实验 B：假设你所光顾的文具店计算器的价格是 120 元，而有人告诉你其他商店的价格是 115 元。

那么，在哪种情况下你会改变到其他商店去购买？

实验的结果是：在 A 实验中大约 68% 的人会换一家商店去购买，B 实验中大约 29% 的人会愿意换一家商店去购买。

这种实验的结果有什么特别的含义吗？只要我们仔细分析一下两组实验中的价差，就会发现两组实验的差价其实是一样的（都是 5 元），所以实验结果的不同寻常之处就在于，如果购物者都是理性经济人的话，为什么在相同的经济损益面前，其行为却有如此的不同呢？进一步分析，我们会发现，虽然两种实验中购物者实际节省的都是 5 元，但是在 A 中，5 元相对于价格总额是一个不小的数字；而在 B 中，5 元相对于价格总额微不足道。这就是营销学中著名的韦伯-费希纳定律：购买者对价格的感受与基础价格的水平有关，购买者对价格的感受更多地取决于相对价值，而非绝对价值。根据韦伯-费希纳定律，购买者对价格变化的感受更多地取决于变化的百分比，而非变化的绝对值；并且在产品价格之上之下各有一个界限。将价格调整至界限之外容易被购买者觉察到，而在界限之内调整却往往被购买者所忽视。

4. 感觉阈限在广告刺激中的应用

作为可以衡量受众最小可觉差的理论，差别阈限对企业营销与广告策略的制定、信息传播与接收都有较强的指导意义。差别阈限对影响消费者的感受性与消费行为的效果，制定产品价格、包装及命名策略等方面均有一定的参照价值。因此，在实践中有意识地考虑差别阈限的影响，将会有助于实现企业营销的目的。

在广告或产品包装设计中合理运用色彩、材质、形态样式等，以降低受众的最小可觉差，增强他们对产品的敏锐感知，可以有效地让该品牌在行业市场中脱颖而出。目前市场上几大方便面企业竞争激烈，在销售终端琳琅满目的货架上，不同品

图 3-1 五谷道场方便面外包装

牌几乎都有红烧牛肉面、酱香排骨面、海贝鲜虾面等主要种类，而且包装相似、价格相仿。由于产品间差异不明显，就增加了消费者选购的难度。2004 年"五谷道场"在宣传"非油炸"概念的同时，利用黑白主调的包装设计，很快在市场一鸣惊人（见图 3-1）。2003 年健力宝集团推出一款针对年轻人的时尚饮料"爆果汽"，纯黑的瓶体，创新的产品（果汁＋汽水），上市即刻走红，其成功的最大原因就是一反众多饮料清澈透明的包装，以黑色瓶子形成强烈的视觉冲击，鲜明的对比效果在终端异常醒目，加之相应的有效营销策略的配合，充分引起目标受众感知的同时也激发了他们的好奇心与尝试的欲望。

在广告对差别阈限的规律应用中，可考虑以下几点。

首先，在广告宣传中一定要让消费者觉察到产品的任何一点改善。以计算机 CPU 为例，处理器的运行频率总是不断提升的，但是每 0.1GHz 频率的提升似乎对应用的影响不是很大，比如赛扬 1.7 和赛扬 2.0，它们的频率差别在日常应用中基本没有多大的差别。如果想说服消费者购买更高频率的处理器，那就要让消费者感受到高频处理器的性能优势，但消费者的日常应用是不可能觉察到这一点的，这就要求商家做好广告宣传，比如说做一些性能评测，做一些数量化的性能测试，要使消费者看到，每一点频率的提升给 CPU 性能带来的提升是多少，使消费者看清楚两者的性能差距，从而达到销售更多的高频处理器的目的。

其次，把对消费者不利的有关商品数量、价格上的调整尽可能控制在消费者的差别感觉阈限之内。在由于市场的变化导致成本增加时，产品的数量、大小需要作一些调整，以达到保持利润的目的。但是这种调整的标准是使消费者不易察觉。这样就要求这些变化控制在消费者的差别阈限之内。商品促销中的"打折"手段也要遵循这个规律。折扣多了利润会降低，而折扣少了则没有效果，所以折扣的额度应该以刚好超出消费者的价格差别阈限为宜。据零售商的经验，打折幅度应该至少在原价的 15％才有效果。

再次，随着时代的发展，很多经典的商标和包装也面临着难以与时俱进的问题，但是突变式的调整对消费者心中早已成熟的产品形象来说，可能会有负面的影响。这就要求商标和包装的现代化和消费者对该产品的好印象相结合，每一次改动都要限制在差别阈限的范围之内，令消费者没有察觉，积小变为大变。很多经典的老牌产品的现代化就是遵循了这一规律，都取得了成功。例如，百年壳牌的商标设计（见图 3-2），就是成功地把握了这点。

最后，差别感觉阈限也可被应用在品牌保护领域。不法商家总是刻意模仿名牌

图 3-2　百年壳牌的商标设计

产品，在包装、商标所选用的字体、图案、颜色等方面做文章，缩小、混淆与名牌的差距，也就是常说的"傍名牌"现象。这就要求知名品牌尽力拉大与竞争对手的差距，也就是扩大差别，在产品质量和防伪技术上下工夫，让不法之徒无法模仿。同时，也要通过不同的渠道，广为宣传，教给消费者一些识别真假名牌，验明"李逵"、"李鬼"正身的方法和常识。

二、通感及其在广告中的应用

1. 什么是通感

通感是人类心理活动中一种特有的把听觉、视觉、嗅觉、味觉、触觉等各种感觉沟通起来的感觉共鸣现象。人的通感能力是与生俱来的，诸如不同的色彩在人的心里都会产生冷暖、远近、轻重、大小感，绿、蓝、白等色彩使人产生冷、远、轻、大的感觉而被称为冷色调；红、橙、黄等色彩使人产生暖、近、重、小的感觉而被称为暖色调，这就是通感中视觉引起触觉的共鸣现象，这也是夏天人们喜欢绿、蓝、白色环境，冬天喜欢红、橙、黄色环境的原因。这样的例子体现在我们的日常语言中，诸如"响亮"、"听见"、"观音"、"彩铃"、"红杏枝头春意闹"、英文中"sweet voice"、"cold remarks"、"bright sound""She was wearing aloud dress"等，这些语言都体现了两种感官的结合。通感现象经常应用在文学艺术作品中，用一种感觉去描写另一种感觉，以增强作品的艺术感染力。钱钟书应该是我国正式引进通感研究的第一人。在其著名论文《通感》中，他是这样描述通感的："在日常经验里，视觉、听觉、触觉、嗅觉、味觉往往可以彼此打通或交通，眼、耳、舌、鼻、身各个官能的领域可以不分界限。颜色似乎会有温度，声音似乎会有形象，冷暖似乎会有重量，气味似乎会有锋芒。"[1] 通感其实是将一个人感受到的东西，在自己很难描述得让别人理解的时候，将自己的感受转化成别人易于理解的感觉形式进行转换描述，即将人的一种感觉器官的感觉通过交感与人的另一种感觉器官的感觉联系起来，互相转移感染，得到共鸣，形成沟通和理解。

---

❶ http://www.xtpo.cn/info/infodetail-2225240.html.

心理学的研究表明：人的不同感觉相互之间有分工，"各司其职，各负其责"，但同时又存在着相互影响、相互作用的情况，甚至一种感觉可以兼而引起另一种感觉（这在心理学上称之为联觉），而这正是通感现象产生的生理心理基础。和谐是产生通感的基础，能够将各种感觉器官的感觉获得的信息进行融合，在此基础上通过移情将信息在不同感觉器官之间进行转移。移情是通感产生的因素，把人自己内心的情感转移到所感觉到的所有事物上，形成物我交感，使事物在人的感觉中也有与自己相同的情感。通感运用得是否巧妙，在于靠真情实感寻找不似中的相似。

2. 通感及其在广告中的应用

在广告信息传播中，也可以将各种感觉融会贯通，打破感官限制，从而使得思维空间更加广阔，表现手法更加灵活，表达效果推陈出新、别出心裁，更具想象力和创造力地吸引和感染受众。

广告中运用的比较多的是人们对色彩的通感，用不同的颜色来达到非视觉的效果，使观众产生不同的心理感应，也是色彩心理学的主要内容。实验材料表明，颜色可以给人以味觉感受。如"黄色—甜味，红色—辣、咸味，茶色—苦味，绿色—酸味等"。食品广告中恰当运用色彩可使消费者感受到食品的味道。如香辣酱以红色为基调，咖啡以茶色为基调都可更加突出产品的特点。一句"晶晶亮、透心凉"的雪碧汽水广告，便道出了这种通感的真谛。在烈日炎炎的夏天，手里拿着一瓶雪碧汽水，看上去亮晶晶，喝下去凉透心，这种感觉大家都有过，然而把此种体验引入产品形象、成为一个固定的诉求，更令人回味不尽，似乎一看到"晶晶亮"，就觉得"透心凉"（见图 3-3）。再如大家比较熟悉的"康师傅方便面"，画面上一大碗热腾腾的白面条和令人垂涎的鲜虾、牛肉和蔬菜，加之"好吃看得见"的口号，产生了非凡的感召力，使整个产品广告劝诱诉求气氛很浓，受众就陶醉在这种通感的体验之中。可以说，这则广告利用新颖的品牌，简洁的广告语，艳丽的画面，集中的媒介攻势，有效地刺激了观众的感官，使许多人接受了广告的劝诱。

图 3-3　从跳水皇后"晶晶亮，透心凉"到人气歌手
"透心凉，心飞扬"，雪碧的清凉感受可以看得到

商品仅仅是满足人们需要的载体和介质，人们选购商品并非是想要商品本身而是想要通过商品满足自己的需要和期望。例如，我们购买书籍不是想要由纸构成的

书，而是想要书中的知识和情趣，满足自己的求知欲望和娱乐需求；女人购买化妆品也不是想要包装盒中的液体而是关心这些液体能否让自己更加美丽自信。然而，人们在没有真正使用商品之前是不可能完全了解商品能否满足自己的需要的，广告作为促进商品与用户相互了解的手段，向用户传递这样的信息：使用我就可以满足你的需要！广告的实质就是制造满足人们需求的梦幻。因此，广告的心理机理就是为大众创造出一个消费的"希望天堂"，在广告中借用通感修辞手法，将大众传播媒介难以表现的广告主题和内容进行感觉类型的转换，让广告主题与内容变得活泼、生动、新奇，使广告对象与之产生共鸣，让公众更加容易和更加强烈地感受到使用这种商品可以很好地满足其需要，强化广告对广告对象的渗透力和影响效果。

在现代竞争激烈的商业市场上，由于信息发达和采用标准化生产导致同类商品在质量上的差距在缩小，所以拉大与其他同类商品的距离是广告的主要目标之一，而且商品与企业的形象差距成为公众选择的依据。因此，广告的重要任务就是塑造商品和企业的优异形象，这正是通感广告可以大显身手的机会。

三、未来广告的趋势：多感官仿真广告的应用

将来的汽车广告不仅能使人看到汽车的外观，听到发动机的轰鸣，还可以使人闻到车内新鲜的皮革气味，感受到真皮坐椅的触觉，体会到速度感，甚至利用虚拟现实技术让顾客实现驾车体验和随意漫游，体验到清晨驾车的习习凉风和空气中飘荡的一丝晨曦的味道。当然你也可以对产品各部分进行 360 度的观察，看到汽车工厂、橡胶种植园、玻璃厂等汽车制造的相关环节。这种多感官广告的出现与媒介的发展和受众接受的生理心理本质完全契合，带给消费者前所未有的广告体验。

1. 媒介的补偿和仿真

新技术启发了创新者的思路——调动更多的感官力量，全方位地引起消费者的注意和兴趣。在这个发展过程中体现了补偿和仿真的意味，即后一种媒介的出现和发展是对前一种媒介不足之处的补偿。这就是英国传播学者莱文森的"补偿性媒介"理论的核心，它表明了人类对媒介发展的主动和选择性。

本质上，媒介出现和存在的意义就在于传播和交换某种体验。而信息、知识或情感都是体验的具象的形式。人类对于全面真实交流的渴望，使体验的交换日益趋向仿真，即被传播的体验越来越贴近受众的亲身经历，以获得最佳的传播效果。因此我们也可以说媒介发展所补偿的就是对仿真性的缺失。

我们可以设想将来会出现使受众完全身临其境的媒体。计算机图形、数字影像、人机交互、传感技术、人工智能等技术的进步和综合运用能创造出一种可基于计算信息的沉浸式交互环境，这就是"虚拟现实"。人们通过人机交互设备，与虚拟环境当中的对象自然交流，产生"沉浸"于等同真实环境的感受和体验。可以想象虚拟现实媒介环境下的人类传播会达到何种真假难辨的体验和传播效果。

实际上，广告的力量是随着媒介的发展不断裂变的。媒介的发展经历了由简单到复杂、由音响到语言、由文字媒介到图文并茂、由黑白动态影音到彩色动态影音乃至电子媒体的过程。

2006 年 12 月 5 日，美国加州牛奶加工委员会在旧金山市特定的公共汽车候车

亭发布了"喝牛奶了吗?"的宣传广告,能对路人发出诱人的新鲜出炉的巧克力饼干香味。特制香味油脂被涂抹在候车亭的夹层中,发出的香味接近100%真实。在东京、上海、巴黎……不管在何处,这种广告一面世就引起消费者们极大的关注和讨论。人们好奇并审视它,感受到了新型广告独特的"感官"魅力。

现在,人们就在为多感官广告的实现努力了。英国航空、纽约肯尼迪机场和伦敦希思罗机场都在为它们的品牌战略添加味觉识别。当你走进这些公司的头等舱或头等舱候机室,就会闻到一种叫做"Meadow Grass"(牧草)的独特芳香,用以增强品牌印象和好感。日本电信电话公司研制出了一种可与数字电视节目内容同步产生香味的装置,在2005年3月举行的"数字技术2005"博览会上大获好评。在现场演示的3分钟的烹调节目中,香味发生器根据牛肉、韭菜炒牡蛎、西红柿的影像调整牛肉、西红柿、牡蛎、黑胡椒、蒜、烤大蒜、牡蛎辣酱油等7种气味的出现时间和强度。初期发出各种食品原料和调料的气味,随着菜肴的烹制过程散发出混合型气味。相信如此逼真"展示"消费者感受的技术在广告中的开发应用,一定会让消费者感到强烈的广告刺激,促进消费者对信息的接受和反应。

2. 其他感官广告的尝试

大众媒介通常通过视听符号来刺激人们的眼睛和耳朵,以引起人们的注意。但是,由于现代广告对视听符号的滥用,使得人们对广告的感觉耐受底线日益提高,只有在感觉底线以上的刺激物,才能够引起消费者的兴趣。嗅觉、味觉、触觉符号在广告中运用得还比较少,其感觉底线较低,所以我们可以尝试在媒介环境中植入嗅觉、味觉、触觉符号。

对嗅觉广告的尝试是目前比较多的。美国的佐治奥公司最先尝试以杂志的"香页"做香水广告。他们利用特殊材料把香水微粒铺在"香页"上,夹于妇女杂志和家庭装饰类杂志中。一旦消费者撕开广告,香味随即飘出,十分怡人。这种嗅觉广告也引发了非香水行业的兴趣。劳斯莱斯和日产Infinity汽车都曾利用"香页"发出消费者喜爱的车座真皮气味,并取得不俗的促销成绩。宝洁公司也曾在伦敦的公共汽车站张贴能散发香味的海报。这种柑橘味去屑洗发水广告的下方标有"请按此处"字样,一按便会喷出雾状的香味气体,并配合"感受清新柑橘的芳香"的广告语。

当然食品行业是综合运用嗅觉、味觉、触觉广告最先锋的实验者之一,也是非常适合运用多感官广告的行业。在国内也已经有开发嗅觉广告的先例:2002年,可口可乐在上海推出柠檬可乐,将事先装有香料并具有自动感应功能的味感器放在巴士站台的广告里。广告引发了受众的好奇和媒介的争相报道。之后北京麦当劳也采用过这种广告形式,在早餐时间,只要有人走近候车亭广告牌,广告牌就会自动播放麦当劳早餐的声音广告并喷发出香味。芬达饮料则另辟蹊径,增加人们对广告的触感。芬达的候车亭户外广告呈瓶形,不仅与产品包装的外形一致,还特意在上面加上大量小凸起,使人触之有如一瓶在手,增加了对产品的回忆和联想。

在现有条件下不断开发利用技术,把视觉、听觉、嗅觉、味觉、触觉符号植入媒介广告中,比传统的二元感官刺激更能激发消费者的兴趣,并有助于建立品牌识别及忠诚。我们可以设想，当我们翻开杂志上的旅游广告时能听见旅游目的地的特色音乐，能闻到当地小吃的地道的香味，体会到图片上树木沙石的触感时，是否会令我们更加心动呢？现在，人们向嗅觉广告迈出了一小步。在未来广告的感官革命中，消费者的兴趣当然更能被充分调动起来。

第二节　消费者对广告信息的知觉规律

从某种意义上来说，对广告的认识和接受问题，就是人们对广告的知觉问题。人们并非仅仅从声音、颜色和广告格局上认识广告，而是对广告作出整体反应，就这一点而言，广告知觉的研究，是广告心理学的真正起点。

一、什么是知觉

知觉与感觉一样，是刺激物直接作用于感觉器官而产生的，都是个体对客观事物的感性反映形式，所反映的都是事物的外部特性，是人认识世界的低级阶段。但是，知觉必须以感觉为基础，有了感觉输入，才能对感觉信息进行选择、组织和解释，实现知觉过程。

知觉反映的是事物的整体属性，个体倾向于将所选择的感觉信息整合、组织起来，形成稳定的、清晰的完整映象。但是，知觉所反映的并非是感觉信息简单相加后得到的整体。例如，我们看到一个正方形，它的成分是四条直线。但是，把对四条直线的感觉相加在一起，并不等于知觉到一个正方形。知觉是按一定方式来整合个别的感觉信息，形成一定的结构，并根据个体的经验来解释由感觉提供的信息。它比个别感觉的简单相加要复杂得多。我们日常看到的不是个别的光点、色调或线段，也不是一大堆杂乱无章的刺激特性，而是由这些特性组成的有结构的整体，如房屋、树木、花草、人物等。刺激物的个别属性或特性，总是作为一定事物或对象的属性或特性而存在的。我们看到的红色，不是红旗的红色，就是红花或红衣的红色；我们听到的声音，不是马达的声音，就是说话的声音等。这些属性与一定的客体相联系，并具有一定的意义。在这个意义上，不与任何具体事物相联系的、完全没有客体意义的感觉是很少的。知觉依赖于直接作用于感官的刺激物的特性，不仅如此，知觉还依赖于感知的主体，知觉者对事物的需要、兴趣和爱好，或对活动的预先准备状态和期待，以及其一般知识经验，都在一定程度上影响到知觉的过程和结果。

二、广告信息知觉的特征及其在广告中的应用

在知觉过程中，人们不只是对外界刺激作出简单直接的反应，而且调动自己已有的知识经验，对刺激材料进行重新组织，对不足信息加以补充，对模糊刺激作出合理解释。我们对广告信息的知觉过程并不是对感觉材料的简单堆积，而是一个非常有组织、有规律的过程，并且表现出某些特征。这些规律表现为知觉的选择性、整体性、理解性和恒常性等特征，它们保证了人们认知过程的相对可靠性、合理性和经济性。

1. 知觉的整体性

　　知觉是在经验背景上对感觉信息的整合过程，这一整合过程也就是对信息进行组织加工的过程。在这一过程中，人们把事物各部分属性综合起来，整体地把握事物，这体现为知觉的整体性。知觉的整体性是指人在过去经验的基础上把由多种属性构成的事物知觉为一个统一的整体的特性。正如一个完整的人体是由头、躯干和四肢组成的一样，一个物体往往也是由许多部分组成的。视知觉在识别物体的各个组成部分的同时，能主动地把这些部分综合为一个整体。

　　知觉的整体性与知觉对象本身的特性及其各个部分间的构成关系有关。知觉整体性的组织反映出一定的规则，格式塔学派将它们归纳为以下几条主要原则：接近性原则；相似性原则；对称性原则；连续性原则；闭合性原则；等等。

　　消费知觉是消费者对客观事物整体的反映，这种整体是指消费知觉把物体或现象的各种属性和各个部分综合起来作为一个统一的对象来反映，所以整体性是消费知觉的主要或基本特性。消费者在知觉某一事物时，该事物的各种属性并不是只引起消费者的单一感觉，而是各种感觉在消费者头脑中有机组成的一个完整映象。比如，对一件衣服来说，消费者并不是仅仅注意到衣服的样式、色彩、质量、大小、手感等单一因素，而更多的是体验这件衣服在这些因素的基础上形成的整体效果。

　　人们所知觉的事物不仅具有各种属性，而且这些属性彼此相互联系着。这样在消费知觉中，事物各组成部分的相互关系也具有重要的意义，它也影响消费知觉的整体性。同样一些部分处于不同的关系当中，就成为不同的知觉整体（见图 3-4）。例如，在摆毛线的柜台上，如果把各种颜色的毛线按照相同颜色分层摆放在一起，就会给消费者一种整齐、干净、有序的印象；如果把各种颜色的毛线不分相同颜色而胡乱堆放在一起，就会让消费者觉得柜台不整洁，毛线质量很差，售货员很懒惰。这也是商家非常注重货架陈列，雇用众多理货员的根本原因。由于消费知觉整体性的特点，使得消费者在购买商品时，对商品的知觉和印象不仅仅局限在商品的本身，还会把商品与购物环境、售货员的态度以及行为举止联系起来。如果购物环境光洁明亮，商品摆放整齐有序，顾客人来人往，就会让人觉得该商场经营有方，货物齐全，质量可靠，价格便宜等；如果购物环境光线昏暗，商品乱堆乱放，顾客冷冷清清，就会令消费者产生该商场经营很差的印象，从而会怀疑商品的质量，甚至不愿光顾此商场。

图 3-4　哈雷摩托广告：散落的零件组织构建为让人惊叹的人像

2. 知觉的选择性

在知觉过程中，感觉系统会提供很多的刺激，但个体并不是对所有的信息都作出反应。个体总是把其中的一些当做知觉对象，而把另一些当做知觉背景。对对象的反应很清晰，而对背景的反应较模糊。例如，在课堂上，教师的声音成为学生知觉的对象，而周围环境中的其他声音便成为知觉的背景。知觉对象与知觉背景的关系是相互依存、相互转化的。知觉的选择性过程，是外部环境中的刺激与个体内部的倾向性相互作用、经信息加工而产生首尾一致的客体印象的过程。它具有主动、积极和能动的特性。研究证明，在日常生活中，消费者对环境中所遇到的刺激下意识地进行着选择，他在不自觉地寻求一些东西，避开一些东西，忽略一些东西。他实际知觉到的，只是他所面临的刺激的一部分，而他对刺激的选择，依赖于刺激本身的特性及消费者本身的一些内在主观因素。

知觉选择性的机制有三个：知觉的超负荷、选择的感受性和知觉防御。知觉的超负荷是指当外来刺激超出个体在正常情况下所能接受的能力时，一部分刺激就会受到心理上的排斥。1969 年，美国广告公司协会与哈佛大学联合进行调查，调查结果表明，半天内大众实际看到的广告数有 11～20 则，而实际可能遇到的广告数则为 150 则左右；另外，在消费者实际购买时，只在 5 个或者更少的商标上斟酌。调查表明为了避免知觉的超负荷，知觉要对信息进行过滤和选择，以防止知觉超负荷。研究还发现，消费者对自己认为有价值的或有兴趣的对象表现出较高的感受性，如小孩子们对玩具要比对服装、化妆品更敏感；而女性对服装和化妆品，则更快觉察。同时，个体表现出对恐惧或感到威胁的刺激倾向于回避、阻滞或反应缓慢。

在知觉过程中，受众要从背景中区分出知觉对象依存于下列条件。

(1) 对象与背景之间的差别　对象与背景之间的差别越大，对象从背景中区分出来就越容易；反之，则越困难。如用红笔批改学生的作业，学生对其能一目了然；如用蓝黑墨水或蓝圆珠笔批改，学生就很难看清楚。书刊中一些重要文句用黑体字、大号字，或加着重号，就是为了加大知觉对象与背景的差别，使读者能较容易地从大量的背景文字中选择出它们作为对象。

(2) 知觉者本身的主观因素　知觉者的兴趣、态度、情绪、知识经验、观察力和分析能力等主观因素，会对广告知觉产生影响。消费者的期望也会影响他对商品的知觉，使他对某些刺激的优点或缺点提高灵敏度，甚至对某些刺激产生一种歪曲的知觉。由于人们在过去的经验、价值、态度、信念等个性特征的基础上，形成了自己的需求体系和期望，并对自己所需的或所期待的对象具有特殊的敏感，因而，人们在其知觉选择中表现出明显的防御性，对自己感兴趣的东西尽力接纳，而对自己恐惧或感觉有威胁的刺激则尽可能地不去感知。因而，在我们的广告设计中，就应该对诸如主次关系、图形与背景的关系、信息联想等这样一些问题进行艺术化的处理，引导消费者在接受广告的信息刺激的同时，产生一些有关产品的美好联想，从而激发消费者的购买动机。

3. 知觉的理解性

知觉的理解性是指消费者在知觉一个物品时会根据已有的知识和经验对知觉对象进行解释的特征。人们在感知一个对象或现象时，不仅直接反映它的整体形象，还会根据自己以前获得的知识和实践经验来解释和判断这一对象或现象。理解帮助我们把知觉对象从背景中分离出来，而且有助于知觉的整体性，人们对自己理解和熟悉的东西，容易当成一个整体来感知。相反，在不理解的情况下，知觉的整体性常受到破坏。在观看某些不完整的图形时，正是理解帮助人们把缺省的部分补充起来。理解还能产生知觉期待和预测。例如，熟悉英语词汇知识的人，在读到字母"Wor…"后，会预期出现 D，K，M，N 等字母，因为他们知道，只有这些字母才能与"Wor"组成一个英文单词。在这里，人们已有的知识结构在当前感知中起着重要的作用。当前环境激活的知识结构不同，产生的知觉期待也不同。

由于消费知觉的理解性受以往知识和经验的影响，因此，知识和经验不同，对知觉对象的理解也就不同。所以在广告创意、设计中要充分考虑目标消费群体的知识与经验。如 FM365 网站请香港影星谢霆锋作形象代言人，并且其广告"网恋篇"就是根据其目标消费群体的知识经验和生活形态而创意的，便于其受众理解、产生共鸣，从而起到很好的宣传效果。消费知觉的理解性对促进消费也是有积极意义的。如果把某件普通商品衬托以非常豪华的装饰，或者置于富丽堂皇的包装之内，就会让消费者觉得这件商品极其名贵。比如对化妆品来说，化妆品包装瓶的造型一定要高雅别致、精美，让消费者一看到包装瓶，就联想到化妆品也很典雅高贵，从而产生购买欲望。如果包装瓶很粗糙，造型不美观，则很难让消费者产生该化妆品能使人美丽的联想。此外，为了预防消费者对商品的误解，企业在对商品进行广告宣传时，要引导消费者正确地理解商品，避免出现片面的甚至是错误的理解。

4. 知觉的恒常性

当知觉条件（距离、角度、光线明暗等）在一定范围内改变时，知觉的形象仍保持相对不变，这就是知觉的恒常性特征。恒常性是指知觉中由于知识经验的参与，当知觉的客观条件在一定范围内改变时，我们对它的知觉映象在相当程度上仍保持着相当的稳定性，不随知觉条件的变化而改变。这种特性使得人们对客观事物的认识在一定范围内保持一致性。在视知觉中，知觉恒常性表现得特别明显。如个体与知觉对象的距离和方位改变时，在视网膜上形成的映象会随之改变。但在一定范围内，个体对对象的大小知觉却相对不变，仍把对象识别为大小相同的物体。

研究表明，知觉恒常性的发展与个体的成熟和经验的积累有关，有的心理学家认为主要取决于经验的积累。当外界条件发生一定变化时，变化了的客观刺激物的信息与经验中保持的印象结合起来，人便能在变化的条件下获得近似于实际的知觉形象。对知觉对象的知识经验越丰富，在一定条件下，就越有助于产生知觉对象的恒常性。

知觉的恒常性经常被用在橱窗设计、模型设计、品牌管理等领域。在广告活动中，如果广告使消费者对其品牌建立了相当的了解，建立了品牌忠诚，即使环境有所变化时，消费者依然可以认知它。就像我们看到一个熟识的朋友，尽管他换了装束，仍然能够认出他。研究表明，一个忠实的顾客在五年内为公司所累积的利润是第一年的 7.5 倍；第一次销售成本大约是后续销售成本的 5～10 倍，甚至高达 20 倍。❶ 也就是说，消费者与某一品牌建立了一种长远的良好关系，就会保持较高的忠诚度。知觉的恒常性也要求我们的企业进行零缺陷管理，使自己的产品、服务做到尽善尽美，不要令消费者产生不好的印象。一旦消费者对某一品牌、企业、产品产生不好的印象，将很难改变消费者的态度，甚至会终生失去这一顾客。

第三节　消费者广告知觉中的偏差及其应用

消费者在广告知觉过程中，由于主客观因素的影响，有时会导致知觉偏差，主要有错觉、首因效应、近因效应、晕轮效应和刻板印象等几种情况。

一、错觉及其在广告中的应用

错觉是对客观事物不正确的知觉，是在客观事物刺激下，产生的一种对刺激的主观歪曲的知觉。错觉是由物理的、生理的和心理的多种因素引起的。其中具体事物受到并存的其他刺激的干扰，是形成错觉的主要原因；人的主观因素如经验、情绪、年龄和性别等对错觉形成也有重要影响。比如用手去比较一斤铁块和一斤棉花的重量，常常感到铁比棉花重；在火车上候车时，临近的火车开动，常常以为是自己乘坐的火车在动。

错觉的种类很多，常见的有大小错觉、形状和方向错觉、运动错觉、时间错觉、声音定位错觉等。其中大小和形状错觉有时统称为几何图形错觉，这也是心理学中研究较多的一类，它是指人们看到的形状或大小，不是外界事物的形状或大小的真实写照。在日常生活中，这种歪曲的视知觉现象随处可见。或许它们没有所介绍的经典的错觉图形那么明显，但是其差别也只是程度上的不同而已（见图 3-5）。

图 3-5　经典的错觉图例

尽管错觉是对客观事物不正确的歪曲的反映，但许多错觉对我们是有益处的，它们被大量用于广告及生活领域。当然，有些错觉严重歪曲事实，有欺诈误导的消极作用，广告应用中应当全力避免。但只要我们合理运用错觉，就会为广告信息的

---

❶ 王方华，顾锋. 市场营销学. 上海：上海人民出版社，2003：87.

传递增色不少。在广告中最常用到的是视错觉，如透视错觉。霍尔茨舒赫尔牌汽车曾推出的两张推销广告照片，其标题与文案完全一样，整个画面的布局也雷同，只是两张广告中，一张是人物模特站在汽车的后侧拍摄的，另一张是模特站在汽车的前方拍摄的。这样车子本身的大小虽未变，但由于照片透视造成了错觉，即模特站在汽车前面的照片，人物突出，而汽车显得较小，而模特站在汽车后侧面的广告照片则汽车显得较大，人物较小。在广告中可以通过拍摄角度等技术手段来制造视错觉，还可利用物体制造错觉。如商店店面不大，但在墙上装面大镜子，即可产生深远扩大的错觉。在包装及广告画设计中也常利用错觉。相同容积的两个小盒，一个是正方形，一个是菱形，利用视错觉，菱形就好似大于正方形。同样容积的两个塑料瓶，瘦高状比矮胖状显得容量要大。还有一些厂家，故意使容器的底部向里凹陷，从而增加容量的高度，给消费者造成容量大的视错觉。

二、首因效应和近因效应

1. 首因效应

首因效应又称为"第一印象"或先入为主效应，指在社会认知过程中，个体获得对象第一印象的认知线索往往成为以后认知与评价该对象的重要根据，最先输入的信息对客体以后的认知产生的影响作用。首因效应本质上是一种优先效应。实验心理学的研究表明，外界信息输入大脑时的顺序，在决定认知效果的作用上是不容忽视的。最先输入的信息作用最大，最后输入的信息也起较大作用。大脑处理信息的这种特点是形成首因效应的内在原因。当不同的信息结合在一起的时候，人们总是倾向于重视前面的信息。即使人们同样重视了后面的信息，也会认为后面的信息是非本质的、偶然的；人们习惯于按照前面的信息解释后面的信息，即使后面的信息与前面的信息不一致，也会屈从于前面的信息，以形成整体一致的印象。古语云："新官上任三把火"、"先发制人"、"下马威"……都不乏利用首因效应占得先机的经典案例。

心理学研究表明，与一个人初次会面45秒内就能产生第一印象。它主要是获得了对方的性别、年龄、长相、表情、姿态、身材、衣着打扮等方面的印象，以判断对方的内在素养和个性特征。第一印象最深刻也最顽固。第一印象一旦形成，要改变它就要下很大工夫，即使后来的印象与最初的印象有差距，很多时候也会自然地服从于最初的印象。

在广告信息传播中，如何给消费者留下良好的第一印象是所有营销者需要考虑的问题，尤其对于那些刚刚进入市场的新产品，第一印象的好坏将直接影响到品牌形象的建立和后续传播的效果（见图3-6）。卡耐基赢得朋友的策略在我们的广告策略中依然通用，将其作为衡量和要求广告传播活动的标准，会使我们在消费者的心智中取得良好的"第一印象"。

2. 近因效应

与首因效应相反，近因效应是指新近获得的信息对原有印象的削弱作用。如在人际交往中，最近、最新的印象往往是最强烈的，可以冲淡此前产生的各种印象。朋友间久别重逢，谈论新人、新事、新成就，马上就有"士别三日，当刮目相看"

之感。生活中"只记当前，忽略过往"、"累累前功，一朝化烟云"的现象也大量存在。前后信息间隔时间越长，近因效应越明显。原因在于前面的信息在记忆中逐渐模糊，从而使近期信息在短时记忆中更为突出。心理学研究表明，对陌生事物的知觉，第一印象有更大的作用；而对于熟悉的事物，新异表现容易产生近因效应。

图 3-6 大宝 SOD 蜜一贯的"平民"品牌路线，决定了它曾经的辉煌和今后的市场空间

近因效应的心理原理告诉我们，在企业营销行为中，广告不仅要给消费者留下良好的"第一印象"，而且要进行一贯性的持续信息传播，尤其要注意当下的表现，因为消费者也是容易淡忘的，最近的信息接触给他的印象会很深刻。对于很多处在危机话题中的品牌或产品来说，负面的印象将使消费者曾经的信任和赞誉受到消解，因此，及时的危机公关，形成正面积极的消费者印象显得至关重要。

首因效应和近因效应的原理也启发我们，广告要"说得好"，更要"做得好"，力争给消费者留下好的第一印象。万一第一印象不佳，也不是无可挽回的，经营者可运用近因效应的原理，设法改变之。商品包装不是可有可无，它对第一印象的形成作用不可忽视，对此商家要给予重视。另外，广告设计中也要考虑首因效应和近因效应的原理，首尾宜点明主题。

三、晕轮效应

晕轮效应指的是在观察判断和评价某一行为主体的时候，由于该主体的某一方面特征或品质从观察者的角度来看非常突出，以此掩盖了观察者对该主体的其他特征或品质的认识，而被突出的这一方面则演绎、扩张开来形成晕轮的作用。据美国心理学家研究认为，晕轮效应实际上是个人的主观推断泛化和扩张的结果。也就是指在人际交往中，人们常从对方所具有的某个特性而泛化到其他有关的一系列特性上，从局部信息形成一个整体的印象，即根据最少量的情况对他人作出全面的结论。那些一开始就被强烈知觉所接受的特点和品质就如同太阳光形成的光环一样，一圈一圈地向周围弥漫、扩散，从而掩盖了其他特点和品质，或使其他特点、品质也带上了这一印象的色彩。因此，晕轮效应又称为光环效应、印象扩大效应。在光环效应状态下，一个人的优点或缺点一旦变为光圈被扩大，那么他的其他特质也就隐退到光的背后被视而不见了。所谓"情人眼里出西施"，就是晕轮效应的一种表现。

当我们在关注和考察社会上的这"热"那"热"时，会发现当某种东西为大众所喜爱所收藏时，就可以在社会上轻易刮起生意的旋风。从集邮、书画、钱币到股票，只要"旧时王谢庭前燕，飞入寻常百姓家"，那么它就有极强的生命力。作深一步探究，可以发现这些深受欢迎的东西都带着一圈扩散的光环。

晕轮效应在广告中体现得非常明显。知名广告媒体、精妙的广告创意，还有大腕明星的加盟都会使消费者产生晕轮效应。广告中常见的名人效应就是晕轮效应的一个特例。影视体育明星属于消费者所接触的相关群体中的"仰慕群体"，他们的生活方式、消费态度、时尚感容易成为普通人模仿、追逐的对象。这些广告不约而同地利用影视明星来演绎可以实现的理想生活，其目的不言而喻。

　　利用名人做广告，会迅速获得目标消费者的关注，让名人的光环赋予品牌或产品某些特殊的东西。广告选用的名人形象大都是健康、明快、富于亲和力的，其带来的晕轮效应极大地增强了广告的影响力。消费者们会自觉不自觉地把这些名人和他们所代言的产品联系在一起，把名人看成了产品的某一个特别的部分，从而忽略了产品本身的其他方面。因此，如果厂家能够很好地运用这些名人带来的晕轮效应，将会在很大程度上提升产品在消费者心目中的地位。著名营销策划人叶茂中曾谈道："我第一次喝可口可乐，心想怎么这么像止咳糖浆啊！可是我没有告诉别人，只恨自己没有文化。你想啊，在我十几岁的时候，可口可乐是谁喝的？是电影里那些高级人物在高级宾馆里喝的，这么不得了的东西能和止咳糖浆一个味儿吗？我的舌头肯定有问题，最起码也是缺乏国际口感！现在想起来，这就是品牌的力量，是品牌带给我们的晕轮效应。"品牌是什么？品牌就是经验，品牌就是依据，品牌就是身份，品牌就是个性。从某种意义上说，品牌具有晕轮效应，它会紧紧抓住消费者的心，会像一条引线一样牵着消费者的思维，会让以追赶时尚为己任的现代人都自觉不自觉地培植起少年叶茂中式的傲骨：宁可不信自己也要坚信品牌。

　　我们可以利用晕轮效应来提高广告效果，树立良好的品牌形象。如在生产经营中努力打造产品或服务的特色，广告中刻意突出产品的特色和与众不同的优点，围绕这一优点、特点加大宣传力度，"广而告之"，使之成为产品或服务的"亮点"。而一亮点的存在，会给消费者留下鲜明深刻的完整印象。USP理论（也称独特卖点说，见第六章相关内容）运用的正是这一原理。

四、刻板印象

　　社会刻板印象也叫"定型化效应"，指人们对社会上某一类事物产生的比较固定的看法，也是一种概括而笼统的看法。社会刻板印象是一种特殊的社会心理定势。刻板印象的形成，主要是由于我们在人际交往过程中，没有时间和精力去和某个群体中的每一成员都进行深入的交往，而只能与其中的一部分成员交往，因此，我们只能"由部分推知全部"，由我们所接触到的部分，去推知这个群体的"全体"。社会刻板印象多种多样，在不同年龄、性别、职业、地域、民族的人群身上都有所表现。在许多消费者的心目中，有这样一些观念，如认为"进口的产品比国产的好"，"乡镇企业无名牌"，"包装华丽的商品品质好"等。对某类商品的迷信崇拜，可能是受到了刻板印象的影响。

　　人们由于地理、经济、政治、文化等条件聚集在一起，居住在同一个地区、从事同一种职业、属于同一个种族的人总会有一些共同的特征，往往也形成一些相近、相同的观念行为特征，"物以类聚，人以群分"，从这点来说，刻板印象判断存在一定的合理性。刻板印象的积极性在于对具有许多共同之处的某类人在一定范围内进行判断，不用探索信息，直接按照已形成的固定看法即可得出结论，这就简化了认知过程，节省了大量时间、精力。但它也有消极的一面：在被给予有限材料的基础上作出带普遍性的结论，会使人在认知别人时忽视个体差异，从而导致知觉上的错误，妨碍对他人作出正确的评价。

刻板印象一经形成，就很难改变，因此，在市场营销中，一定要考虑到刻板印象的影响。例如，市场调查公司在招聘入户调查的访员时，一般都应该选择女性，而不应该选择男性，因为在大众的常规印象中，女性一般来说比较善良、较少攻击性、力量也比较单薄，因而入户访问对主人的威胁较小；而男性，尤其是身强力壮的男性如果要求登门访问，则很容易被拒绝，因为他们更容易使人联想到一系列与暴力、攻击有关的事物，使人增强防卫心理。

人们对品牌或产品的选择，反映了人们对自己在社会中形象、地位的认知和追求。在广告策略中，广告可以利用或创造一类消费者渴望或仰慕的"图式"印象来引导消费。"男人的图式"、"女人的图式"、"成功者的图式"、"幸福生活的图式"等，广告利用众多"图式"的目的，就是希望影响消费者的认知。这从人们对服装、香烟、汽车品牌的选择中可以看出：在某一阶层或职业中的人，抽什么品牌的烟，喝什么品牌的酒，穿什么品牌的西装、T恤、腰带、皮鞋，开什么品牌的汽车都有一定的范围，这就形成了关于这一阶层或职业的人是什么形象的"社会图式"，广告利用人们对各种图式的知觉，来影响消费者。

多数情况下刻板印象的确是认识广告对象的捷径，广告策划创意者也在刻意利用消费者头脑中的刻板印象来简化沟通、促进认知。然而值得注意的是，广告中的表现素材总是来源于现实生活中的典型状况，这就容易掩盖广告中的事物和现实社会中的事物之间的实际差异，也容易导致受众通过广告对认识对象作出错误的评价和判断。

对刻板印象的过分依赖也不利于广告的创新本质。对刻板印象的使用虽然给传受双方都带来了相当的便利，但是，广告的生命在于创新，如果广告的模式化使广告传播千篇一律、平淡无奇，那么广告就失去了魅力，甚至再想抓住人们的眼球都是困难的，更不用提对受众进行劝服、促使他们买东西了。从广告创作的角度来看，总是贪图省力、省时，而将竞争对手的，或行业内通用的，或自己曾经行之有效的广告表现方式一用再用，不思创新，求突破，必然导致广告止步不前。而若想以陈旧的创意表现去应对国际广告传播的激烈竞争，更是极其不可思议的。过度沉溺在刻板印象中展开广告构思和表现，则很难在竞争激烈的广告舞台上有立足之地。

总之，在对广告信息知觉过程中，由于主观、客观的原因，可能会出现某种知觉偏差。这些心理偏差对营销来说，既有积极的意义，也有消极的影响。如果运用得好可以获得额外的收益，否则，将会带来不利的后果。广告人在运用这些社会心理效应时，还必须考虑营销道德问题。西方伦理学家提出了判断营销道德的两大理论，即功利论和道义论。在这里功利论应该能够很有效地界定广告的道德问题。所谓功利论主要以行为后果来判断行为的道德合理性，如果其一种行为给大多数人带来最大幸福，该行为就是道德的，否则就是不道德的。不可否认，晕轮效应等在某种程度上是一种认知偏差，但如果广告中的这种偏差能够更加突出产品的特征、个性，能够更加满足消费者的艺术性和时代性的心理需求，那么这种心理效应正是营销者应利用的，同时也符合营销道德。但如果广告带给消费者的是一种欺骗的感觉，比如在产品过度包装方面，超大包装而实物却很小；包装过于精美而产品却过于粗糙；等等。这种心理偏差的利用就是违背营销道德的，当然也必然会影响消费者对该产品的继续购买，从而产生长期的不良影响。

思考题

（1）感觉和知觉有哪些联系和区别？消费者对广告信息的知觉有哪些规律？

（2）感觉阈限在广告信息设置中的地位与作用是什么？举例说明阈限在日常广告中的应用。

（3）如何客观地评价认知过程中的知觉偏见？以品牌代言为例，广告如何把握好对各类知觉偏见的应用？

实战模拟练习

（1）结合阈下广告资料，利用感觉阈限理论探讨隐性广告在当今影视剧中的应用。

【阅读材料】：阈下广告

"无数的迹象向我们表明，每时每刻都有无限多的不引起知觉和反映的感觉刺激存在于我们的体内，我们通过这些与目的性行为和体内变化相伴而来的无知觉刺激做出一种选择，以使我们的行为更加适应这种刺激。"（Leibniz，1704）

"阈下"（Below the Threshold）在心理学中早已不是什么新鲜名词了。这里的"阈"，指的是"感觉的阈限"，人的感官只对一定范围内的刺激作出反应。只有在这个范围内的刺激，才能引起人们的感觉。这个刺激范围及相应的感觉能力我们称之为感觉阈限和感受性。比如，在一个安静的房间里，将一个人们无法察觉的微弱声音逐渐放大，直到人们能够确定声音的存在，这时的刺激强度就是感觉阈限。这样，"阈下"就很好理解了，它指的就是感觉阈限以下，即能够刺激人类感官的最低强度以下。从表面上看，既然阈下刺激存在于人类感觉阈限之外，通过实验表明不能引起人的感觉，那么阈下的刺激对人应该是无法产生影响的。可是大量的心理学实际研究结果发现，阈下刺激对人仍然有很大的影响。

这些研究中比较著名的就是威尔逊在1979年所做的"两耳分听"实验。在实验中被试两耳各戴一个耳机，唯两耳机之声源不同；一耳机倾听一篇文章，并规定被试必须随声逐句朗诵（如此设计旨在使其注意该耳信息）；另一耳声源则是被试从未听过的数段音乐曲调。在如此设计的情境下，因被试的注意力必须集中于一耳，对另一耳的声音，在意识上是无法觉察到的。因此，从心理历程的观点而言，另一耳的曲调声音，可视为阈下刺激……该实验研究发现的结果是：如将实验时听过的三个曲调和另外从未接触过的三个新曲调混合呈现，让被试辨别何者在耳机中听过时，发现被试的回答并不正确。此点说明阈下刺激的影响并不明确，但如果改变问题的方式，让被试从混合的六段曲调中，凭自己的感觉指出，何者听起来比较熟悉顺耳时，却发现他们辨别得相当准确。此点说明，阈下刺激在不知不觉之中，仍然产生影响。

另外，通过仪器测量也能证明，人们在接受阈下刺激时虽然没有感觉，但却有一定的生理反应。例如，低于听觉阈限的声音刺激能引起脑电波的变化和瞳孔的放大等。

由此可见，通过实验的证明，我们能够确定阈下刺激对人类确实存在影响。问题的关键只是这种影响到底有多大，是否足以改变人们的态度和行为从而妨碍其做出自主的选择。

在承认阈下刺激能够对人产生影响的前提下，利用人类这种特殊的体验方式，传播有意设计和制作的特殊信息以刺激人的阈下反应，试图影响人们的态度倾向甚至选择与行动的技术就是阈下技术。可见，阈下技术是一种潜意识诉求，即通过提供人所无法意识到的信息达到说服的目的。

使用阈下技术的一次著名的尝试就是长期以来为人们所津津乐道的，维卡里（Vicary）于 1957 年在新泽西一家电影院所做的投影实验。在电影的放映中维卡里使用了一种特别的投影机，这种机械在一般电影机放映电影时，每隔 5 秒钟就将写有"吃爆米花"和"喝可口可乐"的潜意识消息投放到同一电影银幕上。每则消息在银幕上闪烁的时间只有 1/3000 秒。据他说，爆米花的销售因此增长了 57.5%，而可口可乐的销售增长了 18.1%。可以说，这并不是正规的科学实验，而且，其中的很多信息难以得到证实。但是，这次实验却激起了人们关注阈下技术的强烈兴趣，并引发了热烈持久的科学上和伦理道德上的讨论。由于担心阈下广告被不正当地使用，比如用于酒业可能引起人们酗酒，所以在许多国家都明令禁止使用阈下广告。

虽然阈下广告没有得到推广，但大量研究证明，人们确实对阈下刺激作出了反应。其他变相的阈下潜意识诉求却经常出现于媒体中，而且往往收到良好的效果。比如美国获纽约广告金奖的一则宣传汽车轮胎的电视广告，画面中没有直接打出轮胎的镜头，而是一位运动员穿着一双旧运动鞋在山上跑，跑着，跑着，鞋面跑开了几道口子。运动员无可奈何地脱下鞋子，只见鞋底完好无损，崭新如初，鞋底中间却出人意料地印着那家汽车轮胎公司的轮胎商标。消费者看后，不知不觉地记住了广告中所宣传的产品。这则广告中汽车轮胎的信息虽然只是以很快的速度显示了一下，读者、观众还没来得及探感到这些刺激，但他们却受到这些信息的影响，在他们的潜意识当中牢牢地记住了广告诉求的内容。

（2）阅读以下材料，收集各类平面广告资料，对其推销说辞语汇信息进行统计分析：哪些是常用的广告说辞？它们和广告效果之间是什么关系？

材料分析：知觉防御与广告诉求

知觉防御是人们保护自己的一种思想方法倾向，个体表现出对恐惧或感到威胁的刺激倾向于回避、阻滞或反应缓慢。这种倾向使人比较容易注意观察能满足需要的那些事物，而对那些与满足需要无关的事物视而不见，听而不闻。

心理学家麦克詹尼斯的实验证明了知觉的防御机制。他对中性词（跳舞、儿童、火炉等），猥亵词（强暴、妓女、恶棍等）进行了辨认阈限的考察。结果表明猥亵词的防御反应明显高于中性词。

知觉防御机制告诫我们，在广告实践中采取否定的感染力方式说服大众时，应持谨慎的态度。美国一著名推销训练专家汤姆·诺曼发现：有一些字词利于推销，有一些则相反。

有利于推销的字词：对方的名字，事实证明，健康，容易，保证，金钱，安全，省钱，新，爱，发现，对的，结果，舒适，自豪，利益，值得，快乐，信赖，价值，好玩，至关重要等。

不利于推销的字词：交易，成本，付款，合约，签名，试用，担心，损失，赔本，伤害，购买，死亡，坏的，出售，卖出了，价格，决定，困难，辛苦，义务，应负责任的，错失，责任，失败等。

一次研究还表明，被试在一刹那间感知到的是那些自认为有价值的对象，而对恐惧性的对象则多半视而不见。

（3）用本章的原理分析某大学餐厅"第一次不来是你的错，第二次不来是我的错"、"宁愿一人来千次，不愿千人来一次"的广告语。

第四章
广告信息的学习与记忆方略

【学习目标】

了解消费者对广告信息的学习、记忆过程，把握影响消费者对广告记忆效果的因素，掌握让消费者记住广告的策略。

基本知识点：消费者的学习理论、学习方法、消费者的记忆过程、影响消费者对广告记忆的要素、让受众记住广告信息的方略。

重点：消费者的学习理论、影响消费者对广告记忆的要素、让受众记住广告信息的方略。

难点：消费者的学习理论。

消费者的经验和行为绝大部分是后天习得的。通过学习，消费者获得了有关商品或服务方面的丰富知识和经验，提高了对商品的鉴别能力，也同时习得了某种消费行为或习惯，形成或改变了对商品品牌的态度。在学习过程中，其行为也在不断地调整和改变。消费者的学习与记忆是紧密联系在一起的，没有记忆，学习是无法进行的。所以，我们可以简单地把学习理解为经验的习得，把记忆理解为经验的保持。本章将对消费者对广告信息的学习和记忆的基本过程和规律展开讨论，发掘广告记忆的心理策略。

第一节　广告受众的学习

一、广告受众的学习的特征

从心理学角度看，学习是指学习者因经验而引起的行为、能力和心理倾向的比较持久的变化，它与成熟、疾病或药物等因素无关，而且不一定表现出外显行为。广告受众的学习是存在于人类认知领域里的一个特殊学习现象。它是指广告受众在广告活动中，不断获取知识、经验与技能，不断发展自身能力，完善自身行为的过程。通过正式与非正式的方法，广告受众在广告活动中不断积累经验，获得商品知识，进而形成心理态度和消费观念，这就是广告受众的学习。通过学习，广告受众不仅增加商品知识，丰富经验，而且能够运用这些经验来改变或调整自己的消费行为。广告受众的学习具有以下特征：

第一，广告受众的学习表面看是一种被动性的学习。他们的学习是源于消费需求的一种被动性学习，这与学生积极主动地学习有区别。广告受众熟悉广告中的一种商品，一般不会接受专门的学习和培训，他们是在消费需求的指引下对商品进行被动的学习。比如，要穿衣服，就要了解一些服装面料、款式的知识；需要饮食，就要知道一些食品营养、烹制方法方面的知识。由于广告受众的学习具有被动性，所以他们的学习水平相对肤浅，一般缺乏对商品的深刻熟悉。而且学习的知识一般都比较零散、缺乏系统性。当然，消费者的这种学习也并非完全被动的过程。有了消费需求的引导，消费者也会主动搜寻有关商品的信息，并进行加工。

第二，广告受众的学习是实践性学习。广告受众的学习行为是人类实践活动的一部分，是消费者直接获得商品知识、形成消费技能的主要途径和方式。他们每一次参与广告活动的过程本身就是一次实践学习的过程。比如，在农夫山泉广告中，广告受众接收了"农夫山泉有点甜"的信息，这实际上就是学习的过程。

第三，广告受众的学习是隐性知识的学习。隐性知识来源于个体对外部世界的判定和感知，来源于经验，是高度个人化的知识，有其自身的特殊含义，因此很难规范化，也不易传递给他人，只能被演示证实它是存在的。简单说就是"只可意会，不可言传"的那些知识。学习这种技能的唯一方法是领悟和练习。广告受众的隐性知识可以划分为两类：一类是认识方面的隐性知识，包括广告受众对于商品的洞察力、直觉、感悟、爱好等；另一类是技能方面的隐性知识，包括广告受众在购买商品的过程中非正式的、难以表达的消费技巧、经验和诀窍等。

二、广告受众的学习方法

广告受众的学习方式从根本上看主要有社会性学习、条件学习、认知学习几种。但是学习的具体方法多种多样。常见的学习方法如下。

第一，模仿法。模仿法即按照一定的模式进行学习的方法。模仿在行为的学习过程中起着重要作用。儿时的各种动作、生活习惯、语言等都是在模仿中学习的。模仿的情况大致有下列两种：其一，模仿可以是有意的、主动的，也可以是无意的、被动的。其二，模仿可以是重复的，也可以是主动的、有变化的。完全照原样模仿称为重复模仿；有所变化创新的模仿称为主动的、有变化的模仿。模仿行为在广告受众的购买活动中大量存在。例如，在穿着方面，时装展示、表演在现代社会具有越来越大的影响。名人、明星因衣着打扮常常成为大众效仿的对象。因此，一些厂商、经销商经常会花大价钱请名人、明星做广告。

第二，试误法。广告受众在积累经验的过程中，总要经历一些错误的尝试，以后随着不断的反复，错误逐渐减少，成功逐渐增多。试误不一定要亲身经历，从间接经验（别人的经验）中同样可以认识错误。购买中的错误是购买的失败或消费的不满足，导致购买失败的原因是多种多样的。广告活动的任务是尽量避免自己的产品、服务成为广告受众消费失败的原因，相反，广告活动要尽量使广告受众感到其消费的满足与自己的商品、服务相关。

第三，发现法。所谓发现法，即广告受众建立在对购买过程各方面的认识、发现的基础上的和其他主动应用自己头脑获得知识的一切方法。如某广告受众对广告中的商品产生了兴趣后，主动积极地收集有关的信息，或者当场打电话询问，或者经过一段时间留心，通过比较、判断最后做出决定。一般购买价值较大的商品时，用发现法进行学习。对于小商品、日常用品等则多数用试误法进行学习。商家为了推荐新品而推出的"免费品尝"、"免费试用"、沙滩或公园寻"宝"等促销活动，就是为消费者提供了一个发现学习的机会。

第四，对比法。对比法是人们认识事物时常用的一种方法。广告受众在广告中的对比可以是商品及购买方式、时间、地点的对比，也可以是消费观念等方面的对比。简单的对比比较直观，对比的结果直接决定着广告受众的消费选择和购买决策。因此，在竞争激烈的市场上，如何使自己的产品、服务在广告受众的对比中脱颖而出，便成为广告设计的一个重点。

三、学习理论

消费者消费行为的改变是一个学习的过程，消费者习得广告信息的过程，本质上也是一个学习的过程。因此有必要了解人们是如何学习的。教育心理学家提出了各种解释人们学习的理论，最有影响的就是联想学习理论、认知学习理论和社会学习理论（见图4-1），下面对其学习主张做一简要介绍。

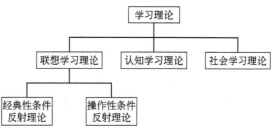

图 4-1　学习理论分类示意图

1. 联想学习理论

联想学习理论也被人们称为行为主义学习理论。该理论认为，学习是一种反应（Reflex）同一种刺激（Stimulus）的联想，或有机体在所受到的刺激与所做出的反应之间建立联系的过程。这种刺激与反应之间的联系是借助于两种条件反射实现的，即经典条件反射和操作性条件反射。条件反射一旦建立之后，有机体就会对同样的刺激作出相同的反应。

（1）经典性条件反射理论　经典性条件反射是由俄国生理学家巴甫洛夫（Pavlov）提出来的。该理论认为，借助于某种刺激与某一反应之间的已有联系，经由练习可以建立起另一种中性刺激与同样反应之间的联系。

① 条件反射的建立。巴甫洛夫在实验室中对狗进行生理实验时发现，狗有一种本能的行为，即每吃到肉时，就会分泌唾液，这是一种生来就会的行为，巴甫洛夫称之为无条件反射——Uncon-ditioned Reflex，简称UR。在实验中，给狗一个灯光刺激或铃声刺激，狗对此没有分泌唾液的反应，这一刺激被称为无关刺激。但是，在每次给狗肉粉的同时或稍前，给狗施加灯光或铃声刺激（在条件反射中，这一刺激被称为条件刺激——Conditioned Stimulus，简称CS），就会在狗的大脑皮层某一部位出现一个兴奋中心，紧接着给它肉粉（在条件反射中，这一刺激被称为无条件刺激——Unconditioned Stim-ulus，简称US），由于肉粉对狗舌头神经末梢的刺激，狗便分泌唾液（这一行为被称为无条件反射），同时在大脑皮层另一相应部位出现一个新的兴奋中心。如果这一过程多次重复，即铃声或灯光与肉粉多次结

合，就会在大脑皮层的两个兴奋中心之间发生沟通，也就是建立起暂时的神经联系，这时，由一个兴奋中心产生的兴奋也能够激活另一个兴奋中心的兴奋，单独给狗灯光或铃声刺激，也能使它分泌唾液，灯光或铃声由原来的无关刺激变成了一种食物即将出现的信号刺激，狗由原来对这种刺激不会产生分泌唾液的反应变为能够产生这种反应，这时条件反射（Conditioned Reflex，简称 CR）就产生了，或者说狗产生了学习行为。从这个意义上说，所谓学习就是学会用一种新的方式对以前的无关刺激作出某种反应。

② 条件反射的消退。在条件反射中，巴甫洛夫称无条件刺激物 US 为强化物，它所起的作用就是强化作用，因为它的作用是加强 CR。实际上，如果没有这种强化过程，条件反射就根本不会发生。即使在条件反射形成以后，这种神经联系也是有条件的，所以叫做暂时神经联系。不仅暂时神经联系的形成依赖强化，巩固也离不开强化。如果无条件刺激物不再同条件刺激物相结合，那么，已形成的暂时神经联系就会消失。也就是说，当狗学会对灯光或铃声做出分泌唾液的条件反射行为后，如果以后在它看到灯光或听到铃声后不再给食物，狗以后就不会再作出分泌唾液的反应了，这就是条件反射的消退律。

上述经典条件联系形成的原理及其所得的科学事实，虽然来自动物，但是，对于阐明消费者如何习得新商标仍不失其科学价值。诚然，对于人类来说，强化不仅可以是具体的食物，更可以是一切含有奖励性质或令人产生好感的刺激物。具体地说，一切符合消费行为特性的商品或劳务，比如一块价廉物美的衣料，很可能成为消费者的强化刺激。由于它受欢迎，自然引起人们的好感。这种好感所起的作用相应于无条件反射。其商标可看做一种条件刺激。通过广告宣传或其他促销活动，特定商标与该商品结合起来了，于是建立了暂时联系。其结果该商标成为该商品的信号，同样引起了消费者的好感，并有了认牌购买的倾向性，这种认牌购买行为相应于条件反射。该商标一旦成为广大消费者的条件刺激，也就标志着该商品有了知名度和美誉度。总之，知名度和美誉度的习得，关键在于有起强化作用的名牌货或信得过的产品。巴甫洛夫的消退律提示我们，美誉度的保持或巩固，同样必须不断用优质货来强化，否则美誉度就将消退甚至走向反面。这就是保名牌的重要作用。一个厂家，如果不是立足于使自己的产品符合消费者的行为特性，而一味追求广告宣传或其他促销活动，那么，无论施展何种手法、采用何种策略，消费者将最终会因得不到良好的强化而失去对该商标商品的好感和认牌购买的倾向性。对于营销来说，这很可能就成为一次性买卖了。暂时神经联系学说还指明如下一点：条件反射的消退，并非原来形成的条件反射根本消除，而只是一种抑制现象。如果重新给以强化，原来形成的条件反射不仅可以得以恢复，而且条件作用的出现会比原来建立条件联系时来得更快。这提示我们，"砸牌"之后，厂商也不必过分忧虑，通过积极采取措施重保产品优质，信誉是可望恢复的，而且可能会比当初创牌时更快。条件反射原理对商标设计、包装、推销和广告都有积极的应用价值。

③ 条件反射的泛化。当学习者学会对某个刺激作特定反应时，这种反应不仅可以由原有的刺激所引起，还可以由与这一刺激相似的其他刺激所引起，这种现象

叫做条件反射的泛化。在巴甫洛夫的实验中，出现过这种泛化现象。例如，用音频为 256 周/秒的一个声音和无条件刺激（食物）反复结合，而形成条件反射（引起唾液分泌）。现在改用另一个频率为 356 周/秒的声音作用于该实验动物，该受试动物也出现了唾液分泌。研究表明，泛化的程度与两个刺激的相似性密切相关，即新刺激与原有条件刺激越相似，泛化越明显；而两者差异越大，泛化越小。

学习活动中的这种泛化现象，常被应用于市场营销活动中。例如，市场上的不知名品牌为了提高销售量，有时采用不正当手段，在包装、装潢、商标、品名、颜色、字体、图案等诸方面设计得与名牌产品十分相似，以期消费者对名牌产品的好感泛化到它的产品上去，从而达到鱼目混珠的效果。例如，广告活动中，投机商在包装、装潢、商标、品名等方面，使其产品同老字号名牌商品类似，就可能使消费者对名牌产品的好感而泛延到其产品上去。只对条件刺激进行强化，而对近似的刺激不给予强化，这样泛化反应就会逐渐消失。

④ 条件反射的分化。条件反射的泛化，指的是学习者对不同但类似的刺激做出相同的反应。而条件反射的分化，则是指对不同刺激做出不同的反应。换句话说，条件反射的分化就是学习者对不同刺激会做出不同反应。巴甫洛夫的学说指明，在条件反射形成的初期，学习者是容易对刺激做泛化反应的。只有对条件刺激伴以强化物，而对另一类似刺激不给以强化，如此反复进行才可能达到对前者做出条件反射反应，对后者则不做同样反应。为了达到对刺激的分化，辨认应该从明显差别的刺激开始，然后逐渐缩小差别，而不是倒过来。

在市场上，同类产品繁多，它们往往只有少数特性不同。对它们的分辨，并不是件易事。厂商们应该正视消费者难以分化的特点，设法通过广告宣传或其他促销手段，把自己的产品从同类产品中区分出来，防止同类产品与自己的优质品、名牌货相混淆。为此，可供选择的策略目标就是强化消费者去注意自己产品的特色。实际上，产品的一切外部特征，包括商标品名、颜色、形状、包装等，都旨在实现上述这一目标。例如，前几年在中央电视台第一套节目黄金时间新闻联播后的天气预报中，孔府家酒插播了一个广告，广告中特意把"家"字放大，其目的就是强调这是"孔府家酒"，以免使消费者误认为"孔府宴酒"。

经典性条件反射理论已经被广泛地运用到广告中。在广告中运用经典条件反射理论要注意无条件刺激与条件刺激之间的联系应该简洁，易理解。如用几根香烟拼成一把手枪，在枪口写上文字"请远离它"，这样，烟与枪就建立了联系，枪使人恐惧，烟也就有了恐惧感。把度假村放在蓝天碧水之间，蓝天碧水让人感觉放松，度假村也便让消费者有了这种感觉。

（2）操作性条件反射理论　经典性条件反射所揭示的学习过程有一个明显的特点，即学习者是被动地接受来自外界的刺激。其实，动物和人的大量学习行为并不是这样，而是积极主动地探索外部世界。这样的学习在一定程度上可以用操作性条件反射来说明。

操作性条件反射理论是 20 世纪 30 年代由美国著名心理学家斯金纳提出来的。斯金纳创制了一种称斯金纳箱的实验装置。在该实验箱的一侧壁上，有一根与食物仓相连的杠杆。只要轻微触压杠杆，它就会向下移动，致使食物从食物仓落入食盘中。当把一只饥饿的白鼠放进斯金纳箱后，它会做出各种各样的反应，比如乱跑、乱跳、乱叫等，但只有按压杠杆后才能得到食物。一开始这一动作是偶然发生的，但随着被强化次数的增多，白鼠就不再做出各种无效动作，当再次把它放进斯金纳箱后，它就会直接去按压杠杆。这样，白鼠就学会了按压杠杆的动作，或者说，白鼠产生了学习。

操作性条件反射理论认为：一个操作发生后接着呈现一个强化刺激，那么这个操作的强度就会增加。当学习者做出的某种行为受到强化后，这一行为重复出现的可能性就会增大，当一种行为多次受到强化后，这一行为就会固定下来，这样，学习者就学会了一种新的行为。由于在这一学习过程中学习者在特定环境中是主动而自愿地进行操作，然后才得到强化，所以得名操作性条件反射。同时，又由于这个过程包含一种有助于获得奖励并倾向于重复的活动，故又称为工具性条件反射。

对于消费者来说，操作可以视为购买活动。操作性条件反射活动可以理解成在购买特定商标的商品与解决问题或满足需要之间建立联系。消费者的认牌购买行为就可用斯金纳的操作性条件反射原理加以说明。一个消费者由于偶然听到某品牌的商品的广告宣传，或者由于随机购买，或接受了商家的免费赠品，试用了一个不熟悉的品牌的商品，如果所购买或试用的商品确实质量上乘，能够满足自己的需要，那么，对该品牌的选择就会得到肯定和强化。于是，第二次购买就变得更加可能。如果购买后该商品的使用不能满足自己的需要，消费者就会做出回避反应，而中止对该商品的购买。

操作性条件反射理论的基本思想归结为一点就是：强化会加强刺激与反应之间的联结。联结刺激与反应之间的学习，在很大程度上取决于对强化物的安排。研究发现，如果给予连续强化，即在每次正确反应后就给以强化物，个体对正确反应的学习就速度很快。但当强化物不再呈现或中止强化时，正确反应的消退速度也很快。相反，如果强化是间断性的或部分的，即不是对所有正确反应而只是对部分正确反应予以强化时，虽然最初对正确反应的学习速度较慢，但在强化物消失后，行为消退的速度也比较慢。因此，企业要与顾客保持长期的交换关系，还需采取一些间断性的强化手段，比如给予顾客奖券、奖品或其他促销物品等。这些强化物，会加强消费者对于品牌的购买，进而形成好感。通过不间断地发送样品，提供奖券，给予折扣，鼓励消费者对产品进行试用，给以强化刺激。当然，问候也是有效的强化物。

在广告活动中运用操作性条件反射的策略有两点。

第一，使用奖券、折扣、赠品、回访电话等有效的强化物让消费者试用产品，再通过进一步的刺激形成好感，最后形成重复购买甚至忠诚购买。久而久之，一吃快餐就想到麦当劳，一发快递就想到 EMS，一买相机就想到索尼，一去超市就想到沃尔玛。

第二，强化物的频率和时段也很重要，应该根据人们的记忆和遗忘规律来设计强化物出现的频率和时段。

经典性条件反射理论和操作性条件反射理论都属于行为主义学习理论，两者均着眼于刺激与反应之间的联结，将学习等同于通过刺激与反应之间的关系获得。个体获得这种刺激－反应关系后，经反复练习和强化就会形成习惯：只要原来的或类似的刺激情境出现，习得的习惯性反应就会自动产生。

不同的条件反射方法适合于解释不同的行为。具体地说，经典性条件反射原理，适合于解释适应环境的行为。通过经典性条件反射，有机体学会辨别出什么是有益的刺激、什么是有害的刺激，从而做出趋利避害的反应。这种反应是通过引起好感或反感体验的那些刺激联想来实现的。操作性条件反射可以更好地解释改造和控制环境的行为。它要求学习者首先做出一定的反应，然后才能得到强化刺激物，这样，正确的反应（能得到强化的反应）就被巩固下来。以后再碰到类似的情境，学习者就会主动地做出这种反应来满足自己的需要。

2. 认知学习理论

最早对行为主义学习理论提出反对意见的是完形心理学家，其中以德国心理学家柯勒最为著名。认知学习理论把学习看成发现可解决问题的有意义的模式（完形）或领会事物之间的关系的过程，而不是尝试错误的结果。而且这种发现和领会又常常是突发式的，所以这种现象又叫做顿悟。

柯勒通过观察黑猩猩在目的受阻的情境中的行为反应，发现黑猩猩在学习解决问题时，并不需要经过尝试与错误的过程，而是通过观察发现情境中各种条件之间的关系，然后才采取行动。柯勒称黑猩猩此种类型的学习为顿悟。在柯勒看来，顿悟是主体对目标和达到目标的手段之间关系的理解，顿悟学习不必靠练习和经验，只要个体理解到整个情境中各成分之间的相互关系，顿悟就会自然发生。消费者对广告的认识是一个整体的过程，同一个广告，不同的人会有不同的理解，即使是同一个人，在不同的情境下理解也不一定相同，很多时候都是由于"顿悟"。

继柯勒的顿悟学习实验之后，美国心理学家托尔曼与霍齐克于1930年所做的关于潜伏学习的实验，对行为主义的强化学习原理做了进一步反驳。该项实验发现，在既无正面强化也无负面强化的条件下，学习仍可以采用潜伏的方式发生，也就是说没有明显的强化也可以产生学习。关于这一点，现实生活中的很多现象都可以提供支持。比如，在接触各种广告的过程中，消费者可能并未有意识地对广告内容予以学习，在其行为上也未表现出受某则广告影响的迹象，但并不能由此推断消费者没有获得关于该广告的某些知识与信息。也许，当某一天消费者要达成某种目标时，会突然从记忆中提取源自该广告的信息，此时，潜伏的学习会通过外显行为表现出来。

顿悟学习、潜伏学习都属于认知学习理论。认知主义学习理论强调心灵活动如思维、联想等在解决问题、适应环境中的作用，认为学习并不是在外界环境支配下被动地形成刺激与反应之间的联结，而是主动地在头脑内部构造定型、形成认知结构的过程，学习是新旧知识同化的过程，即学习者在学习过程中把新信息归入先前有关的认知结构中去，或在吸收了新信息之后，使原有认知结构发生了某种变化，而认知结构又在很大程度上支配着人的预期、支配着人的行为。

3. 社会学习理论

个体不仅可以通过直接经验进行学习，还可以通过观察或听取发生在他人身上的事情进行学习。例如，看广告模特或同学、同事、朋友购买某商品。这种通过观察他人的行为和结果而产生的学习就叫社会学习（也叫观察学习或榜样学习）。

社会学习理论是在新行为主义学派的影响下开始形成的，美国心理学家班图拉（A. Bandura）提出了一套被广为接受的模仿学习理论，从而成为真正意义上的社会学习理论。社会学习理论的基本观点是：人的社会行为是通过对示范行为的观察学习而得以形成或改变的；强化只是促进学习的因素，而不是引起学习的因素；人的社会行为是个体、环境和行为相互影响、相互作用的结果。班图拉认为，人的许多行为可以通过观察学习而获得，如儿童看到成人或电视中的攻击行为，自己就会变得富有攻击性。

社会学习理论表明，可以通过观察别人和注意别人产生学习，因此，一个消费者就是一则广告，任何一个消费者都可能成为他人观察学习的对象，从消费者处直接可以获得商品好坏的信息。借助于观察和模仿，通过广告中人物的活动可能使消费者产生同样的体验和感受。另外，知名人士和权威人士做广告，实际上是为广告提供"证言"，也就为消费者提供了观察学习的"榜样"。运用社会学习理论，可以很好地解释广告实践中为什么一些厂家热衷于请名人做广告，试图通过名人的示范作用对消费者产生影响，也可以解释通过两级传播形式进行广告传播的意义，即首先通过广告宣传影响本地区的意见领袖，然后再通过他们去影响普通消费者。但是消费者最终对产品是否会产生认同，能否变成品牌忠诚者，最根本的还是取决于消费者的这种模仿行为能否得到强化，即取决于产品的质量。如果不切实提高产品质量，企图一蹴而就，把希望寄托在名人广告上，是达不到预期目的的。

联想学习理论、认知学习理论、社会学习理论都只从一个方面来解释人们的学习过程。实际上，人们的学习方式千变万化，不同的理论之间可以互相补充，共同解释广告受众的学习行为和学习心理。

第二节　消费者对广告信息的记忆过程

学习理论主要探讨人们是如何学习的，如何从不知到知，从不能到能的过程；记忆原理侧重探讨的是人们怎样保持学习的成果，以及人们的遗忘有哪些特点。商家总是希望大众在能够有效地习得广告所传达的信息外，还能在一定时间内记住这些信息，而这也正是广告心理学研究的落脚点。

一、记忆的概念及基本过程

心理学认为记忆是人脑对经历过的事物的反映，即人脑对经验的保持和提取。凡是人们感知过的事物、思考过的问题、体验过的情感以及操作过的动作，都可以以表象的形式保留在人的头脑中，在必要的时刻又可以重现，这个过程就是记忆。在广告活动中，消费者对广告信息的记忆，是帮助他们思考产品、作出购买决定不可或缺的条件。广告心理学认为，优秀的广告作品不仅能引起消费者的注意、理解和使消费者产生肯定的情感和态度，而且应当使消费者"过目不忘"，将广告中的品牌牢牢记在心上。

消费者对广告的记忆过程分为识记、保持和再现（包括再认和回忆）三个基本环节（见图 4-2）。

识记 ⟹ 保持 ⟹ 再现
（输入、开端环节）（储存、中心环节）（提取、终端环节）

图 4-2 记忆的过程图示

（1）识记 识记就是识别和记住广告，通过对广告信息进行初步的编码、认识并在头脑中对广告留下一定印象的过程，是广告记忆的开端环节，也是其他环节的前提。

根据识记材料的性质、意义、人们对材料的理解程度和采用的方法，可分为机械识记（即死记硬背）和意义识记（即理解记忆）。实验证明，意义识记无论是从识记的速度、保持的时间，还是回忆的效果，都比机械识记优越。

按照识记的目的性和意志努力程度，又可把消费者的识记分为有意识记和无意识记。有意识记是指人们有目的、有意识，而且需要作出一定意志努力的识记；无意识记是人们事先没有记忆的目的和任务，也不需要作出意志努力，自然而然发生的识记。在同等条件下，有意识记的效果较无意识记好。无意识记带有选择性、偶然性和片段性，仅靠它不能获得系统的科学知识。只有生活中那些有重大意义的事件，适合人的需要、兴趣，能激起人们情绪活动的事物，才可能成为无意识记的内容。

消费者记忆广告信息时发生的是有意记忆还是无意记忆与消费者的介入程度有一定的关系。在高介入状态下，消费者有目的、主动地寻找和处理广告信息。例如，一个打算购买冰箱的人，在购买之前可能主动地阅读冰箱指南，去寻找与各种品牌的冰箱有关的材料，对冰箱的广告格外注意。在低介入状态下，消费者没有多少动力和兴趣去主动寻找和处理广告信息。例如，我们每天都从电视、广播、报纸、杂志中接触到很多广告信息，大多数消费者并不会有意识地去识记这些广告内容。在多数情况下，消费者不会费力劳神地盯着广告，他们不愿为买一种东西花太大的精力，他们对广告的识记往往是无意识记。其实，绝大部分广告都是被人们无意识记下来的。因此，有些广告心理学家认为，在一种媒介上反复宣传，不如同时在许多媒介上进行宣传，这样，可以使人们在更多的方面和机会中感知到广告内容，通过"潜移默化"的作用，让人们无意识记下广告的内容。

（2）保持 保持就是消费者对识记过的广告信息，在头脑中进行加工和储存、巩固的过程，是记忆的中心环节。这种记忆的保持不是机械或简单的重复，它会对识记材料进一步加工，并随时间和后来经验的影响而发生一定改变。因此，广告的创作，应充分考虑记忆的这一特性，努力增加良性保持因素。

（3）再现 再现是提取广告信息的过程，属于记忆的末端环节。根据再现的难度，有两种不同的水平：再认和回忆。再认是消费者对接触过的广告再度出现时能把它识别出来；回忆则是消费者对广告的主要内容能够回想起来。回忆要难于再认。广告的再认要依靠各种线索来进行，如广告某一部分或特点等。当再认发生困难时，人们就要经过思考和观察，找出各种线索，如广告的某一部分的出现可以唤起对其他部分的回忆。据此，系列广告、经常性广告，应注意在不断改进的同时给予人们以再认的线索，否则，每则广告被受众割裂识记，广告就失去了意义。

在上述三个环节中，对广告的识记和保持是前提，回忆和再认是结果。只有对经历过的广告进行识记并保持牢固，对广告的回忆和再认才有可能实现。也就是说对广告的再认和回忆取决于对经历过的广告的识记和保持程度。这三个环节是相互联系、相互制约的完整统一过程。

二、广告记忆的信息加工过程

按照信息加工论的观点，广告记忆被分为三种类型：瞬时记忆、短时记忆和长时记忆。这三种类型的记忆构成了一个完整的广告信息记忆加工过程。

瞬时记忆又称为感觉记忆，它指当外界作用在感觉器官的广告信息停止后，感觉信息在感觉通道内会有短暂保留。这个阶段，外界的广告信息进入感觉通道，以映像的形式保持瞬间，因而又称感觉记忆。它保持的时间在 0.25～2 秒，此时信息贮存的方式具有鲜明的形象记忆性，十分接近客观刺激的原貌。这一阶段记忆容量相当大，如果这些感觉信息得到进一步注意就能被意识到，就会进入短时记忆。

短时记忆是瞬时记忆和长时记忆的中间阶段，它的保持时间为 5～20 秒，最长不超过 1 分钟。短时记忆的容量相当有限，一般为 7±2 个信息单位。贮存在瞬时记忆的感觉信息大部分会迅速消退，只有受到复述的小部分信息才能转入短时记忆。进入短时记忆的广告信息可以被意识到，通过复述可以使即将消失的微弱信息重新强化，变得清晰、稳定，再经精细复述可转入长时记忆中加以保持。

长时记忆，指广告信息经过充分的和有一定深度的加工后，在头脑中长时间保留下来，它的保存时间可以是 1 分钟，也可以是几个小时、几天、几年，甚至是终生。它的容量很大，几乎没有限度，所贮存的信息也都经过信息编码。长时记忆的信息来源是短时记忆中贮存的，经重复并编码，与个体的经验建立丰富而牢固的意义联系，也有极少是由于在感知中印象深刻而获得的。这些信息在个体需要时可以被检索并提取，从而得到再现。在长时记忆中，信息大多数以言语为中介进行编码，表象也是常用的编码中介。长时记忆提取信息需要运用一定的策略，即依靠一定的线索和选择一定的中介。

瞬时记忆、短时记忆、长时记忆是记忆系统的三个不同信息加工阶段，区分只是相对的，它们之间相互联系、相互影响。任何信息都必须经过瞬时记忆的登记、短时记忆的加工，才可能转入长时记忆而贮存在头脑中。在这个过程中，假如不去注意，信息就从感觉记忆中消失；经过注意的信息在短时记忆与长时记忆中也有可能遗忘，只有经过重复学习，才能建立牢固的联系，信息才可能长时间贮存在头脑中。

三、广告信息学习与遗忘的规律

1. 学习曲线

学习者的学习过程，除最简单的学习任务外，大都遵循共同的规律。这一规律可以由一条学习曲线来表述（见图 4-3）。该曲线表明，在学习的初始阶段效率高，随着学会量的累积，每次学会的增量逐渐减低。同时，它还提示我们，尽管最初的学习效率很高，仍然需要多次学习才能保证更多的学习量。

2. 遗忘曲线

与记忆相反的过程就是遗忘。识记过的东西不能再认或回忆，或错误地再认或回忆，叫做遗忘。德国心理学家艾宾浩斯对长时记忆中的遗忘规律进行了系统的实验研究，得出了心理学中知名的遗忘曲线（见图4-4）。

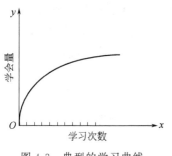

图4-3　典型的学习曲线

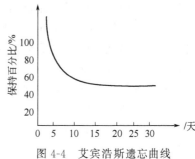

图4-4　艾宾浩斯遗忘曲线

艾宾浩斯遗忘曲线表明了遗忘的规律：遗忘的进程是不均衡的，速度是先快后慢，也就是说，开始的时候遗忘量比较大，到一定时间后，遗忘几乎不再发生。国内外心理学家的实验，证明了这个规律具有普遍的意义。但是艾宾浩斯的遗忘曲线所反映的是无意义材料的遗忘规律，而材料的性质对遗忘的进程有重要影响。

把上面的两个曲线叠加起来，不难发现，在广告学习的最初阶段，学习得快但遗忘得也快；随着时间的推延，学会的增量减少了，但遗忘也减少了。

了解学习与遗忘的规律对广告传播有一定的指导意义。如当推出一个新的品牌或开发一个新的市场时，一定要及时进行重复广告，而且在广告排期表上广告的密度应大一些，以防止遗忘的发生，尽快地建立起品牌知名度；当品牌知名度已经建立起来，该品牌已成为大众所熟知的品牌以后，若没有新的信息告诉消费者，应适当减小广告的密度，适时地对消费者加以提醒，如果这时还是采取密集的"地毯式轰炸"的策略，则大把的广告费换来的可能是消费者的逆反心理。也就是说，广告的排期间隔安排应掌握"先密后疏"或"先短后长"的原则。关于广告的重复策略后边还将详细讨论。

四、影响广告记忆效果的因素

影响广告记忆效果的因素有很多，总结起来，对广告回忆度有较深刻影响的，大致有广告受众（即消费者）、广告材料自身特点及广告表现方式三个方面。广告受众方面指广告受众对产品的涉入程度、自身情绪状态、对广告的理解等；广告材料指对学习者的意义、识记材料的性质、识记材料的数量、学习程度、学习材料的系列位置等均会对广告的遗忘进程产生影响；广告表现方式主要指广告采取什么样的表现形式。关于广告表现形式对广告记忆效果的影响将在第十一章"广告表现元素的心理效应及创作方略"中讨论，这里重点探讨一下消费者自身因素和广告材料本身对记忆效果的影响问题。

1. 消费者自身因素的影响

首先，消费者对产品的涉入程度影响广告记忆效果。在消费者行为的研究中，涉入度的观念一直扮演着重要的角色。消费者对产品的涉入程度，被认为是执行广告策略的主要变量。Zaichkowsky 对于产品涉入度的定义是，涉入为由于个人固有的需求、价值观及兴趣不同，而对某项事物所感觉到的攸关程度，它取决于消费者的个人因素、产品因素及情境因素。个人因素，包括价值观、兴趣、需要、产品知识和经验等；产品因素，包括产品价格、产品功能、产品象征意义等；情境因素，包括购买情境、使用情境、产品促销环境等。消费者因对产品涉入程度不同，会影响其是主动还是被动地接受广告信息，并进一步影响相关信息收集程度和自我沟通的过程，进而影响广告记忆效果。

其次，消费者对广告的理解程度影响广告记忆效果。理解是记忆的重要条件，建立在理解基础上的记忆，其效果优于建立在单纯机械记忆基础上的记忆。对广告来说，意义识记的效果比机械识记效果好。意义识记是在对事物理解的基础上，依据事物的内在联系所进行的识记。它是消费者通过积极的思维活动，揭露广告活动的本质特征，找到广告对象和已有知识的内在联系，并将其纳入已有知识系统中来识记。运用这种识记，消费者容易记住广告的内容形式，保持的时间较长，并且易于提取。大量实验表明，以理解为基础的意义识记，在全面性、速度、准确性和巩固性方面，都比机械识记优越得多。对于企业来说，在进行广告宣传时，如果把产品和服务与消费者熟悉的事物建立起联系，就能潜移默化地提高消费者的记忆效果。

再次，消费者收看广告时的情绪状态对广告记忆效果有直接影响。情绪是人对外界事物的态度和内心体验，它会影响知觉的选择，影响记忆，影响思维。因此，消费者对广告的认知和记忆与所持的情绪有关。积极的情绪状态下，消费者的知觉能力较强，记忆效果好；消极的情绪状态下，消费者的知觉能力就会下降，记忆效果差。美国学者戈德伯格（M. Goldberg）和戈恩（G. Gom）做过一项试验，把被试分成两组，一组收看喜剧片，另一组收看悲剧片，两种电视剧中均插播同一内容的广告。结果发现，看喜剧片的被试较看悲剧片的被试能更多地回忆起广告的内容。这一结果的一种可能解释是：积极的情绪状态会使消费者从记忆中提取出更为广泛和更加完整的知识。因此，情绪越好，越有助于记忆，而焦虑、沮丧、紧张只能使学习的内容更易于遗忘。

最后，消费者自身的遗忘影响广告记忆效果。消费者对广告信息的记忆及品牌的认知，随着时间流逝将逐渐衰退。根据艾宾浩斯"标准遗忘曲线"理论，广告投放停止一个月后，消费者对品牌的记忆度降低到最初的 20％；广告出现三个月以上的空当，则广告记忆度几乎为零；而广告在每个月重复露出下，品牌认知建立在过去的记忆上，全年则呈现增长现象。为此，媒体排期中广告空当以不超过一个月为宜，媒体预算较少时，广告空当可延长至两个月，如果超出这个限度，媒体效果将大打折扣。因此，在广告宣传中，可以根据遗忘规律有针对性地安排广告的重播时间，以强化广告的记忆和保持。

2. 广告中识记材料的影响

广告中识记材料的具体特点，如识记材料对消费者的意义、识记材料的性质、识记材料的数量、识记材料的系列位置等均会对广告的遗忘进程产生影响。

第一，识记材料对消费者的意义。那些在消费者的生活中具有重要意义，适合个人需要、兴趣、偏好，能激起情绪或情感反应的消费信息，给人的印象深刻，往往容易被记住。不能引起消费者兴趣，对消费者购买活动没有太多价值的材料或信息，往往被遗忘得快。同样看有关笔记本电脑的宣传材料，准备购置的消费者与从未想到要购置的消费者，对所记信息的保持时间存在着明显差别。

第二，识记材料的性质。有意义的材料、形象和突出的材料较平淡的材料被遗忘得慢。莱斯托夫效应，实际上从一个侧面反映了学习材料的独特性对记忆和遗忘的影响。所谓莱斯托夫效应，就是指在一系列类似或具有同质性的学习项目中，最具有独特性的项目最易获得保持和被记忆住。对于广告主来说，要使广告内容被消费者记住，并长期保持，广告主题、情境、图像等应当具有独特性或显著性，否则，广告内容可能很快被遗忘。广告中经常运用对比、新异性、新奇性、色彩变化、特殊规模等表现手法，目的就是突出宣传材料的显著性。

第三，识记材料的数量。识记材料数量越大，识记后遗忘得就越多。实验表明，识记 5 个材料的保持率为 100％，10 个材料的保持率为 70％，100 个材料的保持率为 25％。[1] 许多著名的、被人们长久传记的广告都是简捷明晰的，比如"今天你喝了没有？（乐百氏）""晶晶亮，透心凉（雪碧）"，"非一般的快（《新快报》）"，"白里透红，与众不同（雅倩护肤品）"等广告语，仍然深藏在消费者的记忆中。如果广告信息过多，难以记忆，商品信息没有被贮存到广告受众的脑中，广告的效果就不会理想。

第四，识记材料的系列位置。研究发现，学习材料安置顺序，很大程度上影响着人们的记忆。在材料的开头和结尾更易被记住，最先呈现的材料较少受到前摄抑制的影响，较易记忆，称为首因效应；最后呈现的材料较少受到倒摄抑制的影响，也容易记忆，称为近因效应。由于首因效应和近因效应，中间部分的材料比较难以记忆。因此，广告中应把最重要的信息放在开头和结尾。如果一则广告能够首尾呼应，突出同一重点信息，则更容易使消费者记住有效的信息。

第三节　让受众记住广告信息的方略

广告应该具有帮助广告受众记忆广告内容的功能，因为广告受众接受了广告传递的信息后，即使对广告产生了良好的印象，一般都不立即去购买。只有等他们产生了购买的需要后，从脑中提取了存储的广告信息，才决定购买何种产品。因此，如何让消费者避免遗忘，排除干扰，迅速并长期记住广告，就成了广告创作者必须要考虑的问题。具体可以采取以下方略。

---

[1] 杨文京. 关于广告记忆效果的几点研究. 中国营销传播网，2006.3.27.

一、利用重复与变化增强对广告信息的记忆效果

1. 广告重复的作用

现代认知心理学关于记忆系统的研究表明，外界信息要进入人的长时记忆系统之中，其最重要的条件就是复述。例如，要记住一个电话号码，只读一遍很难记住，但是多读几遍自然而然就记住了。所以，要提高人们对广告的记忆效果，最重要的手段就是将广告信息不断地加以重复，即提高广告频率。

重复广告对推出新品牌或开发新市场意义较大，但不是说老品牌就不用重复广告了。对新品牌而言，重复广告的作用是"进攻性"的，旨在扩大市场份额，提高品牌的知名度；对老品牌而言，广告重复的作用主要是"防御性"的，旨在巩固消费大众已经建立起的重复购买习惯，即认牌购买行为。重复广告的积极作用主要体现在以下三个方面：①提高品牌知名度；②促进受众对广告内容的理解和记忆，实现广告说服的目的；③高频率本身也可能成为该品牌的一个优势指标。虽然产品质量和广告频率之间不存在高度相关，但是，在消费者的心理上，高频率的优势是存在的。重复广告一方面给老客户以信心，在一定程度上说明该产品仍是有竞争力的，另一方面可以吸纳消费群体，从而保持品牌的优势。

当然，广告重复，特别是过度的广告重复，也有其消极作用。重复广告除了会增加企业的广告费用负担外，还可能面临引发受众的厌烦情绪和消极反应的风险。人们对广告重复次数与效果的关系的研究，提出了两种理论观点，这就是广告重复的二因素说和二阶段认知反应说。

（1）二因素说　该学说认为，在广告传播过程中存在着两个相对立的因素，制约受众对广告重复刺激的态度：积极的学习因素和消极的乏味因素。随着广告重复的次数适度增加，积极的学习因素迅速增加，而消极的乏味因素增长缓慢；随着广告重复次数继续增加，积极的学习因素所引起的学习效果增长缓慢以致稳定；相反，消极乏味因素的消极作用迅速增长，以致超过积极学习因素的积极作用。两者的互动，出现如图4-5所示的净效果曲线。这样的曲线可以被解释为广告重复为受众提供了学习的机会，而过度重复鉴于没有新内容而导致厌倦的产生。

（2）二阶段认知反应说　该学说认为，如果把广告重复次数分作两个阶段，那么，在第一阶段里，广告重复给受众提供了更多的学习、了解广告内容和含义的机会，对信息精细加工的可能性也随之而提高，在第二个阶段里，随着广告重复次数的增加，受众开始由对广告论点的客观评价转向有疑义的论点和情境因素，以致把认知活动转向其他的无关信息，其结果难以产生态度的变化，甚至导致消极态度（见图4-6）。

以上两种理论说明，广告重复也有一个"度"的问题，"过犹不及"，过度的重复，效果可能适得其反。

2. 广告重复的原则与方法

一般来说，广告重复应掌握以下原则：①内容复杂、信息量大的广告应增加重复次数；内容简单、信息量小的广告不宜重复过多；②受众喜欢的广告可以多重复；③幽默广告不宜有太多的重复；④广告论据有力，可以多重复；⑤存在大量竞

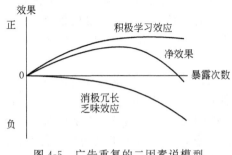

图 4-5　广告重复的二因素说模型

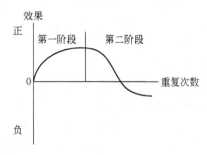

图 4-6　二阶段认知反应模型

争广告时，应加强重复；⑥如果需要大量重复，则要围绕同一广告主题不断改变广告表现形式。

　　广告信息重复的方法可以在多个层次上进行。可以只选择同一种媒体进行广告重复（简称"单"媒体重复策略），也可以在多种不同的媒体上进行重复广告（简称"多"媒体重复策略）。

　　在单一媒体上进行重复广告，有三种策略。

　　第一，可以将同一广告在不同的时段里有间隔地重复刊播，即所谓的"地毯式轰炸"的方法，这是商品广告最常见的做法。只要你连续一段时间收看中央电视台或其他电视台的节目，那么同一则广告看过多次是司空见惯的事，有些广告甚至一个晚上就可以多次看到。

　　第二，也可以将一则广告分成相同的几个部分，反反复复地进行不间断的重复刊播。如"恒源祥"绒线羊毛衫，在正常一则广告的时间里，将同样的画面、同样的语言连续重复了三次。单纯从记忆效果的角度来说，它等于一则广告播出了三次。这是一种在不追加广告投资的条件下促进广告信息的有效方法。

　　第三，在同一媒体上进行系列广告宣传。系列广告有三种不同的做法：第一种是每一则广告分别从不同的角度来介绍产品或服务。第二种是系列广告中的每一则广告主题一致，但文案和画面表现略有不同，这种做法可以达到加深人们对广告主题的理解和记忆。第三种通常是用前面的广告来制造悬疑，唤起消费者的好奇心和对后续广告的关注，然后再用一则广告来揭示谜底。经过一段时间的期待，消费者对广告谜底印象必然会十分深刻。

　　其中，第一种方法和第二种方法都是一种简单的重复广告法，正、负两方面的影响都有。相比来说，第三种方法，既强化巩固了广告信息，同时重复中又不失变化，是利用重复与变化刺激进行的广告，更容易为消费者所接受，从而取得较理想的效果。

　　当然，还可以采用变换广告媒体的方法，将有关信息在多种媒体上呈现，使受众分别在不同的时间、不同的地点、不同的活动中，通过不同的通道，用不同的感官接受到同一品牌的广告信息，这样给消费者以全方位的感受，同时也彰显企业雄厚的实力，给消费者以较好的品牌印象。

　　3. 广告重复的时间分配策略

广告重复从时间分配上来说，有两种策略：一种是集中策略，指在较短时间内，以较大的密度进行重复；另一种是分散策略，指把一定的重复次数分散在较长的时间内。那么，哪种策略效果更好？在什么情况下选用集中策略，什么情况下选用分散策略？

同样重复次数的广告，在时间分配上不同，其广告效果也是有差异的。有一项研究将电视广告设置了5种时间分配，分别是13个星期重复100次，26个星期重复50次，52个星期（一年）重复25次，每隔4个星期100次，7个星期与6个星期各100次。结果表明，相同数量的电视评价点，却产生了不同的广告回忆效果。在短期内，集中重复可以使广告回忆达到峰值，而一旦广告中止，回忆成绩便急剧下降。如果广告分配在较长时间内，比如一年，那么回忆成绩就不会出现急剧下降的现象。

一般来说，分散策略效果优于集中策略，但也不能一概而论。这里要考虑产品的生命周期、有无季节性特征、广告内容的简单或复杂、广告目标等，根据这些因素来确定选择广告重复的相应策略。具体来说：①新产品广告应采取集中策略；老产品广告应采取分散策略。②季节性产品广告应采取集中策略；非季节性产品广告应采取分散策略。③广告内容复杂时，宜采用集中策略；广告内容简单时，应采取分散策略。④在广告目标是为推出新产品或抵消竞争对手发动的广告攻势的情况下，宜采取主动进攻性的集中时间策略；在广告目标是为引起消费者长期持久的购买行为的情况下，宜采取防御性的分配时间策略。

当然，我们也可以考虑采用集中与分散相结合的策略。上海通用2005年7月8日正式发布"别克凯越"，投放凯越广告时，在时间上选择了集中与分散相结合的实施策略。7月8日是凯越正式发布的日子，这一天上海通用在17份大众都市报上发布了大幅广告，其中12个整版，5个半版，以广告强势隆重登场，此后几天广告投放没有7月8日这样集中，日广告量维持在6到10个。到了7月下旬第四周广告量明显减少，日广告量下降到1至2个。对于同一份媒体，凯越7月份广告一般出现2~3次，每周只会投放1次。这样做的优势在于利用了人脑的遗忘规律，在一定的广告次数下，可以有效地提高人们对广告的记忆效果。

二、获取消费者的注意力，拉近与消费者的距离

广告信息要进入消费者的记忆系统，首先必须吸引消费者的注意，通过注意这扇"门户"。消费者对广告信息的注意强度越强，关注度越高，记忆的印象也越深刻牢固。那么广告如何才能吸引消费者的注意力，拉近与消费者的距离呢？比如，可以善用创意吸引消费者的注意力，也可以利用直观、形象的事物获取消费者的注意力。这些内容读者可参见第二章介绍的心理方略。

三、加深消费者对广告的理解可强化受众的记忆效果

前面已经说过，无论是从记忆的速度还是保持时间的长短来说，建立在理解基础上的意义识记都要优于机械记忆。理解能使材料与广告受众已有的知识经验联系起来，把新材料纳入已有的知识结构，进行同化与吸收，因而识记效果好。那么，怎样才能加深消费者对广告信息的理解记忆呢？

汉语有许多特点，如语义、韵律、字形、结构等。在对广告信息进行编码时，巧妙利用上述特点，就有可能增强对广告信息的理解，这对于建立品牌与产品的联系、记住广告语甚至广告文案都有利。丰田汽车的广告"车到山前必有路，有路就有丰田车"，富士胶卷的广告"永远出色的富士胶卷"，春秋空调广告"跨越冬夏，直抵春秋"，太平洋保险公司广告"平时注入一滴水，难时拥有太平洋"，这些广告语不仅构思巧妙，寓意丰富，韵律感强，而且让人很容易理解广告的诉求主旨，便于在消费者心目中建立品牌与产品的联系，给受众留下深刻持久的印象。

运用高频词也能提高消费者对广告的理解力，增强记忆效果。生活中，人们总是对熟悉的事物和人产生亲和感，并首先认同它。研究发现对字词的理解也有这种倾向。消费者对高频词的理解更为直接和容易，高频词能够更快地激活认知结构中的心理词典的相应词条；同时，消费者看到高频词时，就像看到熟人的面孔，会立刻产生亲切感，从而更容易诱发消费者的联觉和联想。而对低频词则要经过进一步的加工处理，理解的速度较之高频词更慢，且会产生陌生感。因此，在广告中运用高频词是提高消费者对广告理解力的一个非常有效的措施。如雀巢咖啡广告中用"味道好极了"而不用"口感卓越"。再如，在电器行业，以前都是用一些技术指标来表示不同规格、不同性能的产品，如"168B、175D"等，这种枯燥的技术数字不易被消费者理解，而海尔给其不同规格的电器加上"金元帅"、"小神童"、"小小神童"、"宝得龙"等消费者熟悉常用的品名，便于传播和理解，从而增强广告记忆效果。

心理学家曾对不同记忆材料的难易程度进行考察，结果发现记忆数字最难，其次是散文，最易记忆的是诗。另外，记忆形象化的东西比记忆抽象的理论要容易得多。因此，在广告宣传中，将广告文稿写成诗歌、顺口溜、对联等形式，使之合辙押韵，读之朗朗上口，既便于理解，还能收到较好的记忆效果。另外，还可以利用相声、漫画、动画片等广告受众喜闻乐见的形式做广告，使人对广告内容印象深刻，经久不忘。

四、广告信息量要恰当

识记材料的数量多寡会影响到记忆的效果。一般来说，在一定时间内，材料越少，记忆的水平越高。广告是在有限的时间和空间内进行传播的，要提高消费者对广告的记忆率，广告的信息量一定要恰当合适。广告所包含的信息量过多，会造成"信息溢出"，反而不利于广告记忆。广告信息量过溢是广告的大忌。有些广播广告和电视广告，企业试图在数秒内把所有的情况都告诉视听众，读速非常快，甚至连地址、联系电话等关键信息也是一带而过，看起来是充分利用时间，实则广告过后人们什么也没有记住。

具体来说，广告创作和传播中应注意以下几点。

（1）广告目标应单一　许多广告宣传，往往都犯有一个共同的毛病，那就是广告目标要求过大。原意是想使广告受众变大，从而影响面变大。殊不知，现在是一个个性化的时代，消费者都在寻求一种适合自己个性的独特产品。满足所有人需要的产品，实际上什么人都不能满足。从记忆原理来讲，广告目标过大，信息量势必相应增多，就违背了广告应简明易懂的原则，影响了广告效果。如三株口服液与红桃K是同一时代的两大保健品，一个是针对所有人"有病就喝三株口服液"，一个是针对贫血者诉求的"红桃K补血真快"。最终三株只是风光一时而消亡，而红桃K仍然是保健品市场上的一颗明珠。

（2）广告标题或广告口号要短小精悍，一目了然　广告记忆多属短时记忆，短时记忆的容量只有7±2个信息单位。超过5～9个信息单位的材料，记忆效果就差。要提高消费者对广告的记忆率，广告的标题应短小精悍，使人一目了然。国外广告心理学的研究表明，广告标题在6个字以下，读者的回忆率为34％，超过6个字时，则只有13％。试看以下广告宣传主句：金利来——"男人的世界"；双星运动鞋——"潇洒走世界"；海尔——"真诚到永远"；澳柯玛——"没有最好，只有更好"；海王——"健康成就未来"；飞利浦——"让我们做得更好"等。这些广告口号的设计都遵循了一个原则，那就是短小精悍，字数控制在短时记忆的容量7±2个信息单位内，所以会如此深入人心，为人们所耳熟能详、记忆深刻。

（3）广告文案、画面内容应简洁、易懂　在广告中，主题思想越明确、词句文字越简洁、画面越单一，记忆效果越好。因此，广告文案内容不宜过多。以广告的信息点多少而论，数量不能超出7个，以广告文案的语句或段落而言，其数量最好也不要超过5个。广告文案内容尽量简洁，删除无关信息；广告画面内容要单一。这样容易在短短的时间之内，将某一人物、情景突出地加以表现，因而记忆较为深刻。广告界的一些经典作品都是遵循简洁明了这一原则的。

（4）适当地组块化可增加广告信息量　信息的组块是指比较独立的、有一定意义的信息加工基本单位，信息的组块化是指把零散的信息组织为组块。组块把几个小单位组成大单位，通过组块，相对于原来的小单位来说，记忆容量就可以增大。信息组块化有利于信息的知觉，能够加快信息视觉或听觉加工的速度；信息组块化能大大提高短时记忆的容量，也能提高长时记忆和回忆的效率。

以不同方式表示的信息均可以组块化，数字可以，语言文字也可以。组块概念在现实生活中得到广泛应用，其内涵也已扩充到一切有意义的编码，具体说，是把各单个信息组成熟悉的或有规律的图形、符号、文字语言及其他。在广告信息的编码组块中，需要结合大众已有的文化知识或习惯，因为信息组块化的过程就是大众运用自己已有知识和经验的过程，他们运用已有的知识和经验可以迅速地对广告信息进行编码。

广告媒体将广告的信息进行分类聚合，实际上也是一种组块化的处理方式。这样有助于消费者对广告信息的记忆。中央电视台2003年发布广告的一大特色就是将广告进行整合。2003年初的一段时间里，新闻联播前几分钟内集聚了中国的奶业家族，"伊利"、"光明"、"三鹿"、"长富"、"恒康"等纷纷露面。而在焦点访谈节目前，又将这些整合的牛奶信息轰炸一番，真是"奶味十足"。后来，中央电视台广告部又开始新一轮的"服装"轰炸。这种聚合型的广告将广告信息进行组块化，不但减轻了消费者的记忆负担，而且有利于消费者的联想，使消费者能从某一品牌联想到另一品牌，从而大大加强了他们的记忆。

五、利用视觉记忆优势

视与听是人脑的两大信息传递通道。心理学家实验的结果表明，在人获得外界信息的通道中，约83％是通过眼睛输入的，通过耳听获得的信息约占11％，通过嗅觉、触觉、味觉记住的信息各占3.5％、1.5％和1％。对于中外读者来说，视或听的记忆优势是否会因其文字语言不同而有差异呢？美籍华人心理学家曾志朗的实验结果表明，中国被试与美国被试的记忆优势相反：前者视优于听，后者听优于视。这一结果有两点有益的提示：第一，对于中国读者来说，视觉媒介比听觉媒介更有利；第二，视听媒介的文案编排应有所不同。对于听觉媒介（电台广播），广告的重要信息可放在文案的首部和结尾；对于视觉媒介（印刷广告等），重要信息最好置于文案的首部。

六、让消费者动用多种感官参与广告学习、记忆活动

心理学研究表明，在接受知识时，如果只靠口念，过一段时间只能记住10％；如果只靠耳听，过一段时间只能记住20％；如果只靠眼看，过一段时间只能记住30％；如果耳眼结合，过一段时间能记住50％；如果眼耳口结合，过一段时间能记住70％；如果眼耳口手并用，过一段时间能记住90％。另一项心理学研究也表明，视觉识记的效果为70％，听觉识记效果为60％，视觉与听觉双重识记的效果为86.3％[1]。从这些数据可得知，多种感官同时参加的识记，记忆效果优于单一感官的识记。这也就是我们常说的"百闻不如一见，百见不如一练"。

为了帮助消费者更好地记住广告内容，应尽量考虑广告载体是否能更好地调动消费者的多种感觉通道、多种感官的同时作用，以加深印象。这也是当今电子媒体比印刷媒体更受广告主和广告商青睐的根本原因。再如现场展示会、博览会，它不但可让消费者看，还可说给消费者听，同时消费者还可触摸，如果是食品，还可现场品尝，因此，这种展示会能给消费者留下深刻的记忆痕迹，也能起到很好的宣传效果。

七、利用联想记忆的规律

联想是回忆的基础，指在心理上由一种事物想起另一事物的活动。亚里士多德认为，一种观念的发生必然伴以另一种与它类似的，或相反的，或接近的观念的发生。这种在空间上或时间上的接近、对比和类似的观念的联系，被称为三大联想律：接近律、对比律和类似律。后来有人又补充了在逻辑上存有因果关系而产生联想的因果律，合称四大联想律。在广告的创作中，可以适当运用上述四大联想律以加深广告受众对广告的记忆效果。有关这四大规律在广告创意中的应用，将在第十章集中阐述。

✏️ **思考题**

（1）学习理论有哪些？这些学习理论对广告传播有什么意义？

---

[1] 江波著. 广告心理新论. 广州：暨南大学出版社，2002：103.

（2）学习与遗忘规律对广告传播的启示是什么？

（3）影响广告记忆效果的因素有哪些？

（4）如何提高广告信息的记忆效果？

（5）广告重复的时间和内容策略是怎样的？

 实战模拟练习

（1）运用记忆原理与规律，设计一则广告案例并进行分析。

（2）试举出一个自己印象最深的广告，并说明该广告的哪些方面给你留下了较深的印象。

中篇　广告说服心理与方略

　　广告传播想用广告信息影响广告受众的心理，不仅要让广告受众注意、理解、记住，更重要的是满足与激发他们的某些需要和购买动机，促使其形成或改变某种态度，进而间接地影响其消费行为。广告的本质是说服，从影响者的角度来看，广告信息的传播过程就是说服的过程；从被影响者（消费者）的角度来看，则是态度形成或改变的过程。广告的目的之一是说服消费者形成积极的品牌态度，进而产生购买行为。如何对消费者进行说服才能达到这一目的呢？这就涉及"说什么"和"怎么说"的问题。能否选择恰当的广告诉求点和诉求形式是影响广告说服效果至关重要的因素。中篇"广告说服心理与方略"共包括四章内容，分别是第五章"广告诱发消费者需要和动机的方略"、第六章"广告理性诉求的方略"、第七章"广告情感诉求的方略"和第八章"消费者态度转变与广告说服方略"。

第五章
广告诱发消费者需要和动机的方略

【学习目标】

了解需要、动机和行为的关系，把握消费者需要和动机的特征、分类，掌握广告诱发消费者需要和动机的方略。

基本知识点：消费者的需要、动机的概念、分类和特征；马斯洛需要层次理论及其在广告中的应用；广告诱发消费者需要和动机的方略。

重点：消费者的需要和动机的特性、马斯洛需要层次理论及其在广告中的应用、广告诱发消费者需要和动机的方略。

难点：消费者的需要、动机与消费行为的关系、广告诱发消费者需要和动机的方略。

广告传播是一种"攻心策略"。古人云：攻心为上策，所谓"知己知彼，百战不殆"。广告要达到其目的，首先要了解广告受众到底想从广告中得到什么。解决这个问题，也就是解决广告要"说什么"的问题，即广告的定位问题。广告受众接受广告说服的动因最主要的是广告满足和诱发了消费者的需求和动机。本章将对广告诱发消费者需要和动机的方略进行探讨。

第一节　消费者的需要

一、需要的概念

个体在其生存和发展过程中会有各种各样的需要，如饿的时候会有进食的需要；渴的时候会有进水的需要；寒冷时会有对御寒衣物的需要；孤寂时会有对交往、娱乐活动的需要；被人轻视时就要获得被人尊重的需要。这些需要成了人们从事消费活动的内在原因和根本动力。那么，什么是需要呢？

需要是个体由于缺乏某种生理或心理因素而产生的内心紧张状态。消费者的需要是指消费者心理或生理上的匮乏状态，即感到缺少某些东西从而想获得它们而产生内心紧张的状态。人们形成需要往往需要具备两个重要条件：一是感到不满足，缺少某种东西；二是期望得到某种东西，有追求满足之感。只有当消费者的匮乏感达到了某种迫切程度，需要才会被激发，并促进行动。

需要的产生必须指向一定的目标或对象。例如，人们对情感的需要、对休息的需要、对商品的需要等，这些需要都指向一定的实物或者时间、空间等目标对象。某种需要获得满足后虽然会暂时中止或弱化，但一段时间后会重新出现，可见需要呈现一定的周期性，如人对食物、水等的需要。一种需要被满足后，又会产生新的需要。因此，人的需要绝不会有被完全满足和终结的时候。正是需要的无限发展性，决定了人类活动的永久性。大多数情况下，消费需要也可由外部刺激引发，如广告宣传、销售奖励、现场示范等，都可能诱发消费者产生对某种消费品的需要。

二、消费者需要的分类

作为个体的消费者，其需要是丰富多彩的，这些需要可以从多个角度予以分类。

（1）根据需要的起源分类，可把消费者的需要分为生理性需要和社会性需要 生理性需要是指个体为维持生命和延续后代而产生的需要，如进食、饮水、睡眠、运动、排泄、性等。生理性需要是人类最原始、最基本的需要，它是人和动物所共有的。但应当指出，人的生理需要和动物的生理需要有本质区别。人的生理需要，从需要对象到满足需要所运用的手段，无不烙有人类文明的印记。正如马克思所说，"饥饿总是饥饿，但是使用刀叉吃熟肉来解除的饥饿不同于用手、指甲和牙齿啃生肉来解除的饥饿"。人类在满足其生理需要的时候，并不像动物那样完全受本能驱使，而是要受到社会条件和社会规范的制约。不仅如此，人类还能够运用生产工具和手段创造出面包、黄油、稻谷等需要对象，而动物则只能被动地依靠大自然的恩赐获取其需要物。社会性需要是指人类在社会生活中形成的，为维护社会的存在和发展而产生的需要，如求知、求美、友谊、荣誉、社交等。社会性需要是人类特有的，它往往被打上时代、阶级、文化的印记。人是社会性的动物，只有被群体和社会所接纳，才会产生安全感和归属感。社会性需要得不到满足，虽不直接危及人的生存，但会使人产生不舒服、不愉快的体验和情绪，从而影响人的身心健康。

（2）根据需要的对象和内容分类，可把消费者的需要分为物质需要和精神需要 物质需要是指对与衣、食、住、行有关的物品的需要。在生产力水平较低的社会条件下，人们购买物质产品，在很大程度上是为了满足其生理性需要。但随着社会的发展和进步，人们越来越多地运用物质产品体现自己的个性、成就和地位，因此，物质需要不能简单地对应于前面所介绍的生理性需要，它实际上已日益增多地渗透着社会性需要的内容。精神需要主要是指认知、审美、交往、道德、创造等方面的需要。这类需要主要不是由生理上的匮乏感，而是由心理上的匮乏感所引起的。

三、马斯洛需要层次理论及其在广告中的应用

马斯洛需求层次理论（Maslow's hierarchy of needs），亦称"基本需求层次理论"，是行为科学的理论之一，由美国心理学家亚伯拉罕·马斯洛在1943年发表的《人类动机的理论》一书中提出。马斯洛认为，人的需要是由以下五个等级构成的（见图5-1）。广告中抓住消费者的某种需要进行诉求，会增强广告的针对性，更容易说服消费者。

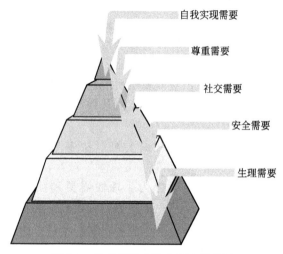

图 5-1　马斯洛需求层次理论示意图

（1）生理需要（Physiological needs）　生理需要是维持个体生存和人类繁衍而产生的需要，如对食物、氧气、水、睡眠等的需要。它是人类最原始、最基本、最重要的需要，必须首先得到满足。如果这些需要得不到满足，个人的生理机能就无法正常运转。在这个意义上说，生理需要是推动人们行动最首要的动力。马斯洛认为，只有这些最基本的需要被满足到维持生存所必需的程度后，其他的需要才能成为新的激励因素，而到了那时，这些已相对满足的需要也就不再成为激励因素了。

　　在影响消费者行为的各个生理因素变量中，生理需要是对消费者行为影响最为直接的变量。消费者生理需要首先要求这些必需物品得到满足，以维持基本的生存；但是能满足相同生理需要的不同商品在品质上存在着差异。针对这两点，广告不仅可以告诉受众某种产品或服务能够满足他们某种生理需要，而且可以告诉受众产品或服务满足这种需要的程度。雀巢咖啡一句经典的广告语就充分证明了以上两点，"味道好极了"一方面诉诸受众的生理需求，同时也表达了满足这种需求的程度是令受众所满意的。

　　（2）安全需要（Safety needs）　安全需要即在生理及心理方面免受伤害，获得保护、照顾和安全感的需要，如要求人身的健康，安全、有序的环境，稳定的职业和有保障的生活等。安全需要比生理需要较高一级，当生理需要得到满足以后就要保障这种需要。现实中，有些商品是与人的安全息息相关的，如保险、养老投资、预防性药物、汽车、防盗器等，这类商品的广告大多是诉诸安全的需要。如大众甲壳虫汽车的广告："车身虽小，但是更安全"；天安保险的广告："天地间，安为贵"。广告诉求方式中的恐惧诉求方式也是基于受众的安全需要来达到广告目的的。例如，广告往往会运用涉及危害友谊、身份、职业、健康一类轻微的恐惧诉求，来劝服受众使用该产品或服务，从而获得安全感。如某食品的广告（见图5-2），抓住了女性喜欢吃零食但又担心发胖的心理，该广告的诉求就是消除目标受众的这种担忧。

　　（3）归属和爱的需要（Love and belongingneeds）　在生理和安全需要得到基本满足后，人就开始追求与他人建立深情厚谊，即在自己所在团体里求得一席之地，希望给予或接受他人的友谊、关怀和爱护，得到某些群体的承认、接纳和重视的需要。如结识朋友，交流情感，表达和接受爱情，融入某些社会团体并参加他们的活动等。中国移动的广告："沟通从心开始"；好丽友的广告："好丽友好朋友"正是抓住了这点进行诉求；美国凯兹童鞋广告："像母亲的手一样柔软舒适"，一双鲜活敦实的儿童小脚，置放在年轻母亲的手心里，呈现一种生命和稚嫩之美，让人感动，具有极强的震撼力。

图 5-2　某食品广告

（4）尊重的需要（Esteem needs）　这种需要分为两方面，一方面是要求得到别人的重视和尊敬，具体包括对地位、名誉、赏识、威信、声望等的期待；另一方面是自尊，具体包括对充满自信，获得实力、成就、自由和独立等的欲望。不同的商品，不同的品牌有不同的象征意义。例如，钻石项链和戒指象征永恒的爱情；高级轿车象征着成功和地位。消费者通过选择不同的商品能够在某种程度上体现自我，满足自尊心的需要。抓住这一点，广告就能达到预期的效果。例如，IBM 笔记本电脑通过商务诉求使 IBM 笔记本电脑与商务人士的身份融合，商务人士为了在交际中体现自己的身份，选择 IBM 笔记本电脑就成了一种共识。

（5）自我实现的需要（Self-actualization needs）　自我实现的需要即希望充分发挥自己的潜能，实现自己的理想和抱负的需要。自我实现是人类最高级的需要，它涉及求知、审美、创造、成就等内容。马斯洛认为，在人自我实现的创造性过程中，产生出一种所谓的"高峰体验"的情感，这个时候是最激荡人心的时刻，是人存在的最高、最完美、最和谐的状态，这时的人具有一种欣喜若狂、如醉如痴的感觉。全球通广告诉求点准确定位于"我能"，"我能"的含义是"坚持信念，实现梦想"。全球通的目标人群是收入相对较高、追求品质生活的中产阶层。他们在路上的时间相对长而且人际关系较多，他们需要的是全球通的稳定优质服务。这一群体对全球通有更高的要求，也就是说除了通话质量之外的附加需求，如良好的体验性，更为重要的则是鲜明的"自我实现意识"。在全球通的使用人群当中，"我能"这一概念所体现的价值具有很强的针对性，它的内涵与全球通的目标群体需求保持着内在的一致性，同时体现了语言主体的自信心、成就感、内在尊严，这既是全球通的价值观，也是消费者的价值观，它们高度统一。

四、消费者需要的特征

（1）对象性　人们的一切需要总是针对某个或一系列的具体事物或内容，即需要具有对象性，离开了具体事物、具体目标、具体内容，就无所谓需要。消费者的需要也是针对某一产品或服务，或者是广告所宣传的某种概念。如伊利大果粒酸牛奶的广告（见图 5-3），不仅诉诸广告受众对酸牛奶健康美味的需要，还诉诸受众对浪漫滋味的需要。

（2）多样性和差异性　多样性和差异性是消费者需要的最基本特征之一，它既表现在不同消费者之间多种需要的差异上，也表现在同一消费者多元化的需要内容中。

图 5-3 伊利大果粒酸牛奶的广告

不同消费者在年龄、性别、民族传统、宗教信仰、生活方式、文化水平、经济条件、个性特征、所处地域的社会环境等方面的主客观条件千差万别，由此形成了多种多样的消费需要。每个消费者都按照自身的需要选择、购买和评价商品。如有的人以经济实用作为选择标准，有的人则要求商品外观美观新颖，从而鲜明地显示出不同消费者之间消费需要的多样性和差异性。因此，广告主在广告宣传时，首先要对自己的目标受众进行分析，抓住目标受众的优势需要进行诉求，只有这样广告才能达到预期的效果。

广告大师大卫·奥格威可谓是研究消费者需求与心理的高手，在他职业生涯初期做销售员的时候，他成功地向不同人推销了他的"将军牌"炊具。在面对主妇时，奥格威认为，她们对烘焙的兴趣通常比烘烤大，所以应该直截了当地告诉她们，做点心、面包、蛋糕"将军牌"都可使她们称心如意。此外，女士都喜欢整洁，那不妨告诉她们用"将军牌"可以身穿晚礼服为家人准备晚餐。在面对男士时，奥格威认为他们对其他的烹饪方法可能没多大的兴趣，但是对烧烤却情有独钟，所以应该强调"将军牌"的烧烤功能。而在面对厨师的时候，奥格威说明"将军牌"对他们的好处不仅是多了一个小时的睡眠时间，而且使厨房保持得像客厅一样干净。当向一对老年夫妇推销遭到挫折时，他欣然一笑，极为诚恳又耐心地说："人们年纪越大，食物在其生活中的地位就越来越重要。将军牌炊具还可以派上用场。"

就同一消费者而言，其需要也是多元的。每个消费者不仅有生理的、物质的需要，而且有心理的、精神方面的需要；不仅要满足衣、食、住、行方面的基本需要，而且有娱乐、审美、运动健身、文化修养、社会交往等高层次的满足。对于这些需要，要求具有特定功能的商品或劳务与之相适应。不仅如此，消费者需要的多元性还表现在同一消费者对某一特定消费对象常常同时兼有多方面的要求，如既要求商品质地优良、经济实惠，同时又要求商品外观美观新颖、具有时代感、能够展示独特个性等。我们穿衣服不仅实现了保暖的生理需求，同时还满足了一系列的个人与社会需要，比如为了体面，为了攀比，为了改变个人形象等。

比如，某健身器材的广告，针对受众的生理需要，展示该健身器材如何增强体质促进健康；针对安全需要，展示这种健身器材使用起来是如何的安全和方便；针对归属和爱的需要，展示了和朋友一起锻炼身体的快乐；针对被尊重的需要，通过一个自我陶醉者的形式，诸如"为你的身材而自豪"，来展现这一诉求；最后，针对自我实现的需要，描述了一对夫妇在经历了漫长的富有挑战性的一个工作日后，他们应该享受一下家庭健身的方便与奢华。

（3）层次性　马斯洛认为，一方面，人的需要包括不同的层次，而且这些需要都由低层次向高层次发展。需要的层次越低强度越大，人们优先满足较低层次的需要，再依次满足较高层次的需要。

另一方面，需要的产生从低级向高级的发展是波浪式地推进的。在低一级需要没有完全满足时，高一级的需要就产生了，而当低一级需要的高峰过去但没有完全消失时，高一级的需要就逐步增强，直到占绝对优势（见图5-4）。

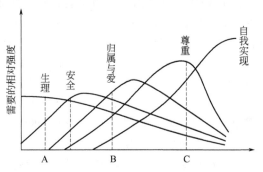

图 5-4　马斯洛需求层次理论图示

（4）动态性和发展性　需要是与生活经验相互作用而不断变化的高度动态的结构。它依据个体的身体条件、环境、与他人的交往以及个人的经验而不停地成长与变化。消费者需要的动态性和发展性具体体现在：

① 时代发展性。消费者的需要是一个由低级向高级、由简单到复杂不断发展的过程。这一过程与人类社会的历史进程密切相关，是随着满足需要的消费对象在内容、范围、方式上的改变而发展变化的。早期社会，由于生产力水平低下，人们仅能提供和获取少量而简单的物质产品，其需要也只限于果腹、御寒、生命安全等基本的要求。随着生产力水平的提高，劳动者向社会提供的物质产品日益增多，人们的需要内容也日益扩展。现代社会，在高度发达的科学技术和先进生产力的推动下，随着物质产品的极大丰富和新的消费领域、消费方式的不断涌现，人们的消费需要在内容和层次上不断更新和发展。现代消费者不仅把吃得营养、穿得漂亮、住得舒适、用得高档作为必须满足的基本需要，还要求通过商品和劳务消费满足社交、尊重、情感、审美、求知、实现自我价值等多方面的高层次需要。所以，社会生产的发展是需要产生与发展的前提，随着社会生产的发展，人类的需要由低级向高级、由物质到精神、由简单到复杂不断发生变化。需要是永无止境、无限发展的。

② 季节性。消费需求的季节性是指由于气候条件、风俗习惯不同而引起的季节性消费。它主要包括三个方面的内容：首先是由季节性气候变化引起的，如冬天和夏天对穿衣的需要、对冰箱和空调的需要等；其次是一些季节性生产的产品，如蔬菜和水果等；最后是由习俗和节日引起的消费需求，如清明节对风筝的需要，端午节对粽子的需要，中秋节对月饼的需要，中秋节、春节对礼品的需要等。

③ 事件性。消费者需要的事件性是指由于外部环境的变化，如社会上重大或激动人心的活动、事件等，而引起的消费者需要的变化。例如，在 2008 年发生的三鹿奶粉添加三聚氰胺事件之后，消费者对奶制品的需要转变为对安全和健康的需要，在这期间，各牛奶行业的广告主在进行广告宣传时也以产品的安全作为最重要的诉求。2011 年发生的日本核泄漏事件也使消费者的需要和市场状况发生了巨大的变化，消费者最关注的就是如何来更好地防辐射，各生产厂商也抓住了这一时期消费者需要的变化，纷纷给自己的产品加以防辐射的概念，来吸引更多的消费者。

④ 周期性。一些消费者的需要在获得满足后，在一定时期内不再产生，但随着时间的推移会重新出现，并显示出明显的周期性。当然，重新出现的需要不是对原有需要的简单重复，而是在内容、形式上有所变化和更新。因此，消费者需要的周期性循环的出现不仅是需要形成和发展的重要条件，也是社会经济发展的直接推动力。消费者需要的周期性主要由消费者的生理运行机制及某些心理特性引起，并受自然环境变化周期、商品生命周期和社会时尚变化周期的影响。例如，食品的需要周期具有间距短、循环快、重复性高的特点；服装的需要周期直接受气候变化的影响，表现出明显的季节性；而某些流行时尚的变化周期具有不确定性，一种着装方式可能在消退 5 年、10 年甚至很长一段时间后又重新流行起来。

⑤ 连续性。这是指需要往往不断出现，不断满足，再出现，再满足，周而复始地循环，永无止境。当一种需要被满足后，另一种新的需要就会被激活，成为人们行动的新的目标和动力。而且，在许多情况下会有多种需要同时产生，但总是有一种需要居于主要地位，起支配作用。当主要需要被满足后，原来占次要地位的需要就可能上升为主要需要，从而成为支配人们行为的新的目标和动力。

⑥ 可诱导性。正是由于上述原因，消费者的需要也具有可诱导性，可以人为地、有意识地给予外部诱因或改变环境，诱使和引导消费者的需要按照预期的目标发生变化和转移。在实践中，许多企业正是利用消费者需要的可变性和可诱导性这些特点开展广告宣传，倡导消费时尚，创造示范效应，给予优惠刺激，从而有效地影响、诱导消费者形成、改变或发展其需要。

第二节　消费者的动机

一、动机的内涵

动机（Motivation）这一概念是由伍德沃斯（R. Wood-worth）于 1918 年率先引入心理学的，他把动机视为决定行为的内在动力。动机是推动人从事某种活动，达到某种目的，并指引活动满足一定需要的意图、愿望和信念。换言之，动机是人们从事某种行为活动的内部驱动力，是人的一切行为的内在直接原因。就消费者的行为而言，动机能驱动、促使消费者为达到一定目的而进行有关的消费活动。

需要是动机产生的基础和源泉，它在主观上通常以意向或愿望的形式被体验着。动机与需要的不同点在于：动机是与一定的目标相联系，当需要有了明确的目标即转化为动机。动机的产生依赖于内在的主观需要和外界刺激两方面的条件，而前者是最根本的。人如果主观不需要，即使有外界条件的刺激，也不会产生某种动机。因此，动机激发过程通常包括充分意识需要、发现满足对象、调动机体能量及趋向目标行动。

二、需要、动机与消费行为

个体的需要、动机与消费行为的关系如图 5-5 所示。从图中可以看出，个体的需要是从刺激开始的。该刺激来自机体内部和外部。刺激引起需要时，会伴随着心理的紧张状态。个体由于学习体验和认知过程的提示，会指向能够满足需要的具体目标。于是，形成了一种推动个体去获得满足需要目标的动力（动机）。继而产生指向目标的行为。获得需要对象，即需要得到满足，原有的紧张状态予以解除。之后，新的需要又可能产生，如此循环往复，使人的消费行为不断向前发展。

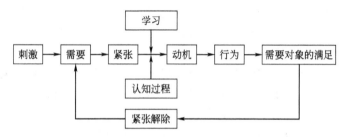

图 5-5 需要、动机与消费行为的关系示意图

三、消费者购买动机的特性

不同的购买动机引起不同的购买行为，即使是同一购买行为，也可能是由多种动机引起的。它们通常具有如下特点。

（1）动机的转移性 根据购买动机在消费者购买行为中所起的作用与地位不同，动机有主导性动机和辅助性动机，并且在一定条件下可相互转化。一般来说，主导性动机决定消费者的购买行为，但同时存在着若干潜在的辅助性动机。比如，希望买到所需商品是消费者的主导动机，同时还希望受到售货员好的接待，买完东西还想看看别的商品或逛逛商店以作消遣等，这些是一种辅助性动机。辅助性动机有时并不被个体意识到，处于潜在状态，但在购买过程中或决策过程中，往往由于新的刺激出现而发生动机转移，原来的辅助性动机转化为主导性动机，从而取代原主导性动机。如当消费者来到商店，本来是买电视机的，但这时商店刚来了一批紧俏商品——名牌全自动洗衣机，于是便马上放弃买电视机的打算，而去购买洗衣机。这说明，消费者除想买电视机外，买洗衣机也是动机之一，只不过因为某种原因暂时把它排在计划后面。但当自己所喜欢牌子的洗衣机出现时，购买洗衣机的动机就上升为主导性动机，从而放弃了原要购买电视机的打算。再如，当消费者来到商店，柜台里虽有所需商品，但因售货员傲慢无礼，使消费者自尊心受到伤害。这时，维护个人自尊便上升为主导性动机，结果，消费者愤然而去，使原购买动机暂时消失。

（2）动机的内隐性 动机是消费者的内心活动过程，具有含而不露的特性，特别是心理性的购买动机有时更具内隐性。也就是指消费者由于某种原因特将其主导性动机或真正动机掩盖起来。比如，某消费者购买礼品送人的真正动机是出于被迫无奈，但当别人问起其购买昂贵商品的目的时，却回答说自己要用。

人的心理活动极为复杂，在现实中，消费者经常出于某种原因而不愿意让别人知道自己的真实动机。除此之外，动机的内隐性还可能是由于消费者对自己的真实动机缺乏明确意识，即动机处于潜意识状态。这种情况在多种动机交织组合、共同驱动一种行为时经常发生。如某消费者购买一副高档眼镜的主要动机是保护眼睛，但同时也可能怀有增加风度或者掩盖眼部缺陷等其他潜在动机。作为广告主和广告工作人员，应该识别这种内隐性，利用科学的研究方法找到消费者的真正购买动机，用委婉的言辞引导消费者，实现消费者的购买行为。

（3）动机的复杂性　由于购买动机是复杂的、多层次的，也就是说在多种动机同时存在的情况下，很难辨认哪种是主导性动机，有时连消费者本人也说不清楚。因为有些消费者的购买行为有时是在潜意识支配下进行的。很难判断他是出自哪类动机，有时几种动机兼而有之。

动机的复杂性至少可以从四个方面体现出来：一是任何一种行为背后都蕴涵着多种不同动机，而且类似的行为未必出自于类似的动机，类似的动机也不一定导致类似的行为；二是同一行为后的各种动机有着强度上的差别，哪种动机处于优势地位，哪种动机处于弱势地位，并不容易分清；三是动机并不总是处于显意识水平或显意识状态，也就是说，对为什么采取某一行动，消费者自身也不一定能给出清楚的解释；四是没有一种动机是孤立的，即使是人类最基本的饥饿动机，虽在性质上属于生理性的，但也很难完全以纯生理的因素予以解释。人类的行为十分复杂，也许行为背后的动机更复杂。

（4）动机的冲突性　当消费者同时产生两个以上互相抵触的动机时，所产生的内心矛盾现象叫冲突，也叫动机斗争。这种动机冲突可分三类。

① 趋向——趋向冲突。当消费者遇到两个以上都想达到的目标而又不能都达到时所产生的动机斗争。比如，当消费者挑选商品时，面对两种自己所喜爱的产品不能同时购买，选其中的一个又舍不得另一个，难决取舍时，他往往要对两种商品反复比较。这时，来自外界的因素可帮助其决策，如售货员或其他消费者的指点、说服、暗示，都可起到作用。

② 回避——回避冲突。当消费者遇到两个以上不愉快的目标，又必须选择其中一个时所发生的动机斗争。比如，某副食商店，因售货员服务态度十分恶劣，使附近居民望而生畏，但油盐等是每天必不可少的、用完就得及时补充的日常用品，到其他居民区商店去买，又要受徒步远涉之苦。在这种情况下，本地区居民在购买副食品时既不想受附近商店售货员的气，又不愿走许多路去外区商店购买，因而发生动机斗争。结果是他们宁肯受点累，也觉得比受气强，因而纷纷去较远的商店购买，冲突随即消除。面对这种冲突，消费者总是趋向于选择不利和不愉快程度较低的动机作为实现目标，以便使利益损失减少到最低限度。此时，如果采取适当方式降低不利结果，或者从其他方面给予补偿，将有助于消费者减轻这方面的冲突。

③ 趋向——回避冲突。当消费者同时面临具有吸引力和具有排斥力的两种目标需要作选择时所产生的动机斗争。比如，消费者想买一台双门无氟冰箱，但其价格贵；单门有氟电冰箱价格虽便宜，但不够理想。这时，消费者便在质量和价格两者中徘徊，最后，或是选择满意的商品，或是选择低廉的价格，这是消费决策和购买过程中常见的冲突。

从上述分析可以看出：动机冲突是动机活动过程中不可避免的现象，是动机作用的一种重要方式，消费者动机冲突的解决有赖于企业多种营销措施手段的运用。另外，从一定意义上说，正是由于动机冲突的存在，才为企业经营者提供了运用营销手段，引导消费者购买动机、推动购买行为实现的机会和可能性。

四、消费者的动机类型

（1）求实动机　是指消费者以追求商品或服务的使用价值为主导倾向的购买动机。在这种动机支配下，消费者在选购商品时，特别重视商品的质量、功效，要求一分钱一分货，相对而言，对商品的象征意义、所显示的"个性"、商品的造型与款式等不是特别强调。比如，在选择布料的过程中，当几种布料价格接近时，消费者宁愿选择布幅较宽、质地厚实的布料，而对色彩、是否流行等给予的关注相对较少。一般而言，消费者在购买基本生活资料、日用品时，求实动机比较突出，而在购买享受物品、较高档次的、奢侈的消费品时，求实动机不太突出。此外，还要看消费者的消费支出能力和消费价值观念。如雕牌的广告就以"价格实在"为诉求点。

（2）求新动机　是指消费者以追求商品、服务的时尚、新颖、奇特为主导倾向的消费动机。在这种动机支配下，消费者选择商品和服务时，特别注重商品的款式、色泽、流行性、独特性与新颖性，相对而言，产品的耐用性、价格等成为次要的考虑因素。一般而言，在收入水平比较高的人群以及青年群体中，求新的购买动机比较常见。

（3）求美动机　是指消费者以追求商品的欣赏价值和艺术价值为主要倾向的消费动机。在这种动机支配下，消费者选购商品时特别重视商品的颜色、造型、外观、包装等因素，讲究商品的造型美、艺术美。求美动机的核心是讲求赏心悦目，注重商品的美化作用和美化效果。这种消费动机在受教育程度较高的群体以及从事文化、教育等工作的人群中是比较常见的。据一项对近 400 名各类消费者的调查发现，在购买活动中首先考虑商品美观、漂亮和具有艺术性的人占被调查总人数的41.2％，居第一位。而在这中间，大学生和从事教育工作、机关工作及文化艺术工作的人占 80％以上。但从现在的情况看，也有这样两个趋势：一是随着人们生活水平的提高，收入的增加和用于非生活必需品方面开支的比重增大，求美动机也越来越强烈了；二是随着时间的推移，人们休闲的时间增加，越来越多的人开始注重求美的动机了。

（4）求名动机　是指消费者以追求名牌、高档商品，借以显示或提高自己的身份、地位而形成的消费动机。当前，在一些高收入层、大中学生中，求名购买动机比较明显。求名动机形成的原因实际上是相当复杂的。购买名牌商品，除了有显示身份、地位、富有和表现自我等作用以外，还隐含着减少购买风险，简化决策程序和节省购买时间等多方面的考虑因素。

（5）求廉动机 是指消费者以追求商品、服务的价格低廉为主导倾向的消费动机。在求廉动机的驱使下，消费者选择商品以价格为第一考虑因素。他们宁肯多花体力和精力，多方面了解、比较产品价格差异，选择价格便宜的产品。

（6）求便动机 是指消费者以追求商品购买和使用过程中的省时、便利为主导倾向的消费动机。在求便动机支配下，消费者对时间、效率特别重视，对商品本身则不甚挑剔。他们特别关心能否快速方便地买到商品，讨厌过长的候购时间和过低的销售效率，对购买的商品要求携带方便，便于使用和维修。一般而言，成就感比较高、时间机会成本比较大、时间观念比较强的人，更倾向于持有求便的购买动机。

（7）模仿或从众动机 是指消费者在购买商品时自觉不自觉地模仿他人的购买行为而形成的消费动机。模仿是一种很普遍的社会现象，其形成的原因多种多样。有出于仰慕和获得认同而产生的模仿；有由于惧怕风险、保守而产生的模仿；有缺乏主见，随波逐流而产生的模仿。不管是何种原由，持模仿动机的消费者，其购买行为受他人影响比较大。一般而言，普通消费者的模仿对象多是社会名流或其所崇拜、仰慕的偶像。电视广告中经常出现某些歌星、影星、体育明星使用某种产品的画面或镜头，目的之一就是要刺激受众的模仿动机，促进产品销售。

以上我们对消费者在购买过程中呈现的一些主要动机作了分析。需要指出的是，上述消费动机绝不是彼此孤立的，而是相互交错、相互制约的。在有些情况下，一种动机居支配地位，其他动机起辅助作用；在另外一些情况下，可能是其他的动机起主导作用，或者是几种动机共同起作用。因此，在调查、了解和研究过程中，对消费者购买动机切忌作静态和简单的分析。

第三节 广告诱发消费者需要和动机的方略

一、广告要恰当地选择受众真正或深层的需要为诉求点

如果广告主和广告公司能够通过科学的调查，及时准确地了解消费者真正的、深层的需要，并以此为广告的诉求点，那么这则广告就成功了一半。

例如，李奥·贝纳广告公司为宝洁公司的一种新型片装洗洁剂"喝彩牌"所做的广告。通过市场调查和分析后，发现妇女们在使用以往大包装的洗洁剂时，经常会遇到这样的问题，即每次使用时，是凭感觉来量出一定量的洗洁剂，这使得洗洁剂的分量不正确，而达不到好的洗涤效果。而"喝彩牌"为消费者量出正确的洗一定衣物的分量，并制成片装，使消费者感到十分方便，但为此要使消费者付出很小的额外费用。在试销期的调查中，妇女们提出这种洗洁剂太贵了，而实际上这种额外的价格差异并不引人注目和使人为难，为什么妇女们仍然说它太贵了呢？经过调查发现，她们觉得片装洗洁剂仅仅是为了方便而增加了价格。此时广告如果是以方便为诉求点，则不可能达到很好的效果，因为许多妇女认为为了方便而多花钱并

不合算，此时她们真正的需求是使每次洗衣放的洗洁剂刚好合适，因为正确的分量可以使洗涤效果更好。因而，广告以此种品牌的产品可以使你正确地放置洗洁剂量，使洗衣更洁净为诉求点而赢得了成功。妇女们不再认为这种牌子的洗洁剂很贵，因为她们认为贵有所值。

假如广告诉求不注重对消费者需要的甄选，则不能完成广告在商品与消费者之间架起一座沟通桥梁的使命。例如，1970 年美国第三大广告公司扬鲁比肯为东方航空公司创作的"人的翅膀"的系列广告，更多地表现飞翔之美，而不是推销飞机的舱位。其中一则 60 秒的电视广告中是一个跳水运动员从墨西哥阿卡普尔科悬崖跳入海水的镜头；另一则是拍摄巴西丛林上翱翔的鸟群。消费者尤其是那些潜在的顾客反映，广告十分优美，然而对东方航空公司却一无所知。消费者真正需要的乘坐飞机的安全和舒适等问题，才是当时顾客购买舱位的真正原因。

二、诉诸消费者的优势需求

人的需要是多方面的，但是诸多需要当中总有一种需要处于主导地位，属于优势需要。能否满足消费者的这种需要直接影响到消费者对该商品的态度和购买行为。对于商品来说，一种商品具有多种属性，在广告宣传中要突出哪一个，将哪一个作为广告的主题，是广告策划的首要问题。在这种情况下，首先要考虑的就是消费者的优势需要，即把消费者的优势需要作为广告定位的依据。理论和实践表明，对准消费者的优势需要进行广告定位是取得成功的前提。比如 IBM 的广告，就充分考虑了商务人士对电脑的优势需要，商务人士对电脑的优势需要既不是强悍的计算能力，也不是流畅的显示，更不是震撼的影音效果，而是稳定性和数据的安全性。所以商用电脑就应该以安全和稳定为卖点在广告上做文章，市场证明，IBM的广告策略是成功的，安全和稳定一直是 IBM 的代名词。

三、突出产品的独特功能，满足受众的特殊需要

当一种产品或服务具有某种特殊的功能，而这种功能又正好是唯一能满足消费者某种特殊需要的产品属性时，广告就应该以消费者的这种特殊需要和产品的这一特性为诉求点。也就是说，在广告"说什么"的问题上，就要突出介绍产品优点和满足消费者特殊需要的利益点。例如，R. 里沃斯为 M&M 巧克力糖果做广告时，他发现此种巧克力糖是第一个用糖衣包裹的。于是"只溶在口，不溶在手"的创意立即出现，这种独特的功能给消费者带来的好处立即被消费者接受，满足了消费者爱吃巧克力又怕它溶化弄脏手的需要。这一广告主题从 1954 年一直沿用到 20 世纪90 年代，并成功地进入中国市场。在保健品和礼品的市场中，竞争力如此之大，初元以"专为病人设计"这种特殊的功能和利益点为诉求，打开了一定的市场（见图 5-6）。随着科技的发展剖宫产占婴儿出生方式的比重越来越大，爱可丁抓住了这部分目标受众的特殊需要，提出了"剖宫产宝宝的专用奶粉"这一诉求点来满足这种特殊的需要（见图 5-7）。这种做法正好符合了"USP"理论，即"独特的销售主张"（Unique Selling Proposition），它是罗塞·里夫斯（Rosser Reeves）在 20世纪 50 年代首创的。它的意思是说，一个广告中必须包含一个向消费者提出的销售主张。这个主张要具备三个要点：一是利益承诺，强调产品有哪些具体的特殊功

能和能给消费者提供哪些实际利益；二是独特，这是竞争对手无法提出或没有提出的；三是强而有力，要做到集中，是消费者很关注的。有关这一理论我们将在第六章作进一步介绍。

图 5-6　初元的平面广告

图 5-7　爱可丁的平面广告

四、找出产品的使用价值和心理附加值，迎合受众的多层次需求

在现代社会，一件生产成本不过几十元的商品，售价却高达几百上千乃至几千元，甚至更多，这是最令人注目的消费现象之一，为什么？就是因为它是品牌、是名牌，它给消费者带来的不仅仅是商品所体现的物质层面的利益，更带来了商品所象征的精神层面的价值。换句话说，就是消费者在现代社会消费的不仅仅是商品的使用价值，更多的是在消费商品所富有的更高层次的价值和意义。这种附加在商品实体及其价值之外或之上的非功能性价值就是商品的心理附加值。

现代社会早已进入产品同质化的时代，即产品的使用价值越来越相似，趋于同质化，这时，广告要承担的任务就是要把自己的品牌与其他品牌区别开来，而要区别不同品牌，就要从产品所带给消费者的心理附加值上找出路，使消费者在更高层次的需要上获得满足。例如，众多的洗发水广告都在说其含有某种物质，对头发有某种作用时，飘柔洗发水却告诉消费者："多重挑战，同样自信"。"香奈儿 5 号香水"誉满全球，它不仅是香水，还是优雅、华贵、经典的代名词（见图 5-8）。

借助对商品心理附加值的宣传，可以赋予商品独特的个性，使其从同类产品中脱颖而出。例如，优乐美奶茶宣传的不仅仅是休闲饮品，更是和恋人表达爱意的一种方式，配以"你是我的优乐美"的广告语，赋予产品深厚的心理附加值，所以深受少男少女们喜爱，从而在众多奶茶中独树一帜。

对商品心理附加值的诉求主要有以下几种类型。

（1）传播价值理念　广告经常根据社会、文化现象及其发展趋势和消费者的心理需求，创造某种价值理念，并把这种理念演绎成产品或品牌所包含的心理附加值加以传播。这种理念包括人的价值观念、信念、精神，或是人的消费理念、生活理念，或是企业的理念，甚至是一个民族、国家的文化理念。例如，耐克不单代表运动鞋，更代表体育运动的精神；"永远的可口可乐"传达的是自由奔放、个性张扬的价值理念；"万宝路的世界"体现着美国式的英雄主义精神。

（2）传递人类情感　广告在传播商品信息时，无不传递着人类的情感。例如，LG的"看重人，尊重人"的广告口号体现着一种人类之爱。"海尔，中国造"、"中国人自己的可乐，非常可乐"等这样的广告又诉诸消费者对民族情感的心理。而更多的广告是诉诸消费者重视亲情、友情、爱情的心理。

（3）塑造生活方式　广告在促使人们从传统的社会生活方式向现代社会生活方式的转变中所产生的影响、所发挥的作用是有目共睹的。如今，人类进入了物质生活非常丰富的时代，人们所需要的已经不再停留在衣食住行方面，而需要的是健康的、精神愉悦的生活方

图 5-8　"香奈儿 5 号香水"的平面广告

式。所以越来越多的商品或品牌就开始诉诸消费者在这方面的需求，在广告中倡导某种消费者向往的生活方式。"男人应该享受"、"做女人挺好"、老人要"花钱买健康"、孩子要"天天补钙"。广告不断地向消费者传递着有关新的生活方式的信息，使人们获得生活方式的参照。我们经常在广告中发现，秀发永远如丝柔顺；女子皮肤珠圆玉润，面容姣好，身材玲珑有致；家庭总是其乐融融，欢声笑语不断。年轻人穿美特斯邦威喝可乐，个性十足，张扬着活力；中年男子刷招行信用卡开宝马车，永远成熟稳重，宠辱不惊；都市丽人品咖啡做瑜伽用碧生源清肠胃，小资而时尚……每一则广告中，都在潜意识里告诉消费者，这是最"生活"的。

（4）实现自我价值　在人的众多需要中实现自我价值的需要属于高层次的精神需要。在现代社会，成功、荣誉、名望、地位、身份、富裕、尊严、权力等，已成为社会所认同的自我价值实现的表征，而广告同时又为这些表征创造了象征物，这就是名牌商品、高档商品等。例如，劳力士手表的广告："要登大雅之堂，就买劳力士表"；富贵鸟的广告："富贵鸟，富贵标志"。这样的广告内容更多的是表现一种自我成就感和社会尊重感。如现代劳恩斯汽车的广告，从广告语到代言人都表现了成功人士的成就感（见图5-9）。

五、诉诸消费者的潜在需要

据日本三越百货公司调查，进店的顾客只有20％发生购买行为。这是由于消费者的欲望有两种：一种是"意识的欲望"（即现实需要），即有明确购买目标的消费者；另一种是"潜在的欲望"（即潜在需要），即没有明显意识到需要某种商品因而没有作购买预定的消费者。有潜在欲望的消费者，常常由于外界的刺激，潜在的欲望被激发，使他由一个看客变为一个买者。据美国一家百货公司调查，在顾客的购买行为中，有28％来自"意识的欲望"，有72％来自"潜在的欲望"。研究消费者的潜在需要，对于指导企业市场开发、扩大产品销售具有十分重要的作用。许多广告的成功就在于，它诱发了很多人没有注意到的，同类产品广告中没有说出来的消费者的潜在需要，使消费者的潜在需要变成了现实需要，实现了购买行为。例

图5-9　现代劳恩斯汽车的平面广告

如，知名品牌露露，在市场调查中发现，夏季是露露饮料销售的黄金旺季，春秋季是维持季，而冬季则是淡季。原因在于人们把这种饮料看成是冷饮。人们在冬季十分喜爱喝热的饮料，如热茶、热奶、热咖啡、热果珍等，而对罐装饮料的一贯看法是把它作为冰镇冷饮，这使得许多在夏季十分喜爱露露的消费者在冬季就很少喝它了。所以，露露及时在广告中告诉消费者冬天喝热露露，同样美味又营养，并演示其加热的简便方法，诱发许多喜爱把露露当冷饮喝的消费者冬天喝露露的需求，为露露这一品牌开拓了更加宽阔的市场。

掌握消费者的潜在需要还在于创造需要，市场需要在创造之中。就是说，占领市场靠企业经营者对消费者的潜在需要不断地发掘，经常推出满足消费者潜在需要、代表时代潮流的产品。例如，牙膏市场竞争激烈，在防蛀牙膏和美白牙膏充斥牙膏市场的情况下，云南白药牙膏针对消费者牙龈出血、肿痛、口腔溃疡等上火问题，发现消费者存在去火保健的潜在需要，所以云南白药牙膏定位于"口腔专业保健"牙膏。舒适达则诉诸消费者预防和抵抗牙齿过敏的潜在需求，开发了舒适达抗过敏牙膏。再如，纸尿裤的诉求已不再简单地宣传产品的吸收量和干爽程度，帮宝适提出了"沉睡是金"的理念，来满足母亲希望宝宝有良好睡眠，促进大脑发育的需要；贝舒乐则宣称"没有O形腿"；妈咪宝贝则推出男宝宝和女宝宝的纸尿裤。这些都是在不断地开发消费者的潜在需要。

六、避免诱发负面需要

广告在诉求时要考虑到其诱发的需要及表现的方式是否符合当时当地广告对象的文化理念和道德标准，是否能使其产生积极的情感体验。广告传播作为传播的一种，除了其促销的最终商业目的，同时，还负有影响社会文化与道德倾向的责任。如果广告诱发了那些违反社会道德、宗教信仰、社会责任等方面的需要，不仅对社会文化与道德倾向产生不良影响，同时还会使广告对象对产品产生消极影响。意大利一家公司将在希腊雅典古城堡的胜利女神庙中4个石柱女变成可乐瓶，引发希腊人认为玷污了其宗教信仰，导致此广告不得不终止。广告还有教育的功能，广告人永远不能忘记自己应承担的社会教育的责任。如某床垫广告，为了说明其舒适，闹钟响了，小孩伸手把闹钟摔在地上，继续大睡，这则广告被家长普遍认为是诱导了小孩睡懒觉和毁坏东西的需求，而受到强烈的反对。除此之外，还要考虑广告中倡导的生活方式，价值观念是不是健康的、合理的。例如，某牛奶饮品的广告："来不及吃早餐，喝一瓶，精神一上午。"我们知道早餐对于人的健康是非常重要的，而这一广告宣扬的生活理念是不是影响消费者的健康呢？是值得我们去思考的。

如何据消费者需要选择恰当的广告诉求点，本书将在第六章在阐述理性广告的诉求策略时作进一步探讨。

思考题

（1）消费者需要和动机的类型有哪些？

（2）消费者的需要和动机有什么特点？

（3）用马斯洛需求层次理论原理，举例分析不同类别产品诱发消费者需求的具体策略。

（4）广告怎样才能诱发消费者的需要和购买动机？

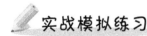**实战模拟练习**

（1）请分析脑白金品牌是如何诱发消费者的需要和动机，从而创造出如此好的销售业绩的。

脑白金是珠海巨人集团旗下的一个保健品品牌，从2001年起，铺天盖地的脑白金广告，成了一道电视奇观。其广告之密集，创造中国广告之最。一打开电视，总要跳出三两个人来，在那里反反复复地念叨。近年来脑白金的广告语有："今年过节不收礼，收礼只收脑白金"、"今年更要送健康，送礼就送脑白金"、"脑白金，年轻态，健康品"等，在中国的广告市场上，"脑白金"广告可以说是一个十足的另类，从2002年至今，年年在"中国十大恶俗广告榜"榜上有名。但同时也是在数年时间内，脑白金成为中国大陆知名度最高和身价最高的保健品品牌之一。据统计，脑白金的年销售额超过十亿元人民币，年均利润可达3.5～4亿元人民币。

（2）阅读以下材料，说明应如何根据消费者需要的动态变化进行相应的广告诉求。

结婚三大件：流行十年就更新换代

结婚，是一个人一生最幸福、最重要的一件事情。为了筹备婚礼，男女双方家庭一般都要置办几件至少在当时颇为流行的物品。人们约定俗成的结婚"三大件"的变迁，就是一个很好的例子。从20世纪70年代的自行车、手表、缝纫机，到20世纪80年代的彩电、冰箱、洗衣机，再到20世纪90年代的电话、电脑、空调，一直到如今的房子、车子、票子，结婚"三大件"发生了翻天覆地的变化。结婚三大件的转变，直接反映了人们兜里的钱越来越多，消费也越来越超前。变化的背后，是30多年来人们生活质量的不断提高。也许所有人更加期待的是，下一个"三大件"究竟是什么呢？

（3）案例思考与讨论：你会享用这种"公厕套餐服务"吗？

"公厕套餐服务"配备专业陪聊　送精美纪念册

近日，网上流传的一个名为《上海惊现史上最牛公厕推出公厕套餐服务》的原创视频，直让网友慨叹：不知是该佩服其创意，还是鄙薄这种钻到钱眼里病急乱投医的做法。

据网友"明珠拍客"称，自己近日搬到上海浦东新区，某天早上外出晨练的时候发现了一座"雷"人公厕。公厕外张贴着告示，声称要推出公厕套餐服务。告示上将该项服务分为五个等级，分别是经济套餐、标准套餐、商务套餐、豪华套餐、总统套餐。每个套餐还列出了各自的服务项目，如经济套餐就赠送厕纸一份、报纸一份，仅需1元；2元的标准套餐则在经济套餐的基础上送出红双喜香烟一根、打火机一个。最"雷"人的应该算是价值10元的豪华套餐，居然有专业陪聊的服务项目。而20元的总统套餐更让人摸不着头脑，居然包括彩票一张和精美纪念册。这些都让网友们好奇不已：不知道当你如厕的时候，有人在一旁陪你谈心，会是什么样的感受？

第六章
广告理性诉求的方略

【学习目标】

　　掌握理性诉求的概念及其判断线索，了解理性广告的说服理论，特别是功能一致性理论、启发式加工理论、独特销售点理论及其在营销实践中的应用，领会制约理性广告效果的主要因素，知晓在什么情况下需要采取理性诉求的广告对消费者进行传播沟通更容易取得满意的广告效果，熟练掌握理性诉求的心理方略。

　　基本知识点：广告的理性诉求及其标志；理性广告的说服理论；制约理性广告效果的主要因素；理性诉求的心理方略。

　　重点：广告的理性诉求的概念及其制约因素；理性广告诉求的心理方略。

　　难点：理性广告的说服理论。

　　广告的目的之一是说服消费者形成积极的品牌态度，进而产生购买行为。如何对消费者进行说服才能达到这一目的呢？这就涉及广告的诉求方略的选择问题。能否选择恰当的广告诉求点和诉求形式是影响广告说服效果的重要因素。本章和第七章将对广告的两种诉求形式——广告的理性诉求和情感诉求进行探讨。

第一节　广告的理性诉求及其判断线索

　　所谓广告诉求（Advertising Appeal）是指用广告内容和形式对消费者进行说服的广告方略。广告诉求所要解决的就是说什么（What to Say）和如何说（How to Say）的问题，即选择什么样的广告诉求点和诉求形式。

　　采用什么样的内容和形式对消费者进行说服与商品自身的特点有很大关系。各种商品都具有其特定的功能，如矿泉水可以解渴，感冒药可以治病。商品的这些功能是由其本身所具有的物理化学属性所决定的，因此，商品具有其基本的功能性价值。理性诉求（Rational Appeal）就是以商品功能或属性为重点的诉求。理性诉求定位于受众的理智动机，通过真实、准确、公正地传达企业、产品、服务的客观情况，使受众经过概念、判断、推理等思维过程，理智地做出决定。这种广告方略可以作正面表现，即在广告中告诉受众如果购买某种产品或接受某种服务会获得什么样的利益；也可以作反面表现，即在广告中告诉消费者不购买产品或不接受服务会对自身产生什么样的影响。这种诉求方略一般用于消费者需要经过深思熟虑才能决定购买的产品或接受的服务，如高档耐用消费品、工业品等。

商品的功能就是消费者所追求的利益，如保健品能够提供营养，药品能够治病等。在市场营销学中，这被称为核心产品，它是产品概念中最基本、最主要的部分。商品的特性或属性体现在有形产品和附加产品上。前者包括名称、质量、式样、外观、包装等；后者有送货和信贷条件、安装、售后服务等（见图6-1）。

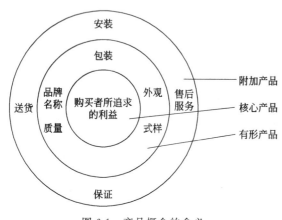

图 6-1　产品概念的含义

在广告中突出强调自己的商品所具有的特性及优越性，通常是提出事实或进行特性比较。通过展示商品所固有的特性、用途和使用方法等，提供关于商品的事实性信息而使消费者形成一定的品牌态度。这种广告策略被称为"硬销售"（Hard Sell）。以理性诉求为主的广告叫做理性广告，也有人称之为理由广告、理论广告或说明广告。例如，某冰箱的广告，"用两天的电，省一天的钱"，所强调的就是商品的节能特性。

消费者的消费行为大致可以分为两大类：即感性消费和理性消费。感性消费行为更注重追求情感上的满足，比较看重商品带来的附加值或情绪上的满足，其购买行动往往比较直接迅速，有时甚至带有盲目性和情感化的色彩。理性消费是指从感到需要某种产品到购买行为发生，需要很长的思考时间，消费者会主动比较各类产品的信息，详细地评估产品。这一过程中，消费者常常把产品的各种特性与同类产品的特性作比较，经过逻辑的思考分析，最终做出购买决定。用精细加工可能性理论来分析，理性购买行为是由于消费者对信息的加工是较深层的、精细化的，他会主动去寻找，综合各种信息，搜集和检验有关体验，考察广告的来源，分析判断广告商品的性能并做出综合评价，这一过程中消费者更注重产品本身的特点。此类购买行为常常与消费者的消费观念和投资观念密切联系。这种行为不是盲目的，通常不会仅仅因受到广告的某种煽情式的诱惑而发生冲动性购买。为了促成消费者的此类购买行为，广告大多以理性的诉求为主，对其晓之以理。

在广告实践中，如何判断一个广告是否使用了理性诉求手段呢？这就涉及理性诉求的判断标准。美国的瑞斯尼克（Resnik）和斯腾（Stern）1977年提出，只要一个广告中包含以下14条关于产品的事实性信息线索中的一条或一条以上时，该广告就是理性广告。这些线索有：①价格；②质量；③性能；④配料；⑤销售的时间、地点及联系电话；⑥特价销售；⑦口感；⑧营养；⑨包装；⑩售后服务；⑪产品安全特点；⑫独立研究（即由独立研究机构进行的研究）；⑬公司研究（即由广告主进行的研究）；⑭新产品概念。❶ 这些线索可以为我们判断一则广告是否为理性广告提供参考。

第二节 理性广告的说服理论

在广告心理学的发展上，人们提出了各种理性广告的说服理论，主要涉及系统加工理论、认知反应理论、启发式加工理论、USP 理论等，下面简单介绍各理论主张和对广告说服的启示。

一、系统加工理论

该理论的基本假设是，消费者在接受理性广告时，是一个积极的信息加工者。其信息加工过程包括对信息的获取、评价、权衡重要性并与其他信息综合；然后对不同商标的同类商品所可能提供的好处进行比较；最后决定要购买的具体对象。因此，广告的诉求应立足于传播商品功能上的好处。

理性广告的说服过程是消费者把从广告中所获得的产品性能方面的特点与其心目中理想的产品性能特点相匹配的过程。这一过程被称为功能一致性过程。❷ 消费者购买商品的时候，往往对商品的性能特点有一定的期望和要求，从几个不同的维度对产品进行评价。例如，在购买冰箱类商品时，消费者考虑的因素可能包括容积、价格、耗电量、保鲜、制冷效果、噪声大小、安全性、方便性、售后服务、是否有抗菌功能和环保功能等众多方面。而且在每一个方面，消费者对商品都有一定的要求。广告中所强调的商品的某方面特性与他的要求越一致，消费者对这一特性就越满意。如果他对某一品牌的各方面的特性都满意的话，消费者购买这类商品时选择该品牌的可能性最大。但是，在现实生活中，一个品牌的商品很难在所有方面都达到最优的水平。而不同的消费者对不同方面的重视程度可能也是不一样的，比如，购买冰箱时，可能有的消费者重视容积；有的看重价格；有的关心节能效果；还有的注重产品的高科技含量，如是否有抗菌、保鲜和环保功能等。消费者最后购买哪种品牌的商品，是他对不同品牌的特性综合比较的结果。倘若某一品牌的综合性能与消费者心目中的理想品牌相一致，那么，这种商品与消费者的期望或要求之间就有了功能一致性，或者说两者间是相匹配的。在这种场合下强调这一特性的广告的说服效果就会好一些。

（1）消费者功能一致性程度的测量和计算　通过访谈和问卷调查了解消费者对

---

❶ Resnik, A. & Stern, B. L: An Analysis of Information Content in Television Advertising. Joural of Marketing, 1977, 41 (1), 50~53; P. De Pelsmaker and M. Geuens: Emotional appeals and information cues in Belgian magazine Advertisements. International Journal of Advertising. 1997, 16 (2), 123~147.

❷ J. S. Johar and M., Joseph Sirgy. Self Expressive Versus Utilitarian Advertising Appeals: When and Why to Use Which Appeal., Journal of Advertising. 1991, No. 3, 23~33.

M. Joseph Sirgy, J. S. Jobar, A. C. Samli, and C' B. Claiborne., Self-Congruity Versus Functional Congruity: Predictors of Consumer Behavior. Journal of the Academy of Marketing Science. 1991, Volume 19, Number 4, 363~375.

某一类产品所关注的性能有哪些，然后根据这些特性编制成语义区分量表或 Likeet 量表。用这一量表求出某一消费者对某一产品各方面性能的评价值，以及不同性能的重要性评价值。然后，用以下公式计算功能一致性指标：

$$FC = \sum_{i=1}^{n} | P_i - S_i | W_i / n \qquad (6\text{-}1)$$

式中　FC——消费者所期望的产品特性与他所了解的产品特性的一致性；

　　　P_i——消费者对产品第 i 个特性的评价值；

　　　S_i——消费者对产品第 i 个特性的期望值；

　　　W_i——消费者对产品第 i 个特性的重视程度；

　　　n——消费者购买该商品时所考虑的商品特性维度。

这是计算一个消费者所了解的产品特性与其理想的产品特性间的一致性模型。若要计算某一产品对一群消费者所具有的功能一致性指标，可用公式表示为：

$$FC = \sum_{i=1}^{n} \sum_{j=1}^{m} | P_{ij} - S_{ij} | W_{ij} / (nm) \qquad (6\text{-}2)$$

式(6-2) 中各符号意义与式(6-1) 相同，m 指被调查的样本数。

用这一公式可以计算不同产品对同一市场的消费者所具有的功能一致性指标，和同一个产品对不同细分市场的消费者所具有的功能一致性指标。通过这些计算值预测某一产品在不同市场上的销售前景或不同产品在同一市场上的竞争力大小。所得的 FC 值越大，说明这一产品的性能与消费者对这一产品的心理期望之一致性程度越高，消费者购买的可能性也越大。

这是一个可补偿性模型，即商品在某一特性上的缺点可用其他特性上的优点予以补偿，只要综合评价较高，就能被消费者接受。此外，还有非补偿性模型，即消费者对商品各方面的特性规定了一个最低可接受标准。只有各种特性都达到或超过规定水平时，该商品才会被消费者接受。消费者接受广告刺激时，把从广告中所获得的商品特性信息与其最低可接受标准相比较，如果广告中所传达的商品特性有任何一方面的特性没有达到的规定的标准，该商品就会被消费者排斥在所考虑的品牌范围之外，其余各种特性再优，也不能补偿这个较劣的特性。

此外，任何一种商品的特性都包括许多方面，消费者做出购买决策时对这些特性可能并不全部加以考虑，而是对其中一种或几种感兴趣。只要广告中的商品在这种或几种特性上达到或超过其要求，消费者就会购买，而对其他特性的优劣则不加考虑。

（2）功能一致性对营销实践的意义　通过对关注产品功能特征的消费者进行调查，营销者可以了解消费者所重视的功能特征有哪些，以及自己的产品性能和消费者所期望的产品性能间的一致性程度如何。当二者一致时，维持原有的广告诉求点；若二者不一致时，分为两种情况：若消费者对产品特性存在误解，通过理性诉求形式加强广告传播，实事求是地介绍本公司产品的优点，改变消费者对品牌的消极信念；若不存在误解，有两种解决办法：①改进产品的某些属性，使之接近消费者的理想水平。②通过广告宣传，改变消费者对产品不同特性的重要性评价，促使消费者对本公司产品占优的特性给予较大的权重。也可以用同样的方法找出自己的产品和竞争对手的产品相比在哪些方面处于优势，在哪些方面处于劣势，从而切实改进产品质量，提高产品的市场竞争力。

二、认知反应理论

心理学家格林沃德（A. G. Greenwald）提出的认知反应理论认为，真正的说服力不在于说服信息本身，而在于信息所可能带给说服对象的认知反应。例如，对信息的赞同及对论点的进一步支持，或对信息的反对及对论点的反驳等都是认知反应。如果信息所引发的说服对象的认知反应多是支持信息立场的，说服对象就会被自己的反应所说服而改变立场；如果信息本身所引发的是对信息立论的反驳或嘲笑，那么说服对象就不会改变态度，甚至会强化原来的态度。因此，根据这个理论，说服过程实际上是一个自我说服的过程，而说服信息只是提供自我说服的刺激而已。信息的说服力与信息立论的优劣有很大关系。立论优秀的信息，能够引发有利于信息立场的各种认知反应，说服对象容易因此而自我说服。但是立论拙劣的信息引发的是说服对象对信息的反驳，从而巩固原有的与说服信息相反的立场，甚至使原来对信息立场持赞成态度的人转向相反的立场。

根据这一理论，消费者接受和加工理性广告时所产生的认知反应，会对说服效果产生中介作用。也就是说，消费者不是被动地被说服，而是主动地评价广告信息，并在这一过程中说服自己。具体说，消费者在评价广告信息时，会产生和记住赞成或反对该传播观点的想法，从而影响态度的变化。根据这一理论，消费者接受一则理性广告时，可能会自发地引出有关功能上的好处等一些意想不到的想法。这种意外的特有想法会影响人们的信念，并由此中介态度的变化。依据这一提示，广告的说服可以通过刺激人们去记住或推论有关商标产品的信息，而该信息并不一定包含在广告本身之中。

三、启发式加工理论

柴肯（Chaiken，1980）、佩蒂、卡西奥波和休曼（Petty，Cacippo，Schumann，1983）发现这样一个事实：在许多场合下，人们没有觉察、理解和评价那些支持性的论据，也能发生态度的改变。这就是所谓的启发式加工。消费者接触广告时，若面临时间紧迫或由于缺少必要的知识不可能仔细思考广告中的产品信息，或在低卷入条件下无意对众多信息进行系统加工时，消费者会采取一种启发式加工策略，即不去仔细思考、理解和评价广告中的那些支持性的论据，而是根据广告中的一些线索，比如，广告诉求点的多少、专家评价、广告中所用的名人声望、广告者的吸引力和可靠性等直接形成一定品牌态度。这样的线索被称为启发式线索。它并非是广告信息本身，也无须和难以在逻辑上作论证。这种启发式的信息加工策略，使消费者在面临无数的广告信息时做出一种省时省力的决策。

启发式加工通常发生在消费者低卷入的情况下。克鲁格曼（Krugman）是最早涉及低卷入概念的作者之一。[1] 这一概念作为广告说服的一种模型，它预测广告

---

❶ Krugrnan. H. E. 1977. "Memory Without Recall, Exposure Without Perception." J. Advertising Research 17：7～12.

的目标对象常常只有最简单的启发线索，如该商标名称、标记或包装会留下印象之外，其余的一切都易健忘。这种现象多半发生在购买活动中，人们无须作更多努力的场合。换句话说，在较少努力的低卷入购买活动中，人们就常会利用和依靠这样的启发性线索。为此，广告中也就常常使用充满情感的刺激，诸如色彩和想象，来加强商标名称、标记和/或包装的特点。因此，启发式加工也可能包含对广告引起的情感反应。

一则广告立足于启发性的线索还可能刺激购买行为的发生。这仅仅是因为消费者更可能记住广告商标产品和对它们的识别，而很少会影响到对该商标的信念和态度。正如购买者所说："我买它是因为我熟悉它。"

四、独特的销售主张或销售点说——USP 理论

USP 理论是由罗塞·里夫斯（Rosser Reeves）提出的。USP 由英文 Unique Selling Proposition or Point 的首位字母组成，意为独特的销售主张或销售点。根据 USP 理论，选择什么样的产品特性加以传播，对广告效果的影响很大。任何商品都有很多特性，但是，消费者能够记住的东西是有限的。因此，广告中对这些特性不能面面俱到，只有找出何者是消费者最喜欢的，商品的效能才能被消费者所重视。与其他品牌相比，一种商品特性越独特，就越能够从众多的品牌中脱颖而出，使消费者对其产生好感。因此，要找出竞争对手的商品所没有的特性，在广告中加以强调。消费者一旦将这种特性与特定的商标联系起来，USP 就会给该商品以持久受益的地位。例如，当不少矿泉水广告千篇一律地强调纯净、卫生、含有矿物质等特性的时候，农夫山泉矿泉水的广告独树一帜，推出自己的 USP："农夫山泉，有点甜"，强调这一商品所特有的口感，给人一种亲切、温馨的感觉。由于农夫山泉抢先占领了这一 USP，即使其他厂商今后制造出同样的产品，在广告中也强调这种特性，也很难把它从消费者心目中夺走。

在广告实践中，不仅要善于找出竞争对手的品牌所没有的特性，还要善于发现在各品牌共有的特性中竞争对手所忽略的特性，而迅速抢占这一特性作为自己品牌的 USP 加以传播。例如，当各种品牌的啤酒都在宣传自己口味的时候，美国施利茨啤酒在广告中鲜明地宣称："每一只瓶子都用蒸汽机清洗过。"其实，当时各啤酒厂都是用蒸汽机清洗瓶子的，但它们都没有在广告中宣传这一点。结果，广告推出以后，施利茨啤酒的销量从第五位跃升到第一位。可见，USP 的作用是不可低估的。

USP 理论的基本前提是，视消费者为理性思维者。他们在做出购买决策时，追求利益最大化。由此出发，广告应建立在理性诉求上，传播带给消费者的实际利益。具体说，广告应对准消费者的需要，提供可以带给他们实惠的许诺。而这种许诺必须有理由支持，因为理性思维者会在许诺上发问：为什么会有这样的实惠？

USP 的语法程序是：特有的许诺＋理由的支持。例如，安眠药的理性诉求，人们自然要强调它会给失眠患者带来福音。但是，这样的诉求依然难以奏效，因为，这类西药药品在给患者带去福音的同时，也带去了副作用。在趋向与回避的动机冲突之下，致使一些患者宁愿忍受彻夜难眠之煎熬，也不愿吞服安眠药。在这种

背景下，一种全新的纯中药安眠药问世了。在该药品广告（见图 6-2）中，把不用吞服，即通过自然呼吸达到安然入睡作为独特卖点进行了理性诉求。一句醒目的广告语"不用吞服的安眠药"让人耳目一新。并且在其文案中，明确写道："鼻吸后，经呼吸道迅速吸收，明显改善精神神经失调症状，减低其反射兴奋性，因而能更有效地诱导平静而舒畅的睡眠。"这段话表达了对该特有许诺的理由的支持。

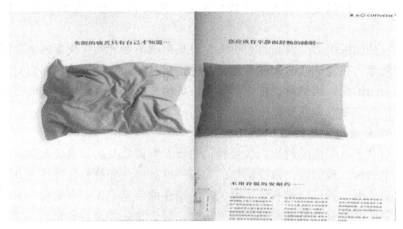

图 6-2　不用吞服的安眠药

在这个理论看来，许诺与理由之间并非严格的科学论证。比如，一种狗食的商品在其广告中许诺：延长寿命。理由是该食品含有骨髓的成分。至于该成分与延寿的关系并无科学论证，但是，狗爱啃骨头并从中获取骨髓成分。这个行为的本身让人推断它对狗有好处。所以，在 Reeves 看来，信念与人的愿望之间的相关远胜过信念与证据之间的相关。

第三节　制约理性广告效果的因素

理性诉求作为一种重要的广告诉求手段，通过展示商品质量、性能、价格等有关商品的事实性信息，传达商品所固有的属性给消费者带来的实际利益，对消费者进行说服，以期使消费者形成积极的品牌态度。这种诉求形式的优点是，能给消费者提供确凿的商品特性信息，便于消费者对不同品牌的特性进行比较，具有较强的说服力。其缺点是，这种诉求形式往往显得单调，不易吸引消费者的注意，同时要求消费者具有一定的有关商品的知识，因此其说服效果会受到一定的限制。理性诉求的说服效果受以下两方面因素的影响。

一、有关商品的因素

（1）商品的生命周期与同质化程度　对处于成长期的产品来说，产品的同质化程度较低，不同品牌的产品之间质量、性能、价格等方面的差异较大，因此，厂商可以通过理性诉求手段，选择消费者较为关注，而自己的品牌又占明显优势的特性，作为自己的 USP 加以传播，可望收到较好的广告效果。

（2）商品的购买风险水平　消费者购买商品时往往要面临一定的购买风险，但是不同类别的商品给消费者带来的购买风险水平是不同的。一般来说，价格较低的、经常购买的、制造技术较为成熟的商品，给消费者带来的购买风险较低；而对于价格昂贵、偶尔购买以及新开发的商品来说，消费者购买时往往面临较多的不确定性，他们会在多方收集信息，仔细权衡之后才能作出购买决策。因此，为后一类商品做广告时，应通过理性诉求手段如实地向消费者介绍商品的特性，以消除其疑虑。

（3）商品的吸引力　商品是否引人注目是影响消费者购买决策的重要因素。对于容易引起他人注意的商品来说，消费者更注重其社会和心理价值；而对于不太引人注目的商品来说，消费者更注重其实用性价值。因此，对于后一类商品来说，理性诉求的广告说服效果较好。

二、有关消费者的因素

（1）消费者有关商品的知识和经验　消费者有关商品的知识经验越多，越关心商品的技术指标。他们较少做冲动性的购买。商品的性能价格比往往是其作出购买决策的重要依据。若广告没有传达有关商品特性的信息，人们会觉得广告只是在制造一种气氛，并没有什么实质性内容。因此，对于这一类消费者来说，理性诉求的广告效果优于情感诉求的广告效果。

（2）消费者的社会经济地位　社会经济地位高的消费者与低的消费者相比较，前者对产品的心理价值更感兴趣，而后者对产品的实用性更关注。对于后一类消费者来说，理性诉求的广告效果更好。

（3）消费者的购买预期　在近期内有购买打算的消费者与无意购买的消费者相比，前者对商品的性能特点和技术指标往往更加关心。因此，更易受理性诉求的影响。

（4）消费者的个性心理特点　消费者的个性心理特点也是影响理性广告说服效果的重要因素。已有研究表明，消费者的认知需要（Need for Cognition）和自我监控（Self-Monitoring）是影响理性广告说服效果的重要因素。

研究结果表明，认知需要高的消费者与认知需要低的消费者相比，前者更容易被理性诉求的广告说服，而后者则更容易被情感诉求的广告说服。另外，消费者的自我监控程度也是影响理性诉求效果的另一个重要因素。与自我监控程度高的消费者相比，自我监控程度低的消费者更加喜欢理性诉求的广告，愿意花更多的钱购买理性诉求的商品，并且更愿意试用它❶。

当然，除了以上两个因素外，理性广告本身，如其宣传的客观性也会制约广告的效果。伯恩巴克策划的艾维斯出租汽车广告"我们是老二，我们更努力"，因其

---

❶ ge Appeal and Individual Differences on Information Processing and Persuasion，Psychology & Marketing，1990，Vol. 7（2）：85～96. Snyder，M.，& Debono，K. G.，Appeals to Image and Claims About Quality：Understanding the Psychology of Advertising. Journal of Personality and Social Psychology，1985，Vol. 49，No，3，586～597.

客观而幽默的宣传赢得了消费者的信赖。

第四节　理性广告诉求的心理方略

一、理性广告诉求的心理方略

从心理学的角度看，理性诉求广告要达到预期的效果，必须遵循下列策略。

1. 针对消费者的需要进行广告诉求

前已谈及，理性诉求广告主要是针对消费者的需要而展开，它必须在商品的特性和满足消费者的需要之间搭起一座"桥梁"。因而，理性广告诉求的心理策略首先就是针对消费者的需要进行广告诉求。

（1）根据消费者的优势需要选择恰当的广告诉求点　任何商品总是要满足消费者某方面的需要，不能满足一定需要的商品是卖不出去的。人的需要是多方面的，这就决定了消费动机的多样性。不过，诸多需要中经常会有一种优势需要。能否满足这种优势需要，直接影响到消费者对该商品的态度和购买行为。从商品本身来说，一种商品具有多种属性，究竟突出哪个或哪些属性作为该商品的广告主题，是广告策划中的重要问题。广告的作用就是在商品的特性与消费者的优势需要之间建立最佳匹配，把商品特性"翻译"成给消费者带来的利益或好处。能否根据商品自身的特性和目标消费者的优势需要选择恰当的广告诉求点，是广告能否取得成功的关键。

（2）广告主题的变换与动态需要的满足　消费者的优势需要与非优势需要不是恒定不变的。影响这种转换的因素是多方面的。具体说，可以来自自身原有需要的满足，例如，过去需要自行车，如今有了买汽车的需要；也可以来自外部的变化，如社会上重大的或激动人心的活动、事件等。从宏观方面说，无论人类需要的内容、水平，还是满足需要的方式，都受制于社会经济的发展，即需要具有时代性。而且，自然季节的变化也明显影响到需要的变化，即需要具有季节性。从微观方面说，优势需要与非优势需要会相互转化。因此，要根据需要的这种动态特征不断更换广告主题，才能达到预期的促销效果。例如，传统的冰箱广告大多强调产品的快速制冷效果，随着生活水平的提高，人们对营养、卫生、环境保护等越来越重视，因此，保鲜、抗菌和无氟成为新的诉求点。

（3）针对不同消费群体的需要和兴趣进行广告诉求　兴趣可以看做需要的特殊表现形式。不同年龄、性别、社会经济地位的消费者可能有很不同的表现。如何对准不同兴趣消费者进行宣传，直接影响广告效果。具体说：

对于年幼小孩的广告定位，侧重于自然的需要，即生理的和安全的需要，他们对于高层次的心理需要是不易接受的。而青年们的兴趣范围就大为扩展了，心理需要特别是发展需要、尊重需要、交往需要超过了生理需要和安全需要。为此，广告主题适合他们的特点或兴趣，显然具有重要意义。

性别上的差异可以用妇女对广告画面的偏好来表征。对于她们来说，一般不宜用战争或历险的镜头。那些可能使她们害怕的动物形象和枯燥无味的图表亦要少用。她们更愿意看到整洁、舒适的家庭环境，五颜六色的食物，天真可爱的婴孩和儿童等。

社会经济地位高的消费者与低的消费者相比较，前者对产品的心理价值更感兴趣，而后者则对产品的实用性更关注，因而广告的定位或诉求自然也应有所侧重。

（4）根据竞争对手的广告主题选择适当的广告诉求点　需要层次理论认为，没有一种需要是已经完全得到满足了的。因此，广告要善于从众多竞争对手的产品中，寻找尚未被占领的位置，从而期待未来的消费者能被该产品所吸引。例如，许多高级轿车的广告主，经常把其广告定位在表明身份、地位的需要（给您的朋友留下深刻的印象）；或者尊重的需要（您理所当然应当有最好的轿车），或者社交的需要（全家能乘坐高级舒适的轿车）。但是，很少有突出安全需要的广告。为此，"奔驰"牌广告毅然占据了这一"空位置"，把安全需要和社交需要结合起来（其广告语为："当您的妻子带着两个孩子在暴风雨的漆黑夜晚开车回家时，如果她驾驶的是奔驰牌汽车，您尽可放心"）。

总之，理性购买者常常要找到一些合理的理由，才会做出购买决定，所以广告必须把合情理的购买理由提供给消费者。这就要求理性诉求必须围绕消费者的需要做文章，把使用广告产品或服务可能带给消费者的实际利益和功能层面的满足作为诉求点。

2. 拟定说服的重点，选择强有力的 USP

广告呈现的时间较短。除了费用的因素外，受众的信息加工能力与动机又是有限的，消费者也不可能花很多的时间与精力去研究某则广告。因此，无论从哪个角度来看，广告传播的信息不能面面俱到，都有必要拟定一个十分明确的说服重点。重点的确定不能是随意的，也不能是一相情愿式的，它应当是处于几个重要因素的交汇点，并且是这几个因素的有机交融。这些因素是：目标市场消费者的心理特点；目标市场消费者的需求状况；所欲宣传产品的优点与特点。如不能契合消费者的心理特点将会使之拒绝接受宣传内容，与其现时的需求状况相左则难以使之出现购买行为；自身产品的优点与特点未得彰扬则会出现自己出钱为同行做广告的可悲局面。总之，一则广告不具备这几个因素不行，这几个因素若处于分离状态也不行。当这几个因素同时出现并聚集在同一焦点上时，广告将出现震撼人心的说服力。只有根据目标消费者的主导需要、自己的品牌与主要竞争对手品牌的特点，拟定说服的重点，选择强有力的 USP 在广告中加以传播，才能打动消费者，增强理性广告的说服力。

3. 利用双面说服手段，增加可信度

在说服过程中，尤其是在带有浓厚商业性色彩的广告宣传中，可信度一直是困扰说服者的一个问题。明明自己绝无假话虚言，可消费者就是不相信或半信半疑。如何解决这一矛盾呢？一种可行的方式就是运用双面说服手段。双面说服是指广告中既大力彰扬广告产品的优点，同时也不回避次要特性的不足，即宣传的客观性。如有一家暖气片厂的产品信息广告是这样敬告用户的：

"我厂生产的暖气片，尽管以总分 99.4％的成绩被评为全国第一，但仍存在不少问题。主要缺点有：0.2‰的螺纹精度没达到国际标准；4‰的漆面刷度不均匀；由于使用了合金材料，售价偏高，每百片产品比一般暖气片贵 4 到 6 分；还有40％的产品，内腔清刷不净。请用户购买时千万认真挑选，以免我们登门为您更换时耽误您的时间。"该广告之所以成功，不仅一般地指明了该产品的优缺点，而且很巧妙地从该产品的不足上暗示了它的高标准，令人信服。

需要指出的是，并非任何宣传说服都是以提供双向信息为佳。当目标市场消费者文化水准较高时，双向信息为佳；文化水准偏低时，单向信息为佳。此外，当人们原先的认识与宣传者所强调的方向一致时，单向信息有效；而在最初的态度与宣传者的意图相左时，双向宣传的效果比较好。落实到广告宣传中，似乎应遵守这样的准则：新产品及新广告出现之初，可采取双向信息的方式，以打消消费者的怀疑感并建立起信赖感。当消费者已经接受了广告的说服宣传，或者是基本上接受了广告宣传，这时就可以运用单向信息对消费者已经建立起来的观点予以强化。

4. 提供有力的论据

一般来说，消费者对广告及其所宣传的产品通常会抱有一种天然的怀疑与阻抗心理。因此，厂商的说辞再动人、再有道理，他们也不见得真正相信。"卖瓜的不说瓜苦"，这一心理定势无时无刻不在起作用。他们更想看到，也更愿相信的是论据，强有力的论据。鉴于此，在理性诉求广告中，提供论据比发表漂亮的说辞更重要，也更省力。在这方面，论据似乎比论点、论证更重要。在广告中出现的论据可分为两大类：一类是"人证"，另一类是"物证"。"人证"又可以分为两种，一种是本产品所属行业的权威人士，另一种是使用过该产品的消费者。虽然现代人崇尚独立与个性，但由于知识爆炸局面的出现使之不可能通晓一切生活方面的知识，他们不得不在某种程度上依赖于权威，这就为利用权威人士作为说服消费者的广告主提供了一个最佳契机。当然，并非任何利用权威的广告都能自动显示出最佳功效，这里面还有一系列的技术性问题应予以高度重视。社会心理学家 W. 巴克指出，"如果有一种产品经过一位颇有魅力的人物宣传，那么这是否意味着人人都会跑来购买它呢？事情并非如此……如果人们看到，某人的劝导是出于自己的私利，那么这一信息的说服力就减弱了"。❶ 可见，在利用权威人物作理性诉求广告时，无论在形式上还是在内容上，都不能使受众觉察到权威人物"隐蔽的动机"，是为了自己的私利或商业目的。如果很好地解决了这一问题，那么说服效果将倍增。消费者的证言具有社会心理学所说的"自己人效应"，它的作用亦不可低估。在这一点上，广告制作者必须注意的问题是：所出现的消费者应是有名有姓有地址，否则，消费者将怀疑此人是否为厂商所"捏造"出来的虚幻人物。相比较而言，以物作为论据比以人作为论据的诉求更具说服力，因为人的证言不管怎么说终究是隔了一层，而物的论据则具有更高的直接性。以物作为论据的形式有：实物演示、实验数据、图表等。所有这些演示、数据、图表所反映的内容都必须是真实的、经得起重复实验的。如果消费者所购买的商品与广告中表现的情况相距甚远，厂商的形象将会被破

---

❶ 江波著. 广告心理新论. 广州：暨南大学出版社，2002：162.

坏殆尽，甚至还会带来法律上的纷争。

具体来说，广告中的证据可通过以下途径来展示。

（1）实际表演或操作　当人们接触到新产品或不熟悉的产品时，总会有所疑惑。解除疑惑的一个有效途径就是，给以实际的表演或亲自尝试。日本西铁城钟表商为了在澳大利亚打开市场，特意把手表从高空的直升机上抛下，手表仍安然无恙，其名声从此不胫而走。香港一家经营胶粘的商店为推销一种"强力万能胶水"，用该胶水将一枚价值数千元的金币粘在墙上，并宣布谁能用手将它剥下，金币便归谁所有。一时门庭若市，许多人费了九牛二虎之力，也只能望币兴叹。这里，广告商并没有直接夸耀该胶水的特性有多佳，而是让消费者在参与中亲自验证，通过实际操作来领略产品的魅力，自然说服力更强，广告效果也更好。

（2）科学鉴定的结果和专家学者的评价　行为科学的知识表明，当人们对某种产品缺乏知识和经验时，容易受他人影响。依据说服理论可知，心目中的权威是最具有影响力的。因此，借助于科学鉴定结果可以提高可信度，如许多药物广告常有专家出面对药物的机理进行解说。

（3）消费者的现身说法　由普通人介绍自己使用某商标产品的切身感受，接近于民间的口传信息，使人听后倍感亲切，并减少了广告给人以强加的印象。

5. 将"硬"广告"软化"

理性广告最忌讳而又最易犯的痼疾是"硬化症"，具体表现为语言呆板、口气生硬、术语过多，还有内容太多造成的"信息溢出"也是常见的毛病。但是，理性诉求广告仍然可以做得亲切动人，也就是使用通俗易懂的大众语言，陈述简洁明快，多用短句和短的自然段，适当贴切地运用比喻和形象化的方法说明，有时还可逗逗趣。例如，甲、乙两个酒店同在一条街铺上经营同一种白酒，但铺面门口广告的表达方法不同。

甲店信誓旦旦，言辞灼灼："本店以信誉担保，出售的绝对是陈年佳酿，绝不掺水。"

乙店则用另外一种语言风格来表现："本店向来出售的是掺水一成的陈年老酒，如有不愿掺水者，请事先声明，但饮而醉倒概与本店无涉。"

结果，乙店门前趋之若鹜，甲店门前冷落。同样的事理，但表达不同。乙店以一种"软化"的语言风格来表达，既诙谐幽默，又不乏客观、真实，广告中的俏皮话，也表达了为消费者着想、对消费者负责的真情和真意。广告效果自然会比板着面孔的说教好。

当然，在理性诉求广告的"软化"过程中，也要牢记理性诉求广告还要用信息唱主角，"软化"的目的是更好地传递信息，切不可以辞害意，本末倒置。

二、理性广告诉求的具体方法

理性广告诉求的具体方法有很多，采用哲理性诉求或劝诱、告白、对比、类比、证明等手法，都是不错的选择。当然，要使这些手法发挥作用，实际操作中也需注意一些问题。

1. 哲理性诉求

哲理性诉求用简明的形象或文案（最多是两者配合）将一个富有深刻思想的哲理或人生感悟展现给受众，让受众在接受哲理的过程中认识和感受商品。哲理性诉求多见于报纸、杂志或招贴广告媒体中。

对哲理的探询和思考是人的本质力量实现的过程。每征服一个深度，伴随而来的总是一种愉悦和美感，这也是一种人类的积极情感，被大量应用于广告中。利用这种积极情感认知商品，也会收到很好的效果。尤其是现代消费者都非常注重追求内涵丰富的理性深度，有时即使在鉴赏感性艺术时，也非常关注通过感性所传达给人们的深层哲理，这便使现代广告更多地带上崇尚哲理的色彩。

例如，中国人民保险公司的两则平面广告，以"人生难免起起落落，生活总是高高低低"这句许多国人耳熟能详的哲理为题。不管是从先人诗词歌赋中，还是现代流行娱乐文化中，还是人们安慰别人或予以自慰，都会有此感慨，这已成为一条普及率极高的人生感悟。在今天快节奏的生活中，人们面对快速的信息、多变的商机、沉重的心理压力，听了这样的哲理宣传，消费者能不触动吗？既然这样，能不能最高限度地把握自己的明天，能不能尽量避免挫折带来的不利因素，能不能为自己为家人的未来加一份"保险"？这种广告的宣传力是其他直接诉求保险好处的广告无法比拟的。

哲理诉求广告创意要注意以下几个问题。

第一，哲理与指称对象相关联。哲理诉求的目的在于引起受众的积极心理情绪，更好地认知商品，因此，作为广告形象所表达的哲理内涵应和指称对象有一定的内在联系，以便受众在更深刻的理性层面认知和理解指称对象。否则，由于哲理表达的理性深化，很容易使指称对象游离于广告之外，影响广告效果。

第二，哲理与生活保持适度距离并有相应的知解性。所谓哲理性，必须要有一定的思想深度，需要人们运用思维进行认知、分析和领悟。这样，就不能和生活离得太近。太近则会使人一目了然，失去哲理的探询性和深沉意味。但又不能距离生活现实太远，太抽象化，以致人们难以理解，影响对商品或劳务的认知和感受。因此，既要有适当距离，又要有相应的可知解性。而可知解性要符合目标受众的民族文化趣味和水准。

第三，哲理要有韵味，并可用形象描写。广告是科学又是艺术，形象化是十分重要的。哲理性容易流于理性化，只可表述，不可描写，在哲理表达广告中必须超越这种状况。广告的哲理表现的题材必须超越纯理性化，其内容可以进行形象描写，可以运用比喻、双关等形式，尽量给人以形象感，从而说明一个意味深长的道理，以引起受众的注意和兴趣。

第四，画面要简洁单纯。所有哲理性广告艺术表现的诉求点在于某一有意味的观点上。视觉形象只不过是一个可以引起受众思维的形符，这个符号性的形象自然越简洁越单纯越好。要防止画面复杂化、信息泛化，以免产生不必要的歧义。

2. 劝诱

劝诱是一种历史悠久的直接劝说性广告表达法。劝诱是劝说诱导受众接受广告意向，它是指用商品的功能和优点满足或引发受众的相应需求动机，促进认知和购买。这类广告主要诉求指称对象的功能特性，受众接受它需要一定的理性认知，尽管表现手段上可能采用一些感性渲染，但主要还是理性沟通。因此，将其归入理性诉求比较适宜。在现代广告中直接劝说和提醒很难引起受众的注意和兴趣，一般都在创意上下很大工夫。好的作品尽管出现不少，但这种表达方法的创意还需要进一步开拓。

劝诱诉求广告创意要注意以下几个方面。

第一，诉求要突出充分理由。受众与广告毕竟是一种物质利害关系，而劝诱表达广告更是突出表现这种关系。要使受众通过这种诉求很快接受广告，在创意表达中必须突出充分理由。所谓突出充分理由主要指突出受众接受和购买广告宣传对象的必要性。这包括两点：一是受众在现有状态下出现的某种迫切需求动机；二是广告指称对象某种特有性能和优点正好可以满足受众的这种特有需求动机。广告在表达中无论通过什么艺术手段渲染，如能集中突出这种供需对应关系，就是突出了充分理由。只有突出了充分理由，才能为受众接受广告提供理性认知基础。受众从这里懂得自己的迫切需要，并可以得到满足。

第二，要有准确的广告定位。根据充分理由对广告效果的重要性，广告策划和创意的关键要准确定位，包括对产品功能特征的把握和消费者细分市场的把握，这一步程序做得很准确，便可以为突出充分理由提供前提条件。

第三，要以感受和体验感染受众。突出充分理由，以理性促使受众认知是广告透过外部形象传达给受众的实质性功能。而受众从广告上直接接受的却是富有感情的艺术形象。为了突出功能，最好的方法是将受众接受产品的充分理由通过人的亲身体验和感受表现出来，将这种感受心理传达给消费者，这样才会使广告形象具有感染力。体验方式很多，但都应具体、形象，并与生活实践贴近，以便受众容易受到感染。

第四，劝说必须诚挚可信。现代营销面对的消费者已经非常成熟且老练，对于指称对象的品质特征，他们早已不相信那种言过其实、文过饰非的夸张式说教，他们需要面对一种诚挚可信的介绍。尽管这种介绍有时是不善言辞、不尚描绘的，但他们能够通过广告所提供的信息自己加以判断。因此，劝诱表达的形象选择，语言设计应遵循诚挚可信的原则，以提高在受众心目中的可信度。

第五，劝诱语言点到为止。图文配合默契，相映成趣，是劝诱提示表达的又一要点。画面注重体验性，必然将受众带到对形象的感受中。这种情感铺垫决定了不宜运用大篇语言劝诱说明，而应密切配合视觉形象，跟随受众情感状态和思路适当"点题"，应该点到为止，收到"瓜熟蒂落"的效果。另外人物形象的语言角色适宜采用第一人称，或者第三人称，不宜采用广告主口吻直接劝说，这种口吻很容易一开始就引起逆反和拒斥心理，影响广告效果。

3. 告白

告白诉求是经常使用的广告策略。告白是直接向消费者诉说广告产品与服务的情况、特性及对消费者的利益点，动员消费者去购买。有些产品如药品、化学制品及一些耐用日用品，消费者十分关注其产品的功效，故其广告表现手法多采用告白的诉求方式，直接向目标消费者诉求广告产品的利益点。

告白诉求应注意以下几个方面。

第一，广告告白向消费者展示的利益和好处越明显，与其他同类商品的比较越突出，消费者就越容易接受广告的内容。

第二，广告告白要求诉求内容绝对真实、证据具有可查性，所以可以引用专家权威的评价、名人的代言及用户的反映、数据的描述，这些实证的加入，会增强信任度。

第三，告白诉求一般不强求艺术魅力，但也要讲一点技巧，在能适应受众对某些产品需要了解、比较和思考决断的心理时，应用巧妙的表现方法会增强告白的效果。

4. 对比

俗话说："不怕不识货，就怕货比货。"通过对比，不同品牌的优劣一览无余。对比广告中广告主把自己的品牌与竞争对手的品牌从质量、性能、价格、服务等多方面进行比较，从而证明自己品牌的优势，这种广告具有极强的说服力。在对比中，消费者有了选择的余地和评价的尺度。这就是对比销售法具有独特魅力的原因所在。对比广告包括产品对比广告和情境对比广告。

产品对比广告，一般有三种类型：即两种或多种品牌的暗比；两种或多种品牌指名道姓的明比；与想象出来的对手相比较。产品对比广告侧重于物与物的对比，在多数情况下要涉及其他竞争品牌，为了证明自己产品的优势，有意无意间就会美化自身产品而贬低其他品牌。因此，稍有不慎，就会变成贬低对手的违法广告。如移动与联通，两家经常以对比策略做广告进行互相攻击。白酒市场上，五粮液集团和茅台集团的黄金酒和白金酒的广告也有暗自对比较劲的味道。产品对比广告最好的方式是自我对比。因为自我对比利用了品牌已有的知名度和品牌在消费者心目中的已有形象，同时又展示了产品的更新、变化和发展，突出产品的某一特点，因而容易给人留下深刻的印象，容易进一步提高品牌知名度。

与产品对比广告不同的是，情境对比广告的对比对象不是其他产品，而是使用同种产品的不同情境。简单说，情境对比广告是通过对同种产品在不同时间、地点、使用方式、用途等方面的对比，强调该产品在多种情境下的适用范围，以图达到诱使消费者增加对该产品使用次数的目的。它避开了其他品牌的正面冲突，通过间接、温和的手段增加了广告产品的市场容量，能在不易察觉的情况下扩大自己的市场份额。如大宝系列化妆品，用小学教师、京剧演员、摄影记者、纺织女工等多种人物形象，进行情境式对比，充分展示了这种产品的广泛适应性。

当然，不管采用哪种对比方式，也不论和谁比，都必须公正平等。最好的对比应该是既无损于人，又有利于己。有一层干爽网面的护舒宝卫生巾宣称"更干、更爽、更安心"；澳柯玛的"没有最好，只有更好"；高路华的"挑战世界名牌"，言外之意"不亚于世界名牌"；飞利浦"让我们做得更好"的含义，一是"我们比过去做得更好"，二是"我们做得比别人更好"；"果冻我要喜之郎"的用意就是"比其他品牌更好"。这些广告常见于各种媒体，都在有意无意地进行对比，但又都没有刻意去贬低别人抬高自己。对比得隐蔽，比较得巧妙，表露得很模糊，像这样的广告既不违法，又颇为有效，堪称对比诉求中的典范。

5. 类比

类比是将性质、特点在某些方面相同或相近的不同事物加以比较，用消费者所熟知的形象，来比喻广告商品的形象或特长，从而引出结论的一种表现方法。如第八届中国广告节金奖作品《社会公德篇》，就是典型的类比诉求：整个画面就是一只手拿了三支筷子，其中两支是一对，中间夹了一只花筷子，因此极不协调，再加上"因为多了她，生活从此不安宁"的语言，类比当今社会第三者插足，破坏家庭安宁，影响社会稳定的严重后果。

6. 证明

常言说得好："耳听是虚，眼见为实。"在广告充斥生活空间的现代社会，消费者被五花八门的广告包围得近乎喘不过气来。企业不惜血本搞广告轰炸，使出浑身解数提高产品知名度。为了吸引住消费者，一些企业总喜欢把自己的产品吹得天花乱坠，使广告中充满了真真假假、虚虚实实的产品神话。无奈消费者却像观看魔术表演的看客，台上的表演虽然精彩火爆，观众却心如明镜，不会把它当成真事。于是不少精明的企业改换广告战术，什么也不说，产品"是驴子是马，拉出来遛遛"，让你看个真切，弄个明白，不是我要你相信，而是由不得你不信。这就是广告中的证明性表达。证明性广告属理性广告范畴，其以有力的证据来证明广告内容，也就是产品质量的真实性、可靠性。

证明性广告可分为两类。

其一，感性证明，也就是借用一定事物，从理性的角度、感性的表达来证明产品的功效。如在圣象地板电视广告《踢踏舞篇》，创意是一舞者在地板上跳踢踏舞，跳得已经把鞋磨穿了，但地板却依然完好如初。这略带夸张的表现方法给人的第一感觉是真实、自然，令人信服。圣象《踢踏舞篇》虽是理性的表达，但却以单纯、幽默的手法来表明地板的耐磨性，有趣逗人，令人忍俊不禁，收到了很好的效果。

其二是纯理性论证，可借助科学鉴定结论和专家学者的评价，或消费者的现身说法，当然，更有效的是实际表演或操作，也叫真实实验法，就是当众做实验，或者借助电视现场直播形式的广告。美国安利公司系列产品的推销方式，就是当着目标人群的面，用安利的系列产品当场做试验，把事实摆在受众面前，令人不得不信任产品的功效。还可以利用破坏性实验宣传产品质量，以收立竿见影之效，即卖锅的故意摔锅；卖刀的故意砍铁；卖风扇的把风扇放到橱窗里一年365天"转给你看"；卖床垫的用卡车来来回回"轧给你看"；卖手表的把手表放到金鱼缸里"泡给你看"防水性如何，等等，都是这一套路。

证明性广告事实上有时是对产品进行超常态的实验。并非所有的产品都能采用这种方法，如本身就不堪一击的精雕瓷器；也并非所有产品都需要采用这种方法，如质量性能不难判断的食品饮料。证明性广告如果运用不当将难以引起别人注意，甚至引起受众对产品演示过程真实性的怀疑。

需要说明的是，上面分别介绍了广告的理性诉求的策略和方法。策略是更为原则性的上位的方法，方法是更为具体的操作技术层面的内容。策略统领方法，方法是策略的具体化。这里分开阐述只是为了教学和研究的方便。实际上，二者密不可分，有时也很难截然分开，策略中包含方法，方法中也有策略，我们统称为理性广告诉求的心理方略。

思考题

(1) 什么叫广告的理性诉求？理性诉求的广告效果受哪些因素的影响？

(2) 简述功能一致性模型的含义及其在广告实践中的意义。

(3) 试举一个应用 USP 的成功案例。

(4) 理性广告诉求的心理策略和方法有哪些？

实战模拟练习

(1) 阅读以下材料，说明哈磁杯营销失败的原因。

败在两个小铁勺上的哈磁杯

前几年的"磁疗热"中，哈磁集团独具慧眼，把"磁疗原理"运用在水杯上，研制出了"磁化杯"，掀起了一股磁化杯抢购风潮。但后来，随着厂家的急剧增加，消费者理智起来，他们恐怕买到假货，就对磁化功能的有无和强弱产生了怀疑。在这种情况下，厂家必须加强产品的功能展示，才能说服消费者放心购买。于是哈磁杯在广告中告诉人们："你买回家，拿一个铁勺放进杯中，会感到勺子被一股强力吸住，这就说明哈磁杯具有很强的磁化作用。"但这样的广告诉求仍然消除不了顾客对哈磁杯的顾虑。与此同时，另一个后起者——天磁杯却大为畅销。为什么？仅仅因为天磁杯中放了两个赠送的小铁勺。

哈磁杯虽然比天磁杯的历史久，名气大，但仅仅因为它在"功能展示"上的创意进行得不如天磁杯彻底，导致它败给天磁杯——败在两个小铁勺上。为什么？因为哈磁杯虽然也想到了"用铁勺来检测磁力强弱"的创意，但它没有把创意进行到底。试想，有几个顾客会傻到按哈磁杯的广告中所说"先买回家，再用铁勺试验"？大概连 3 岁小孩子也会认为这是在骗人。相比之下，天磁杯就把这一创意进行到底了：每个杯里都放两个赠送的小铁勺。这样，顾客挑选时，必定会打开杯子仔细察看一番，看到里面有两个铁勺，就会把它们拿出来，在拿出的过程中，一定能切身感受到强大的磁力，如此，不必营业员多费口舌说它怎么好，顾客就会相信。

说千次不如做一次，别人做千次不如亲自做一次，这是对功能展示之重要性的形象说明。尤其是在同类产品很多、竞争十分激烈的市场中，必须进行功能展示，让顾客切身体验到本产品与众不同的优越功能。而且，必须把功能展示进行到底。一般来说，要在顾客尚未掏钱购买之前进行，这样才符合"交易安全"的消费心理。就像上述案例中，哈磁杯让顾客"先买回家，再做试验"，明显不符合"交易安全"的消费心理；而天磁杯是"未买之前，当场试验"，十分符合人们的购物心理。

(2) 案例分析：扬州一浴场经理怪招揽客"炫耀"水质喝洗澡水

"撩人"的洗澡水
——广告浴场经理现场将"洗澡水"一饮而尽[1]

本报讯 "重金打造健康洗浴，可以喝的洗澡水。" 2009 年 9 月 11 日上午，记者在位于扬州市文昌东路的世纪星洗浴中心门前移动广告屏上，看到如此"撩人"的字眼，该广告吸引了很多市民前来围观。"洗澡水还能喝，商家在玩噱头吧。"大家对此半信半疑。记者采访时浴场方面称，扬州是沐浴休闲大市，市民洗澡越来越"讲究"，为让大家洗得卫生、舒心，他们花重金引进了进口净水设备，"澡堂水"完全能达到"纯净水"的饮用标准。为了有"说服力"，该负责人还现场喝起了洗澡水。但卫生专家表示，洗澡水毕竟是一种特殊水体，虽然经过净化，饮用也并不可取。

昨天记者带着疑惑走进这家洗浴中心。随机采访中发现，不少顾客慕名前来，就是想探探"可以喝的洗澡水"到底是真是假。"敢打出这样的广告，是因为我们从德国引进了两套 150 多万的原装进口净水设备，通过设备净化处理，澡堂里的水可以达到纯净水的饮用标准，可以直接饮用。"看到记者还有"疑问"，该洗浴中心王平经理当场接了杯经过净化处理的洗澡水一饮而尽，让在场的所有浴客目瞪口呆。

浴场专业工作人员介绍，该净水设备是从德国引进的，对水中的污垢分别进行纳米过滤、活性炭吸附等四次水循环处理，每 8 分钟可以将 45 吨污水循环净化一次，净化过的水可达直饮标准。"男、女浴室各一套，这在省内沐浴行业绝对是首家！"王平一脸自豪地说。王平将洗澡水一饮而尽的"潇洒"举动，让浴客甚是吃惊，也让他们相信打出的广告不是在玩"噱头"，但是真正让浴客亲自"品尝"的时候，他们则望而却步，表示不敢一试。"虽然老板做了榜样，但是我们还是不敢喝，并不是不相信水不干净，只是心里对洗澡水还是有一点排斥，不敢喝。"浴客说。多数浴客则表示，浴室只要干净卫生就好，不一定要以洗澡水可以喝来吸引消费者的眼球。采访中一些市民听说此事后，也是一脸惊讶："难道他们放出来的洗澡水是矿泉水？洗澡水怎么能喝呢？这还是第一次听说呢！"面对消费者的不同声音，王平一脸平静地说："洗浴中心的员工平时的饮用水就是洗澡水。"他表示，扬州的沐浴文化在国内外都是有口皆碑，他所要打造的就是真正的健康沐浴。打出该口号也是为了改变消费者对沐浴旧的观点。在循环净化浴池方面，他们要做"第一个吃螃蟹的人"。

记者了解到，由于市民洗澡，大部分人先在池中浸泡而后淋浴，很多污垢、细菌在池中积集，长时间不更换池水便成了疾病的传染源。该洗浴中心则敬告顾客，"先淋浴，后下池，澡巾严禁入池"，同时每天更新一次池水，有效降低了疾病的传播概率。记者随即就商家的该做法咨询了扬州市卫生监督所监督稽查与综合业务科

---

[1] "撩人"的洗澡水——广告浴场经理现场将"洗澡水"一饮而尽. 扬子晚报，2009.9.13.

的周副科长。他告诉记者，市区有不少大众浴池的水质不达标，为了制造干净卫生的假象，很多洗浴中心在洗澡水中加入一种矿物质粉，扰动沉在水底的脏物，可以令水中的脏物沉淀，所以很多时候，洗浴中心的人一多，就会看见池水中混有很多脏物。周副科长表示，虽然浴池循环净化水有可能达到饮用水标准，但他不建议直饮，因为在池水循环过程中，并不能保证所有尘埃污垢全部通过出水管道净化，所以去世纪星玉浴沐浴的人以及浴室工作人员别真的喝洗澡水，还是要保重身体。他认为，商家只要保证洗浴用水达到检测水平便可，不一定要大费周折地去达到纯净水标准。

第七章
广告情感诉求的方略

【学习目标】
    了解情绪情感的基本原理和广告受众的情绪情感反应，知晓情感广告的概念和作用，熟悉现代广告诉求中经常采用的情感广告的感性创意定位，把握影响感性广告有效到达的因素，熟悉情感诉求的心理方略以及情感诉求应注意的问题。

    基本知识点：情绪和情感的概念、广告受众的情感分类、广告受众的情绪情感反应和表现；情感广告的概念和作用、情感广告的感性定位、情感广告的表达；广告情感诉求的心理方略。

    重点：情感广告及情感诉求的心理方略。

    难点：情感广告的说服作用；理性诉求和情感诉求的关系。

    华尔街流传着这样一个故事：一位盲人在熙熙攘攘的街头闹市乞讨，他的面前摆着一块牌子，上面写着"我是瞎子"，祈求路人施舍爱心，但过往行人很少有人驻足投钱给他。一位诗人从此经过，帮其将牌子上的内容改为"春天来了，花儿开了，可我什么也看不见……"这样一改，很多行人停下匆匆的脚步，同情地望着他，并向他乞讨放钱的罐里投币。他一天下来的收获竟然远远超过以前。这位充满爱心的诗人，从广告学的角度看，更是一位杰出的广告人。他的"广告词"用诗意化的语言向人们展示一种温馨浪漫的自然美好和沮丧无奈的人间悲情，巨大的心理落差很容易激起路人的情感共鸣。他将盲人原本干巴巴的理性诉求变为了有人情味的情感诉求，如此便产生了"化腐朽为神奇"的广告魔力。

    消费者是理性的"经济人"，更是感性的"情感人"。许多成功的广告表明，富有情感色彩和人情味的广告诉求方式更具感染力，更能让人接受。本章将对广告受众的情绪情感进行讨论，探讨广告中常见的情感维度和表达方式，以及广告情感诉求的心理方略，为我们的广告实践活动提供理论上的支持。

第一节　广告受众的情绪情感

    成功的广告总是善于唤醒受众积极的情感体验，激起受众的情感共鸣，使其对推销的产品产生积极的态度，进而诱发购买的欲望。广告要做到这一点，首先必须了解广告受众的情绪和情感的基本原理和规律，其次才可能运用情感诉求手段针对消费者的情绪情感进行定向诱导和激发。

一、广告受众的情绪情感的概念

消费者在对广告信息进行认知和评估时，往往会伴随着一定的情绪情感体验。心理学认为，情绪情感是人对客观事物是否符合个体需要而产生的态度的体验。广告受众的情绪情感可以定义为受众对广告及广告推介的商品或服务是否符合受众需要而产生的态度的体验。我们可以从两个方面来理解这个概念：

一方面，情绪情感与个体的需要相联系。需要是情绪情感产生的根源。有什么需要，就会有什么样的情绪情感。对于那些与人的需要无关或无意义的中性对象，人们自然没有什么情绪体验。消费者对广告的态度和情绪情感体验也源自于广告或广告商品可能带给自身的需要的满足。这种满足，可能是物质或功能层面的满足，也可能是精神层面的满足。

另一方面，受众对广告的认知是情绪情感产生的基础和前提。在人们的心理活动过程中，"知"和"情"是相互影响、相互作用的，"知"是"情"的基础。人对客观事物的认识、评价是产生情绪情感的直接原因。所谓"触景生情"，"赏心悦目"，"一睹为快"，"知之深，爱之切"等，皆是通过认识而产生的情绪情感。受众对广告中的信息进行的认知和评估也是其产生相应情绪情感的前提。没有认知、判断，也就无所谓情绪情感的产生。

西方心理著作中常常把纷繁复杂的情绪和情感统称为感情，其实严格说来，情绪和情感是两个既有区别又有联系的概念。二者的区别表现在：情绪具有较大的情景性、冲动性和暂时性，它往往随着情境的改变和需要的满足而减弱或消失；情感则具有较大的稳定性、深刻性与持久性，是对人对事稳定态度的反映。另外，情绪通常具有明显的外部表现，也就是外显性。如高兴时人会手舞足蹈，愤怒时会暴跳如雷等，情感则常以内心体验的形式而存在，比较内隐。情绪和情感虽然各有特点，但其差别是相对的。情绪离不开情感，情感也离不开情绪。稳定的情感是在情绪的基础上形成的，同时又通过情绪反应得以表达。在某种程度上，我们可以说，情绪是情感的外在表现，情感则是情绪的本质内容。在现实的具体人身上，它们常常交织在一起，很难加以严格的区分，因而常常被互通使用。

二、广告受众情绪情感的分类

人的情感体验是复杂多变的，但这并不是说我们对广告受众的情绪情感无从把握。作为生活在相同社会环境中的人，广告受众的情绪情感体验从大的范围内，还是有一定共通性的。这正是我们对广告受众的情绪情感进行分类、分析的基础。

1. 广告受众情绪情感的表现形式

我国古有"喜、怒、哀、欲、爱、恶、惧"这"七情"的说法，它基本上概括了情绪情感的基本表现形式。到了近代，人们又进一步把它概括为喜、怒、哀、惧这四种最基本的情绪情感表现形式。在不同的情绪状态下，受众对于广告的接受水平是不一样的。

快乐往往是愿望、目的达到后的一种愉悦的体验。快乐的程度和内心激动的程度则取决于愿望满足的意外程度。快乐的程度可以从满意、愉快到狂喜。在快乐的情绪状态下，人们总是乐于接受广告所传递的信息，较少对广告内容进行挑剔与否定。

悲哀是与所热爱事物的失去以及所盼望东西的幻灭有关的情绪体验。悲哀的强度依存于失去事物的价值。悲哀的程度可以从遗憾、失望到难过、悲伤、哀痛。悲哀情绪下的受众对情感广告的接受，会根据造成悲哀情绪的原因的不同而出现选择性。比如，正沉浸于失去亲人的哀痛中的受众，很容易对热热闹闹的"喜临门"酒广告产生反感。

愤怒容易由于遇到与愿望相违背或愿望不能达到并一再地受到妨碍，从而逐渐积累了紧张的情绪而产生。它可以从轻微不满、生气、激愤到大怒、暴怒。特别是在所遇到的挫折是不合理的或被人恶意地造成时，愤怒最容易发生。一般来说，愤怒情绪下的受众很难对广告作出适当的反应，除非情感广告本身就是诉诸愤怒情感的。所以，愤怒是最不利于情感广告发挥效果的一种情绪状态。

快乐和愤怒都是企图接近、达到引起快乐和愤怒的目标。恐惧则相反，它是企图摆脱、逃避某种情景的情绪。引起恐惧往往是由于缺乏处理或摆脱可怕的情景或事物的力量和能力造成的。例如，熟悉的情景发生了变化，失去掌握和处理它们的办法时，就会产生恐惧。奇怪、陌生都可能引起惧怕。处于恐惧情绪下的受众往往会接受特定类型的情感广告。比如，一些保险公司的广告、安全用品的广告就是利用了受众的恐惧情绪，利用受众急于摆脱恐惧、寻求安全感的心理，以达到推销产品的目的。

在类似这些基本情绪形式的基础上，可以派生出许许多多种情绪，可以出现很多复合的情绪形式，而且可以被赋予各种社会内容。就同一种情绪而言，按其表现程度又可分为心境、激情、应激几种状态。广告受众在同一类型情绪的不同状态下，对情感广告的接受情况也是有差别的。

心境就是我们平时常说的心情，是一种使人的一切其他体验和活动都感染上特定情绪色彩的、比较持久的、微弱的情绪状态。心境可以由对人具有比较重要意义的各种不同情况所引起，如工作的顺逆、事业的成败、人们相处的关系、健康的情况，甚至自然环境的影响等。过去的片断回忆，无意间的浮想有时也会导致与之相联系的心境的重现。当一个人处于某种心境时，他往往以同样的情绪状态看待一切事物。心境对情感广告有很大的影响。积极、良好的心境有助于受众积极性的发挥，能使人头脑清楚，工作效率高。这样消费者就能主动地、较好地接受广告传递的信息，此时受众易对广告产生好感，也较易记忆广告内容；消极、不良的心境使人厌烦、消沉，会阻碍受众对广告信息的接受，广告受众易对广告产生挑剔、排斥的情绪，并殃及产品。

激情是强烈的、爆发式的、激动而短促的情绪状态，如暴怒、恐惧、狂喜、剧烈的悲痛、绝望等。激情通常是由个人生活中具有重要意义的事件所引起。对立意向的冲突或过度的抑制都容易引起激情。激情的产生也与机体状态有关。处于激情状态下，人们会有强烈的内部变化和明显的外在表现。例如，狂喜而仰天大笑、手舞足蹈，恐惧而脸色发白、浑身发抖，伤心而号啕大哭、悲痛欲绝……人的激情一且产生，容易受激发对象所限出现"意气用事"，丧失理智分析能力和自我控制能力，不顾行动后果。一般地说，激情状态不利于受众对情感广告信息的接受。但有时，激情使受众的理智分析能力下降，这让情感广告有机会乘虚而入、攻城略地，发挥意想不到的作用。例如，人们往往受歌星、影星助阵的热烈现场促销气氛感染，产生强烈的购买激情，买回一大堆平时根本用不着的东西，而这在理智清醒的状态下是不可能的。

应激是出乎意料（如突如其来或十分危险）的紧张情况所引起的情绪状态。这时需要人迅速地判断情况，利用过去的经验，集中意志力在一瞬间作出果断决定。但是，紧急的情景惊动了整个有机体，它能很快地改变有机体的激活水平，使心率、血压、肌紧度发生显著改变，引起情绪的高度应激化和行动的积极化。在这种情况下，比一般的激情更甚，认识的狭窄使得很难实现符合目的的行动，容易作出不适当的反应。现代社会人们的生活节奏快、工作压力大，机体处于长期应激状态，容易出现亚健康。处于亚健康状态的受众对情感广告的反应往往是迟钝，甚至是逆反的。所以，情绪的应激状态对广告信息的接受是不利的。

总之，在感性受众对情感广告的接受过程中，受众的情绪状态是非常重要的，它直接影响到广告的效果。只有在受众的情绪状态适合于对广告中情感因素的接受时，情感广告才能发挥应有的作用。所以，广告受众的接受情绪处于合适状态，是广告移情效应有效发生的前提。

2. 广告受众的情感分类

从情感的外部属性，也就是人的需求性质和内容来看，我们通常把广告受众的情感分为如下几类。

（1）人伦情感　人的最基本、最持久也是最强烈、最美好的情感，就是人伦亲情。无论是父母和子女之间、夫妻之间、恋人之间、家族成员之间、街坊邻里之间、战友同学之间，还是作为人性表现的对同类的情感，都是构成人的属性的本质方面，对人的感动力也是最强烈的。实际上，大多数优秀的情感广告，都是力图通过对人伦情感的表现，来唤起广告受众内心深处关于这些方面的记忆，从而引起广告受众强烈的情感共鸣，以达到广告效果。

（2）道德感　道德感是由人内心的道德需求满足或不满足引发的情感，具有明显的社会性和政治属性。它表现为爱国主义感、国际主义感、集体主义感、人道主义感、责任感、义务感、友谊感等。这些情感的体验都包含着正反两方面，如爱国主义情感，既表现在对祖国的热爱上，又表现在对民族敌人的憎恨上。同时，它也是一种深层次的情感，直接作用于人的良心、触及人的灵魂。违背了道德情感会带给人严重的心理压力与负担，甚至是精神的崩溃。因此，情感广告若能触及广告受众的道德情感记忆，其效果就会直达受众的内心深处。另外，道德感还具有历史差异、年龄差异、地域差异等。进行道德诉求的情感广告，必须综合考虑广告目标受众的道德记忆特征。比如，对年龄偏大的目标受众，就宜用较传统的道德情感作为诉求点，而"不在乎天长地久，只在乎曾经拥有"就不合适。当然，广告在注重道德记忆差异性的同时，更要注意把握其中大部分相同的稳定内核。情感广告在道德诉求时只要抓住稳定的道德内核，就应当能够面对社会的大部分成员。

（3）理智感　理智感是人们对认识和追求真理的需要是否满足所产生的情感。它往往发生在人的智力活动过程中，和人的认识活动、求知欲、探究感、怀疑感紧密联系在一起。例如，当人们怀着浓厚的兴趣去研究如何解决问题，而该问题长时间解决不了时，就会产生一种渴求而又感到迷惑的情感。在认识过程中产生的惊讶感、好奇心等都是理智感的表现。当问题解决完以后，随之而来的就是成功的喜悦感，它又能推动认识活动的进一步发展。广告中对理智感的表现也能激起广告受众在这方面的记忆，从而使受众建立对该广告的良好印象。如一家公司的形象广告，电视画面上就表现了一群精力充沛的年轻的公司员工正在电脑前工作，经过痛苦的思考，最后把程序调试成功后，那享受成功的喜悦之情。

（4）美感　美感是人们按一定的审美标准，对客观事物、艺术品或人的道德行为予以评价时产生的情感体验。它具有两层含义：第一，它是愉悦的体验，包括喜剧和悲剧引起的美感；第二，它是倾向性的体验，即对美好事物的迷恋，对丑恶事物的反感。一切符合需要的对象都能引起美的体验，当然审美的标准会因人们所处的时代、社会制度、社会阶层、民族、生活经历、教育背景等不同而有所差异。一个诉诸受众美感的情感广告，在一些人眼里是优美的，唤醒了许多有关审美感受的记忆；而在另一些人眼中却成了俗不可耐、令人作呕的垃圾。当然，也不能过分夸大美感记忆的个体差异。构成广告受众美感记忆的基本成分还是稳定、一致的——娇艳的花朵、优美的舞蹈、动听的旋律、"美女"与"俊男"……都会给人留下美好的记忆。

实际上，人类的情感是极其复杂的心理现象，在现实生活中，人能体验到的情感往往是混杂多种情感的、复合性的内心感受，并不是单一的。即便是同一类的情感，由于存在着强弱差别，其实际感受也是千变万化的。而由情感广告激起的广告受众情感反应，多数情况下也是复合情感。所以，从纯粹的心理学理论分析广告受众的情绪情感，对广告实践是没有多少实际指导意义的。

三、广告受众的情绪情感反应

广告信息符合受众的需要与否，决定着情绪情感的性质和方向——或积极肯定的，或消极否定的情绪情感反应。积极肯定的情感情绪体验，如欢欣、热爱、愉悦、兴奋等情感，能强化消费者的购买欲望，对购物决策起到积极的促进作用；而消极否定的情绪情感，如厌恶、憎恨、恐惧、愤怒等情绪情感体验，能削弱消费者的购买欲望，妨碍购买行为的实现。广告受众对广告的情绪情感反应是复杂的，有时也可能表现为中间情绪状态，对广告既满意又不满意，既喜欢又忧虑，或是既没有喜欢也没有不喜欢。这种相互矛盾、对立的情绪情感体验，在广告活动中比较常见。例如，人们虽然对广告的情节、模特运用和表现手法很赞赏，感到满意和愉悦，但是对广告所传播的信息又觉得不太可信或不太满意等。

广告受众的情绪情感反应的方向与性质与广告调动受众的情绪记忆和情绪联想有关，与广告情感的性质、表现的强度有关，也与受众自身的情绪情感经历和水平有关。同一则广告，可能引起不同强度的情绪情感反应，有时甚至是性质、方向相反的情感反应。这说明，与我们的感觉一样，受众的情绪情感也同样存在阈限的问题。同样性质的情感刺激，在阈限上、阈限中和阈限下的反应是有差别的。在阈限附近的情感刺激强度的反应，通常会引发积极的情感反应，可以顺利地激发受众的情感记忆，进而引发情感联想，产生适度的情感共鸣，并把好感转移到广告产品上，因而是最符合广告制作者意图的广告情感刺激。强度超过情感阈限的情感刺激，有时反而会不利于广告效果的发挥。对于表现美好情感的广告，如果情感刺激高于正常水平，会把广告受众的注意力完全附着到广告表现上，难以产生情感的联想和迁移。而对于利用消极性情感的感性广告，如果情感刺激过高，则往往会使广告受众产生严重恐惧而逃避。比如，提醒公众注意交通安全的公益广告，如果大量采用血淋淋的事故现场镜头，会吓跑大多数广告受众，毫无广告效果。只有采用适度的刺激，如清理过尸体后，但地面上还有一些事故残留物的事故现场画面。这样，既刺激了广告受众的情感反应，又不致因过分刺激而使广告受众回避。在阈限以下的情感刺激，一般而言效果会下降。因为除了情感敏感度特别高的人，大多数广告受众会因其他环境刺激的干扰，对广告的情感刺激"不为所动"。但"不为所动"并非彻底无动于衷，只不过情感刺激引起的受众情绪反应极其微弱，通常只是一些背景式的情绪活动。但对于那些以理性诉求为主的广告，如果辅以低强度的情感刺激，常常会改善理性广告信息的接受效果。

总之，广告受众的情绪情感反应决定了受众对广告的情绪基调，广告受众的情感记忆和情绪背景也会直接影响受众对广告的态度。

四、广告受众情绪情感的机体变化

在人的情绪情感发生时，除了喜、怒、哀、惧等主观心理体验外，往往还伴随着一定的机体生理变化和外部表现。通过了解这些外部和内部的生理变化和表情动作，可以进一步了解广告受众的情绪情感性质和变化，为广告活动提供依据。

从广告受众情绪情感发生时机体内部的生理变化来看，主要表现在人体的呼吸系统、循环系统、消化系统、腺体分泌系统、肌肉组织（皮肤电、肌肉电）等的改变上。如人在发怒时，呼吸快而短促，心跳加剧，血压升高，食欲减退；惊恐时呼吸中断；气极时手脚冰凉；紧张时面色苍白，大汗如雨等。通过广告受众机体生理指标的测量，可以了解受众情绪情感的状态和变化。这是广告心理测量的一个主要方面。

在情绪情感发生变化时，广告受众机体外部也会有所表现。这主要通过其神态、表情、语言等表现出来，心理学统称之为"表情动作"。它包括三个方面：面部表情、身段表情和言语表情。广告受众情绪情感的机体变化为广告人员了解广告在受众情绪情感的反应提供了线索，为广告活动提供了依据。

第二节 广告的情感诉求

一、情感广告的概念和作用

1. 情感广告的概念

情感诉求不是传达商品给消费者带来的实际利益，而是设法激起消费者的某种情绪或情感反应，传达商品带给他们的附加值或情绪上的满足，通过某一品牌与消费者的情绪体验在时间上的多次重合，以使消费者产生积极的品牌态度，这种诉求方式也被称为"软销售"（Soft Sell）。广告制作者通过极有人情味的诉求方式，去激发消费者的情绪，满足其自尊、自信的需要，使之萌发购买动机，从而实现购买行为。情感诉求的广告被称作情感广告、情绪广告或感性广告。

2. 情感广告和理性广告的区分标准

从理论上看，理性广告通过传递产品特性的信息，有助于消费者了解品牌特点和建立品牌信念；而情感广告则通过同一品牌和消费者的情绪体验在时间上的多次重合，有助于消费者直接建立对广告和品牌的好感。因此，这两种诉求手段都有可能使消费者建立积极的品牌态度，并在一定条件下导致购买行为。理性诉求和情感诉求是广告诉求的两种常见手段。如何判断一个广告是采用理性诉求还是情感诉求的形式？对理性广告和情感广告进行区分的标准有三个：

第一，根据认知因素进行分类。本书第六章第一节介绍过美国的瑞斯尼克和斯腾于1977年提出一个分类标准，认为若一个广告中包含有14条关于产品的事实性信息线索中的一个以上时，该广告就被认为是理性广告，否则就是情感广告。很显然，这是从认知的角度所作的区分，即使含有情感诉求的内容，只要广告中含有一个或一个以上这样的信息线索，该广告就被划归为理性广告。

第二，根据情感因素进行分类。帕斯马克（Pelsmacher）和戈尤恩斯（Geuens）于1997年提出一个根据情感因素进行分类的标准，认为一个广告中包含以下情感诉求手段幽默、热情、怀旧、性、愤怒和恐惧等中的一个或一个以上时，该广告就是情感广告，不管广告中是否含有产品特性的信息。若没有这些情感诉求手段，就是理性广告。

第三，根据广告主张进行的相对的分类标准。李伯曼（Liebermann）和艾米尔·弗林特·高于1996年提出一个以广告主张作为比较的基准的相对分类标准。一个广告主张是一个句子，它既可以说明产品特点，也可以通过建立一定的联系和形象进行说服。通常对若干广告进行分析，每个广告被分解成若干广告主张。其中，理性主张有：①价格；②产品特征或成分；③性能；④购买时间与地点；⑤特价销售；⑥产品包装和品种；⑦产品质量保证；⑧市场份额；⑨研究发现；⑩方便性；⑪健康和营养成分；⑫产品安全性能等。情感主张有：①性；②地位和声望；③年轻；④运动；⑤美貌；⑥性别；⑦热情；⑧生活方式。然后，通过以下四个步骤对广告进行分类：

第一步，分别计算每个广告的理性主张数和情感主张数。

第二步，把每个广告的理性主张数和情感主张数进行标准化处理，求其标准分。其方法是：分别计算出所有广告的理性主张和情感主张的平均数，然后把每个广告的情感主张数和理性主张数分别和相应的平均数进行比较，就可以得到每个广告的理性主张和情感主张的标准值。该值有三个水平：①没有相应的主张；②主张数低于或等于相应的平均值；③主张数高于相应的平均值。

第三步，比较每个广告的理性主张和情感主张的标准分。情感主张和理性主张标准分相等，该广告就是混合性广告；若相差一个标准分，该广告就是混合——理性或混合——情感广告；若相差两个标准分，就是高度理性或高度情感广告。

第四步，根据以上比较的结果，按五个水平对广告进行分类：①高度理性型广告；②混合——理性型广告；③混合型广告；④混合——情感型广告；⑤高度情感型广告。

仅仅根据广告中的认知因素或情感因素区分理性广告和情感广告，使用起来比较简便，但结论往往是粗线条的；李伯曼和艾米尔·弗林特·高的相对分类标准实际操作起来虽有些麻烦，但对广告诉求手段的描述可能更为精细和准确。实际上，单纯的理性广告和情感广告相对较少，很多广告往往会采用一种综合的表现形式，既有理性广告的成分，也有情感广告的成分，"软""硬"兼施。当然，不同的广告在表现起来可能会有所偏倚，或偏于理性，或偏于感性。这在广告实际运作中可以灵活掌握和运用。

3. 情感广告的作用

随着"硬销"时代的过去和感性消费时代的到来，现代广告越来越强调与受众之间进行情感交流，运用富有人情味和艺术性的情感广告来激发消费者积极的情感体验，克服消费者的心理抗拒，引发消费者的心理共鸣，从而有效打动消费者。情感广告的作用表现如下。

第一，情感诉求影响消费者对商品的认知。在消费过程中，消费者的购买行为并不总是认知的结果，其中相当一部分与人的情感因素直接相关。而且情感因素也会通过影响认知因素对消费行为产生间接影响。广告中情感诉求如能引发积极的情感反应，消费者便会产生良好的心境，对该产品形成良好的印象。在这种良好的心境下，消费者就易于接受产品诉求的信息，从而巩固、改变或重建对该产品的认知。

第二，情感诉求还可增加产品的情感附加值。感性消费时代的消费者趋向于情感消费，如果产品能提供情感附加值，必将增强其竞争实力。情感诉求可通过影响消费者的情感，使消费者感觉到使用该产品可满足其情感需要。因此，广告运用情感诉求方式，增加产品的额外附加价值，那么消费者就有一种超值享受的感觉，他们将更为乐意接受该产品。

第三，情感诉求能更好地突出品牌个性。随着市场竞争日趋激烈，产品的高度同质化，品牌日渐成为重要的竞争手段。产品要从众多品牌中脱颖而出，就必须赋予品牌以个性化特征，并且这种特征必须迎合消费者的价值追求。消费者在购买使用某品牌时，往往是在追求和享受能反映自身个性的品牌个性。情感诉求广告通过展示该产品给消费者所独有的心理价值，赋予品牌情感附加值，突出品牌个性，可以减少消费者对品牌的消极看法，形成较高的品牌喜爱度，甚至品牌偏好。如"我就是我———晶晶亮雪碧"，将美国"张扬个性，宣传自由"的特有文化注入雪碧中，让人感觉到喝雪碧就是一种"自由"的感觉，就是有个性。

第四，情感诉求可提升产品的形象。从消费者心理着手，提升产品的整体形象（包括产品的质量、包装、使用经验、心理需求等），更易促进消费者的购买。广告中情感诉求可使产品附加一些情感因素，因而从满足消费需求层次上升到满足情感需求层次，消费者购买此产品时，也由满足物质性需要上升到满足心理需要，产品形象自然提高。如非常可乐广告词为"中国人自己的可乐"，把可乐形象上升为民族品牌形象；雅士正味麦片广告词"妈妈爱心无限，雅士正味麦片"，麦片形象上升为母爱形象。人们自然更愿意购买这类产品。

第五，情感广告具有说服作用。情感广告的说服作用具体表现在，积极性的情感反应会导致对广告中特定商标（商品或劳务）的积极态度。也就是说，一则令人兴奋或充满亲切感的广告会使受众对该广告的特定商标（产品或劳务）产生好感。情感广告的说服作用是通过直接作用和间接作用两种方式实现的。当消费者对产品性能不太了解或信息加工机会较少时，情感可以直接影响消费者的态度，可以直接通过经典条件作用过程和社会学习唤起受众对产品产生积极或消极的态度；间接作用方式即情感通过对信息加工过程的影响（即通过影响消费者的认知），进而影响态度的变化。扎杨克（Zajonc R. B.）的研究结果表明，情感在说服过程中的作用跟受众的精细加工水平密切相关：当受众的精细加工水平较低时，情感直接影响态度变化；当受众的精细加工水平较高时，说服内容被仔细思考，情感的作用则通过认知反应这个中间环节，影响态度的变化。

二、情感广告的感性创意定位

可口可乐公司的 J. W. 乔戈斯说过："你不会发现一个成功的全球著名品牌，它不表达或不包括一种基本的人类情感。"❶ 这告诉我们，广告要能激起受众积极的情感反应，就必须对广告进行准确的感性定位。所谓广告的感性定位，就是要在人类各种复杂的情感形态中，为广告确定一个大的情感基调，然后在这一基调涵盖的情感表现范围内，为广告寻求恰当的感性诉求点。

如何确定情感基调要根据广告产品的特性和目标受众的情况而定，这里并没有一个可遵循的规则，完全要依靠广告策划者自己的经验、灵感加上随机应变。可以说只要运用得当，几乎人类的一切情感都可以作为广告诉求情感。由于消极的情感体验会给受众带来不好的体验，甚至使受众有一种被强迫接受的感觉，因而大多数有效的感性广告创意多建立在积极的情感体验之上。因为这会让受众在接受广告诉求时伴随着一种需求满足的愉悦体验。当然，广告情感的定位也不是非肯定性、积极性的美好情感不可，定位于消极情感基调上的也不可胜数。这一切都要视广告目标而定。

从感性广告的实践来看，在广告中被运用得较多的情感定位与诉求，从广告受众的心理效应方面看，主要有亲热感、幽默感和害怕感、美感等情感类型。

（1）美感　"爱美之心人皆有之"，追求美是人类的天性。表达美感是广告中常用的情感诉求之一，尤其在化妆品、服装、时尚用品等广告中运用最多。例如，在洗发水的广告中，看到模特儿那一头柔软亮丽的秀发如瀑布般泻下时，消费者心中自然会涌起一种追求美的冲动，也想拥有它，从而产生购买的欲望。广告中常用

---

❶　舒咏平主编. 广告心理学教程. 第 2 版. 北京：北京大学出版社，2010：295.

醉人的自然风光画面、优美动听的音乐、青春靓丽的人物模特、端庄优雅的举止、美好的心灵和道德行为等来表现美感。比如，现代广告采用"美女俊男"作为表现手段几乎成了"惯例"，以致有人戏称世界已进入"美女经济"时代。但不管怎么说，善于从"美"着手进行情感诉求，往往能给受众带来积极的愉悦体验，获得较好的效果。

（2）亲热感 亲热感是情感广告最常用、最保险，也是非常有效的一种广告诉求手段，它所表达的是诸如亲情、友情、爱情等各种"爱"意。在广告画面中通过表现广告人物的亲热关系，如母子间的温馨亲情、朋友间的挚爱友情、恋人间的甜蜜浪漫等，使观看者对广告画面中角色的情感体验产生共鸣，或唤起观看者自己的情感体验回忆，从而使消费者产生亲切、热情的感觉。例如，大多数营养保健品广告的创意，均是采用与"爱"有关的亲热情感作为表现：有父母购买"葡萄糖酸钙"口服液，并关切地注视子女服用的场面；有女儿大了，有了第一份工作，为了报答父母的爱，用自己的第一份工资买了一盒西洋参含片来孝敬父母的情景；也有探访多年不见的好友，主人却恰好不在，客人深情地留下"麦斯威尔"礼盒，恋恋不舍地离去的画面。

（3）幽默感 现代心理学认为，幽默是对人们心理的一种特殊适应，它是对心理理性的一种特殊反叛，是以突破心理定势为基础的。当今社会商品经济高度发达，大量的信息符号通过广告向社会传播，使受众目不暇接，在一定程度上已显现饱和状态，使受众在精神上产生了保护性抑制情绪。在这种情形下，广告创意采用幽默化表达形式，可有效缓解受众精神上的压抑情绪，排除其对广告所持的逆反心理。在一种轻松、快乐、谐趣的氛围中自然而然地接受广告所传递的商业信息，并完成对商品的认识、记忆、选择和决策的思维过程。幽默化广告创意策略，可以克服众多广告商业味太浓、艺术情趣匮乏、严肃刻板有余、生动活泼不足的弊病，有趣、有效地达到广告目的。

（4）害怕感 害怕诉求是利用恐惧、害怕等消极情感进行的感性定位，指的是通过特定的广告，展示一个可怕的情景，唤起消费者惊慌、害怕、恐惧、焦虑、不安、厌恶和不适等有关的情绪体验，进而指出害怕的情景可以通过使用一定的产品或劳务来消除的感性诉求方式。这种特殊的否定性情感体验是一种威胁性的说服方式。人类本身就具有趋利避害的本能需要，广告人试图通过害怕诉求，让消费者遵照该广告宣传的要求去改变自身的态度和行为，起到"防患于未然"的作用。

害怕诉求广告应用得最多的是那些有关免受人身损伤和财产损失的产品。害怕诉求在公益广告中，尤其是有关环境保护和交通安全方面的公益广告中运用得比较多。以保护野生动物为例，虽已成为人们的共识，但捕食野生动物的现象却有增无减，面对如此严峻的形势，必须大力倡导保护野生动物运动。运用和风细语、温情脉脉的劝说方式，恐怕起不到多少作用。而运用恐惧诉求，将捕食野生动物淋漓尽致乃至夸张地表现出来，或许可以使人们的心灵受到震撼。在《2001年中国广告年鉴》中有一则保护动物的公益广告。这幅广告就是一张菜谱，"家常菜"是"天鹅肉"、"熊掌"等国家珍稀动物，"特色菜"就是"炖人腿"、"婴儿煲"。看到这份菜单，人们在毛骨悚然的同时，也意识到捕食野生动物就是捕食人类自己，这就达到了既应指出问题更要给大众于指引的公益目的，广告意义得到深化。在 2004 亚太广告节上获奖的公益广告作品，其创意运用的就是害怕诉求方式（见图 7-1）。

　　然而，并非所有"害怕"诉求的广告都能取得很好的效果，它还取决于诉求的强弱程度。害怕或威胁的诉求强度过高（情景 3），可能会激发消费者的防御机制，回避所面临的问题，一旦回避，则失去了宣传的意义，或使消费者怀疑广告的真实性，而拒绝接受信息。而强度过弱（情景 1）又难以引起人们的注意和关心。因此，害怕诉求的强度适中（情景 2）才能起到最好的作用，获得最佳的效果（见图 7-2）。

文案：我们能用这样的生日蛋糕来庆祝地球的生日吗？

图 7-1　2004 亚太广告节获奖公益广告

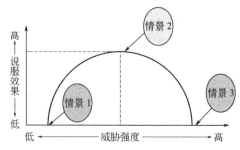

图 7-2　威胁强度与说服效果的关系

三、情感广告的表达

　　再好的感性广告创意都必须借助一定的广告元素来表达。在广告设计中，颜色、插图、标题、文稿、广告歌等元素，都可能和一定的情感体验发生联系。因此，它们常被用来诱发特定的情感。有关这部分内容，将在第十一章"广告表现元素的心理效应及创作方略"中展开阐述，这里重点讨论一下影响感性广告有效到达的因素。

　　感性广告的成功在于广告中的情感因素顺利传递给广告受众，使后者产生情感的共鸣，并转而把情感投射到广告产品上。在这个过程中，情感广告的有效到达广告受众是最重要的一步。不能有效地到达广告受众，广告移情则无从发生。一般来说，感性广告的有效到达需满足广告自身及广告受众、社会环境等方面的一些基本条件。具体地说，感性广告的有效到达必须满足以下条件。

　　（1）情感广告自身的条件　就广告涉及的产品而言，并不是所有的广告产品都适合进行感性广告诉求。一般来说，与社会中的消费者个体不发生直接联系的生产资料、生产工具类产品，还有各种个人消费的高科技产品等，这类消费者在购买时受理智的思考所主导的理性产品，一般不宜于运用情感诉求广告。他们主要考虑的是这些产品的性能、功效如何，价格是否合理等实际问题，而且购买它们也主要不是一种情感的满足，而是出于实际的迫切需要。因此，情感诉求广告由于对广告产品的技术特性介绍明显不足，只是企图诱导消费者的情绪使其产生购买欲望，所以，那些消费者不熟悉或对技术参数要求较高的产品，使用感性广告诉求就难以达到预期目的。而重在阐明产品性质、特征、功能等的理性诉求广告就比较适合。反之，一般日常用品，如化妆品、食品、服装等，以及旅游、安全等，这类消费者在购买时易受消费者情绪影响的感性产品，则适合运用情感诉求广告，而不宜于作理性诉求。因为这些产品总是与消费者的情感有着密切的联系，通过形象诉诸情感易于让他们作出购买决定，所以，这类产品或服务的广告情感诉求比较有效，而说明功效式的理性诉求广告则难以完成重任。

（2）广告受众的条件　通常我们可以把广告受众分为理性受众与感性受众两类，他们在看待同一个对象时的反应会有很大差异。对于理性受众，广告的情感诉求往往难以奏效，他们总是用冷峻的眼光打量这个世界。他们用理智衡量并支配自己的行为，善于分析商品的各种利弊因素，通过周密的思考理智地作出购买与否的决定。他们看待商品广告通常只是注意产品的质量、价格和售后服务，至于广告中的情感元素则不在其视线之内。他们在选购商品时十分注重自己的内心体验，不易受其他因素的影响，更不易被广告所打动。对于这类消费者，情感广告一般是难有收效的。而对于感性受众，他们的行为往往为情绪所左右，购买商品带有浓厚的感情色彩，易受到各种外界因素的影响，特别是较易对广告产生情感共鸣，并往往在被广告激发的情感冲动的驱使下实现购买行为。对于感性受众，广告只要能激起他们的情绪反应，一般就能收到较好的效果。所以，情感广告的作用对象主要是感性受众。对于理智型的消费者，情感诉求广告并不能显示出与理性诉求广告的比较优势。

即使作为感性受众，也不是可以无条件地与情感广告产生共鸣。世上没有两片完全相同的树叶，也不存在两个完全相同的消费者。广告受众作为具体的人，除了情感经历、受教育程度、审美能力、社会地位等，都会影响对情感广告的接受。现实中我们经常看到，同一广告在不同的受众之间，有时甚至会引起截然相反的感受。比如，对广告中的民俗元素，有的人认为俗不可耐，有的人会觉得回家般亲切和温暖；而对广告中的高雅艺术元素，有的人会获得强烈的审美感受，有的受众却感到虚假、做作、肉麻，对广告产生严重的抵触。即便是同一个人，在不同的场合、不同的时段，其广告感受能力也会完全不同。另外，消费者的个人情绪也会对情感广告的接受产生极大的影响。人的情绪在一段时间内往往有一个基本的格调，它受消费者的个人生活、工作环境和个性的影响，不同的情绪状态会直接影响消费者对情感广告内容的接受水平。当然，广告人不可能去控制消费者的接受情绪，但对广告在不同情绪状态下的适应性问题，广告人预先也应当有所分析，以最大限度地适应广告受众的情绪状态，达到最佳的传播效果。

（3）广告的传播环境　感性广告作品若要有效传达给消费者，其传播环境亦要适合广告受众正确地、不受干扰地接受广告信息。首先，广告的刊播环境要合适，包括时间选择的合适性、环境干扰的情况、对消费者的刺激强度等。如果广告播出时，正是电视节目最精彩处，观众对该广告就可能产生厌烦情绪。其次，广告传递的情感应该符合社会的基本道德、文化背景和价值观念。在消费者心中道德标准与价值观念是最不可以轻易改动的，若广告违背了这些标准，就会引起反感。例如，前些年播出的"二坊"酒的广告公然暗示"包二奶"，因完全违背了中华民族的基本道德准则而遭到大多数消费者的抵触，产生了与厂商初衷相反的结果。又如雕牌天然皂粉"泡泡漂漂晾起来"的电视广告，利用人们的不良心理进行暗示，如"泡妞"、"嫖娼"而成为 2003 年最有争议的广告之一。而许多传达符合社会的基本道德价值观念的情感广告就获得了很大的成功。最后，社会大众的文化、心理背景也同样不容忽视。就近年很常见的"怀旧"题材情感广告而言，如果没有处于社会剧烈转型、变动期特有的，全社会性的怀旧心理背景，其实是很难取得效果的。

感性广告的有效到达，主要是由广告自身的策划、创意、制作水平，广告传播的社会环境背景以及广告受众的接受条件、状态等方面的因素共同决定的。在整个广告信息传递的过程中，只要有任何一个环节出现偏差，就会直接影响情感广告的接受效果。

第三节　广告情感诉求的心理方略

一、广告情感诉求的心理方略

情感诉求要从消费者的心理着手，抓住消费者的情感需要，诉求产品能满足其需要，从而影响消费者对该产品的印象，产生巨大的感染力与影响力。因此，广告情感诉求有必要采用一些心理策略，达到激发消费者的心理，实现购买行为。

（1）紧紧抓住消费者的情感需要　需要是情绪情感产生的基础。若消费者没有产生类似的需要，任何刺激也难激起他的这种情感反应。正如恩格斯所说，一个忧心忡忡的人，对世界上最美的花朵也会无动于衷的。情感广告诉求只有紧紧围绕消费者的需要展开，把产品与消费者的需要紧密联系起来，才能让消费者心有所动，取得理想的效果。这就要求广告设计人员了解广告目标受众的心理需求，对广告受众的情感需要进行准确定位，挖掘产品中可以满足其情感需要的特性，以充满情感的语言、形象、背景气氛作用于消费者需求的兴奋点，有针对性地进行诉求。雅士利麦片诉求的是母亲对子女的母爱，脑白金诉求师徒之间的感情，旺旺饼干诉求家庭和睦和对财旺、气旺、身体旺的愿望，学习益智类玩具诉求的是父母望子成龙的心情等。这些广告之所以成功，都是因为紧紧抓住了消费者的情感需要。

（2）增加产品的心理附加值　作为物质形态的产品与服务，本来并不具备心理附加值的功能，但通过适当的广告宣传，这种心理附加值便会油然而生。美国广告学者指出："广告本身常能以其独特的功能，成为另一种附加值。这是一种代表使用者或消费者，在使用本产品时所增加的满足的价值。"[1] 因为人类的需要具有多重性，既有物质性的需要又有精神性的需要，并且这两类需要常处于交融状态，即物质上的满足可以带来精神上的愉悦；精神上的满足需要又以物质作为基础，甚至有时可代替物质上的满足。因此，产品质量是基础，附加值是超值，这种超值多为精神上的需要，消费者更乐意购买有超值的产品。因为购买这类产品可得到双份满足——物质上的满足与精神上的满足。在进行购买抉择时，"心理天平"势必向这类产品倾斜。如"派克钢笔"是身份的象征，"金利来"是成功的男子汉，"万宝

---

❶　江波著．广告心理新论．广州：暨南大学出版社，2002：189.

路"反映自由男子汉等。

（3）利用情感的迁移　爱屋及乌是一种司空见惯的心理现象。许多厂商不惜重金聘请体育界、娱乐界的明星甚至是政界人物为自己的企业或产品做广告代言人，就在于这些人物是公众的挚爱，他们的行为对公众有"示范"效应，期望借助模特，使得公众爱他们之所爱，喜他们之所喜，自然购他们之所购。这在心理学上称为"自居作用"，即公众通过与明星购买同类产品，在心理上便把明星身上所喜欢的优点转移到自己身上，如喜欢黎明的人购买乐百氏纯净水，喜欢郑伊健的人购买风影洗发露。利用情感的迁移，是大多数广告人惯常采用的一种广告策略。

（4）利用暗示，倡导流行　产品大多是永久性的使用品，并不存在是否流行，但当人们购买多了，也就成为了当时的流行产品。而且产品的购买者不一定是其使用者，许多产品是被用来馈送亲友的。因为消费者不是彼此孤立存在的，他们在社会交往中相互作用，建立起亲情友情，为了表达他们的心情，他们会用礼品相互送上健康、财运或温暖。因此如果产品正符合他们这些愿望，他们便会主动去购买，而更少地去考虑产品的质量、功效。而如果购买这种产品的风气能被广告制作者操作成一种当今社会流行的时尚，消费者便会被这种时尚所牵引，抢着购买该产品。如脑白金的广告语"今年过节不收礼呀，收礼还收脑白金"，黄金酒白金酒的广告，暗示了上述产品会成为这一领域表达他们心愿的时尚消费品的概念。

二、广告情感诉求的具体方法

广告情感诉求的具体方法有很多，幽默、恐惧、比喻、夸张、情节诉求、谐趣、荒诞、悬念等都是情感广告常用的诉求方法。

1. 幽默

莎士比亚说过，"幽默和风趣是智慧的闪现"。幽默化广告创意策略是科学和艺术的智慧结晶。幽默广告以其能将严肃的推销目的包容在轻松诙谐的喜剧气氛中，使消费者对公司和产品产生兴趣和好感，在一种愉悦的心境中不自觉地改变态度，而成为有效的销售武器。目前在美国黄金时段播出的广播和电视广告中，幽默广告分别占30.6％和24.4％。例如，美国海岸一条公路的急转弯处竖了一告示牌："如果您的汽车会游泳的话，请照直开，不必刹车。"这类幽默广告不仅不会使人感到难堪，还会给人留下深刻印象，起到良好的社会效果。在英国和西欧，幽默广告所占的份额也不少。在备受广告人瞩目的戛纳国际广告节获奖的作品中，大多采用幽默戏剧化的手法。它们超越了民族语言和受众心理的障碍，成为普遍受欢迎的广告方式。近年来，我国运用幽默诉求方法取得成功的广告也时有出现。

幽默广告具有含蓄性、深刻性、温厚性等优势。当然，幽默广告也具有一定的风险性。其一，幽默广告能逗人发笑，却不利于受众对广告内容产生记忆，而且说服力不够强，难以促进产品的销售。因此，幽默广告对新产品不太合适，而比较适合于那些产品和商标的知名度已达到很高程度的公司。其二，幽默表现手法有利于达到较好的宣传效果，但要注意使用的场合。它可能把应该严肃对待的事情当儿戏，因此，并不是所有的感性产品都适合用幽默广告。一般而言，感情需求性产品，如快餐、甜点、软饮料多用幽默广告促销；高理性型产品则不适用；与生命、资产有关的产品、服务则不宜用幽默诉求，如药品。有资料表明，保险公司、银行等也很少采用幽默广告。当然，这一条并非金科玉律，越来越多的保险、银行广告开始尝试运用幽默诉求。其三，如果幽默广告与产品特点结合不恰当的话，受众会因为幽默的无趣而对产品产生厌恶感。另外，受众对幽默的理解受文化程度、社会背景、地理环境、生活习俗的影响。过雅，则难以理解；过俗，则流于低级；不恰当，则让人哭笑不得。这点广告人在创造中要注意把握。

幽默类型的广告可由文字陈述，也可由插图场景、动画等来表现，它以活泼逗趣、俏皮轻松见长，是一种高度的智慧的闪现。幽默广告应遵循以下几条原则：

第一，为产品而幽默。在对幽默广告进行广告效果测试时，经常听到这样的反馈，当问及消费者对某个品牌的广告有否印象，他们往往无法肯定，而进一步提醒他们广告中的幽默情节时，他们才恍然大悟。也就是说消费者经常都是记住了幽默而淡忘了品牌；有的消费者则是把两个竞争品牌的幽默情节张冠李戴。所以幽默必须与广告产品融为一体，并善于因产品而异。

第二，寓庄于谐，烘托主题。幽默化广告创意策略，主要是通过幽默这种艺术手段吸引观众的注意力，让他们享受观赏的乐趣，并在此心情中认知广告的商品或服务。这里幽默应是一种表现手段，而不是目的。我们所确立的主题、所推广的商品或服务才是真正的主角。也就是说，采用幽默化创意策略，不能为幽默而幽默，而要寓庄于谐。不要让幽默喧宾夺主，让过浓的情节挤掉应传递的信息。

第三，明确范围，注意分寸。尽管大众化的戏剧性幽默是老少咸宜的，但在广告中采用幽默化策略，却不一定人人都能接受，这牵涉到不同消费者对广告的认识以及消费者不同的信息接收惯性问题。对有些人来说，幽默是帮助理解与记忆的妙方，而对另一些人来说，幽默可能根据产品及目标消费者的不同进行权衡选择。

第四，切忌平庸，不能太浅太露而流于庸俗。

第五，切忌千篇一律，切忌将一切生活主题都拿来幽默，任何涉及死亡、残疾、中伤、横祸、灾难、痛苦等的内容，都不宜被当做笑料来幽默。

幽默广告具有正负两种效果。幽默引起受众对广告的注意，降低受众的认知防御，提高受众的广告接触率，促进受众对广告、品牌形象形成良好的态度。但幽默广告也隐含一定的风险，这种广告创意策略宜慎用。因此，尽管幽默使得广告更有趣、更逗笑，但幽默并不能绝对保证广告更有效。幽默广告需要广告人有更高的智慧、更丰富的想象力、更多的知识经验和道德感。

2. 恐惧

优秀的广告能打动消费者的心，在心理层面造成震撼力和影响力。这种"打动"、"震撼"、"影响"，不仅来自正面诉求，也来自反面诉求，利用人们普遍存在的害怕、担忧心理，在广告创意中运用和发展恐惧诉求，这正是国内外不少广告大师的创作手法。"恐惧"诉求就是指通过特定的广告引起消费者害怕、恐惧及其有关的情感体验，从而使消费者渴望追求一种解救，自然就引向广告推荐的产品。广告主通过它来说服消费者，改变其态度与行为。一般这一策略较多地应用在那些人身健康安全与免受财产损失等有关的产品上。恐惧诉求中应注意的问题：第一，准确掌握广告恐惧诉求的强度。如前述提及，恐惧广告要达到预期效果，诉求的强度应恰到好处。威胁太弱，不能引起受众的注意与重视；威胁太强，又容易适得其反，可能激发受众的防御心理作用，导致对面临的问题作出回避反应；有时采用一种不太直接的、侧面方式进行威胁提示，采用较新且易为人们接受的方式进行诉求，扣住产品的特性与功能，往往更容易奏效，更易达到诱导目的。第二，及时提供解除恐惧威胁的方法。恐惧诉求通常有理性伴随，需要巧妙地在设下"恐惧"之后，提供解除的方法，让受众在不知不觉中卷入其中。多数"害怕"诉求都采用告诫、劝说的方法，有时还向受众提供解决问题的方法，对其晓之以理、动之以情。这里要注意，在给予提示解除方法时要诚恳，富有关怀之心。

3. 比喻

比喻和直述式、告知式截然不同，它常常隐晦曲折，"婉而成章"。比喻是借助事物的某一与广告意旨有一定契合相似关系的特征，"引譬连类"，使人获得生动活泼的形象感。它给人的美感很深沉、绵长，其意味令人回味无穷，可收到较好的传播效果。某护手霜的广告（见图7-3），就是巧妙地运用了比喻的诉求方式。

广告人在运用比喻诉求创意时，要掌握以下几点。

第一，注重广告的内涵。由于现代市场经济的发展，人们生活水平的提高，人们的广告审美要求由外部视觉形象转移到了丰富内涵，而比喻的含蓄表达正是表现这种内涵的最好选择。比喻一定要追求巧妙构思和非凡创意。这种非凡创意无论从作者创作角度还是受众理解角度，都体现了一种现代人崇尚的智慧美。这种美感的高品位，使广告带上了更丰富的内蕴。

图7-3 护手霜广告平面图
文案：不想让自己的手变得
和这老树一样吧

第二，突出主题，准确切入。比喻表达的作品一般比较曲折，曲折固然易于引人入胜，但也很容易偏离主题，或者形象体对于诉求点的切入不够准确，这种状况貌似有较强的感染力，实则影响受众对广告的认识和理解，这是必须予以注意的。

第三，要有原创性。比喻诉求的含蓄表达特性与现代广告受众的需求动机和审美趣味相吻合，这便使它成为受众关注的焦点。受众对这类广告表达的要求很高，有特色、有个性和原创性的广告才具有震撼人心的力量。英国童话作家王尔德说："第一个把姑娘比喻为鲜花的人，是天才，第二个把姑娘比喻为鲜花的人，是庸才，第三个把姑娘比喻为鲜花的人，是蠢材。"强调的就是比喻的原创性的价值。

第四，取像近而意旨远。比喻体或者隐含意向的形象体的选择最好是人们日常生活实践中最熟悉的事物，这种事物为人们司空见惯，最易为受众理解，而且在表达中图像文案可以以精练简明的方式获得很好的效果。

4. 夸张

在广告中，把广告要着力推荐介绍的商品的某种特性通过极度夸张的手法表现出来，这样一则强化了特定的诉求点，二则因夸张带来的良好传递性而增强了广告效果。

从修辞学的角度讲，夸张不外乎两种情形：一种是尽量将事情向快、高、大、好、强、重等方面伸张扩大，或者尽量向慢、低、小、坏、弱、轻等方面收敛缩小，这是"一般夸张"法；另一种是把后出现的事情提到事前来说，这是"超前夸张"法。广告在运用夸张手法时，也无非是在这两种方法上做文章。具体来说，广告夸张术可分为以下几类：

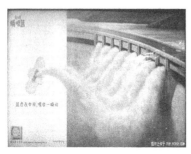

图 7-4　北京地铁站的瞬吸蓝
卫生巾灯箱广告平面图

第一，功能特点夸张。不是直接地用通行的语汇去机械地介绍产品的性能，使广告变成呆板的产品说明书，而是借助形象生动的画面、语言和夸张的方法，巧妙地展示产品的特点。如瞬吸蓝卫生巾在北京地铁站做的灯箱广告（见图 7-4），通过夸张的展示，表明了这种卫生巾的强吸附的特征。

第二，产品业绩夸张。不是直接地宣传产品的市场覆盖率和市场占有率，也不是直接宣传售后服务如何快捷周到，但又力图把这种信息准确地传达出去。如"车到山前必有路，有路必有丰田车"；"无论你到何处，都能买到柯达"；雀巢咖啡的广告语："每个时刻，都有雀巢与你为伴"，运用的都是夸张的表现手法。

第三，使用效果夸张。不是直接宣扬自己的产品如何有效，更不是用一大堆统计材料去证实使用效果，但夸张的结果却令人回味无穷，如"往身上洒一点，任何事情都可能发生"（香水广告）；"在劳斯莱斯轿车以每小时 60 英里的速度行驶时，车里最大的声音来自车里的闹钟"；"不要对刚从这里走出来的姑娘调情，她很可能是你的外祖母"（某美容店广告）等。

第四，背离常理夸张。不是完全遵循思维逻辑或自然法则去构思广告，而是发挥反自然规律的想象力。如"还不快去阿尔卑斯山玩玩，6000 年之后这山就没了"（旅游广告）；"从 12 月 23 日起，大西洋将缩小 20％"（航空公司广告）；"创造第五季"（空调广告）。

第五，警示劝诫夸张。不直接宣传所要告诫的事项如何重要，但是却把不听告诫所导致的后果表现得触目惊心。如"请司机注意你的方向盘，本城一无医生，二无医院，三无药品"；"酒杯＋方向盘＝棺材"。

需要说明的是，夸张只是一种表达方式，夸张应以产品的实际效果和功能为基础，不能脱离实际地进行乱吹乱弹，那样只会损害产品的形象，达不到说服消费者的目的。

5. 情节诉求

情节诉求广告是采取带有情节的故事片断，有些甚至有矛盾冲突或连续性，使人们在引人入胜的情节中，认知感受商品，接受广告意向。这类表现手法在各种媒体广告中运用得非常多，其范围也已大大拓宽，早已不局限于商品使用过程情节本身了。情节诉求广告的创意要点是：

第一，要在形象性的基础上突出情节。鲜明的形象是前提，在这个前提下要有场景、人物和故事情节。通过画面和文字可以使人感受到生动活泼的活动过程和人物性格。情节要引人入胜，具有趣味性，才能引起受众的兴趣。这类广告的美感，主要在情节中。人们在浓郁的生活气息中得到的美感是异常强烈的。

第二，情节必须与商品紧密相关，贴切主题。创意绝不能为了故事情节而偏离主题，或者与商品联系牵强附会。有些情节起于商品，归于商品。有些情节发端似乎与商品无关，但最后归结必须是商品，而且发端离开商品完全是为了表现商品的有意安排。情节安排应与商品的特征联系自然，切入点要准确，最大限度提高情节有效率。

第三，情节必须单一。情节表达过程要防止出现形式复杂化倾向、语言累赘、画面繁多等弊病，把情节铺垫简化到最少，一旦进入正题就应单刀直入，抓住关键进行诉求。对于那些情感色彩浓重的情节也应在必要的提示之后点到为止，把依依深沉之情通过启发留在受众的回味中。否则，情节复杂，信息繁多，必然会淹没广告的目标。

第四，情节表现力求生活化。情节表达广告所使用的形象的选择十分重要，形象远离生活往往造成受众理解上的困难。从现代世界优秀广告趋势来看，情节形象越来越生活化，选取人们最熟知的生活形象来创意情节，和受众自然保持着心理沟通。另外，由于为人们所熟知，表现时不用周密地说明，一点就破，更利于简单化。

6. 谐趣

谐趣表达是现代广告表达中十分重要的一种，许多不同类型表达手段中都有谐趣的成分。它之所以广泛引起受众的注意和青睐，是因为它符合现代人快节奏生活压力下寻求心理轻松和平衡的精神追求。这类广告在国外比较普遍，在我国近年来也越来越多地被人们所重视。谐趣性表达的广告是指运用理性倒错，以寓庄于谐的表现手法造成风趣幽默效果，引起受众的乐趣，并在此心态中认知广告意向的广告形式。谐趣性表达广告的美学价值在于它给受众带来了轻松愉快和令人玩味的心理情绪，这种情绪是一种生动而积极的美感效应。

谐趣表达广告在创意过程中应注意以下几点：

第一，寓庄于谐，切忌离题。谐趣性表现一般来说无外乎滑稽类和幽默类。滑稽类趣味强烈，多表现于外形。幽默类趣味深远，多体味于内心。但无论哪类都不能为滑稽而滑稽，为幽默而幽默，而是要寓庄于谐。

第二，要与受众的文化背景相贴近。几乎所有的谐趣性表现广告，都有一个受众是否能够理解和趣味是否投合的问题。在这里，广告的文化背景十分重要。什么样的题材可以构成谐趣，这种谐趣是否为特定受众所青睐，因文化背景不同会存在较大差异。创作谐趣题材一定要在生活实践中选取受众喜闻乐见的形式进行创作，要表现得恰如其分，适宜得体，不能牵强造作。

第三，形象要有美感内涵。广告是一种审美文化，谐趣美的美学价值在于浓郁的趣味性上。既要高雅健康，又要有味有趣。要杜绝庸俗低级情调，也要注意克服趣味不浓，过于平淡的倾向。而且为了适应现代消费者对谐趣的口味，广告适宜表现内涵丰富的幽默，不要用外在形式的滑稽代替内在心理的幽默。

第四，追求出其不意而不媚俗。广告谐趣表达本身带着很强的直接功利性，要表达出使受众由衷喜悦的喜剧效果是很难的。矫揉造作、极力媚俗、有意引人发笑的做法，运用到广告上极易引起人们的反感，造成难以设想的后果。谐趣表达要在创意上下很大工夫，要熟练掌握喜剧规律，使广告给受众出其不意、意味绵长的幽默感受。

第五，标题、画面和文案互为补充，相得益彰。谐趣性表现广告表达手法往往比较曲折委婉，这就需要将题、画、文密切配合起来，相互提示，使受众比较容易理解和认知，感受深切。

7. 荒诞

当今，广告信息铺天盖地，要想使自己的广告信息凸显出来，必须增强刺激力度，这样就产生了专以强刺激为艺术手法引起受众接受广告诉求目标的荒诞诉求方法。荒诞在本质上是一种事实错位，其刺激是与人们常见的事物形象具有较大差异的极端状态，这种状态使人吃惊、诧异和激动。英国家庭计划协会曾推出一则劝说公众计划生育的公益广告，画面上是一位大腹便便、精神沮丧的男子，看得出，他身怀六甲。这样的男性形象让人忍俊不禁。再看看广告语"如果怀孕的是你，你是否会更小心点呢？"男人怀孕，这在生活中是不可能发生的，但广告人却借这种一反常态的事件，制造出极佳的宣传效果。面对这一则广告，人们在发笑之后，不由得不思考广告中所提到的严肃问题。这种寓庄于谐的说服方式，要比那种板起面孔的说教高明得多。

荒诞广告既违反了常规又合乎逻辑，以其突出的促销效果受到广告人的高度重视，在西方国家尤为如此。但创作荒诞广告，首先必须弄清在目标市场和目标受众中，是否存在接受荒诞诉求的社会心理基础。荒诞广告可以在美国等西方国家大行其道，关键在于美国等西方公众，尤其是青年一代易于接受，能产生情感共鸣。但中国人不太推崇也不大欣赏荒诞，荒诞广告创意运用起来也要慎重。这里一定要考虑别偏离了特定的文化背景和国民心态。

8. 悬念

悬念广告是利用语言刺激来达到注意目的的一种广告形式，又称为猜谜式广告。悬念广告的广告信息不是一次性的，而是通过系列广告，由粗到细、由部分到整体，或者说是通过广告系列的不断发展，得以逐渐完善和充实。它的始发信息常以提问的方式或直接突出其带有特色的信息。在报刊广告中，此类悬念广告经常大片留空，引起的一个直接心理效果是受众的好奇心。在好奇心的驱使下，受众可能更加注意去寻找信息或信息的线索，这无疑有利于无意注意向有意注意的转化，并加深对已有信息的记忆。鉴于始发的悬念广告信息十分有限，根本不足以满足好奇心和求知欲，因而就形成一种动机，不断关注该系列的下一次广告。由此发展，受众会对该系列的广告信息表现出努力地、精细地加工的态度。可见，悬念广告是有利于受众对广告信息的认知活动的。悬念广告看上去是延缓了广告内容出台的时间，事实上却延长了人们对广告的感受时间。通过悬念的出现，使原本呈纷乱状态的顾客心理指向在一定时间内围绕特定对象集中起来，并为接受广告内容创造了比较好的感受环境和心理准备。

运用悬念广告策略须注意以下几个问题：第一，悬念广告要针对产品特征恰当地展开，一个侧面、一个相关联想都可引出悬念。第二，由于悬念广告有一个设疑然后解疑的过程，这就要求广告具备一定的重复出现率或稳定保持期，以便于人们仔细揣摩。第三，悬念广告在选择媒体时，一定要注意适于自身形式的连续性，不能给别人造成一种悬而不决的感觉，这样广告就失去了意义。时间的延续也不宜太长，否则人们的兴趣在重听重看加深印象之前便已消退。第四，悬念广告还要注意其夸张和离奇不能完全脱离产品的特性和广告诉求的目标。第五，广告在设计悬念时应尽量做到巧妙、自然，防止给人生硬和故弄玄虚之感。

三、情感诉求应注意的问题

本章第二节讨论了情感广告的独特作用和价值。情感诉求较之理性诉求有自己的优势，但它不是广告诉求的"灵丹妙药"，也不是广告诉求的全部。我们要对其作用和在广告诉求中的地位有一个准确的认识和把握，并在实践中注意几个问题。

（1）情感诉求不是针对所有受众和产品都有效的诉求方式　情感诉求虽然是一种很好的广告诉求方式，但并不适用所有的产品和所有的受众。情感诉求只有针对感性受众和感性产品才可能取得很好的促销效果，这是成功情感广告的两个必需前提。

（2）情感诉求是手段而非目的，切勿本末倒置　感性广告的创意及表现手法是多种多样的，但无论采用何种方法，都不要忘记广告的真正目标是说服消费者购买产品。感性广告的创意及表现方面最容易出现的问题，就是沉湎于情感形象的创作，忽视广告表现的主题，以至于造成广告情感的表现与广告产品信息的传递完全分离。广告受众在被精彩的情感表现打动后，完全没有意识到广告产品的存在。这是最令广告人悲伤的失败。所以，要永远记住：一切的情感表现都是在为有效传递广告产品信息服务，这里要分清目的与手段的区别，切勿喧宾夺主，舍本逐末。简而言之，感性广告应达成两个目标：首先，广告运用的情感因素要能使受众接受情感的传递，被其打动。否则一切都无从谈起。其次，在广告传递的情感因素打动广告受众后，还要让这种情感顺利地由广告情感因素转移到广告推介的产品上。也就是要发生所谓的"广告移情效应"，这是情感广告获得成功的关键。

（3）情感诉求不能只拿"情感"说事，情感诉求和理性诉求相辅相成　对于适合进行情感诉求的感性产品，广告在情感因素之外还必须在广告本身的真实性、劝诱方式和满足需求的针对性等方面符合要求。也就是说感性广告不能只拿"情感"说事，归根结底，真正让消费者决定购买的还是因为产品能满足他们某些方面的需求。故而感性产品广告也必须真实地传递广告的信息，让消费者能从广告中了解自己能从购买该产品中得到什么，无论是物质需要还是精神需要的满足。缺少产品自身真实信息的披露，而完全寄希望于广告的情感因素对消费者的打动，这是不切实际的幻想。

实际上，广告中的理性因素与情感因素很难截然分开，一方面，情感因素要以认知因素为基础；另一方面，广告的理性诉求也需要情感因素来烘托补充。任何理性诉求的广告在介绍产品的优越性能时，都可能会激发起消费者的某种情感体验，含有某种情感诉求的成分，而情感诉求的广告也必须以商品的质量、性能为基础。由此可见，理性诉求与情感诉求只是侧重点不同而已，不可能泾渭分明。

在当今这个资讯发达甚至泛滥的时代，特别是在情感因商业化的煽情而饱和并趋于麻木的现代社会，很多人已经变得对广告"视而不见，听而不闻"。可以说，在现代市场经济社会中，大多数消费者对待广告的态度或多或少都保持了一份理性。这就需要我们在广告实践中，尽可能地把情感诉求和理性诉求两种诉求形式结合起来，"晓之以理，动之以情"，"软硬兼施"，双管齐下，以增强广告的说服效果。

✎ 思考题

（1）什么叫感性广告？说明它和理性广告的关系。

（2）情感广告的说服作用是什么？

（3）广告中常见的情感类型有哪些？试结合广告案例分析其中的情感类型。

（4）情感广告诉求的心理方略有哪些？

✎ 实战模拟练习

（1）广告中如何进行情感诉求？请选择一种商品尝试对其作情感广告创意（小组讨论）。

（2）分析某养老院的广告词"吃得好，卫生好"，请帮助敬老院重新设计一句广告词。

（3）阅读以下材料，分析说明该广告的感性诉求定位。

个性警示牌　温柔"敲打"司机❶

青岛早报讯"超速行驶，你急着赶往医院吗？""超速，是进入'天堂'的阶梯。""酒后驾车，难道受伤的只有车？"近日，写有这样几则警示语的广告牌出现在了岛城一些事故频发路段以及进出市区车辆比较密集的路口（见图7-5）。据悉，这些"创意"警示牌是由市公安局交通警察支队于11月中旬悬挂上去的，是为给过往司机提个醒。

最近，行驶在李沧区南渠检查站附近和辽阳东路上的司机，都对这两处设立的交通警示牌留下了深刻的印象。"超速，是进入天堂的阶梯。"司机王师傅告诉记

---

❶　个性警示牌　温柔"敲打"司机. 青岛早报，2006.12.06.

者，最初看到这则警示牌，他感觉很不适应，可后来每次路经这里都会抬头看一看，想想其中的深意也就明白了许多。"之前的一些警示语过于直白、生硬，类似'严禁超速违者罚款'一类的警示语都没有新意，司机们看惯了也都抛到脑后，并不会过多考虑它的深意。"王师傅说，岛城应该多竖立一些类似的"个性"警示牌，让大家在驾车的同时，多注意自身安全，避免交通事故的发生。

图 7-5　个性警示牌　温柔"敲打"司机

市公安交警支队宣传处副处长周江波告诉记者，这些"个性"警示牌上的标语都是从国内一些网站上挑选出来的，既具新意，又有良好的警示作用。"交通警示语不但悬挂在各重要路口，就连酒店餐桌，也有交通警示语的牌子。比如'司机一杯酒，亲人两行泪'，就是提醒司机师傅驾车时千万不要饮酒。"周处长说，"个性"警示牌的设立，旨在以鲜明的语言提醒司机师傅谨慎驾驶，希望汽车驾驶员们能珍爱生命，避免交通事故的发生。

第八章
消费者态度转变与广告说服方略

【学习目标】

　　了解态度的含义、特征及改变方式，明确态度对消费者行为的影响，重点掌握认知协调理论、影响态度形成或改变的主要因素等知识点，在此基础上，结合名人广告案例，使学生能运用所学知识分析消费者态度形成和改变的原因，把握广告说服的基本规律，并能够将之灵活应用到广告说服中去。

　　基本知识点：态度的含义、特征及改变方式、认知协调理论、影响态度形成或改变的主要因素、常用的广告说服方略。

　　重点：影响态度形成或改变的主要因素、常用的广告说服方略等在广告实践中的应用。

　　难点：态度改变的相关理论及其在广告说服中的应用。

　　美国DDB广告公司的创始人W•伯恩巴克曾说"广告的根本是说服"。那么什么是说服？简单来说，"说服"就是"用理由充分的话使别人信服"，说服的结果是态度或行为发生转变。马谋超认为，说服是通过给予接受者一定的诉求，引导其态度和行为趋向于说服者预定的方向。❶ 如果通过大众媒体，旨在促进消费者对特定商品产生积极的态度和购买行为，就是广告的说服。人与人、传者与受众、广告与消费者之间的相互影响，从影响者的角度来看，这一过程都是说服。我们换个角度，从被影响者（消费者）的角度来看，由于广告的刺激，消费者的态度和行为朝着影响者预定的方向变化，则是态度形成或改变。本章就消费者态度的形成与转变中的广告心理方略展开探讨。

第一节　态度概述

一、什么是态度

　　态度是社会心理学领域的一个重要概念。态度一词最早是指身体姿势或身体位置，意为一个人的物理准备状态。后来，态度演变为专指心理状态的术语，特指对一个特定客体的反应准备。

―――――――――――――――

　　❶ 马谋超. 广告心理：广告人对消费行为的心理把握. 北京：中国物价出版社，1997：213.

关于态度的定义，迄今社会心理学界仍然是众说纷纭，其中弗里德曼的观点受到广泛认可。她认为，对任何特定物体、观念或人的态度，是一种带有认知成分、情感成分和行为倾向的持久的系统。❶ 在现实中，人们通常会把它与情感联系起来。但实际上，态度不仅包含情感，还包含认知和行为倾向成分。因此从态度测量的角度来说，要了解他们对客体的态度，既可以测量人们对客体的情感，也可以通过测量人们的认知和行为倾向，还可以同时测量态度的三种成分（见图 8-1）。

图 8-1　麦当劳广告：认知的、情感的、行为的态度随处可见

　　认知成分指物或人被觉察到的方式，即在个体大脑中形成的心理印象，它包括人对于对象的所有思想、信念及知识在内。态度的认知因素具有一定组织性。这种组织性会构成一种"头脑中的既定模式"或刻板印象，使人倾向于按照刻板印象的轨道来认识态度对象，并对其进行思考。因此，态度的认知成分区别于一般的事实认知，通常具有偏见的性质，成见就属此类。

　　情感成分是由和这些信念有联系的情绪感受构成的。如喜欢不喜欢、愉快不愉快、讨厌不讨厌等情绪体验。大多数人在形成态度过程中并未经过周密的心理推论。因而，态度也是一种内在的心理倾向。在日常生活中，经常可以发现感情比认知重要。比如，描绘某一态度时他们一般不说"考虑到问题的前前后后，我的态度是……"他们更经常是这样表达态度："公车私用不太好"，"女人剃光头反叛"，"我喜欢摇滚乐"等。这些语句只是简略的概括，并不表达复杂的理由，只是反映强烈的情绪。有人指出，某人一旦被论据说服，即使理由忘却，坚持原来看法的效果也将长期存在。

　　行为成分指个体对待物或人的行为或意动成分，是行为反应的准备状态。如喜欢一种商品，就会想方设法多了解一些，为购买攒钱。某种态度的行为成分受认知及情感成分的影响，有两方面的含义：一是态度作为一种心理准备状态和反应倾向，一经产生就必定对人们的行为产生种种性质不同的影响，而该种行为与特定的态度对象有关；二是态度具有特定的意动效应，影响着行为的方向或方式。

　　二、态度的特点

　　态度不是与生俱来的，它是在长期的生活中与他人的相互作用和接受环境影响

---

❶　金盛华，张杰．当代社会心理学导论．北京：北京师范大学出版社，1995：126.

逐步形成的。初生的婴孩，对外界事物几乎不存在任何态度。随着个人意识的出现、生活经验的积累，个体对外界事物才会有自己的态度。态度形成后，又反过来对外界事物产生影响，并不断修正自身，如此循环往复，个人的态度体系便逐步建立完善起来。纵观态度的形成和发展，态度具有以下几个特点。

（1）对象性　态度的对象性是指任何一种态度都是针对某一特定对象的，这一对象可能是个人、物体，也可能是一个事件。在广告活动中，态度的对象一般是企业、品牌、某一具体的广告、广告模特或广告的某一要素。公众对企业的态度就是所谓的企业形象，公众对品牌的态度，则是所谓的品牌形象。它与另一个重要概念"主观质量"（即消费者对品牌质量的认知），在许多情况下是一致的。广告界流行的术语"美誉度"，从测量的角度来说，就是品牌态度或品牌形象。

（2）习得性　态度的习得性是指态度是通过学习形成的，并非先天就有的。也就是说，即使是孩子对父母的情感，也不是一出生就有的，而是通过出生以后亲子之间的接触逐渐建立起来的。这一特点表明，消费者对一则广告、一个品牌建立的是良好还是不良的态度，关键在于消费者接收到的信息是什么，或者说他们学习到了什么。

（3）方向性　态度的方向性是指有正面的、积极的、肯定的态度，也有负面的、消极的、否定的态度，还有所谓中性的态度。例如，对一则广告或一个品牌，有的人很喜欢，有的人很讨厌，有的人则无所谓。从这个角度来说，广告界的流行术语"美誉度"是不科学的，因为"美誉度"无论高低，所指的都是正面的。

（4）强弱性　态度的强弱是指人们对客体的态度有程度之别。例如，对脑白金"今年过年不收礼，收礼只收脑白金"的广告，有的观众深恶痛绝，称之为"恶俗广告"，有的观众只是感到厌烦，还有的观众无所谓。这里，每个人对它的态度都有程度上的差别。

（5）稳定性　态度的稳定性是指态度一旦形成，不管它是肯定的还是否定的，都比较稳定，要改变它不是很容易的。一个人喜欢另一个人或一个品牌，一般不会今天喜欢，明天就不喜欢了。态度的这一特点，一方面，要求在一个品牌、一种产品投入市场时，一定要努力培养消费者对品牌或产品的良好态度。否则，等到给消费者造成不良印象之后，再去弥补就很困难了。另一方面，在市场营销中，努力争取尚未建立品牌偏好的消费者比较可行，而要将具有品牌偏好的消费者争取过来，则往往需要花费大力气，甚至可能是徒劳的。

（6）协调性　态度的这一特点既是指态度所包含的认知、情感和行为三种心理成分之间是协调统一的，也是指消费者对不同客体的态度之间是相互协调的。例如，喜欢广告中的人物模特，通常就会喜欢该广告，进而喜欢广告的产品或品牌。同样，如果一个品牌让人讨厌，消费者一般也很难喜欢该品牌的广告，即通常所谓的"爱屋及乌"，"厌恶和尚，恨及袈裟"。

通常情况下，个体的态度一旦形成，可以以两种形式存在：外显态度和内隐态度。外显态度是指我们意识到的并易于报告的态度；内隐态度是自然而然的、不受控制的，而且往往是无意识的评价。

三、消费者态度的形成和改变

1. 态度的形成与改变的含义

态度的形成与改变是态度同一发展过程的两个方面。态度的形成是指一种新态度的产生和发展过程，是一种态度从无到有的过程；态度的改变指一种态度由旧向新的发展过程，即旧的态度转变为新的态度的过程。态度的改变包括两种情况：一种是态度一致性的改变，即强度上的改变；另一种是态度不一致的改变，即方向和性质的改变。态度的一致性改变是指原有态度的强度发生改变，但态度的方向并没有发生改变。例如，由非常支持到勉强支持，由反对到强烈反对。态度的不一致性改变是指旧的态度转变为新的态度，态度的方向或性质发生了改变。例如，由支持到反对，由积极变消极。

2. 影响态度形成或改变的主要因素

（1）态度系统特性因素的影响　　假如一种态度只依赖一个事实，那么只要证明这个事实是虚假的，态度就容易改变。若依赖的事实越多，改变就越困难。古代寓言《疑邻盗斧》中丢失斧子的某君，一旦找到斧子，就改变了对邻居的怀疑态度；而如果他丢失的不仅有斧子，还有粮食、衣物，那么即便找回斧子，他可能还会持怀疑态度。

（2）说服对象的主观性因素　　研究发现，个体的自尊心、智力水平、需要、气质、性格类型等都可能影响态度的形成和改变。以智力为例，通常人们会认为，智力和文化素养相对高的人对各种复杂问题有一定的判别能力，对事情不会轻易下结论，也不会随便改变自己的态度；与之相应，智力和文化水平低的人，由于缺乏判断力，则很容易被说服，并且态度形成快，改变起来也快。实际上，智力在不同情况下对态度的改变有不同的影响作用：对内容复杂、意义深奥的宣传，目的是强调要对方注意了解的情况是这样而不是那样的，智力水平过低的人不易接受；对内容、意义简单，说服力不强的宣传，目的是使对方相信要这样做而不是那样做，智力水平高的人不易接受。再如，如果转变态度可以更好地满足个体的需要，逃避惩罚，个体就容易被说服而转变态度。气质主要以其灵活性和可塑性影响态度的形成与改变，多血质的人较黏液质和抑郁质的人易转变态度。

3. 消费者态度改变的几个特点

（1）品牌信念比品牌态度更容易转变　　消费者对产品的认知程度（信念）要比情感（态度）更容易转变。消费者心理学研究表明：消费者在高介入（参与）的情况下，信念变化要先于品牌态度的变化。如果消费者对产品的信念抑制了其购买行为，广告策划就要试图在不转变其信念的情况下转变他们的态度。

（2）对享受性产品，态度转变比信念转变更重要　　当消费者基于情感购买某一产品时，他们依靠的是情感（态度）而不是认知（信念）。对享受性产品来说这一点更为重要。例如，沃尔沃试图将其冷酷、可靠的产品形象转变成一种欢乐与幻想结合在一起的形象，但其获得的成功相当有限。沃尔沃为了达到其目的，不得不求助于态度转变策略，而非转变信念。其相当有限的成功驱使沃尔沃回到更为注重实际的，并强化消费者原有信念的主题上。

（3）消费者对产品参与程度不高时态度更容易转变　对于非参与产品的态度更容易转变，因为消费者对这种品牌并不关心。当产品的个性色彩不浓，对产品没有什么感情，产品没有什么象征意义时，消费者的态度更容易转变。社会评判理论支持这一观点。当消费者产品参与程度高时，他们只有在信息与其信念相一致时才会接受该信息。当参与程度低时，即使该信息与其先前信念不同，消费者也更有可能接受这一信息。

（4）弱态度比强态度更易转变　如果消费者对品牌的态度不那么坚定，营销人员就能够更容易地建立起与产品的新联系。如某一种护肤品，在非用户当中形成了一种稠密、油腻的印象。非用户更多地把它看做治疗严重皮肤病的药品，而不是普通的化妆品。营销人员深知，要扩大该品牌的销路，就必须转变非用户的态度。该公司开始在广告中将其产品宣传成一种柔润皮肤的日常用品，并把尽可能多的免费样品抹在潜在用户手上以表明该产品并不油腻。非用户之所以认可这场宣传活动，就是因为他们对该产品态度的形成并非建立在直接使用经验基础上，而只是一种微弱的态度。但是这种微弱态度也会使竞争者能更容易地将用户吸引过去。如果对公司或产品的态度很牢固，要想改变这种态度就难得多了。

（5）当消费者就他们对品牌的评价缺乏信心时，其态度更加容易转变　对品牌评价缺乏自信的消费者更容易接受广告内容中的有关信息，其态度也更易转变。消费者在评价某一品牌时对所应采用的标准产生迷惑，将使消费者在做出决策时缺乏自信。许多年以前，地毯协会雇用了一家调研公司要求对垫子和地毯类制品的购买过程进行研究，得出的结论是：人们对毯类制品的特性或特色认识存在着许多混乱和误解。在这种情况下，消费者将会接受那些能提供一些关键属性的信息产品。广告策略也应转变消费者对产品的信念。

第二节　态度改变的相关理论及其应用

在广告策略中，一个重要的目标就是力图使消费者的态度朝着影响者预定的方向改变。其基本手段之一就是利用产品设计、良好的服务、有竞争力的价格、出色的包装和多样化的推销活动来逐渐影响消费者的态度，使他们形成对产品或品牌正面的、积极的态度评价。在对消费者态度改变的研究中，形成了很多关于态度改变的理论，这里重点介绍态度改变 ELM 模型和认知协调理论，探讨它们在广告传播和说服中的应用。

一、态度改变的 ELM 模型及其在广告传播中的应用

20 世纪 80 年代，在说服和态度改变研究领域，心理学家佩蒂（R. E. Petty）、卡西奥波（J. T. Cacioppo）和休曼（D. Schumann）提出了一种颇有影响的态度改变的理论，即精细加工可能性模型（the Elaboration Likelihood Model，简称 ELM 模型）（见图 8-2）。这一理论把态度改变归纳为两个基本路径：中枢路径和边缘路径。中枢路径把态度改变看成消费者认真考虑和综合广告中商品信息的结果，即消费者进行精细的信息加工，综合多方面的信息与证据，分析、判断广告中商品的性

能，然后形成一定的品牌态度。这一过程需要较多的认知资源。边缘路径认为态度的改变不在于仔细考虑广告中所强调的商品本身的性能，不需要进行逻辑推理，而是根据广告中的一些边缘线索，如是否为专家或名人推荐、广告诉求点的多少、广告媒体的威望、广告是否给人美好的联想和体验等直接对广告做出反应。这一过程所需的认知资源较少。不同路径的说服效果有差别：中枢路径所引起的态度改变比边缘路径所引起的态度改变更持久，并且更能抵御反面宣传；中枢路径所形成的态度比通过边缘路径形成的态度能更准确地预测后来的行为。

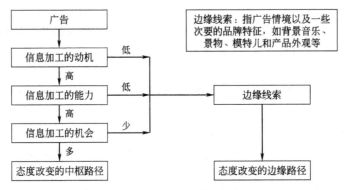

图 8-2　态度改变的 ELM 模型示意图

ELM 的基本原则是，不同的说服方法的效果依赖于被说服者对传播信息作精细加工的可能性高低。当精细加工的可能性高时，说服的中枢路径在被说服者态度的改变过程中影响较大；而当这种可能性低时，态度的改变是通过边缘路径实现的。

消费者的态度改变是经由中枢路径还是边缘路径，取决于品牌卷入程度和消费者对信息进行加工的能力。高品牌卷入程度能导致一条通向态度改变的"中枢路径"。在中枢路径中，态度改变是消费者认真考虑和综合信息的结果。在此过程中，消费者主动考察广告的信息来源、商标产品信息等，收集和检验过去的体验，分析判断广告商品性能等，最后作出综合的评价。低品牌卷入程度只能导致一条通向态度改变的"边缘路径"。这时消费者只是对所获得的信息进行粗浅的处理，并依据信息中的一些显而易见的线索形成对品牌或店铺的印象。比如，消费的环境、广告中的人物是否名人、信息来源是否可靠、广告媒体是否大型媒体以及包装是否精致等。

信息加工的动机通常由消费者的卷入水平来衡量；而卷入水平取决于消费者意识到的购买风险水平。当消费者面临较大的购买风险时，往往需要较多的信息，这时信息加工的动机水平较高。举例来说，消费者购买较贵重商品，与购买普通商品相比，所愿付出的努力显然更多。在前一种情况下消费者有较强烈的信息加工动机，而在后一种情况下就不会有太强烈的动机。消费者在低动机下的表现通常有：相对缺乏对有关品牌的商品信息的主动寻找；较少对不同品牌的商品进行比较；对不同品牌的商品发生类化以及对特定品牌无兴趣等。在这些低卷入条件下，边缘线索在消费者态度改变中发挥较大的作用；而在高卷入条件下，消费者会积极寻找各种与商品有关的信息，并在不同品牌间仔细比较，这时中枢路径在态度改变过程中所发挥的作用就较大。在很多情况下，广告主希望通过中枢路径使消费者发生态度改变，特别是试图传播产品特性的广告。但是，在特定的情境下，究竟什么路径发生作用，还要看消费者的信息加工水平。当消费者具备了较高的信息加工水平时，精细的信息加工即通过中枢路径发生态度改变才有可能，否则，消费者的态度变化只能通过边缘路径发生。

ELM 模型给我们如下启发。

（1）区别使用两种策略　要进行有效的传播，对高卷入低卷入的消费者应采取完全不同的策略。一般来说，在高卷入条件下，广告应该多提供产品本身的特性、功能等相关信息，信息应该具体、富有逻辑性。而在低卷入条件下，要先给予有限的信息，比如图片性的广告，使消费者能迅速地了解该产品的关键属性，或者可以采取措施来提高消费者的介入程度和信息处理水平。

（2）中枢路径优先，边缘路径次之　在广告中，我们最好提供强有力的论据，对受众进行理性的说服，促使产生持久积极的态度改变。如果做不到这一点，那么至少也必须提供一些重要的边缘线索，促使消费者发生暂时的态度改变。

（3）两种策略综合采用　中枢路径和边缘路径在广告说服和广告传播中各有优势，两种策略也可以结合运用，以相互取长补短，发挥综合优势。

二、态度改变的认知协调理论

认知协调理论是美国社会心理学家费斯廷格于 1957 年提出来的。费斯廷格认为，任何人都有许多认知因素，如关于自我、自己的行为以及环境方面的信念、看法等。认知包括思想、态度、信念以及对行为的知觉等元素，它们之间存在着三种情况：协调——彼此不发生矛盾；不协调——彼此发生矛盾；不相关——彼此没有关系。认知不协调有程度上的差别，主要取决于两个因素：一是认知对于个人的重要性，不协调认知的重要性越大，可能造成的不协调也越大；二是不协调认知数目的相对比例。

该理论进一步指出，人们都力求将认知中各元素统一协调起来。但要做到这一点有一定难度，因为认知元素之间难免发生矛盾，呈现不协调状态。当两个认知因素处于相互冲突和不协调时，个体就会不由自主地使自己减少这种矛盾和冲突，力求恢复和保持认知因素之间的相对平衡和一致。消除认知不协调的途径有很多，主要如下。

（1）改变其中的一个认知，使之与自己持有的其他认知相一致　比如，很多人喜欢吃甜食，但是又知道吃甜食容易使人发胖，而发胖会带来一系列健康问题，如高血压等。这时可以把"甜食容易使人发胖"改为"很多人吃了甜食也没什么关系"，把"发胖会带来健康问题"改为"很多胖子的身体也很健康"，这样，两个认知之间便协调一致了。

（2）改变行为，使行为与其他认知相一致　比如，由吃很多甜食到吃一点甜食。

（3）在不改变原来两个认知因素的情况下，增加新的认知　比如，增加"甜食能让我心情愉快，而心情愉快有助于提高机体免疫力，有助于提高工作效率"等辩解理由，以减轻不协调压力。

认知协调理论可应用在名人广告中。下面对名人广告在消费者品牌态度形成和改变中的应用进行探讨。

三、名人广告在消费者品牌态度形成和改变中的应用

1. 名人广告效应

在现代社会，媒体变得越来越有影响力，舞台、荧幕以及其他领域的名人对社会公众的影响力也变得越来越大，以至于可以有效地影响广大消费者的购买行为。因此，名人广告成为众多企业建立知名度、良好品牌形象、说服消费者购买的常用策略。一项对 5000 则电视广告片的研究报告表明：名人在推荐产品、表达产品特性时，其说服力明显增强。❶ 名人作为一种公众人物，通常在消费者心目中享有较高的知名度与美誉度，广告主正是看中了这一点，而乐于采用名人广告策略。通过名人做广告，既可以刺激大众的注意与兴趣，又可以把消费者对名人的积极态度迁移到广告中的产品上，从而达到良好的促销效果。名人代言，是企业品牌资源与名人个人形象资源的强强联合。良好的代言人形象会使企业及产品的知名度大大提高，尤其是对那些市场资源优势尚不明显的企业，实施名人代言策略，不仅可以迅速提高品牌知名度，拉动企业的市场空间，增加产品的附加值，增进市场需求，提升企业形象，而且能够在一定时期内将企业的这种营销力维持在一个较高水准，尽管这种营销力可能不是企业原有的能力（很有可能是企业在实施形象代言策略之后所形成的外部拉动力）。此外，名人代言还将在鼓舞企业员工士气、经销商信心、消费者的购买激情等方面发挥重要的作用。正因为名人广告有如此大的作用，在今天这个信息过度、商业繁盛的现代社会中，通过名人代言一个产品或品牌甚至企业形象就成了一个非常流行和有效的广告策略，使用名人作为品牌或企业形象代言人的广告形式已得到普遍应用（见图 8-3）。

名人广告会影响消费者的态度和行为，这可以从以下几个方面得到解释：

从心理学的角度来看，消费者对广告的反应具有明显的选择性和局限性。由于知觉容量的有限，消费者并不能感受到呈现在他眼前的所有广告，在外来刺激超出人们的正常阈限值时，人们就会从心理上对一部分刺激产生排斥，而名人广告利用名人所具有的种种特征，就可以在异常嘈杂的媒体环境中把公众的注意力吸引到广告信息中来，使自己的商品从紊乱的信息环境中凸显出来。

消费者对广告的知觉具有某种理解性，即消费者会根据自己的过往经验对广告信息进行加工处理，赋予其含义。名人的声望在消费者知觉名人广告时具有某种光环效应，因为名人是高贵的、值得信赖的，这种品质会迁移到他所代言的产品上，有助于提高品牌的知名度。

名人广告有助于增强广告信息的可信度。消费者知觉到广告后，是否愿意接受

---

❶ 丁俊杰．现代广告通论．北京：中国物价出版社，1997：174.

图8-3　从乐坛到体坛，"活力"百事一贯不变的超强明星代言阵容

广告的信息，还是一个未知之数。广告要引导消费者的观念向预期的方向变化，必须让消费者觉得真实可信，而广告是否可信，广告的信源至关重要。所以广告由谁来代言，事关重大。心理学中的态度改变理论认为，人们心目中的偶像或权威最具影响力。

名人广告可促使消费者产生积极的情感。广告是否最终引起消费者的购买行为，最重要的还在于它能否激起消费者积极的情感体验。名人广告采用消费者最崇敬、最喜爱的明星，会把对这些人的积极情感迁移到产品上，这种积极的情感体验也会迁移到广告所宣传的产品上，使消费者对品牌产生积极的态度，有助于促成消费者的购买行为。

名人代言广告有两个非常重要的目的：在混乱拥挤的媒体环境中迅速地捕捉消费者有限的注意力；通过名人传递产品或品牌信息，刺激消费者的购买意图，进而完成购买行动。按照广告大师贝尔齐建构的意义迁移模型理论，名人广告的作用机制是通过广告将产品与名人相联系，将明星的美誉度迁移到被他使用或推荐的商品上去，使产品也获得一定的文化层次上的意义。名人广告最重要的就是要挖掘名人与商家品牌个性之间的内在一致性，通过这个点的作用，使消费者对名人的好感转移到产品上，使消费者一听到这个名人的消息，就能马上联想到这个产品。

2. 消费者有关名人与品牌态度一致性的形成

从品牌的角度看，名人广告其实是两种品牌的有效结合，其效果的最大化就在于两种品牌的叠加，而这其实是个一致性的问题。

（1）名人与品牌个性的一致性　不同的品牌往往被赋予不同的个性，这种个性的差异是品牌与消费者沟通的桥梁。而品牌个性的塑造是一个长期的过程，在这个过程中，需要达到传播信息的一致性，而名人作为这个过程中的组成部分，其形象与个性扮演着重要角色。个性一致，名人能形象地表达出品牌内涵和个性。比如摩托罗拉选择王石出演其广告，摩托罗拉A6288的诉求点为"商务与运动"，王石作为一名成功的商界人士而且其爱运动也是很出名的，显然A6288的产品理念与王石关于事业和生活的理念是一致的，两者的合作市场证明也是成功的；个性不一致甚至相悖，就会弱化甚至损伤品牌形象，稀释已有的品牌个性。比如某明星长期扮演乡村角色，给人一种很重的乡土气息，而其与某时尚产品合作时，这种个性的冲突对该品牌的形象将产生极大的损坏。

（2）名人与产品自身的一致性　有些产品的好坏，消费者自身难以辨别。这时当一个具有相关专业知识或在产品使用方面具有丰富经验的名人在广告中出现时，名人的影响力会延伸到产品上来，著名高尔夫球手伍兹为耐克的高尔夫运动系列所做的广告就是一个很好的例证。

（3）名人与产品目标消费者之间的一致性　企业所做的广告也希望能最有效地抓住目标消费群的注意力，以传递产品的信息。而不同的目标受众由于自身状况的差异，对于不同的名人也会有不同的关注度。比如足球运动产品消费者可能会更多关注罗纳尔多等足球运动员。当名人的形象符合产品目标消费者的特征期望时，才可能在心理上获得消费者的肯定。所以在选择名人时，要想达到名人广告效果的最大化，必须考虑目标消费者的名人偏好。在2010年第十届长春电影节上，我国著名表演艺术家赵本山应邀担任了"金麦穗奖"形象大使一职。"金麦穗奖"是我国首次为农村题材电影专门设立的评选奖项，之所以邀请赵本山担任形象大使，正是电影节组委会看重赵本山与农村题材影视作品的不解之缘和在农民观众中的强大影响力。在日常的电视屏幕上，我们也经常看到有赵本山代言的各类产品，但相信对消费者来说由他来代言化肥会比代言手机更有感染力和亲和力。

（4）名人选择上的持续一致性　每个名人都有其生命周期，企业也在不断发展，在这种动态中，名人广告中的名人也将会发生变化。而在这种变化中，关键是如何实现各名人之间的延续性，使其一贯的形象得以更好地传达出去。比如百事可乐所选择的一系列明星都是当前最火的明星，年轻激扬，都传达出同一种信息：百事，新一代的选择，在动态中传递着百事一贯的品牌形象，并没有因为名人的更换而造成形象的变异。此外，在名人的一致性上还应注意与产品行销区域的问题。当一些企业的产品只在某区域市场行销时，选择目标区域的名人，效果也很好，而且费用也相对减少。对于一些重在塑造国际化形象的品牌来说，应考虑一些国际知名人物。

名人到处都是，但选择使用名人代言的关键在于是否恰当，名人进行证实或推荐的身份是否恰如其分，不能一味追求名人的名气大小，只有适合的才是最好的。事实上，能够真正将代言人和企业统合起来的就是两者的个性和文化气质。从某种程度上讲，企业强调的是形象代言人对其企业文化的认同，形象代言人的个人形象必须与企业的经济实力、产品结构状况等相适应，并能够融于且体现企业的文化。虽然两者之间的关系是有期限的，但必须是志趣相投，而不是貌合神离。品牌代言的选择应该注重品牌形象与明星形象的匹配程度，遵循"门当户对"原则。小产品签大明星作为品牌形象代言人，若没有巨额的配套营销传播经费投入，往往消费者只记住了明星，而忘了其代言的产品。处于成熟甚至衰退期的产品也不太适合请大明星代言，这意味着巨额代言花费会因产品的即将退市而付之东流，相反，签约那些处于人气上升期的小明星会有效延缓产品的退市期限。

总之，对企业选择形象代言人而言，强调品牌与名人的"性相近"，才能更好地实现对消费者的说服。名人自有名人个性，品牌也有品牌个性。这显然是两种个性的力量，而只有当两种力作用在同一方向上时，才能产生最大的效益，这实际上就是两种力的最佳整合。也就是说，只有形象代言人的个性与企业品牌个性相吻合时，才能给目标市场消费者留下鲜明而深刻的印象，才能使企业形象达到更有效的整合，发挥出更大的名人效应。

3. 名人广告策略

当前，名人广告铺天盖地，面对名人广告所带来的无限商机和重重陷阱，广告主应该慎重理智地对待名人广告。公司在决定是否使用某一名人作代言人时，必须综合考虑各种因素。如果所选代言人或名人不恰当不仅不会给企业带来好效益，反而会把企业引入危险境地。所以说，企业在利用名人做广告时，首先应该清楚名人不仅有着很高的战略价值，同时，还有很大的风险。名人广告也要讲策略，才可能达到预期的效果。

（1）名人的选择必须考虑与产品的关联性　不同类型的企业，不同特色的产品，在采用明星广告策略时，应注意选择与之相适应的明星，而不是见明星就用，或搞攀比、跟风。这里应注意明星与产品的相关性，将明星细分开来。比如化妆品最大的消费群体是女性，广告主当然应选择年轻艳丽的女艺人作形象代言人。因为她们本身就是化妆品的主流消费者，同时她们的美貌与气质正是无数女性消费者梦寐以求的；而体育爱好者一般偏爱体育明星而非影视明星，如果叫刘德华为李宁牌运动系列产品做广告，效果一定不好，因为只有体育界的知名人士才是本领域最权威、最具影响力的人物。

另外明星的形象与产品形象应一致。同样一个产品，由著名艺人、体育明星或科学界卓越学者来推荐、介绍，其效果一定是不同的。反过来说，由于各种产品的特点、适用范围和消费群体都各不相同，即使同一个明星，为不同类型的产品做广告，其效果也同样可能大相径庭。所以采用明星广告策略，要针对产品的定位，选择从外形到气质与产品最对位的明星，这样两者才能相得益彰、互为映衬。

（2）应处理好产品与明星在广告中的主次地位　企业主花钱做广告，自然是想让自己的产品家喻户晓，人人喜爱，所以不论采取什么样的广告创意策略，产品永远是第一位的，产品信息传达理应成为第一要素。明星广告策略也不例外。再有名的明星在广告中也只是一种表现与沟通的手段，只能从属于产品，为产品的宣传服务。这个关系处理得不好，就可能导致明星与产品的角色错位，最后不是使推销的品牌出名，而是让明星更有名。看看芭蕾，"红花"与"绿叶"的位置摆得多得当，男演员再有名气，他也只是负责托举女演员。如果明星广告里看不到"红花"，只显"绿叶"，那只能算是失效的创意。

（3）处理好名人与普通消费者的关系　虽然这类广告由名人来表现，但他们必须面向普通消费者，他们必须了解消费者的心理、需求和情感，为消费者所喜爱和理解。如果没有真正了解和表现消费者的心理需求和情感，那采用名人表达将会失败。罗斯福总统夫人为美国一家饮料做广告，从回收受众的问卷中有两种意见：一种是她的支持者感到很失望，因为她贬损了身份；一种是她的反对者很高兴，也因为她贬损了身份。法国有一则洗衣机广告，选用了一位满脸皱纹老农妇来做，笑容质朴真诚，很为消费者理解，将产品销售率提高了 1/3，说明这农妇的形象更符合消费者的情感需求。

（4）控制名人使用频率，掌握名人广告时机　明星通常都是曝光于社会媒体的公众人物，其广泛的知名度和公信度是一笔宝贵的广告资源，但和地球的自然资源一样，明星也不是取之不尽、用之不竭的，选择和利用明星为产品做广告，也要掌握一个"度"和"时机"。

首先，要控制明星的使用频率。调查表明，一个明星若在一段时间内过多地为各种产品或企业作代言人，不仅会使他所推荐的产品与企业的信任度大打折扣，甚至会影响到消费者对明星本身的喜爱度。所以说企业或广告代理公司在选择产品或企业代言人时，不仅要评估明星的知名度与信任度，还要考虑其现有的广告频率，以作出明智的权衡与选择。

其次，避免与其他公司同一时期使用同一明星。前面第一点"控制明星使用频率"可说是从纵向上考虑明显广告的策略，即控制单个明星的使用量。从横向上即企业与企业或产品与产品之间，在同一时期也要尽量避免使用同一明星，以确保明星与产品的单一而纯粹的联系，增强受众的直接记忆力。比如，中国足球队主教练米卢在中国足球队打进世界杯后立即为"金六福"酒作形象代言人，"金六福酒，中国人的福酒"随着中国足球出线这一喜事被广大中国人认可。而紧接着米卢又为"金正"VCD、复读机及奥克斯空调作形象代言人，并且这三家广告在国足准备世界杯这一段时间都集中火力猛烈轰炸，消费者搞不清米卢在为什么产品做广告，无形中三个品牌的可信度都不同程度地受到了削弱。所以广告主或广告代理公司在采用明星策略时应特别慎重，尽可能地使用某一产品与一相对固定的明星在某一相对固定的时间段进行匹配，以使消费者建立明星与产品的固定联系，加强记忆度。

最后，要巧选时机，最大限度地发挥明星广告的火力。明星作为社会焦点人物，其言谈举止、穿着打扮均会引起公众的关注和议论。而每一个明星，在其明星生活中总会有一些高潮和亮点，形成一定的社会新闻效应。比如歌星出唱片或影星参演新片获得了空前的社会反响；体育明星在重大比赛中取得好成绩；专家学者在专业领域内成就斐然等。甚至这些明星的院校、绯闻、突发事件都可能因媒体的追踪渲染而使明星备受关注。选择明星广告策略，就要善于抓住这些时机，在所选定的明星最红的时候或最受媒体关注的时候作产品与企业的代言人，以此取得事半功倍的效果。

第三节　形成或改变消费者态度的方略

广告说服究其实质，就是通过广告活动，让消费者对广告、品牌以及企业产生良好的态度或者转变不良的态度，让消费者产生购买欲和购买行为。广告要达到这一目的，必须讲求策略，采取行之有效的方法。

一、形成消费者对品牌的积极态度的常用方略

1. 通过品牌认知影响品牌态度

品牌认知是指消费者对某一品牌产品的认识。消费者的品牌认知对品牌态度形成的影响，犹如一个人对另一个人的认识影响着他对这个人的态度一样，有时你会因为这个人外貌漂亮或者帅气而喜欢她（或他），有时你会因为性格温柔或刚强而喜欢她（或他）。相反，有时你也会因为这个人的某些不吸引人的地方而讨厌她（或他）。所以在广告中，为了让消费者形成良好的品牌态度，一方面要努力促进消费者对品牌产生好的认知，另一方面要努力减少消费者对品牌的不良认知。

（1）增加消费者对品牌的好的评估　消费者对品牌的评估，是基于从各种渠道所获得的信息，其中广告是其重要信息来源之一。那么，在广告中应提供一些什么信息才有利于消费者对品牌产生好的评估呢？具体的方法如下。

第一，介绍产品的具体功能。一般来说，消费者是出于生活的某种需要才购买商品，并用商品来解决生活中的问题。而一种商品能否满足消费者的需要，主要体现在商品的功能上。所以，把商品的具体功能在广告中加以介绍是很有必要的。特别是对新产品来说，功能的介绍尤为重要。例如，家用微型摄像机、超薄太空防寒服以及药品等广告，最好都要把商品的功能介绍给消费者，以便于消费者能充分地认识商品的用处，达到广告说服的目的。

第二，介绍产品的抽象功能。在现代竞争激烈的市场中，某种商品的具体功能可能与其他竞争品牌没有两样，此时仅介绍商品的具体功能就缺乏说服力，而从商品的抽象功能着手，却能够达到意想不到的说服效果。例如，对于化妆品，广告中可以着重介绍它能增加人的魅力或吸引力；对于服装可以宣传它能够塑造自己的个性形象；对于其他商品，可以把它们说成是表达"爱情"、"尊敬"、"友谊"、"孝心"的信物。在进口酒的广告中，只要大家认真地加以分析，不难发现，大多数都是在酒的抽象功能上下工夫。例如，马爹利酒的广告中有一句广告口号"饮得高兴，心想事成"，就是产品抽象功能的诉求。

第三，介绍他人由商品所得到的好处。飘柔洗发精的电视广告基本上就是采用这一策略。该产品的一则电视广告通过演示航空小姐使用飘柔后，头发变得柔顺、光滑、易梳，以此来吸引年轻的姑娘们。许多化妆品广告都是采用这种手段。工具性的商品，采用这种方法可以使广告倍增说服力。

第四，介绍或承诺产品能给消费者带来某种好处。霍尼克1980年对印刷广告的研究发现，读者偏好在语言和插图上强调消费者利益的广告。他因此认为，将利益清楚地描绘在标题、插图和文案中的广告是最有效的。奥格威在谈论怎样创作高水平的广告时也曾经指出，"你最重要的工作是决定你怎么样来说明产品，你承诺些什么好处"。在他所创作的成功的广告中，有许多就是采用承诺这一方法的。例如，在多芬香皂广告中，他采用了这样的承诺："使用多芬洗浴，可以滋润您的皮肤。"

第五，强调产品是给具有某种想法及价值观的人所用的。这种做法实际上就是在广告中对商品进行市场定位。它是一种借助于消费者对商品个性的认同，从而促

使消费者形成良好品牌态度的手段。例如，在当今环境保护呼声很大的情况下，人们的环境保护意识正在不断地加强，因此如果把你的商品与环境保护联系起来，那么就很可能会得到"环境保护主义者"的青睐。

第六，强调商品具有某一特点的重要性。有些商品的属性是每一种竞争品牌都具备的，正是这一缘故，各种品牌商品的广告都不愿意对这一属性加以介绍。因此如果你的产品广告率先加以介绍，就会使你的产品处于先入为主的地位。例如，在别人都在介绍洗衣机的全自动功能、洗涤量大时，你的广告说明你的洗衣机省电往往会更有说服力。荷兰皇家航空公司曾经以其他航空公司都具备但都没有介绍的安全措施为广告诉求重点，结果取得意想不到的效果。

第七，强调商品在某一方面性能的极端性。例如，美国国际纸业公司的一则电视广告，为了表现纸板硬度的极端性，特地在一个峡谷上用纸板架一座桥，然后将一部卡车开过去；另一则曾获得坎城影展冠军，由奥美广告公司巴黎分公司制作的"超级强力胶三号"电视广告，在强调产品的性能时，将一位播音员的鞋底涂上强力胶，然后将他粘在天花板上，并由这位播音员倒悬着念推销说服的广告词。奥格威最引以为自豪并成为广告界经典之作的一则汽车广告，也是在巧妙表现某一性能的极端性上取得成功。其广告标题是"在时速60英里时，新罗斯－罗伊斯汽车的最大噪声来自车上的电子钟"。

（2）减少消费者对品牌的坏的评价　产品推入市场之后，可能因为消费者使用不当，没有按照要求进行操作，或受到冒牌商品的不良影响，造成消费者对产品产生不良的认知和态度。对此，广告就要针对消费者的坏的认知进行反驳，以改变他们的消极态度。当然，如果产品的确存在问题，给消费者带来麻烦，那也不能回避问题。对于任何一个品牌来说，出现错误等现象给消费者带来麻烦和伤害，都是不可避免的，国内的品牌更是如此。所以，希望更多的国内品牌勇于面对消费者，承认自己所犯的错误或失误，不要让消费者带着愤恨的心情离品牌远去。

2. 通过广告态度影响品牌态度

广告态度对品牌态度具有情感迁移作用，好的广告态度有利于良好品牌态度的形成，坏的广告态度也可能导致不良的品牌态度。所以为了使消费者形成良好的品牌态度，制作令人信服、令人喜欢的广告也十分重要。根据社会心理学的原理，要使广告令人信服和喜欢，主要应注意三个方面的问题。

（1）信息本身的说服力　信息本身是否有说服力，依赖于以下一些要素。

第一，论据的特点。早期的说服心理学认为，说服的关键在于论据的学习，任何材料如果能让消费者学得又快又多，自然都能增加这些材料的说服力。在广告这一说服性传播中，消费者对广告信息的学习都不是很在意的，学习的动机也不强，而且有些广告信息的呈现瞬间即逝。因此，如果广告信息太复杂太困难，就可能使消费者不耐烦而放弃学习。所以，要增加广告的说服力，广告所提供的论据就要简单明了。例如，蓝带啤酒，为了证明自己产品的质量，利用系列广告提供了一些消费者容易掌握判断的证据，即"好啤酒，泡沫持续三分钟"、"好啤酒，挂杯时间达五分钟"、"好啤酒，只有一种颜色"。

第二，说服对象的原有态度。说服对象的原有态度一般有两种，一种是与广告所持的态度相一致，另一种是与广告所持的态度相反。当消费者所持的态度是前一种时，广告所起的就不是说服的作用，而是强化消费者原有态度的作用。此时广告只要提供更多的新的、正面的证据即可。而当消费者所持的态度是后一种时，广告的说服就变得相当困难。此时，如果你的广告只提供有利的证据，那么这些证据必须非常强有力。通常情况下，可以采用下列两种手段：第一是双面论证的办法；第二是利用有影响力的人物来推荐、介绍产品，造成消费者的认知紧张，以迫使他们改变原有的态度。

第三，论点呈现方式。在一则广告中，有时要包含许多论点，这些论点有的很重要，有的不太重要；有的是正面的，有的则是反面的。那么这些论点究竟如何呈现，是明示还是隐含其中，都是值得重视的。

心理学的研究早已发现，刺激的先后呈现顺序不同，记忆效果也不同。一般来说，最先呈现的和最后呈现的刺激，记忆效果最佳。而当两个刺激先后呈现时，先呈现的刺激记忆效果比较好。关于说服的研究则表明，把最有力的论据置于最后，当时的说服效果更好。然而从消费者实际接触广告的情形来分析，一则广告如果消费者只读了一部分，那么这一部分通常是最前面的部分。

鉴于上述分析，又因为广告的说服效果通常要在比较长的时间才体现出来，所以让消费者记住重要的论据是达到广告说服效果的一个关键。具体而言，如果广告中要呈现一系列论点，最好依论点重要性顺序呈现。

第四，正反论点的呈现。在广告说服中，有时要用到双面论证这一手段。关于双面论证手段的使用效果及方法，将在本章后面作专门的介绍，这里就正反论点的呈现顺序加以探讨。关于人际交往的研究已经发现，在交谈开始时，有意地先暴露一下自己的缺点，有利于交谈的顺利进行，而且容易获得对方的好感。因为先暴露自己的缺点，会给人诚实的感觉。广告运用双面论证时，反面论点一般是次要的或不为人们所重视的，而且往往是点到为止。因此，在正反论点呈现的先后顺序上，先呈现反面论点，然后呈现正面论点，会更有说服力。

在传播说服中，结论呈现好还是不呈现好？对于这个问题，社会心理学的研究结果不一致。社会心理学家霍夫兰和曼德尔 1952 年的研究发现，告知结论的被试组，改变看法的人数要比自己得出结论的被试组人数多出一倍。而著名的人本主义心理学家罗杰斯则认为，让被试自己得出结论效果较佳。❶

呈现结论可以给消费者明确的暗示。但是当信息来源不可靠时，受众可能会拒绝接受结论。如果问题十分简单，受众的智力水平比较高，受众就会讨厌别人向他或她解释这些简单的事情。此外，呈现结论有时也会限制产品尤其是新产品的被接纳性。如果一种产品在宣传上大力鼓吹它是为年轻人设计制造的，这种过分的强调就可能将其他年龄、喜欢该产品的人排出顾客范围。有些暧昧性的产品宣传反而有助于产品广泛的市场主义，并使新产品更自然地被运用。因为它允许许多人按自己

---

❶　黄合水. 广告调研技巧. 厦门：厦门大学出版社，2003：45.

的意思使用产品。

呈现结论一般比较适合于下列情况：复杂、专业化的产品；产品拥有单一而明确的用途；受教育水平比较低、缺乏商品知识的消费者；不会导致高卷入的广告或产品。

（2）信息来源的说服力　在大众传播过程中，信息来源对传播效果有着重要的影响。这已是众所周知的事实。那么什么样的信息来源有助于提高广告传播的说服力呢？

第一，信息来源的可信度。一般而言，来自可靠信息来源的信息比较容易为人们所接受。相反可信性差的信息来源所传播的信息，比较容易引起人们的怀疑。例如，医生和护士分别向你推荐药品，通常你更容易接受医生的意见，这是因为医生比护士有更高的可信度。

信息来源的可信度与信息来源的经验和权威有密切的关系，信息来源的经验越丰富、威望越高，其可信度越高，说服力也越强。不过，信息传播背后隐藏的目的也会影响信息来源的可信度。社会心理学家对法庭辩护的调查发现，不论是律师或罪犯，当他的辩护仅仅是为了维护个人私利时，说服力就会下降。相反，如果他的辩护可能有损于他的私利，他的信誉就会上升。

第二，信息来源受人喜欢的程度。社会心理学的研究发现，当一个人喜欢另一个人时会比较听信对方的话。所以利用受人喜欢的人物来介绍产品，可以增强广告的说服力。信息来源能否被受众所喜爱，与下面两个因素有关：

来源外貌的吸引力。长得相貌堂堂的人，往往很容易引起人们的好感。许多研究者发现，一般人对长得好的人的评价要比长得不吸引人的人高。不过，长得很帅或很美的人常常被认为是臭皮囊或花瓶，人们对其人格的评价不会太高，但仍然会喜欢他或她。卡波雷罗等人1989年的研究也发现，身体的吸引力对于购买产品的意愿不是重要的影响因素。❶

来源与说服对象的相似程度。许多研究者证实，当两个人之间有越多的相似之处，他们之间的相互喜欢程度越高。相同的兴趣、相同的经历、相同的生活方式以及相同的年龄、地位，均可以使双方增加相互吸引力。也就是说，产品的代言人最好能够得到目标消费群体的认同，这样代言的效果会比较理想。

第三，信息来源的意图。当信息来源的意图是通过信息传递来达到自己的某种目的，即为自己好时，信息的说服力就会下降。如果信息传递的目的是服务于受众，那么，信息的说服力就会加强。广告一般被看做为广告主服务的，消费者具有一定的心理防御，说服力会下降。公关新闻报道以及一些非常规广告形式的广告，尽管目的仍然是为所介绍的企业或品牌服务，但具有一定隐蔽性，因此说服效果往往比较理想。

（3）广告表现形式　研究发现，那些娱乐、活泼、欢快的广告都能让人喜欢，

---

❶　MacKenzie，Scott B，Lutz Richard J. An Empirical Examination of the Structural Antecedents of Attitude Toward the Ad in an Advertising Pretesting Context. Journal of Marketing，1989，53，48~65．

但广告与被试的关联、对被试的意义则是影响人们是否喜欢广告的更为重要的因素。利用一定的手段将广告与受众或受众的生活联系起来，利用幽默、诙谐的广告表现手法，展示优美的画面与音乐等，让受众喜欢广告，也是广告说服受众的手段之一。事实上，国外的电视广告主要是通过广告表现形式，而不是信息来说服消费者的。施德曼等人 1989 年研究 855 条黄金时段的电视广告指出，几乎一半广告被分类为温暖的或有趣的、愉悦的。❶

3. 直接建立消费者对品牌的好感

这种做法来源于经典行为主义的条件反射理论，即借助于广告的重复，建立商品与某种特定情感的联系。许多啤酒、饮料广告都是采用这一手段。例如，国外的"百威"啤酒曾在广告中，把一个人的工作及高品质精巧技能与百威啤酒联系起来，企图通过此一主题的大量重复，去说服消费者，只要激发了"对工作岗位的骄傲"，就同时激发对百威品牌的欲望。这类广告通常称为感性广告。

4. 通过企业形象来影响品牌态度

在人们的思想中，"有其父必有其子，有其母必有其女"这种观念根深蒂固，并影响着人们对人、对物的看法和评价。特别是当人们对某人或某物不了解的情况下，他们更容易根据其来源作出评价或态度反应。例如，我们经常可以听到"这样糟糕的父母怎么能教育出好子女"，"糟糕的工厂怎么能生产出好产品"。所以说努力塑造好的企业形象，也是促使消费者形成良好的品牌态度的一种有效途径。

5. 公关新闻报道和赞助

NBC 对 1992 年奥林匹克进行一系列的研究发现，赞助者的公司形象获得可以测量出来的正面效果。康沃尔等人 2001 年利用事件研究方法进行分析的结果也证明，赞助能够为赞助公司提供价值（但赞助产生的价值依赖比赛的数量和赞助活动有关变量，最重要的是赞助者与事件的匹配）。❷ 赞助不仅影响企业形象，也影响消费者对公司的态度和购买意图等。哈维 2001 年认为对于食品广告主来说，赞助影响购买考虑的品牌、购买意图和品牌知觉。对于汽车制造者来说，赞助也影响购买考虑的品牌。在赞助情景中引起说服的要素与广告情景中引起说服的要素不同。❸

二、消费者态度改变的说服方略

上面介绍的广告策略主要是从消费者积极品牌态度形成的角度提出的。下面讨论的广告说服策略是从消费者态度转变的角度。两方面的策略有共通的地方，但也有区别和侧重。态度转变的广告说服方略分述如下。

1. 直接说服宣传，晓之以理

消费者的态度组成结构中有认知成分。通过改变认知成分，可以转变消费者的

❶　黄合水，彭聃龄．电视广告效果预测和评价方法的研究．社会心理研究，1990，（3）．

❷　MacKenzie，Scott B，Lutz Richard J. An Empirical Examination of the Structural Antecedents of Attitude Toward the Ad in an Advertising Pretesting Context. Journal of Marketing，1989，53，79～81.

❸　马谋超著．广告心理学基础．北京：北京师范大学出版社，1992：174.

态度。因此，可以考虑理性诉求手段，呈现强有力的事实和证据，以理服人。当然选用哪种方式进行说服，是采用单面说服还是双面说服方式，这要根据目标消费者群体的受教育程度、认知判断能力、其原有态度的性质和方向以及广告目标等来决定。这里的首要问题是认清广告对象是哪一层次的消费群体。不同的消费者的认识能力是不同的。针对知识水平较高、理解判断能力较强的消费者，采用双面说服手段较好。双向式呈递是把商品的优劣两方面都告诉消费者，让他们感到广告的客观公正，结论由他们自己推出。因为这个层次的消费者普遍是对自己的判断能力非常确信，不喜欢别人替自己做判断。如果广告武断地左右他们的态度，会适得其反引起逆反现象，拒绝接受广告内容。但对判断力较差、知识狭窄、依赖性较强的消费者，采用单向式呈递信息的方式较适宜。这个层次的消费者喜欢听信别人，自信心较差。所以针对这些特点，广告应明确指出商品的优势，它给使用者带来什么好处，直接劝告他们应该购买此物，效果更明显。对于受教育程度低的人来说，单面说服容易转变他们的态度；而对于文化素质较高的人来说，听到正反两方面内容说服效果较好。

2. 展开情感攻势，动之以情

在消费者态度的三种成分中，感情成分在态度的改变上起主要作用。消费者购买某一产品，往往并不一定都是从认识上先了解它的功能特性，而是从感情上对它有好感，有愉快的体验。因而广告如果能从消费者的感情入手，往往能取得意想不到的效果。有一则电视广告：画面上妈妈在溪边用手洗衣服，白发飘乱。镜头转换，是我给妈妈带来的威力洗衣机，急切的神情。接下去是妈妈的笑脸，画外音是："妈妈，我又梦见了村边的小溪，梦见了奶奶，梦见了您。妈妈，我给您捎去了一个好东西——威力洗衣机。献给母亲的爱！"画面与语言的配合，烘托出一个感人的主题：献给母亲的爱。虽然整个广告只字未提洗衣机的优点，但却给人以强烈的情感体验。谁能不爱自己的母亲呢！这个广告巧妙地把对母亲的爱与洗衣机相联，诱发了消费者爱的需要，产生了情感上的共鸣，在心中留下深刻美好的印象，对此洗衣机有了肯定接纳的态度。以情动人的方式，更容易感染消费者，打动他们的心。

3. 利用活动参与法，导之以行

引导个体与态度对象接触，是改变态度的有效方法之一。俗语说得好，"耳闻不如目见，目见不如体验"。商家可精心策划一些营销活动，并调动消费者积极参与活动，如发放免费试用品，或让消费者现场体验、搭售等。这有利于拉近与消费者的距离，让消费者与产品或提供的服务来一次"亲密接触"，既为消费者了解商品提供了机会，也有利于改变态度结构中的行为意向成分，对改变其态度当然会有所帮助。

4. 运用群体影响法，约之以"规"

个人的态度与团体关系十分密切。当一个人对所属团体有忠诚感、责任心时，他就不会轻易违背团体规定。每个人都生活在不同团体中，受所属团体的制约，所以从团体关系着手，如制定团体规范、团体公约，就可能有效地改变态度。

20 世纪 40 年代，美国社会心理学家勒温在这个问题上做过一系列的实验。其中一个实验的被试是家庭主妇。美国家庭主妇们一般都不喜欢用动物内脏如猪心、牛肝等做菜。但第二次世界大战期间，由于食品短缺，美国政府当局希望能说服家庭主妇们购买那些一向不受人欢迎的动物内脏做菜。勒温控制了两种情况：一是把上述要求作讲解与劝说，二是把上述要求作群体规定，观察两种情境下对于态度转变的影响，并加以比较。他把主妇编成六个小组，每组三至七人，其中三个小组接受讲解与劝说，三个小组采取群体规定。前三个组的主妇们听了口齿伶俐的人半小时的讲解与劝说，使她们知道了这些食品如何美味，营养价值如何丰富，采用这些内脏当食品对国家的贡献如何大等，还得到了一份烹调内脏的食谱。后三个组的主妇们被简单地告知，群体规定大家今后要改用动物内脏做菜。一周以后进行检查，讲解组中仅有 3％的人改变了态度，而群体规定组中有 32％的人改变了态度，开始食用内脏。❶

　　群体规约对个体态度和行为有强力作用。人是社会性的人，都有爱和归属的需要，与群体成员的思想和行动一致，"人云亦云，人行亦行，人止亦止"，是一种最稳妥、最安全的行事方式，"少数服从多数"也内化为个体的观念和参照体系。如果有某个个体表现另类，则会遭到"群起而攻之"，他会承受巨大的群体压力，会被群体孤立和排斥。正因如此，我们可以采用群体影响法，通过制定群体公约或诉诸群体行为来改变个体消费者的态度。这是一条行之有效的方法。

　　5. 奖励式呈递，授之以"礼"

　　在广告中增加一些额外的奖励信息，使消费者在接受广告的同时，可获得一些与广告无关的东西，如小礼品或其他信息等。奖励是一种外在的正强化刺激。行为主义理论认为，这种正强化刺激可以增加消费者对广告及广告宣传的产品的好感。心理学研究中的可口可乐效应就证明了这一点。把被试分成两组，让他们看某个广告传单，其中一组在发给广告传单时每人赠送一瓶可口可乐，此组为实验组，而另一组则无任何奖励，称为控制组。之后让被试说明自己对广告及广告宣传产品的评价。研究表明，实验组的评价普遍高于控制组。这说明可口可乐的实物奖励起了积极的作用，它帮助消费者接受了广告。这种奖励式呈递在应用时，应格外注意，所强调的奖励一定要能兑现，否则适得其反。

　　上述改变消费者态度的方法中，说服宣传，重在改变态度的认知成分；情感攻势，重在改变态度的情感成分；活动参与法，重在改变态度的行为意向成分；群体影响法和奖励式呈递是综合性的方法，改变的是消费者态度中的认知、情感和行为三种成分。广告实践中，这几种方法可以结合起来运用。

 思考题

　　(1) 什么是态度？影响态度改变的因素有哪些？

---

　　❶　时蓉华著. 新编社会心理学概论. 上海：东方出版中心，1998：209.

（2）试述精细加工可能性模型及其在广告中的应用。

（3）常用的广告说服说服策略有哪些？

（4）如何提高广告说服的效果？

实战模拟练习

（1）请列举你所熟悉的名人广告，择几例进行分析。你认为应如何提高名人广告的效果？

（2）结合案例阅读材料，思考完成以下任务。

① 福特汽车的广告是如何表现产品的？这种表现方式对消费者的态度有何种影响？

② 案例材料2中，促使消费者汽车消费态度发生转变的原因有哪些？

【案例材料1】 早期的福特汽车外观酷似甲虫，样子不大好看。它要与当时的一些名车，如底特律的流线型汽车竞争。福特把竞争的触角放在广告上，它委托 DDB 广告公司的广告人伯恩巴克为其广告代理（后来伯恩巴克也因福特汽车广告的杰出表现而成名），伯恩巴克设计的福特汽车广告的最大特色在于体现真理，实话实说。广告界人士认为，这位广告天才简直把广告表现技巧带入了一个新纪元。

福特汽车广告多采用平面印刷式和经典式的广告排版，版面上总是一幅巨大的商品照片，现实又平凡。下面配以标题和正文，标题一般极具吸引力（这方面具有呕心沥血的创意）；而广告文案则绝对平心静气地叙说商品，非常诚恳，丝毫没有花哨的痕迹，更没有夸大其辞的地方。例如，有时图片是一幅泄了气的轮胎照片，标题是"人非圣贤"，正文则客观介绍福特汽车的各种性能；还有一则标题是"丑在外表"，正文则承认外表不美观，然后又实实在在地列举出福特汽车的种种内在优点，可读性相当强。

真实性的广告表现使福特汽车的销量急剧上升，在消费者心目中也形成了诚恳、实在的品牌印象，这种形象的稳定性不会轻易受到市场波动（如新的竞争对手的出现）的影响。

【案例材料2】 20 世纪 90 年代，在美国人们开始喜欢敞篷车和运动型车。许多消费者对豪华轿车不再感兴趣，取而代之的是一些四轮驱动型车和敞篷小车。在 1994 年，运动型车的销售量是 140 万辆，而豪华车的销售量是 110 万辆。一些分析家预测，到 1996 年运动型车的市场将扩大 40%，而豪华型车仅为 13%。

尽管对高价轿车征收高税是导致其销售量下降的一个原因，但最主要的原因是消费者对轿车的态度发生了改变。福特汽车的一个销售商就说："运动型车也像豪华车那样得到了大众的普遍接受。对某些人来说，其甚至更受青睐。"Once Spartan，这种装有各种豪华设施如地毯、CD 唱机的流行运动型车是这类车中最受欢迎的。尽管其售价在 25000 美元甚至更高一些，但与日本和欧洲一些豪华轿车相比其售价还是便宜的。

运动型车对年轻购买者（40岁左右）的吸引力比豪华型车对年老购买者（55岁左右）的吸引力更大。汽车制造商认为富裕起来的新一代在购买运动型车之后，最终的选择是豪华轿车，这种态度将最终重振豪华轿车市场。制造商应密切注意消费者态度的变化，随时做出应变，以在竞争中处于不败之地。❶

---

❶　J. Paul Peter、Jerry C. Olson. 消费者行为与营销战略. 徐瑾，王欣双，吕作良等译. 大连：东北财经大学出版社，2010：134.

下篇　广告创意表现心理与方略

　　创意是整个广告活动的生命和灵魂，它在广告活动中的地位非常重要。一则富有创意的广告能够使消费者产生联想、回味、追忆、感慨、惊奇、赞叹等丰富的心理活动，甚至跃跃欲试，并心甘情愿地充当广告信息的"二传手"和"小喇叭"。在信息过盛的现代社会，面对日趋感性却又越发成熟的消费者，广告以往惯用的劝服、诱导手段正在失去实效，遭到受众广泛的抗拒和排斥。这就要求广告创作人员要有好的创意。这确实对广告创作人员提出了挑战。创意虽难，却离不开创新思维、想象和联想，只要掌握了思维、想象和联想的一般规律及特点，就可以找到广告创意的切入点，从而创作出具有说服力的广告。好的创意还需恰当的表现，借助于语言类要素和非语言类要素的心理功能来实现。而广告媒体是广告信息和广告创意的物化形象的载体，好的创意也需要通过恰当的媒介来表现。广告媒体的使用直接关系到信息传播的影响范围和准确程度，也影响到策划创意的广告形象的渲染力。下篇"广告创意表现心理与方略"，涵盖第九章"广告创意中的思维方略"、第十章"广告创意中的想象与联想方略"、第十一章"广告表现元素的心理效应及创作方略"、第十二章"广告媒体接触心态与整合营销传播方略"和第十三章"品牌塑造中的广告方略"五章内容。

第九章
广告创意中的思维方略

【学习目标】

了解创意及广告创意的内涵，理解广告创意不同于一般创意活动的独特之处，掌握广告创意活动中应该遵循的基本原则，能在实际创作中综合运用多种广告创意的构思方法来提升广告创意水平。

基本知识点：广告创意概述、广告创意的基本原则、广告创意的构思方法。

重点：广告创意的基本原则、广告创意的构思方法。

难点：广告实践中如何在遵循广告创意基本原则的前提下，灵活选择与运用广告创意的构思方法进行广告创作。

有人说，21 世纪是创意竞争的时代。一个好的创意会力挽企业于残酷激烈的市场狂澜中，获取滚滚财源；一个好的创意会使一个平淡的人生从此变得熠熠生辉；一个好的创意就像马良的神笔，拥有无穷的魔力，能创造出无数个命运的神话……正如世界著名未来学家阿尔文·托夫勒的力作《第三次浪潮》所预言：资本的时代已过去，创意时代在来临；谁占领了创意的制高点谁就能控制全球！主宰21 世纪商业命脉的将是创意！创意！创意！除了创意还是创意！❶ 澳大利亚知名文化创意产业学者约翰·哈特利指出："创意——已经成为决定竞争优势的关键"、"创意将是本世纪社会和经济变革的主要推动力。"❷

创意是整个广告活动的生命和灵魂，创意在广告活动中的地位非常重要。广告大师威廉·伯恩巴克认为创意是广告的灵魂，能为广告赋予精神和生命。大卫·奥格威则说："若是你的广告的基础不是上乘的创意，它必遭失败。"❸ 本章将对广告创意中的思维方略展开讨论。

第一节　广告创意概述

广告之所以能立足于世的根本即在于广告的营销功能，也就是说广告的本质功

---

❶ ［美］阿尔文·托夫勒著. 第三次浪潮. 黄明坚译. 北京：中信出版社，2006：11.

❷ ［澳］约翰·哈特利编著. 创意产业读本. 北京：清华大学出版社，2007：1.

❸ ［美］大卫·奥格威. 一个广告人的自白. 林桦译. 北京：中国友谊出版公司，1991：84.

能就是促进商品或服务的销售与推广。然而，一方面，面对日趋感性又越发成熟的消费者，广告以往惯用的劝服、诱导手段正在失去实效，遭到广泛的抗拒和排斥；另一方面，一则富有创意的广告能够使消费者产生联想、回味、追忆、感慨、惊奇、赞叹等丰富的心理活动，甚至跃跃欲试，并心甘情愿地充当广告信息的"二传手"和"小喇叭"。创意在整个广告运动环节中的地位和作用日益凸显。那么，广告创意究竟是指什么？广告创意又有什么特点？

一、广告创意的概念

"创意"一词中国古已有之，东汉王充的《论衡》一文中，即有"立义创意"之说，是指文章能有新的意义。而今，"创意"一词已被广泛用于广告界、公关界、营销界等各行各业，改变着人们的消费方式和生活方式，"创意生活"、"创意经济"、"创意管理"、"创意产业"等也成了眼下时尚的热门词眼。那么，"创意"到底是什么？《现代汉语词典》从两个方面来解释："①有创造性的想法、构思等；②提出有创造性的想法、构思等。"因此，"创意"一词具有双重词性，前者为名词，如我们可以说"创意的宝库"、"创意档案"；后者为动词，如"由学院创意发起的'毕业设计作品展'"。这表明创意具有双层含义：①创意是一个动态的过程，我们可以理解为对某项工作进行有创造性的、有创造力的思维活动；②创意是一个静态的概念，凡是具有新意的、独特的、与众不同的思想、观念、主意、概念、计划、方法等我们都可以理解为创意。

根据前述对于创意的双重理解，广告创意亦包括两重含义：①从动态的角度看，广告创意就是广告人员对广告活动进行创造性的思维活动。我国广告心理学家舒咏平教授将之修正为"创意思维"，即追求创意的思维活动，它注重的是一个创造性思维的过程。因此，广告活动中涉及创造性思维的所有环节和过程，都可以称为创意。②从静态的角度看，广告创意就是为了达到广告目的，对未来广告的主题、内容和表现形式所提出的创造性的"主意"，它着意于创造性思维活动的结果。其实质是针对产品情况、市场情况、目标消费者的情况，以及市场难题、竞争对手情况，根据广告策略，找寻一个"说服"目标消费者的"理由"，并根据这个理由用视觉化的形象，通过视、听表现来影响目标消费者的情感与行为，使目标消费者注意广告内容，并产生联想和发生兴趣，从广告中认知该产品给他带来利益，从而产生购买动机和行为。故广告"创意"的核心在于：提出"理由"，继而"说服"，以期促成行动。这里的"理由"和"说服"都是"主意"。

在实际广告创作中，广告创意的双重词义总是被交叉糅合在一起使用。广告创意人都是通过进行各种不同的创造性思维，来寻求关于广告应当"说什么"和"怎么说"的创造性构想或艺术构想。例如，如何表现肉的新鲜、活力、优质、有营养？许多老资格的经验丰富的肉食商贩说：绝对不能用红色的肉来做肉类广告，因为那是没有烧熟的肉的颜色，看了令人厌恶。而李奥·贝纳制作出的名为《MEAT》（肉）的广告，因为其创造性的构想，将红色的肉放在红色的广告背景之下，通过红色背景，把肉食的新鲜淋漓尽致地表现了出来，给人以美艳欲滴的感觉，产生了"表现肉的鲜嫩、活力和其他所有想要的关于肉的一切东西"的戏剧性效果。许多人看过这些广告后，指名要买这些肉食品，而且在相当长的时间里，肉食商贩们都一致要求刊登这些红色背景的肉类广告。该广告获得极大的成功，也成了他独特创意的典型表现。

二、广告创意的特点

广告创意是创造性思维的一种展现，它具有一般创意活动的共同特征，诸如首创性、突破性、求异性、灵活性等。除此以外还具有自身的特点，具体表现为以下几对矛盾的统一。

（1）科学性与艺术性的对立统一　没有科学策略的创意，对于客户来讲，是浪费预算，因为这可能是一个好看的广告，但不是一个有效的广告。广告创意区别于一般的文学艺术创作的根本性差别在于，广告创意受市场环境和广告战略方案的制约，广告创意人必须对广告产品、市场、消费对象、竞争产品、广告研究和策划等进行深入细致的分析与策略性思考。同样，没有创意的科学策略，也是有问题的。因为它走不远，因为消费者是看不到策略的，消费者看到的是创意。广告创意必须把前期所掌握的材料进行创造性的组合，为作品赋予强大的艺术感染力，创造出能与受众有效沟通的意象，以此去震撼、冲击消费者心灵，唤起消费者的价值感和购买欲望。因此，广告创意思维之树上应同时结出科学与艺术两颗硕果。

下面这则杀虫剂广告（见图9-1），用表面看似和产品毫不相干的第三者——食虫草、青蛙、食蚁兽的角度来讲述一个悲惨的失业故事，这全都是因为有了杀虫剂，导致虫子死光光了，以消灭害虫为业的食虫草、青蛙和食蚁兽被迫失业，不得不出来乞讨谋生。轻松幽默的创意画面深深地吸引了受众，生动地体现出产品的强力灭虫功效。整个创意出人意料而又在情理之中，受众在会心一笑之时早已被该产品轻而易举地俘获了芳心。

图 9-1　杀虫剂广告平面图

（2）功利性与人性化的对立统一　美国广告界权威人士詹姆斯·韦伯·扬曾指出：广告创意是一种组合商品、消费者以及人性的种种事项，真正的广告创作，眼光应该放在人性方面，从商品、消费者及人性的组合去发掘思路。所谓人性化，体现在广告创意中，就是指那些具体地、最大限度地适应生活和满足人们的生理需求、心理需求、审美需求的广告。以体现人文关怀为基本特征的广告创意与表现，超越单纯的利益关系，始终站在消费者的角度和立场，用人性化的表述为重要手段，使消费者从中深切感受到对自我的尊重、理解、关爱与贴心，进而有效促成需求欲望转化为购买行为。

麦当劳的《摇篮篇》（见图 9-2），可爱婴儿的一哭一笑无形之中传递出品牌的形象，可谓魅力人性和幽默完美结合，商业和艺术的高度融合的经典，把促销藏于爱里，令人拍案叫绝，多么睿智！多么美妙的境界！好创意会触及心灵，触及心灵的记忆永不磨灭。而广告主在施以对人的关爱之时，却在悄悄地收获着巨额的商业利益以及那不可估量的无形资产的积累。

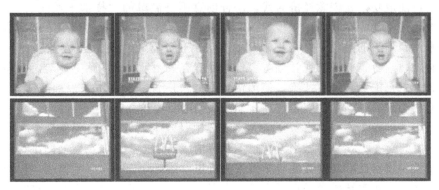

图 9-2　麦当劳广告：《摇篮篇》

（3）发散性与收敛性的对立统一　要探索不同的、富有特异性的广告，需要运用发散性的思维技巧，在思维发散过程中，不时会涌现出一些念头、一些奇想、一些灵感、一些顿悟，而这些新的观念可能成为新的起点、契机，把思维引向新的方向、新的对象和内容。可是，一味地发散思维的结果往往与出发点相去甚远，让消费者看了广告之后一头雾水。因此，广告创意中要能够使用聚合思维来对发散思维进行修正。

比如说 TABASCO（塔巴斯科）辣椒酱的广告为了表现辣椒酱的"辣"，采用了以下诉求手法：在广告主角满头大汗地吃了辣椒酱后，一只蚊子飞来叮咬他，可他自顾自不停地吃，当蚊子吸足血液飞走时，突然自爆了，他嘴角露出一丝得意的笑。看到这里，很多消费者会明白辣椒酱的威力。在这个广告中，以蚊子来表现辣是思维的发散，但广告主角满头大汗地吃则是聚合思维的作用，也就是说，尽管在表现辣，创意人员并没有忘记辣椒酱的辣是为了吸引人的食欲，而不是辣得让人没法吃。

（4）经验与非经验的对立统一　广告创意对经验的倚重，更甚于其他创作领域。对于广告创意人而言，人类真实的生活经验，为广告创意提供了不尽的才思源泉。有多少生活的差异，有多少生活的感动，就有多少的广告创意可能。在创意思维过程中，交织整合了相关的产业经验、市场经验、传媒经验、消费经验和品牌经验、城市经验、文化阅历等多方面经验与创作天赋。正如第八届时报广告金犊奖的主题口号："你今年十八岁，你有十八年的广告经验。"这句话意在激励广告人的自信和创作热情，更重要的是提出生活与广告的经验整合和互动使用的问题。同时，广告创意是一种建立在遵循受众认知经验基础之上的创造性思维活动。加拿大传播学家麦克卢汉说，任何受欢迎的广告都是公众经验有力的戏剧化表现。广告创意在人生经验中萃取人们熟悉而陌生的生活场景，捕捉那些日常经验中因习惯而忽略的细节，和在不同区域、不同阶层中反映出的不同生活形态，将之情感化、夸张化、戏剧化的"巧传"，从而唤起消费者"众里寻他千百度，蓦然回首，那人却在灯火阑珊处"的感动，创造广告与消费者之间的共鸣空间。

但是，广告创意不能唯经验，创意需要颠覆前人束缚在后人身上的思维枷锁，突破才可能成功。在创意经济时代，广告创意不是简单的"技术＋经验"，单凭经验已经远远不能应对新的广告现象。广告创意，是在广告主题的约束下创造出一个或一系列新形象的过程，终极追求就是在已有的形象之间建立出人意料的新的联系。独特、新奇、刺激的视觉创意表现才可能有效激发受众的情感体验，并在整个广告过程中与消费者产生共鸣，使消费者就像被广告"触动了一根神经"，产生前所未有的心理震撼，这时广告产品才能在人们心目中建立起来。

获得欧洲汽车影视广告节全场大奖的奔驰《园丁篇》，讲述了一个天真小男孩的汽车梦想。小男孩一早醒来，就迫不及待地搬出园艺工具，在屋前的小花园里挖了一个坑，将自己心爱的奔驰车车模丢进坑里，然后埋土……看到这里，你会想发生了什么，令小男孩抛弃了自己心爱的汽车玩具。心里急于揭开谜底。这时，小男孩浇水，期待……想到不久之后，这颗"种子"就能长成一辆和大人开的一样的大奔，小男孩禁不住喜上心头。至此，观众也发出会心的微笑。广告创意在男孩的游戏思维与成人思维的差异化中，创造了一种成人经验世界的"意外"，而这种看似荒诞的"意外"对每个人来说又是年少时的"似曾相识"。

第二节 广告创意的基本原则

广告创意原则的积累和提炼，是人类广告活动进步的体现，也是广告实践的客观要求，它深刻地影响着广告人的创意思路和具体实践。在基本原则的规范与指导之下"跳舞"，广告创意才会成为吸引力、想象力和影响力的发生器。广告创意必须遵循的基本原则主要有以下几条。

一、实效性原则

实效性是广告创意的根本原则。广告大师大卫·奥格威说："我们的目的是销售，否则便不是做广告。"❶ 这一口号应成为广告创意的圭臬。广告是一种功利性、实用性很强的经济行为，其最终目的是引起人们对产品或服务的注意，促进销售，树立形象，而不是仅仅供人观赏、消遣或者收藏。无论多么精妙的创意，如果它不能促进销售，不能给广告主带来利益，就一文不值，就不是好的创意。在既叫好又卖座的广告活动中，创意永远只是一种手段，是把消费者引向企业或产品的桥梁。在不自由中寻找更高境界的自由，也许正是广告创意的最迷人之处。

二、关联性原则

归根结底，广告创意活动是一种产品或服务与受众的传播沟通过程，是为了达

---

❶ 宋秩铭，庄淑芬等著. 观点——奥美的观点. 北京：中国经济出版社，1997：3.

成传播上的附加值而进行的概念突破和表现创新。因此，广告创意的主题必须与商品、消费者、竞争者密切相关，必须要和促进销售相关联。同时消费者在广告创意表现中看到了自我，同时发出"这是我想要的，并且只是属于我的产品"感叹时，广告人梦寐以求的 AIDA 效果已悄然达成。关联性原则具体表现在以下两方面：

首先，广告创意并不是一个单纯的寻求新奇视觉形式的过程，它是始终围绕产品的核心信息展开创造性活动，具体表现不能喧宾夺主。例如，美国苹果电脑公司2003 年 1 月向全球推出的新版本电视广告《大东西小东西》，隆重介绍他们的 12英寸和 17 英寸两款高级笔记本电脑。广告巧妙利用了"小巨人"姚明和侏儒明星弗恩·特罗伊尔一大一小的对比概念：2.26 米 vs0.81 米，12 英寸 vs17 英寸。1.45 米的身高差距对比以及反串式的所持不同尺寸的苹果本对比——身形巨大的姚明手持 12 英寸的小巧笔记本，侏儒明星则手持相形硕大的 17 英寸笔记本。双重对比生动幽默地演绎和突出了苹果的这两款电脑新产品，不仅广告主角自己哑然失笑，观众看后更是忍俊不禁，对产品本身留下了深刻印象。

其次，找到产品特点与消费者需求的交叉点，是形成广告创意的重要前提。广告不能自说自话式简单地从商品本身出发，要从消费者的需求、认知、情感、生活等和产品特质的关联处追求创意，从人性的角度探寻创意的震撼力与作用力。很多优秀的广告创意因为真正做到了贴近实际、贴近生活、贴近消费者而脱颖而出。例如，WERU 隔音玻璃的广告创意（见图 9-3），取材于极为寻常的生活细节，能产生巨大的心理共鸣效应。害怕嘈杂的人这回有福了，装上 WERU 牌隔音玻璃，不管是嚣张过市的哈雷，抑或倒垃圾的邻居，都不必再担心。这些不堪忍受的噪声源，经过作品的夸张表现，都变得无比袖珍，巧妙地传达了产品的属性。画面表现故事性很强，生活细节的准确提炼，令人会心一笑。

图 9-3　WERU 隔音玻璃系列广告

三、针对性原则

从一定意义上说，适应广泛的广告创意不是一个好主意，只有具备鲜明的"这一个"的创意、带有某种"唯一"特征的创意才可能收到好的心理效果和市场效果。这所谓的"唯一"和"这一个"，就是创意的针对性原则。

生产的商品卖给谁？设计的广告给谁看？这是一个非常重要的问题。广告创意的针对性包括很多方面：针对社会环境、针对市场、针对消费者、针对竞争对手等。

首先，广告创意要针对特定的消费者，也就是要认真调查、深刻洞察消费者的生活形态和心理特征，有什么样的物质需求、精神需求，怎样的购买习惯，对商品如何评价，什么样的图形、色彩、语言能符合消费者的心理，并能刺激他们的购买欲望。

其次，在广告创意中，如果能够从实际出发，针对主要竞争对手，有目标性和针对性地提出说辞和进行表现，很有可能达到事半功倍的效果。在针对竞争对手的创意中，要全面考虑，仔细把握。第一，自己有无实力向对手挑战？不要搬起石头砸自己的脚。第二，针对竞争对手的广告都是运用比较的手法，注意要在法律和道德的范围内进行。第三，要选择合适、有力、消费者容易理解的挑战点，所谓的"针对"，目的还是要消费者了解和认识自己产品或品牌的优势，而消费者是否接受成为选择针对点的首要依据。

2004年，"五谷道场"创牌，开始进入方便面市场。企业根据自身的产品生产技术，采取差异化竞争，找到了针对行业挑战的攻击武器：现有市场上销售的方便面产品，全部是以油炸工艺生产的产品，而油炸食品，几乎被公认含有致癌物质。在美国曾多次发生抗议麦当劳销售油炸食品而遭起诉的事件。五谷道场的产品是采用非油炸的新工艺。所以，企业很快将策略进入实施，推出由陈宝国代言的影视广告，"拒绝油炸，留住健康"的火药味浓郁的广告语（见图9-4），将矛头直接指向了整个方便面行业。2005年10月，企业通过各大媒介推出系列软文《油炸食品致癌风波》、《方便面中的致癌物》等文章，通过媒体的语言博得消费者对此事的关注与信任，再加上美国新颁布法律不准在特定的儿童节目中播放油炸食品的广告，又以此事为契机，推波助澜，为新产品的上市和消费者的接受做了良好的铺垫。

最后，在广告创意中，还需要考虑产品所处的社会环境，如当时的政治、法律、经济、文化、人口等环境，并尽可能利用这些社会环境。针对特定环境，将社会环境因素巧妙转化为广告创意的元素，往往能收到事半功倍的效果。反之，使用不当或熟视无睹，则可能使企业或产品招致严峻的舆论态势和社会危机。

邦迪广告《韩朝峰会篇》成为经典美谈。2000年夏季，"韩朝峰会"这个震动了世界的话题引起全球关注，半个世纪的对峙终于握手言和。邦迪广告"韩朝峰会篇"敏感地抓住这个时机，把人们对和平的期盼，通过"愈合伤口"的概念倾注给品牌。在朝韩领导人金正日与金大中进行历史性会谈时，邦迪创可贴在"两金"碰杯的经典画面旁边发表自己的见解：邦迪坚信，世界上没有愈合不了的伤口！将邦迪创可贴"愈合伤口"这个简单的产品功能扩展为"再深再久的创伤也终会愈合"的产品理念，在消费者心中引起共鸣。广告也因为这个历史性事件与产品的个性功能、品牌理念的契合，而获得了国际广告大奖。

四、冲击性原则

在信息环境日益繁杂的情况下，在纷纭繁杂眼花缭乱的广告中，要想迅速吸引眼球，抓住人心，在广告创意时就必须非常注重提升视觉冲击力和增强心灵的震撼

图 9-4 五谷道场针对竞争对手的广告

性，必须运用有效的视觉形态提醒受众某些不同寻常的事正在发生，以吸引消费者早已麻木的感知力。这是广告信息发挥影响作用的前提和保证。

广告的冲击性和震撼性来自于广告主题的思想深度和广告表现的形式力度。

首先，广告主题要反映生活的哲理和智慧，对人们关心和感兴趣的生活现象表达出独特的态度，引起人的思考，触动人的情感，使人在震惊、反思和回味中记住并重视产品的信息。

从 1992 年起，贝纳通推出了以 "United Colors of Benetton（贝纳通组合色）" 为主题的广告运动，表现出人们普遍关注的社会问题——疾病、暴力、贫穷、战争、种族、灾害，向世人展示当今生活的冷酷和现实的矛盾。它通过对传统广告的颠覆，赢得了受众的瞩目而成就品牌。例如，在 1996 年获戛纳广告节金狮奖作品《心脏》的画面上（见图 9-5），只有三颗一模一样的心脏，心脏上分别标注 "WHITE（白）"、"BLACK（黑）"、"YELLOW（黄）"；图像似乎十分简单，诉求也十分清楚，内涵却让人回味再三。人类皮肤的颜色大不相同，但却具有共同的本质，正如我们的心脏都相同。在种族歧视、民族矛盾、宗教仇杀此起彼伏，甚至导致灾难和战争的现实背景下，解读《心脏》，能够使人感悟到对于人类的多样性的宽恕、容忍和尊重的强烈呼唤。

另外，广告表现形式要创造人们视觉习惯之外的新奇，运用"夺目"的视觉形态给人以强烈的视觉冲击力，引人注目，并使广告诉求快速被观众所接受。例如，运用蒙太奇语言展现产品特性，以优美的画面、"陌生化"的画面元素、戏剧性的故事，以及夸张、特异的表现手段营造出强势的视听冲击力，刺激观

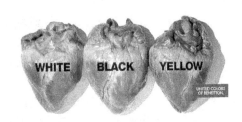

图 9-5 贝纳通广告《心脏》

众的情绪，加强他们对广告信息的印象与记忆。当然，这种表现不能因为一味追寻视觉上的冲击而造成负面的影响。

五、简洁明了原则

简洁原则又称"KISS原则"。KISS是英文"Keep It Simple Stupid"的缩写，意思是"使之简单笨拙"。广告大师伯恩巴克认为："在创意的表现上光是求新求变、与众不同并不够。杰出的广告既不是夸大，也不是虚饰，而是要竭尽你的智慧使广告信息单纯化、清晰化、戏剧化，使它在消费者脑海里留下深刻而难以磨灭的记忆。"[1] 如果过于追求创意表现的情节化，必然使广告信息模糊不堪，令人不知所云。近年来国际上流行的创意风格越来越简单、明快，人类的思维方式也越来越趋同于寻求简单和本真。所以，广告创意必须简单明了，一语中的，迅速切入主题；画面单纯，信息集中，使人过目不忘，印象深刻。

大众汽车广告，主推的概念是一句话：甲壳虫新型轿车（New Beetle Convertible，见图9-6）。画面背景是苍穹无垠，满天彩霞，初升的朝阳或西下的落日正好叠合于甲壳虫敞篷车的椭圆车顶，给我们奉献了一场光与影的视觉盛宴。广告没有多余的文案，画面简洁而不简单，主题脱颖而出，新甲壳虫丰富的内涵与形象跃然纸上：敞篷——可以享受阳光和新鲜的空气，可以拥有美好的车型，可以看到更多的自然精彩，无论是早晨还是黄昏。

图9-6　甲壳虫新型轿车系列广告

六、通俗易懂原则

广告创意要得到好的传播效果，创作出来的作品必须是易于被消费者理解的，如果消费者对广告本身都无法理解，所谓广告效果就成了天方夜谭。一则广告优秀与否，就要看它是不是善于将各种信息符号元素进行最佳组合，使其具有适度的新颖性和独创性，并在"新颖性"与"可理解性"之间寻找到最佳结合点。

广告创意要做到通俗易懂，就要很好地把握消费者在知识水平差异、文化习惯差异、经验背景等方面的差异。

首先，广告或表现下里巴人或表现高山流水，不能一概而论，应以目标消费者的知识水平差异为标准。对于受众面较广的大众化消费品，由于受众文化程度不一，理解能力不一，广告就要尽可能通俗、简洁、易懂，适合大多数人的口味；而对于受众面较小的商品广告，则要区别对待。对于文化水平较低的消费者，广告创意需要用最明了通俗的语言和画面来告诉他们产品的利益点；对于文化水平较高的

---

❶　余明阳，陈先红主编．广告策划创意学．上海：复旦大学出版社，1999：274.

消费者，广告创意又要给他们留一些自由想象的空间，尽量避免直白。例如，长虹彩电在一些农村市场就比 TCL 卖得好，因为"长虹——红双喜"是吉利的、喜庆的意思，而 TCL 的英文字母多少让农村消费者有点费解，而且无法深刻记忆。后来 TCL 也注意到这个产品概念的问题，于是企业的策划人员就在 TCL 后面加了"王牌"两个字，很有意思的是，许多农民就认了，因为在他们眼里"王牌"就是好的意思，结果不记得 TCL，只记得"王牌"了，买彩电点名就要"王牌"的。

图 9-7 是一则布宜诺斯艾利斯动物园（Buenos Aires Zoo）名为"真假动物"的戛纳金奖系列广告，画面左边是价格比较贵的毛绒玩具，右边是动物园里的真实动物，但是观看它们的价格就非常便宜。将外形酷似但价格相差很大的真假动物进行对比，强调产品的优越性，具有很强的冲击力，效果直接又鲜明。买一个玩具北极熊的价格是 28 元，而去动物园和真正的动物亲密接触的价格却只是区区 7 元，应该如何选择，答案不言自明。

图 9-7　布宜诺斯艾利斯动物园系列
广告："真假动物"

其次，广告所面对的每一个消费者都是在一定的文化环境中成长和生活的。这种文化环境在语言形式、思维习惯和价值观念等层面构成了人的文化性格，并进而影响消费者的生活方式、消费习惯、审美感受、价值判断、理解方式和接受特点。不同国家、不同民族、不同地区具有不同的语言、风俗、习惯，同样的广告创意对不同区域的消费者来说，其理解的难度是不同的。

反之，把我国很多深受百姓喜欢的广告放到欧美，他们的消费者也很难透彻地理解广告所传递的创意思想，也会觉得百思不得其解。例如，同为 1997 年莫比奖参赛的中国广告片——由张曼玉和王敏德出演的爱立信手机"相遇结婚篇"和由周润发出演的百年润发（那一年百年润发广告在国内广告大赛上获得金奖），尽管这两则广告都是中国的市场背景，讲的又都是中国人的故事，但是，爱立信广告明显用的是西方化的表现方法，很容易得到西方评委们的理解，尤其是婚礼上神父接电话的幽默情节，深得"老外"们的赞赏，获得很高的评价，并夺得当年电信类电视广告金奖。而在中国国内获过奖，更为国内消费者喜爱的百年润发却落选。究其原因，则是中国文化与西方文化的隔阂所致。

最后，作为广告创意人员不能完全从自己的角度出发去考虑广告的通俗性，而要从消费者角度考虑他们的经验背景，很多简单的问题对于特定消费者就不一定简单。在奔驰"刹车印"广告中，完全省略了广告文案，只有银白色奔驰车，在暗色的街边停放着，安静、悄无声息，却仍然熠熠生辉，散发着雍容华贵的气质。黑色的刹车印，在明亮的街道上，那样深重，显然绝非只是一辆汽车戛然停下而留驻的印记。两个基本的视觉元素，黑色和白色，在强度的对比中，仿佛成为故事的开始和结尾，而故事的情节过程，却让每个受众自己在观看中经过想象和经验来填补。

在填补的过程中，作品和受众一起，完成了一个故事的叙述。也许，每个人对同一场面、同一构图会有完全不同的解说，但最终的主题和画面的效果却达到了完美的统一：奔驰车的"惊世之美"。对于有驾驶相关经验的爱车人（也即该产品的目标消费者）来说，从几个简单的相互关联的视觉符号就能轻易解读出广告蕴涵丰富的精彩故事。可是对于缺乏这方面经验的人来说，就会觉得画面很费解，难以理解这些黑白元素之间的紧密关联性。

第三节　广告创意的构思方法

广告创意作为一种创造性的思维活动，归根结底是一个思维方法的问题，即只要思考方法正确，就有可能产生出优秀的广告创意。广告创作可以由个别创作人员独自进行，也可以由多个创作人员组成的创作小组集体进行。广告实践中，优秀的广告作品往往是创作小组集体智慧的结晶，而这种集体成果又与每个创作人员独立的创造性思维能力密不可分。因此，特设本节来单独介绍一些有助于个人进行广告创造性思考的构思方法。

一、启发构思法

启发构思是由于受到周围的环境、事件、物品等一切外在条件的影响，从而有所启发而产生的构思和想法。某句格言，某部电视剧的人物对话，或者只是朋友间的一句玩笑话，一张纸，一个泡泡……都可能不经意间给予创意人员灵感启发，由此诞生一个伟大的广告创意。在这种方法中，个人的经历、所见所闻对于产生新的主意、点子十分重要。所以许多科学家、发明家在进行科学研究和技术发明之余，常常要外出领略一下自然景观，以便从中获得灵感。在广告实践中，很多广告作品都是启发构思的产物，这类例子不胜枚举。

获得昆仑杯户外广告一等奖的立邦漆"裸童篇"（见图 9-8）创意人、中国广告联合总公司的创意中心主任石海明曾这样介绍他进行广告创意的心路轨迹：

图 9-8　立邦漆户外广告：裸童篇

1999 年 3 月接到立邦漆的单子，从创意到制作完成用了将近 100 天的时间，开始觉得路牌广告应该很简单，因为它诉求简单，无非是用 3B 原则嘛（Baby，Beauty，Beast；即小孩、女人和动物），但原先的创意稿被"毙"了两三次。客户代表还表示，立邦漆是第一次在中国做路牌广告，很想一炮打响，要是中广联拿不出令他们满意的作品，他们将找外国设计师来做。此话刺激了石海明，促使他调整了思路。他发现立邦漆带给人们的不仅是丰富的产品，更多的是亮丽的色彩，健康的品质。一天，他偶然翻阅杂志，一张印有各种肤色小孩的画面吸引了他。他立即想到：立邦漆细腻的效果就像这些 baby 的皮肤一样，而且可以表现立邦漆的无毒、环保、无害，同时各种肤色的小孩与立邦漆的国际化品牌相吻合。于是他赶紧对画面进行了剪裁。总监很满意，并提出在 baby 们的屁股上刷上立邦漆……❶这则广告的创意运用的就是启发构思法。

二、顿悟构思法

顿悟构思法的特点是创作者对问题情境有了足够的认识，具体而言就是创作者对产品特点、产品定位以及广告活动所欲达到的目的等条件都有了清楚的认识，但一时难以形成或产生一个主意或点子。在一段时间里，创作者似乎无所作为，过后创作者忽然感到什么都已清楚明晰，因而一个创意就产生了。顿悟构思法简单地说就是突然之间一个创意诞生了，就好似"山重水复疑无路，柳暗花明又一村"。

创作人员经过长时间绞尽脑汁的苦思冥想之后，还是没有找到满意的创意，这时候不如丢开广告概念，松弛一下紧绷的神经，做一些轻松愉快的事，如睡觉、听音乐、散步等，让思维进入"无所为"的状态中。当然，这里要指出的是，"无所为"只是暂时让大脑处于松弛状态，而不是无所事事，不是忘掉这个问题，不是把这个问题完全搁置起来。这种状态下，由于各种干扰信号的消失，思维较为松弛，比紧张时能更好地进行创造性思考。一旦有信息偶尔进入，就会使人猛然顿悟，过去几年积存在大脑中的信息会得到综合利用。

前面提及的邦迪创可贴的《韩朝峰会篇》广告，就是在顿悟中产生的，广告敏感地抓住这一真实的历史，画面直接以两个敌对国家的元首相互握手的最新新闻照片为内容，配上广告文案：邦迪相信，没有一种伤口是不能愈合的。这则广告的力量不会因为三秒钟的顿悟构思而被削弱，反而赢得了极大的好评并获得多项广告大奖。

三、垂直思考法

所谓垂直思考法，是指传统逻辑上的思考。传统逻辑上的思考的明显特点就是思考的连续性和方向性。连续性指的是思考从某一状态开始，直接进入相关的

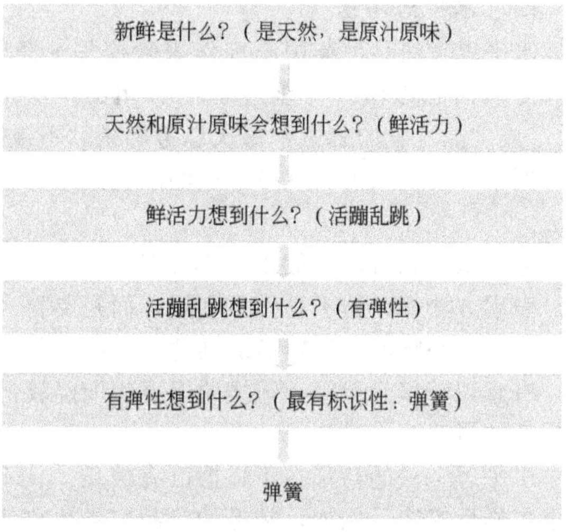

新鲜是什么?（是天然，是原汁原味）

↓

天然和原汁原味会想到什么?（鲜活力）

↓

鲜活力想到什么?（活蹦乱跳）

↓

活蹦乱跳想到什么?（有弹性）

↓

有弹性想到什么?（最有标识性：弹簧）

↓

弹簧

图 9-9　海尔 007 系列冰箱垂直思维过程图示

---

❶ 舒咏平著．广告创意思维教程．上海：复旦大学出版社，2009：132.

下一状态,如此循序渐进,中途不停止,直到最终解决问题。方向性则是指思考问题的思路或预先确定的框架不得随意改变。这种方法就好似挖井,必须从指定位置一锹一锹往下挖,不能向井壁两边挖,也不允许中间漏掉一部分不挖。正是由于这种思考方法注重事物间的逻辑联系,习惯于在一定思路的引导下,在一个固定的范围内向上或向下运动,故人们称之为"垂直思考法"。

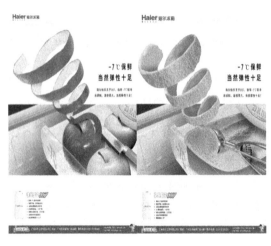

图 9-10　海尔快乐王子 007 冰箱广告

例如,广州致诚广告有限公司 2001 年底开始全面策划海尔 007 系列冰箱的上市案。在沟通会议上,双方一致同意为 007 冰箱做出科学的产品定位:独有－7℃保鲜技术,当时保鲜最精确的中高档冰箱。在明确了产品的销售概念——新鲜之后,下一步就是用什么样的形象元素来表现新鲜这个概念。冥思苦想之后,答案有很多,但是总是缺乏个性,没有冲击力。最后,广告人员来了一次垂直型思考。创意小组很快便找到了创意的表现元素:"弹簧"。广告主题和创作表现自然也就水到渠成,"－7℃弹簧,当然弹性十足"。思维过程及结果见图 9-9 和图 9-10[1]。

四、水平思考法

水平思考法是由英国心理学家爱德华·戴勃诺(Edward Debone)最早提出,也称为横向思考法。与垂直思考法相反,水平思考法追求的是在横向、广泛的"面"或"点"上的思考,每次思考都是"不连续的""多方向的",以寻求突破固有的框架,发现从前没有考虑过的解决问题的新构想或可能性,是一种发散型思维方法。

进行水平思考应遵循以下四条原则:①找出支配性的构思,如人们常用的创意、表现方法等。这不是为了利用,而是要努力摆脱其影响和束缚。②寻求多种看法。将重点明晰的看法转换成其他尚不明确的看法。例如,有意识地形成相反的看法,有意识转移焦点等。③摆脱旧意识旧经验的束缚。④抓住偶然性的构思,深入发掘新的概念。

水平思考法的精华在于根据已有信息,从不同角度、不同方向思考,从多方面寻求多样性答案。例如,常见的食品广告往往依据个人生活经验来排列组合创意及画面,日清杯面广告的成功之处则在于抛开这些框框,不去表现食物的色香味令人垂涎的鲜艳画面(因为消费者在电视机前或刚吃饱了肚子会显得无动于衷),也不

---

❶ 丁邦清、程宇宁. 广告创意:从抽象到具象的形象思维. 长沙:中南大学出版社,2003:79.

去表现名人在琳琅满目的食品货架上夸张地挑选出日清杯面推荐给消费者（因为那会让消费者先联想到个人经验中的其他速食食品），而是撇开任何现代生活场景，用原始人直接表现"人饿了就吃"——吃什么，日清杯面！

　　水平思考法能够产生有创见的想法，因而是广告创意时常用的思维方法，然而水平式思考并不是排除垂直式思考，二者常常是互为补足，取长补短。

五、逆向思考法

　　逆向思考法又称反向思考法，即指人们在思考问题时，对思考的对象从其反面去思考或反大众流行之道的一种思维方法，它是一种向常规思路反向扩张构思的方法。实际上，这种思维方法应包括在水平式思考法之中。由于利用这种思路常常能较为直接地解决问题，且相对而言更易掌握，因而单独提出来。

　　结构反向、功能反向、价值反向、时间反向、空间反向、方法反向是几种比较常见的逆向思考方法。例如，很多人一字排开照相的时候，为了能都进入镜头，会把相机拿很远，使用尼康广角镜相机则无须如此，近在咫尺也不用担心有人"出镜"（见图9-11）。这则广告即为方法反向。

图9-11　方法反向：尼康广角镜相机广告

六、"二旧化一新"

　　"二旧化一新"构思法是指创意者把各种互不相关甚至互相抵触的事物交融、组合在一起，形成一个令人注目的创意，并给人以意料之外、情理之中的感受。这种创意构思概念是亚瑟·凯斯特勒（Arther Keostler）创立的。他认为两个普通的概念或两个想法、两种情况，甚至两个事件放在一起，经由"二旧化一新"，就能产生一个意想不到的构想。美国广告专家詹姆斯·韦伯·扬也明确提出，"创意就是旧元素的新组合"，"对于'旧元素，新组合'的能力，取决于洞悉其间关联性的功力"。❶

　　旧元素之间的新组合存在着一定的随机性与偶然性，任何一个元素均能与多个元素建立某种联系，这样，在人的头脑中，元素之间就形成了网络，一个元素就可能与多种元素组合出灵感来了。我们可以把元素的重组过程，形象地比喻为转动一个内装许多彩色碎片的万花筒，每转动一次，这些碎片就会发生新的组合，产生出无穷无尽、变幻莫测的全新图案。

　　例如，绳子、狗和鸟三者之间原本风马牛不相及，一切都因为Kessler威士忌

---

❶［美］韦伯扬．广告传奇与创意妙招．林以德等译．呼和浩特：内蒙古人民出版社，1999：123.

酒的诱惑，戏剧性的一幕发生了：鸟为了得到它们喜爱的 Kessler 威士忌酒，甚至用绳子绑架宠物狗来向狗主人进行要挟（见图 9-12）。这种情景组合既荒诞不经又合情合理！广告中"二旧化一新"创意手法的使用，将这些司空见惯的元素，以意想不到的方式展现给消费者，使该产品被赋予了为人津津乐道的故事，使广告有了人们既熟悉又陌生的记忆点，使品牌内涵有了极大地丰富和提升。

图 9-12　Kessler 威士忌酒广告：绑架篇

七、黄沾创意法

黄沾是中国香港著名的创意大师，他在广告、填词、电影、电视及小说创作上都有较高的造诣，被人尊称为东方的创意大师。他提出了广告创意"加、减、乘、除、转、用、时"法，具体如下。

加：把"加"字用于加大、加宽、加强、加倍、加深、加速、加热等，还可以用"增"、"添"、"补"、"增强"和"提高"等同义词。例如，增加厚度、增加密度、增强信心、添油加醋、添加气氛、添加色彩、提高效率等。只要运用得当，就能产生新创意。

减：指减省，无绳电话就是在有绳电话的基础上减省了电话线。在广告创意中运用减法同样会产生较好的创意。减字除了表面意思是减少，还可用于减缩、减低、减轻、减退、减速、减色、减免、削减、缩短等。也可以用"去"、"消"、"缩"、"降低"、"弱化"、"免去"、"消退"和"简化"等同义词。2003 年底，飞利浦将"sense and simplicity"（感性与简洁）作为全新品牌定位，其影视广告是通过不同年龄和性别的人的手打开一个平淡无奇的白色盒子，来诠释"科技在内、简易在外"的概念。"飞利浦只是想让科技产品带给人们的感觉就像打开盒子一样简单"；"人不应该迁就科技，要让科技迁就人，消费者不能被科技奴役"。简洁的陈述，在将科技与人的关系拉近的同时，也拉近了品牌与消费者的距离。

乘：指放大，如我们生活中的商场再发展到超市再到大卖场，规模越来越大。现在很多食品、日常用品推出"家庭装"，就是这种方法很好的体现。也指成倍增加，用以强化"加"的概念，加快"加"的速度。这种方法也可以帮助广告人创造具有新意的广告作品。除此之外，"乘"字还有许多另外的含义，诸如"乘坐"、"乘借"、"乘势"、"搭乘"、"乘东风"、"乘风破浪"、"乘龙快婿"等，都是广告创意中常常考虑的因素。

除：指缩小，如许多日用品的"旅行装"，"随身听"。"除"原义虽指成倍减少，但在实际运用之中往往取其"排除"与"否定"之意。例如，"除此之外"、

"除非……"、"除了……还有"，还可以用"无"、"不"、"非"之类带有否定意义的词来强化广告概念。例如，"非可乐"、"无糖分"、"不含色素"、"没有防腐剂"、"绝无苏丹红"等。

转：指倒转，从事物的根源着想。如美国曾出现果蝇灾害，一般人就会想到怎样用药物灭虫，而一位很有创意的人提出，研制出一种生命力很弱的雄果蝇，让其与现有的母果蝇交配，使果蝇体质一代比一代差，从而最终消灭这种害虫。这是一个典型的"转"的创意方法。

用：指改用途。由德国 Grey 所创意的潘婷 Pro-V 护发系列户外广告，很好地把握了视觉要素与产品的融合，视觉冲击力强。虽然该广告的主诉求点也是护发，但使用该产品之后头发有了新的美化用途：由长发扎结而成的晚装，高贵华丽，大胆而独特。画面中的秀发柔顺亮泽，不断不裂，产品深度护理的功能也就呼之欲出了。

时：即及时，指广告创意要有时效性。可口可乐公司在萨马兰奇宣布中国北京获得 2008 年奥运会主办权的当时，可口可乐纪念装生产线当即运转，两个小时后，这种纪念金罐可乐就被运至北京的大街小巷。

八、广告创意的头脑风暴法

在广告公司的创作过程中，流行一种"头脑风暴法"（Brain Storming），也称为脑力激荡法。它是由美国 BBDO 广告公司的负责人阿克列斯·奥斯本（Alex Osborn）于 1938 年首创。"头脑风暴法"的优点类似我们颇为熟悉的"诸葛亮会议"，三个臭皮匠，抵个诸葛亮。集中体现群策能力、发挥集体智慧等优点，而且效果好、参与性强、容易学习和实施，使得每一位创造者积极引进和采纳，它是一种行之有效的创意方法。

具体的做法是，召开一个 10～15 人的小型会议，会议的内容提前一到两天通知参与人，会议的参加者包括广告业务人员和广告创作人员。参加者在结构因素上（年龄结构、专业结构、性别结构、能力结构、性格结构、知识经验结构等）具有良好合理的搭配，能够取长补短、有机结合，会议成员须忘记自己的职务，人人平等，畅所欲言，通过相互激励，相互诱发产生思考的连锁反应，充分激发每个人的创造力，从而产生更多的创意。讨论可以涉及广告活动的任何环节，但某一个会议一般应集中在一个议题上，且议题不宜太大，以便探讨能够深入。

为了确保产生更多更好的创意，运用这种方法要遵循以下原则：①自由畅想原则。与会者大胆敞开思维，排除一切障碍，无所顾虑地异想天开。②禁止批评原则。任何创意不得受人批评，也不必自我否定，没有任何创意是错的。③结合改善原则。鼓励在别人的构想上衍生新的构想，相互启发，相互激励。④以量生质原则。构思越多，可供选择的空间越大，组合越多，产生好创意的可能就越大。❶

在动脑会议之后，由会议记录员将记录整理，会议主席将这些创意分类，再让有关人员评定，并按销售策略，取其精华，成为进行下一步创意的基础，最终产生

---

❶ 陈培爱主编．广告学概论．北京：高等教育出版社，2004：162.

实际执行操作的广告创意。

这种动脑会议是一种行之有效的集体创造的方法，一方面，可以避免孤军作战，弥补个人局限与不足；另一方面，因为具备集体创造的人员结构和创造气氛，更能发挥每个人的创造力，在相互启发中扩展思维的变通性，产生出大创意，形成$1+1>2$的合力效果。

以上所列创意方法，只是众多创意方法中比较常见的几种。为了叙述的方便、清晰，我们将之一一单独列出。其实，在具体的运用过程中，常常是几种创意方法交叉使用，共同去冲击某个问题。

思考题

（1）请结合广告案例，谈谈你对广告创意两重含义的理解。

（2）广告创意的特点有哪些？你是如何理解这些对立统一关系的？

（3）结合广告作品谈谈广告创作过程中，应坚持哪些广告创意的原则。

（4）常用的广告创意构思方法有哪些？请尝试运用多种方法对同一个广告主题进行创意构思。

实战模拟练习

（1）阅读"美联英语课程沟通系列广告创作纪实"材料，结合广告作品，具体分析采纳品牌营销顾问有限公司的项目组成员的广告创意过程体现了广告创意的哪些特点和广告创意的哪些基本原则。并且仔细推敲其中所使用的广告创意的构思方法。

【阅读材料】：美联英语课程沟通系列广告创作纪实
——采纳：策略中的大创意❶

在服务美联英语的时候，项目组寻思做点不一样的东西。

当大家在头脑风暴，思绪天马行空如野马脱缰般时，创作总监张林及时出现，给了我们当头一棒：采纳不是一般的广告公司，我们讲究策略，你们思考的原点一定要围绕策略的方向！

思绪只好慢慢冷静，从策略出发，一缕缕理清。当美联的竞争对手，如英孚、韦博、华尔街都在强调他们的全球化师资力量和教学方法时，我们应该避其锋芒，从侧面进攻。策略早就定好了，与全球化的教育培训巨头相比，美联英语的优势是灵活和本土化，懂得中国人学英语的难点，而制定了相应的解决课程。品牌定位也就应运而生了：美联英语，更懂中国人！

可是，怎么表现呢？用中国元素吗？虽然那样能很直观地表现美联英语和中国之间的关系，可是对于消费者来说，会一头雾水，也激不起他们的购买欲望。必须

---

❶ 采纳：策略中的大创意．广告人，2009，（12）：112.

再次深入！中国人学习英语最痛苦的是什么？大家又开始叽叽喳喳起来，纷纷回忆起从小学开始的"痛苦往事"。在听力、单词、语法、沟通四大项中，大家不约而同选择了沟通！没错，中国人学英语最痛苦的就是哑巴吃黄连——有口说不出啊！

其实，语言的本质就是沟通！沟通！沟通！

抓到了命脉，怎么才能创意地表现美联英语更好的沟通学习机制呢？正好，前台搬来几本《故事会》，里面有篇不太好笑的笑话被某疯子高声朗读开来：

话说有一天一只大老鼠和一只小老鼠在洞外散步，突然，一只猫急速奔来，张牙舞爪就扑过来。老鼠拼命跑，猫就使劲追。在山穷水尽时，小老鼠回过头来，冲着猫叫了一声："汪汪"，猫竟然被吓跑了。大老鼠夸道："行啊，还会一手，厉害！"小老鼠一抹汗，感叹道："看来掌握一门外语，是非常重要的啊！"

大家笑笑，突然有人一拍大腿：对啊，可以用动物表现，绝对会前无古人后无来者！用不同物种之间的对话来表现，最好还是中国老百姓能耳熟能详的对手，既体现了沟通还符合了更中国化的定位！

什么物种之间的对话最有戏剧性呢？设计部小任思维过人，脱口而出：鸡和鸭，猫和狗（见图9-13），灰太狼与喜羊羊！文案紧接道：鸡同鸭讲、猫狗冤家、狼爱上羊！是问题吗？跨越沟通障碍，一切如此简单！"好，太牛了，这事就交给你去办！"创意总监张林激动地一拧烟头。

图9-13 美联英语课程沟通系列广告："鸡鸭篇"和"猫狗篇"

执行还是费了些周折，因为要表现得逼真，动物的形态姿势要很自然，修修改改了很多次。还好，正稿终于按时出炉了，正如你所见。整个系列摆在一起，非常醒目是必然的了，看上去像采纳开了个动物园。我们期待它们上街后的情景，消费者与这些异类碰面后的反应。我们相信，广告的效果不在于"异"，更在于策略后面的 BIG IDEA。

（2）以下广告（见图9-14）是发布在北京奥运会期间的系列创意——"阿迪达斯奥林匹克"，几乎囊括了所参赛的各个广告赛事的金奖。对于其创意表现却莫衷一是。

有人认为，该系列作品将中华民族的拼搏精神与万众一心的凝聚力，通过博大的画面和细腻演绎，感动了中国，也感动了世界。全新的视角与强大的执行力很好地诠释了阿迪达斯的品牌精神：Nothing is impossible 没有不可能，并且让人过目

(a) 胡佳 +13 亿

(b) 郑智 +13 亿

图 9-14　阿迪达斯奥林匹克广告

不忘。这与阿迪达斯奥运广告制作的初衷相吻合。

但广告出乎意料地没有收到预期效果，反而产生了负面效应，其根源是这则广告出位的视觉表现和中国消费者固有的文化认知产生了强烈的抵触。

创意者初衷或许是想用灰色与红色来代表虚拟与现实的界限，但却忽略了在中国的文化认知中，虽然红色是热情、是喜庆、是胜利，但灰色却是沮丧、是失败（灰色人生），甚至是死亡的代表（面如死灰）。如此面呈灰色的人群、如此灰色的万头涌动的场面让人产生地狱等不良的联想，那是一种与真实世界隔离开了的灰色与冷色，乍看让人觉得震撼，继看觉得异样，再看觉得产生一种恐怖的阴冷。这实在是与阿迪达斯的设想背道而驰。

这不是由于企业执行上出现错误，而是消费者自发地反馈出来的；不是企业自己掌控决定的，而是由企业外部力量产生的效果。对不缺乏品牌知名度，需要提升美誉度和忠诚度的阿迪达斯而言，完全事与愿违。

思考："阿迪达斯奥林匹克"系列广告创意违背了哪些原则？为了避免受众在接触广告过程中出现不同的理解偏差，有效传递阿迪达斯的核心理念，请你运用相关广告创意构思方法，对此系列广告进行创意改进。

第十章
广告创意中的想象和联想方略

广告人威廉·伯恩巴克说过："创意是广告的灵魂，是将广告赋予精神和生命的活动。"也就是说，广告的创作关键在于广告的创意，而创意常常被蒙上一层神秘的色彩，似乎创意的诞生是不可捉摸的。其实，创意虽难，却离不开想象和联想，只要掌握了想象和联想的一些规律及特点，就可以找到广告创意的切入点，从而创作出具有说服力的广告。一方面，广告创作离不开想象，另一方面，广告受众在接受广告、理解广告时，很大程度上都是对广告进行再造想象的过程。

第一节　广告创意中的想象活动

一、表象与想象

从心理学的角度看，想象是在头脑中对已有表象进行加工改造，形成新形象的心理过程。想象是以已有表象为基础的。

1. 表象

在广告的构思过程中，创作人员要使用大量的具体素材。这些素材可以来自于当前的客观对象，也可以来自于头脑中储存的客观对象的形象。对当前对象的直接反映是知觉映象；而把感知过的对象的形象在头脑中再现出来，就是表象，或称记忆表象。实际上，广告创意人员在进行构思时所使用的素材，大多为表象的形式。

表象是客观对象不在主体面前呈现时，在观念中所保持的客观对象的形象和客体形象在观念中复现的过程。表象来源于知觉，没有知觉，便没有表象。先天性盲人不可能有颜色的表象，先天性聋人也不会有声音的表象，没喝过可口可乐的人，也不会有其味觉表象。无论视、听、味、嗅，还是运动、触摸等方面的表象，都是建立在曾经感知的基础之上的。

表象有如下特征：

第一，表象具有直观性。表象是在知觉的基础上产生的，构成表象的材料均来自知觉过的内容。因此表象是直观的感性反映。但表象又与知觉不同，它只是知觉的概略再现。

第二，表象具有概括性的特征。一般来说，表象是多次知觉概括的结果，它有感知的原型，却不限于某个原型。因此表象具有概括性，是对某一类对象的表面感性形象的概括性反映，这种概括常常表征为对象的轮廓而不是细节。表象的概括性有一定的限度，对于复杂的事物和关系，表象是难以囊括的。因此，表象是感知与思维之间的一种过渡反映形式，是二者之间的中介反映阶段。作为反映形式，表象既接近知觉，又高于知觉，因为它可以离开具体对象而产生；表象既具有概括性，又低于词的概括水平，它为词的思维提供感性材料。从个体心理发展来看，表象的发生处于知觉和思维之间。

第三，表象在多种感觉道上发生。表象可以是各种感觉的映象，有视觉的、听觉的以及嗅觉、味觉和触觉、动觉的表象等。表象在一般人中均会发生，但也可因人而异。由于视觉的重要性，大多数人都有比较鲜明的和经常发生的视觉表象。很多事例说明，科学家和艺术家通过视觉的形象思维能完成富有创造性的工作，甚至在数学、物理学研究中都相当有效。视觉表象也给美术家、作家带来创造力。声音表象对言语听觉和音乐听觉智能的形成起重要作用，运动表象对各种动作和运动技能的形成极为重要；而对于某些乐器的操作，如钢琴以及提琴等弦乐器，则既需要听觉表象，又需要动觉表象的优势。

2. 想象

在广告的创意过程中，往往需要对记忆表象进行加工改造，形成新的形象。这种在已有知识经验基础上，在头脑中对已有表象进行加工改造，形成新形象的过程，叫做想象。想象中的形象可以是过去的、现在的和将来的事物，甚至可以是现实中根本不存在的形象，如孙悟空、猪八戒等形象。但是，想象中的新形象，无论多么离奇古怪，超越现实，构造它们的素材永远是来自现实的。从这个意义上说，无论一个人的想象力多么丰富，也不会凭空创造出新的形象。所以，为了提高自己的想象力，广告创意人员必须具备敏锐的观察力，不断积累素材，才能在构思时产生不尽的灵感。广告活动的一个特色，就是在创意过程中通过设计某些新颖而又有联系的刺激来激活人脑中的暂时神经联系，使人在事物之间产生想象。例如，雀巢咖啡的广告（见图10-1），广告创作者运用充分的想象，将

图 10-1　雀巢咖啡广告："别拦着我"

金鱼和雀巢咖啡联系在一起，加上"别拦着我"的语言，使广告受众产生丰富的想象：雀巢咖啡具有如此大的魅力，连一条金鱼都能够被它所吸引，也印证了雀巢咖啡的广告语："味道好极了！"。

依据想象活动有没有预定的目的，可以把想象分为有意想象和无意想象。有意想象又叫随意想象，是指按一定目的自觉进行的想象。无意想象又叫做不随意想象，是事先没有特定目的，不由自主产生的想象。

根据想象的创新程度和形成过程的不同，可把有意想象分为再造想象和创造想象。再造想象是根据词语描述或图形示意，在头脑中形成与之相符合或相仿的新形象的过程。通过他人的语词的描述，人可以在头脑中"再造"从未见过的繁华的大都市或落后的穷乡僻壤；建筑工程师和工人在建造大楼前，首先在头脑中按照图纸想象出要建造的大楼的形象结构，这些都是再造想象。创造想象是不依赖现成的描述而独立地创造出新形象的过程，它具有独创性和新颖性的特点。艺术家的新作品，设计师的新设计，都是创造想象的产物。

在广告活动中，再造想象和创造想象具有重要差别，但它们之间却又难以截然分开。对于广告设计者来说，构思新形象的过程是创造想象；对于受众来说，根据广告作品的描述或图示，在头脑中再现设计者所构图的形象，是再造想象。广告的成功离不开设计者的创造想象，也离不开受众的再造想象。设计者新颖、独特的创造想象是吸引受众注意力、增强广告感染力的前提。而受众通过再造想象，才能正确领会广告所描绘的产品性能、用途等信息，并由此唤起一定的情感体验，从而形成一定的广告态度、品牌态度和购买意向。

二、广告创意中的创造想象

创造想象具有首创性、独立性和新颖性的特征。想象源于生活又高于生活，感性经验和社会生活阅历的积累是广告创作的基础，对生活的观察，对生活的体验，对生活的发现都是广告创作的源泉。那么，广告创作如何运用创造想象来建立新形象呢？通常有以下几种方法。

（1）原型启发 原型指进行创造想象时对解决问题起到启发作用的类似事物或表象。在创造过程中，原型往往能给人以灵感。原型启发的作用在于，原型的特征与要创造的东西间有相似之处，原型的特征在创意者的头脑中揭示了要解决的问题的症结所在，促进了积极的思考。运用原型启发产生创意的广告比比皆是。又如兰蔻睫毛膏的平面广告（见图10-2），这则经典的广告是国际著名品牌兰蔻的一则睫毛膏广告，它将商品条码作为广告创意的原型，让消费者想到兰蔻睫毛膏的优异品质。

原型启发往往是以现实事物中原型的发现作为例子来说明它的启发作用，其实人的头脑中存储的知识和表象，都会成为原型。因此，

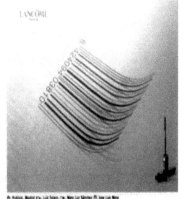

图 10-2 兰蔻睫毛膏的平面广告

知识经验的积累是广告创意活动的基础。

（2）联合 联合是创造性的综合，而不是有关成分的简单、机械结合。创造性综合的结果是具有自己独特结构和特定内容的新形象。下面两则平面广告是巴黎水的海报，在纽约广告节中获奖的作品。在广告创意的创造想象上就是运用了联合的方法，将衬衣上的人物形象与饮料实物进行联合，以衬衫上的人物来反衬巴黎水的魅力（见图 10-3）。

图 10-3 巴黎水的两则平面广告

（3）粘合 在创造想象过程中，根据已有的记忆表象，把不同对象的部分形象抽取出来，重新组合，从而形成新的形象，是广告创意中常用的一种方法。例如，一家橡胶厂生产的汽车轮胎产品，广告设计者用粘合方式推出了一种礼品轮胎烟缸，把一个特制的小型"双喜"牌橡胶轮胎，巧妙地套在瓷器烟缸上，构成了一个完美的汽车轮胎造型。它既让用户感到使用该烟缸安全，又暗示出该轮胎的耐温特点，真是珠联璧合，妙不可言。下面是两则果汁的平面广告，都巧妙地将果汁与新鲜水果的形象黏合在一起，形成了一种新的形象（见图 10-4），一方面这种创新点能够吸引受众的眼球，另一方面将两者结合在一起，诉求就是果汁来源于新鲜的水果。

图 10-4 两则果汁的平面广告，巧妙地将果汁与新鲜水果的形象黏合在一起

（4）强调　此法就是把广告商品、人物或情景在某种部位、关系上加以突出，着重地显示，从而树立起特殊的形象。例如，运动鞋的广告，穿着运动鞋的一只脚突出地放大，占整个图像的大部分，表面上看来与整个人体很不成比例，这是为了突出穿着的运动鞋（见图10-5）。在广告创作中类似的夸张法是很多的。

扩大或缩小，这是强调手法的变种。如英国DDB广告公司为其客户施韦普啤酒公司制作的广告作品，画面上，一位男子伸出比上身长出足足一倍多的上臂，以避开从手中刚打开的啤酒瓶里冒出的酒气。男子超长的臂膀和他虚张声势的表情，都夸张地表现了啤酒充足的气力，滑稽幽默，引人发笑。

（5）留白　留白这种广告创意方法是通过版面的空白或文字的省略来表达一种深刻的意境，这种意境需要受众自己去想象，根据画面的简单提示来理解广告所要传达的丰富信息。它的积极作用在于可以使观看者依据画中的形象展开想象，从而感受到画面空

图 10-5　某运动鞋的平面广告

白里所没有直接体现出来的东西。这就是绘画艺术中所谓的"无画处皆成妙境"。中国人寿保险公司做过一个户外广告，广告牌是倾斜的，好像随时会掉下来，白色的背景中间只有一行小字"人生难免有意外……"倒下的路牌，首先吸引人的注意力，其次大量的留白、简练的文案、不规整的造型都是这则广告的成功之处。当然这则广告的深刻之处还在于它所表现的主题"人生难免有意外……"意外？人生究竟会有什么意外？省略号的运用发人深省，究竟广告是要表达怎样深刻的哲理，省略号里有多大的学问，一切留给受众自己去揣摩，去想象，去感受……这就是广告中留白的运用。

（6）合成　合成艺术是指通过某种方式将一个产品"注入"一幅人们熟知的艺术作品之中。具体说，是把欲作广告的产品注入一幅名画，从而构成新的整体。在那里，注入的产品原本并不是该名画的部分，由此，人们会产生差异的觉察，即与原先的不一致，这就是此种合成艺术所产生的视觉失谐性。它的直接效果是引起观看者的注意，进而去探索失谐源——新加入的广告产品成分。它有助于建立该产品与该幅名画的联想和记忆。之所以要挑选熟知的作品，是指望在一定程度上获得与名画或其他已知作品一样的声誉。通过合成艺术的失谐性来传播广告信息的手法，在国内外已有不少的例子。如1998年法国世界杯宣传篇，就是许多足球明星踢足球，足球从法国的凯旋门踢到埃及的比萨斜塔，再越过中国的长城，跨过太平洋到达纽约……通过全球标志性建筑的合成，表达了世界杯为全球人所关注的主题。

（7）寓意　这是一种含义深远，视听后使人有所回味的手法。此法的特点是诱发人们的情绪与情感，其意义比文字、图画所表现的更深更远。广告诉求点寓于形式之中，通过调动受众生活经验唤起受众联想，达到对广告信息的把握。将商品的

特点与人们所熟悉的人或物进行比拟处理，将其内在联系表现出来，以引起受众的好奇、注意，达到耐人寻味、发人深省的效果，进而品出广告的最终含义。如两则公益广告（见图 10-6）都是运用了寓意的方法，引起了受众的想象，表达了广告的主题。

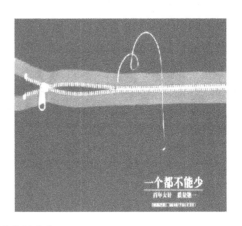

图 10-6　两则公益广告

三、广告受众的再造想象

好的广告，应当能激发受众的再造想象。所以在广告创作中，激发消费者的再造想象是广大创意人始终不渝的追求。在中央电视台同时播放的两则广告，都是来自草原的产品，两则广告的主要诉求点都是大草原。但效果却不尽相同。一则是蒙古王酒，其广告画面就是辽阔的草原和一批奔驰的骏马，配以一句"蒙古王酒，来自草原人民的爱"；另一则为伊利奶粉，其画面是蓝天、白云、大草原，微风轻拂，在草原深处不时露出点点牛羊和淡淡奶香，再配以大家都熟知的诗句"天苍苍，野茫茫，风吹草低见牛羊"，同产品相连，根据这首诗的节奏，另接上"大草原，乳飘香，伊利奶粉美名扬"。同样是来自草原的产品，同样的诉求点，显然第二则广告给人以更好的再造想象，因而其宣传效果也更佳。

有些时候，由于广告设计上的疏忽会造成消费者视听觉要素形成与主题不同，甚至完全相反的想象，接受者想象什么、如何想象，往往受该作品的制约。因而，要使消费者按设计者预想的方向产生再造想象，必须具备两个条件。

（1）广告的说明词应与形象标志一致　因为消费者的这种再造想象，并不是被动地简单接受、机械复制，而是用自己的表象系统去补充、发展，因而，它的再造想象表现出了某种程度上的再创造。其结果是再造出来的形象会有所不同，甚至可能偏离原作品所创造的形象。例如，对于不曾见过兵马俑的人，凭着语言的描绘，可能会认为兵马俑的穿着打扮也许如京戏中的武生；到了儿童的脑中，兵马俑人物，也许就佩带上刺刀和水壶了。但是如果加以适当的解说词，或许情况就会朝设计者预期的目标发展了。所以，在广告设计时除了创作形象不要让人产生歧义外，加以适当的说明也是很重要的，目的是引导消费者更好地去理解。

（2）说明广告诉求点时应有丰富的特征　丰富的特征并不是说将大量的信息毫无规则地堆砌，而是指说明广告的诉求重点时应当用最简洁的方式使之表现出来，不要让消费者看了半天还是摸不着头脑。如"白加黑感冒片"是"白天吃白片，晚上吃黑片"，令人一目了然；做彩电广告时，应选用色彩鲜明的画面来说明该品牌电视机画质清晰、色彩明艳。

第二节　广告创意中的联想

一、什么是联想

所谓联想指由当前感知的事物想起另一事物，或由想起的一事物的经验，又想起另一事物的经验。我们周围的世界是由无数客观事物构成的，而这些客观事物又是相互联系的，或者说它们之间存在着不同的关系。这种客观基础的存在，往往使人们由当前感知的事物"触景生情"地联想到其他有关的事物。也就是说，客观事物之间的不同联系反映在人的头脑中，就会形成心理现象的联系。这种心理现象的联系，就是人们所说的联想。巴甫洛夫的条件反射学说认为，联想是神经系统中已经形成的暂时联系的复活。"暂时神经联系乃是动物界和我们人类本身最一般的生理现象，而且它又是心理学者称之为联想的心理现象……这二者完全是融合一片，彼此互为吸收并完全是同一种东西。"正是从这个意义上，人们也把条件反射的建立看成联想的形成。

联想帮助人们从别的事物中得到启迪，促成人的思维活跃，引起感情活动，并从联想中加深对事物的认识。在广告宣传中，充分利用事物间的联系形成各种联想，可以加强刺激的深度和广度，无疑能起到提示消费者注意，提高记忆效果，扩展消费者思路，诱发积极情感，促进消费欲望的产生等心理作用。

联想在广告设计中的运用主要是通过广告中的文字、图形和音乐等来实现的。在商业广告中运用联想提高广告效果的方法很多。比如：

（1）用消费者熟知的形象来比喻广告商品的形象或特长。"孔府家酒"的广告中，运用了电视剧《北京人在纽约》主题曲中的一段"千万里，千万里，我一定要回到我的家"。再加上剧中的主人公回到了亲人身边的一场戏，用观众非常熟悉的歌曲和人物，突出了"孔府家酒"的主题"孔府家酒，叫人想家"，很容易使人将"孔府家酒"作为"想家"的形象。

（2）可以着意创造言简意赅、寓意深刻的语词，创造深入浅出、耐人寻味的意境，用来暗示商品与劳务给人带来的利益。"康必得"感冒药的广告画面开始是乌云密布，大雨倾盆，这时出现解说词"感冒就像天气变化，随时随地都可能发生"，随后用雨后阳光灿烂暗示吃了感冒药后病消除了，使人想象病好后整个人的精神会像好天气一样让人振奋。

（3）通过画面把商品的优劣、使用前后的不同效果加以对照、比较。"海飞丝"洗发水的广告中出现一组对比镜头：用了产品后与未用产品时头皮屑的数量不同，这种对比让人一目了然。

（4）把广告寓于美妙的故事传说中，运用画面的空间或色块造成一种情调，诱人想象。"小王子夹心饼干"讲述了一个童话故事：王子勇斗妖魔救助被妖魔掠走的善良的人们。使消费者将"小王子"饼干与勇敢无畏的精神相联系，给人印象深刻。

本节重点讨论联想律及其在广告中的运用。

二、联想律及其在广告中的运用

古希腊的亚里士多德认为，一种观念的发生，必然伴随着另一种与它相似的，或相反的，或接近的观念的发生。这种在空间上或时间上的接近、对比和类似的观念的联系，被称为三大联想律，即接近律、对比律和类似律。在这三大联想律的基础上，后来又补充了关联律，成为四大联想律。在现代广告中，人们很容易发现四大联想律的运用。

（1）接近律　接近律又称接近联想，是指在时间上或空间上接近的事物容易发生联想。例如，英国某地交通广告是："此处已摔死过三个人，您想做第四个吗？"该广告从空间的接近（同一处所）入手，使人由此联想到悲惨的车祸，由触目惊心转而小心驾驶。通用空调机的广告："为什么还要苦熬另一个夏天呢？让通用空调机使您保持凉爽吧！"这则广告则从时间的接近（同为炎热的夏天）落笔，令消费者在对前一个夏天的不堪回首中，欣然掏钱购买通用的空调机。如一个公益广告作品（见图 10-7）把两个特殊的日子用台历的方式表现出来，备忘录上的"请您现在就戒烟，为了明天"起到了提醒的作用，也是利用了时间上的接近联想，突出了戒烟的主题。

图 10-7　戒烟公益广告

在广告创意中采用接近联想，有利于跨越时空界限，紧紧抓住人们对时空的记忆，令其睹物思人，触景生情，以从"身临其境"中达到广告的目的。很多时候，事物在时间或空间上的接近往往是互相联系的，有些广告的创意，既包含了时间上的接近联想，又不乏空间上的接近联想。如某食品公司做的一则《鲜鸡蛋》广告，画面上的稻草丛中堆放着一些鸡蛋，其中的一个已经碎裂，蛋清蛋黄淌了一地。破损的蛋壳边还留有一对清晰可见的鸡爪印记。广告的画面设计好像是从农舍生活中随意截取的一个场景，鸡蛋的摆放显得很自然。通过对该境况的描述，人们禁不住为那对独特的"爪印"创意拍案叫绝：一只刚刚生完蛋便蹒跚而去的母鸡，临走之时还笨脚地踩碎了一只，其"鲜如此，夫复何言！"在此，广告作者巧妙地运用了接近联想，超越了时空界限。"爪印"的设置和蛋"鲜"的感觉融为一体，在产生联想的过程中引发了受众的情感共鸣。

（2）对比律　对比律是指在性质或特点上相反的事物也容易使人产生联想。例如，由白天想到黑夜，由冷想到热，由沙漠想到森林等。这种鲜明的对比引人注目，因而在广告中应用较多。例如，人在沙漠中的干渴状态与喝了消暑饮料的状态对比，使人倍感饮料的诱惑。某些药品和牙膏、化妆品、洗涤用品等广告为了强调本商品的功能，常以了此商品的前后状态作对比。如汰渍洗衣液的平面广告（见图10-8），对袜子在使用汰渍洗衣液前后的情况进行对比，具有很强的说服力。同时，为了突出产品独特的优点，与其他产品进行比较也是常用的方法，如大宝防晒露的广告，将使用普通防晒霜的油腻和使用大宝防晒霜的清爽进行了对比，突出了该产品的功效。

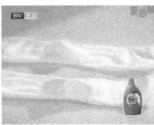

图 10-8　汰渍洗衣液的平面广告

（3）类似律　类似律是指在形貌和内涵上相似的事物容易使人产生联想。类似联想是对相似事物的联想，是指人们对一件事物的感知，立即引起与该事物在性质、形态等方面相似的事物的联想。人们之所以能够在形状或内容相似的事物上产生联想，是由于当人们感知到某一事物时，会引起对和它在性质上、形态上或其他方面相似事物的回忆。运用此心理机制，便形成相似联想创意广告。一则治疗胃病的药物广告，运用里斯特的名曲"匈牙利狂想曲"的第一号序曲中大提琴的沉重旋律来与胃部沉重、食欲不振、身体虚弱发生联想，转而用小提琴的轻快活泼的节奏来体现服用此药后治愈的心理体验，运用得恰到好处。美国一家诊所的广告：为了使地毯没有洞，也为了使你的肺部没有洞——请不要吸烟。这里，地毯和肺本无关联，但用吸烟所产生的后果把它们联系起来，表达了吸烟的多重害处。同时，又运用相似联想，以"洞"为纽带，联结起地毯和肺部洞两个形象，用可见的地毯洞联想看不见的肺部洞，使肺部洞形象更鲜明，吸烟的可怕后果，如在眼前。

（4）因果律　因果律又称关联律，指的是在逻辑上有着因果关系的事物容易使人产生联想。如看到草在动，就会联想到风在吹；看到圆月，会联想到中秋佳节，家人团聚，祖国统一。世界上任何现象的产生都是有原因的，或者说，任何一个现象都是由一定的原因而产生的结果。在自然界和社会中，无论什么现象，都是由另一个或另一些现象所引起的，而无论什么现象，也都会引起另一个或另一些现象。引起某种现象产生的现象就是原因，由其他现象所引起的现象就是结果。人们在联想过程中常常利用自己的逻辑推理与判断能力对事物作出因果联系的联想，在此心理机制上形成因果联想创意广告。例如，有这样两则平面广告（见图10-9），一则是一串香蕉在"上吊"，画面上的文字是："冰箱已是它的地盘，这样活着还有什么意义。"另一则是一个红苹果在铁路上要"卧轨"，画面上的文字是："听到咕咚咕咚的声音，我的心都碎了。"这两则广告中新鲜的香蕉和苹果之所以有"轻生"的念头，是因为由于果汁的存在他们被忽略了。通过广告要告诉受众的是这一品牌的果汁是如此受欢迎。

图 10-9　两则根据因果律创作的平面广告

总而言之，合理而恰当地运用联想这一心理现象进行广告创意，可以引起受众的关注，影响受众的情绪与行为，加深受众对广告信息的印象，给受众留下艺术再创造的余地，从而增强广告的传播效果。但也应注意，无论是接近联想、类似联想、对比联想还是关联联想，其出发点与最终目的都是使要表现的事物，特别是那些人们不熟悉或难以理解的事物，通过人们熟悉、易于接受的形式展现在受众面前，从而减少接受过程中的障碍，使广告创意的效果更直接、更显著。换言之，将联想用于广告创意中，其基本原则是化抽象为具体，寓深刻于平凡之中。但实际运用中，不少广告忽略了对接受对象的考虑，广告的内容和手法往往让人产生不愉快的、歧义的、消极的、于产品宣传不利的心理反应。有些广告，即使是很简单明了的东西，也要人为地委婉曲折一下，绕了很大一圈，最后才落到实处，其结果是拉大了与受众之间的距离，使其对广告敬而远之。这显然有违运用联想手法的初衷，这是我们利用联想进行创意时必须慎重对待的一个问题。

第三节　暗示与广告

暗示与被暗示是人类接受信息，按照某种情境要求做出某种行为的心理现象。很多暗示都是运用语言或图片等来传递某种意图或诉求，激发受众的联想和想象，从而达到说服的目的。广告不但是广而告之地让消费者了解、知晓某种商品的信息，更为重要的功能是诱发消费者不由自主地做出消费行为。广告创作者熟练地掌握暗示的原理与技巧不仅可以开拓市场，把握商机，同时还可以让公众形成某种时尚的心态，促使其广告中的商品形成流行的趋势。

一、暗示与广告暗示

所谓暗示，就是将所有的言词或图片的诉求力灌输于人们的内心和行动的一种心理现象。接受暗示的人不会以自己的力量驱动判断力，而会进入某种精神状态或采取某种行动。也就是说，暗示不同于说服，它不是从"正门"——意识，而是从"后门"——潜意识进入人的心灵世界的，这就回避了意识的"看守人"——批判作用，使人们似乎在莫名其妙、不知不觉当中接受了某种观念、某种情绪、某种行为模式，进而采取暗示所希望出现的行为。暗示的手段，可以由人来施加，也可以由情境来施加。暗示的方法可以采用言语的形式，也可以采用手势、表情、动作或其他符号。如果暗示能引起积极的反应，如积极的情绪、兴趣、欲望、信服等，便是有效的暗示；如果暗示引起的是消极的反应，甚至是反抗，便是失败的暗示。例如，在行军中运用"望梅止渴"的暗示方法，使人们克服困难，振作精神，这就是有效的暗示。

广告心理运用暗示的原理是比较多的，暗示给人一种自然的、亲切的感受，易于诱发消费者的购买欲望，增强对广告的信任感。一个刚下调了价格的手表，如果直接向购买者提示价格，购买者只是知道商品价格的一般感受。但是，倘若向购买者暗示这个价格是刚刚调低的，现在购买正合适，对方的反应就大不一样。许多人对接受暗示总认为是出自本意的、主动的，因而更乐意采取购买行动。一般情况下，女性购买者比男性购买者容易接受暗示，因为女性情感比较丰富；青少年购买者又比中老年购买者容易接受暗示，因为青少年情绪变化大，意识控制力较差，容易接受广告或别人的劝诱，多属冲动型购买。因此，对女性及青少年消费者的暗示尤为重要。

二、广告中运用暗示的种类

暗示有四种主要类型。这些不同类型的暗示有的在广告中运用较多，有的运用较少，要结合商品特点和销售对象来决定。

（1）直接暗示　直接暗示是指不需要中介性想象或联想，而使被暗示者了解暗示内容和目的的一种单刀直入的、不绕圈子的暗示诉求方法。这是较常用的暗示方法。例如，"为庆祝开店 30 周年，全部商品 7 折优待 3 天"。这是一种摆明情况的方法，暗示如不抓住机会，就会错失良机。

直接暗示法多采用叙述式词语，也有采用命令式的暗示词语的。为了提高直接暗示的效果，最重要的是要使用容易了解的词语或图像，易被暗示者接受。广告可以借助幽默手法使受众在轻松、愉快的心情中接受暗示信息，达到宣传效果。如马来西亚一则交通广告这样写道："阁下，驾驶汽车，时速不超过 30 公里，可以饱览本市区的美丽景色；超过 60 公里，是想到法庭做客；超过 80 公里，准备光顾本市区设备最新的急救医院；上了 100 公里，君欲就此安息！"另有一家美容院的广告则是："请不要向本院出来的女士调情，她或许就是你的外祖母。"这样的幽默广告还有许多，其共同特点就是在信息传播中运用幽默的语言，提出事实但不做结论，尤其不给受众做出某种劝告或选择，而是让受众在开怀一笑中轻松地得出广告中所期待的结论。这正如卡耐基所说："不论意见多么中肯，被别人强迫而接受总是不如自己提出的精辟……所以，懂得这层道理后，硬要别人接受你的意见将是很不聪明的做法，最好的办法就是给他一点暗示，由他自己思考得出结论。"

（2）间接暗示　间接暗示是指通过中介性想象或联想而使被暗示者在不知不觉中接受某种思想。此种暗示的特点是把被暗示的内容摆进广告内容之中，使受众以为自己已经获得结论。这也是较常用的暗示方法。例如，"成功的人士都喜欢饮用A牌啤酒"，这就使某些人把自己摆在成功人士之列，既然是与众不同，就应饮用A牌啤酒。至于其理由何在，那就不必交代清楚了。又如"购买××产品，是您明智的选择"，这是暗示你，你当然不想当傻瓜，购买了××产品，你将进入智者的行列。

美好、积极、肯定和向上的情感常常会使受众敞开心扉，在这种状态下对信息的接受、记忆都比较容易，广告可以在激发受众这些情感的同时运用间接暗示的手法来传播商品的信息，以期达到最佳效果。如在台湾的一则维他豆奶的广告片中，通过借用朱自清的《背影》中的情节，展示了一个少年回家探望祖父后，祖父在车站为他送行，特别是开车前祖父特意爬过铁轨为他买维他豆奶的动人情景，最后片尾推出广告主题："始终的维他奶"。该广告利用亲情震撼人心，催人泪下，同时又借助此情展示产品，使人们在无意识间把这浓浓的亲情转移到广告的商品中，达到了极好的传播效果。广告的这种宣传方法能很好地与受众达成情感共鸣，从而达到推销商品的目的。美的冰箱有一则广告，选取了张艺谋导演的《山楂树之恋》这部电影中的男女主角作为代言人，配以"爱她，就给她新鲜的"这样的广告语，利用人们所向往的纯洁的爱情来打动人心，同时又借助此情展示产品，使人们在无意识间把这令人向往的纯洁爱情转移到广告的商品中，从而在接受广告所传达的情感的同时，也接受了广告所宣传的商品。像这样的广告案例很多，成功之处就在于广告能通过美好情感的激发，弱化商业气息，自然地暗示受众接受产品，使受众获得深刻的印象和良好的记忆效果。

（3）反暗示　反暗示是指通过一定的暗示手段使接受者引起反抗，从而达到预定的目的，如果暗示能够引起接受者反抗从而达到预期效果，就是成功的反暗示。法国的克隆堡啤酒在打开美国市场时就用了这样的手法，广告中描述了法国男女老少到码头与运送克隆堡啤酒的轮船依依惜别的情景。片中人们一边哭一边说："美国人呀，少喝点儿我们的酒啊！"这个广告在美国播出后，立即引起人们的好奇心，到底是多好的酒让法国人如此留恋呢？结果克隆堡啤酒在美国一上市，人们争相购买品尝，广告效果极佳，法国人高高兴兴地挣了一大笔钱，可见这种反面暗示的方法是很容易被人们接受的，广告完全可以利用这种传播手段达到预期的效果。

（4）自我暗示　自我暗示是指接受暗示者向暗示者表示一定态度的暗示。自我暗示虽然反映在接受者自我本身，其实还是接受者因受到外来暗示的刺激所发生的反应。此种暗示形式在生活中是常见的，在广告上多运用在电视广告、漫画、卡通片等广告形式中，起着加强刺激的作用。例如，胃药广告标语说："胃病不要轻视，赶快治疗为好"。广告中的人物暗示，我有胃病，要及时买药治疗。那么，看到这则广告的人，也许接受了"我也应该赶快治疗一下胃病"的暗示。

三、广告中的暗示方略

在暗示心理理论研究中，比较多的心理学家倾向于认为暗示是通过潜意识领域起作用而不借助于理性思维的。心理学家 F·阿尔波特（F. All-port）把暗示称为"短循环的反应"，即指不通过理性领域。他认为，暗示发生作用的心理机制在于特定的刺激和特定的反应之间由于反应的联系而形成的一种定势。因此引发暗示心理效应就可以通过感性刺激，如感官刺激、情感激发等而不是通过讲道理、谈理论。影响广告中暗示生效的因素常见的有两个方面，一方面是如何设置和利用真实的情景、动人的情节和权威的形象来影响受众。另一方面是怎样体现时尚，创造需要来刺激受众。暗示的作用如同"春风化雨，润物无声"，使受众在潜移默化中受到影响和诱导。下面介绍几种使广告中的暗示更加有效的策略。

（1）传播真实的情景打动受众，暗示产品的优势　以传播事实的方式来向受众暗示某种态度或观点是暗示中常用的方法，也是最得心应手的方法。人们常说的："事实胜于雄辩"、"用事实说话"等，就是这个意思。从心理学的角度讲这就是一种暗示，也是人们的一种思维定势。广告中可以通过展示产品使用时的真实情景来暗示产品的优势，从而打动受众的心。如南京蝙蝠电扇在进行广告宣传时最早就用了这种方法，三台电扇被同时摆放在商场的橱窗内运转，旁边挂出这样的字："这三台电扇自某年某月某日开始运转，当你看到它们时，请你算算一共转了多长时间。"这种"转给你看"的宣传方式就是利用人们"眼见为实"的心理，用暗示的方式展示出产品的质量优势，使受众不仅心服口服地接受了产品，还会有意无意地把产品的信息传播出去，效果真是事半功倍。另有国外的一则宣传 Araldite 胶水的路牌广告也是用了这种暗示方法。它先是把一辆真轿车挂在路牌广告的铁板上，广告标题是："它也可以把柄粘在茶壶上。"这种新奇的创意吸引了很多人注意，之后又在铁板上挂出第二辆轿车，广告标题是："悬挂仍在持续中。"没多久两辆车都不见了，铁板上出现两个车身大的破洞，广告标题是："看我们是怎么把它们取下来的。"这样 Araldite 胶水的功效和威力就不言自明了。可见这种用事实说话的暗示手法在广告宣传中是很值得推广的。

（2）激发动人的情感震撼受众，暗示产品的精神价值　古人云，"感人心者，莫先乎情"，世上没有比情更能震撼人心的了。广告作为一种说服的手段就要考虑如何赋予产品更多的情感内容和精神价值，从而震撼受众的心灵，特别是现代社会中，产品丰富多彩，同质产品也很多，人们面对众多的选择对象，常常难以判断和决策。因此，广告不仅要用道理说服人，更要在情感上激发人，以情感为诉求内容的广告首先把人们的情绪调动起来，使其沉醉于广告的情景中，然后再潜移默化地把所要宣传的信息暗示出去，在受众心中产生情感反射和移情作用，从而与广告的宣传形成共鸣。如孔府家酒的"孔府家酒，让人想家"，"你是我的优乐美"等，就有这样的功效。

（3）利用权威的形象影响受众，暗示产品的声誉 暗示要有一定的强度才有效果，在影响广告暗示效果的因素中，包括暗示者本身的威望、信誉、地位等。一般地说，暗示者的身份、地位越高，对受暗示者的影响作用也就越大。因此在广告中常借助名人的影响力来暗示产品的声誉。但在广告设计中要注意对名人的合理利用，否则它也会失效或产生负效应。如一个知名专家就在他专业范围内的产品进行宣传时，其效果就比用影星、歌星好得多，而定位为中低档日常消费品的广告用普通百姓做宣传就比用名人强许多。因为广告中所用的代言人、形象大使等本身就具有暗示的意义，他们会影响受众对信息的理解和接受，如果使用不当自然会引起人们的不信任或逆反心理。所以不是所有广告都只要用明星、名人就有效，一定要根据产品的特点和受众的心理去选择有说服力和权威性的传播者，否则不但白费钱，而且会引起反感，造成宣传上的困境。

（4）传递时尚的信息吸引受众，暗示产品的特色 时尚也叫流行，是指社会上相当多的人在短时间内追求某种行为方式，并使之在整个社会中得以推广，从而使人们产生连锁感染。追求时尚、体现流行越来越成为现代人生活的重要内容，消费流行不仅会影响人们的消费观念，改变人们的消费态度，也会刺激人们的消费欲望，促成消费行为的完成。广告中要注意抓住受众求新奇和赶时髦的心理，为产品赋予时代特色和时尚气息，吸引受众模仿和追随，在广告中设置流行和时尚的背景内容，来暗示受众使用这种产品，就代表着追求时尚、体现流行，特别是在新产品或高科技产品的宣传中，这种方法更有效。如健力宝的新产品第五季广告语"今年流行第五季"，以及广告片中时尚青年人的欢乐情景，就是利用了流行来暗示受众第五季饮料与时尚的关系，从而刺激受众消费。在摩托罗拉的几个广告片中都是用年轻人时髦的形象，或是新新人类的形象来彰显时尚的风采，让每款手机都体现浪漫、新潮和"酷"，并以此来暗示受众使用产品，追求时尚，这样自然能吸引很多时尚的追随者们频频消费。

（5）设置需要的困境刺激受众，暗示产品的功效 暗示在对象情急之中最能发挥功效。心理学家的实验和无数生活中的实例都证明，人在焦虑、困惑、急于摆脱危险或困难的时候最容易接受暗示，就像落水的人把稻草也看成救命的希望一样。这就告诉我们有意暗示的特定目标要和帮助暗示对象解决困难相结合，要善于在帮助别人时体现目标。因此设置一些困境来暗示产品的用途，刺激受众的需要兴奋点，是广告中常用的手段，它的广告语常有"这时如果你有了……所有的问题都解决了"或"用……你就能……"诸如此类的话，这就是通过制造一种困难的情景，来暗示受众需要什么，产品能为受众提供怎样的帮助。一些饮料、保险、药物等的广告常有类似的表现内容。

综上可见，在广告中巧妙地运用暗示是很有意义的。我们只要在广告的创意设计制作中认真研究受众心理，把握好影响暗示的因素，策划有新意的广告内容，就会使广告取得事半功倍的奇效。

思考题

（1）广告创意中创造想象的方法有哪些？

（2）请分析广告受众的再造想象对于一则广告来说有什么样的意义。

（3）请结合实际谈谈你对四大联想律的理解。

（4）广告中使用暗示的策略有哪些？

实战模拟练习

（1）请根据本章所学想象和联想的方法为某一奶粉品牌创作一则广告。

（2）请用想象和联想的理论来分析这则平面广告（见图10-10）。

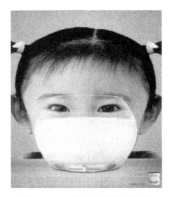

图 10-10　某牛奶平面广告

第十一章
广告表现元素的心理效应及创作方略

【学习目标】

在了解广告表现要素分类的基础上，理解和掌握各类广告要素在信息传达中的心理效应和意义，为各类要素的灵活应用打下良好基础。

基本知识点：广告表现的各类要素在广告传播中的心理效应以及创作的基本原则，广告人物模特的应用。

重点：语言文字类要素和非语言符号要素在广告中的心理效应及创作原则，广告中人物模特的应用。

难点：广告创作中如何正确把握各类要素的心理规律。

广告的表现形式多种多样，但其构成要素是有限的。一则广告作品可以从很多角度加以解剖，将它分解成若干部分，若干要素或若干特征，不同的划分标准将得到不同的要素分类。每一个要素在广告中都有一定的作用。了解各种要素的心理效应，有利于我们综合运用各种要素，创作出理想的广告作品。为了讨论的方便，本章将常见的各类广告要素分为语言类要素和非语言类要素，另外由于现代广告中大量人物形象的使用，我们将广告中的人物形象作为相对独立的一类要素展开讨论。

第一节　广告语言文字类要素的心理效应及创作原则

依据广告语言文字类要素作用和表现形态的不同，我们可以将其分为视觉类和听觉类语言文字，即书面语言和口头语言。书面语言，就是用文字书写的语言，它是一种视觉化的语言。书面语言在漫长的发展过程中，逐渐形成了它自身的典型特征：紧凑凝练、简洁生动、逻辑严密、优美典雅。运用书面语言，可以使广告文案用最少的文字表现最深广的内容，可以构建富于理性色彩的广告文案。书面语言在印刷媒体广告中可以得到大量的运用。口头语言是人们用说话的方式讲述出来的语言。因为人们在运用口头语言时都是在具体的生活场所之中处理具体事务，传递具体的信息，且有人与人之间的情感因素掺杂其间，口头语言就具有平易、简洁、明了、生活化，可以营造一种亲切的、生活化氛围的语言特点。口语的优点不仅仅体现在阅读和接收的第一层面的传播过程中，更体现在第二、三及其以后多度传播中的口头传播的方便性。

在日常的广告传播中，广告中标题、正文、口号等信息可以是作用于视觉的书面文字，也可以是作用于听觉的口头语言。与非语言要素相比，广告语言文字要素意义的共性特征是表达更为清晰概括，结构性强，因此对消费者的影响也较为深刻。但语言要素也具备一些非语言的特性，比如广告文字设计后表现出的图形性特征，为讨论方便，我们以通常所说的广告文案为对象探讨其心理效应。

一、广告中语言文字要素的心理效应

不论是作用于视觉的书面语言还是作用于听觉的口头语言，文字语言都表现出很强的结构性，但广告文案的结构性并非与生俱来的，而是在广告发展中逐步完善形成的。广告文案的基本结构是在广告的目的性要求下产生的。文本结构只有在具备了广告标题、广告正文、广告口号、广告附文等各部分要素时，才能最为完整地表现广告的信息，才能最完善、最充分地达到广告主的目的。

文案是广告必不可少的重要组成部分，几乎任何广告都少不了它。无论何种结构类型的广告语言文字信息，在广告中的心理效应都有以下几个方面。

（1）传递商品或服务信息　传递商品信息是广告的重要功能之一，借助于广告信息，消费者可以对品牌或企业作认知评价，以形成关于品牌或企业的印象或态度。在广告媒体中，印刷媒体（特别是报纸）是传递商品信息的最佳媒体。但是用电视广告来传递商品信息也是司空见惯的。国内广告研究者纪华强等人曾对 1990 年刊播的广告的信息内容进行研究，将广告信息按功能、价格、地点、品质等 14 种要素进行划分，考察不同广告类型的信息含量。结果显示，我国的报纸广告平均信息量为 3.24，电视广告为 1.26。也就是说，每则报纸广告平均至少包含 14 种信息中的三种以上，每则电视广告包含一种以上。[1] 那么这些信息由广告的哪一成分来传递呢？很显然，画面、音响等非语言要素都难以胜任，只有语言文字（包括视觉形式和听觉形式）才能有效地把这些信息传递给观众。可见，广告中语言文字的首要作用是传递商品或服务信息。

（2）广告语言文字是实现广告"二级传播"的基础　所谓"二级传播"，是指媒体把信息传递给某些受众之后，由这些受众进一步把信息传递给其他受众的过程。众所周知，广告的传播面越广，广告效果就越佳。客观地说，真正直接接触到某一广告信息的受众是有限的，如果能让接触过广告的受众将广告信息进一步加以传播，那么传播面和传播效果必将大大地提高。但"二级传播"要求信息载体具有结构性、意义性、容易被记住并能进一步传递出去。广告中的画面、音响等非语言要素结构性差，所传递信息的含义不明确，观众很难把所接受的信息重新呈现或复述出来。音乐虽然结构性也比较强，但难以与广告信息联系起来，无法造成"二级传播"，提高广告的传播效果。语言文字作为一种结构性强、意义约定俗成的信息载体，观众可以把它接受进来再完整地传递出去。所以说，广告语言文字是广告实现"二级传播"的基础。"二级传播"的作用在电视媒介中尤其应引起人们的重视。特别是针对青少年儿童的商品广告，"二级传播"对于广告的产品促销起着相当重

---

[1] 纪华强，朱健强，黄合水．广告心理学．厦门：厦门大学出版社，2007：125.

要的作用。许多少年儿童的家长，由于工作繁忙，没有太多的时间看电视，而且他们对电视广告的兴趣也不大，他们所知道的许多商品信息都是由他们的子女传播给他们的。所以说，电视广告中的语言文字信息对电视广告的"二级传播"、扩大传播面功不可没。

（3）借助于语言，广告的传播效果才得以持久　广告的传播效果以时间为标志可分为近期效果和远期效果。近期效果是在广告刊播之后短时期内所获得的效果，远期效果则指广告刊播之后较长一段时间内仍然持续的效果。一般而言，前者是广告的各种成分（画面、语言和音响）共同作用的结果。其中非语言图形要素的作用尤为突出，它是引起受众注意，激发受众情绪的主要因素。然而，广告刊播之后，随着间隔时间的延长，广告的远期效果则必须依靠广告语言来维持。实质上，长时间之后的广告传播效果体现在受众对广告信息的记忆及由此所导致的购买行为。从心理学的角度来说，图形图像材料由于意义的不确定性，而容易在人们的记忆中消失。语言由于结构性强、语义确定，一旦进入人们的记忆之中，可以保持相当长久的时间，而且具有相对稳定性。

二、广告中语言文字类要素的整体创作原则

要想发挥广告中语言文字类要素的上述作用，其创作就必须遵循一定的原则。具体来说，要考虑以下几条整体创作的原则。

（1）真实性原则　真实性是广告的生命，真实性原则是广告最重要、最基本的原则。只有真实的广告才有极强的说服力，才能磁石般地吸引受众的注意力，给人以逼真的感受与情绪的感染，给人以信任感与难忘的好印象，让人获得知识与信息，令受众信服，相信广告中所说的一切，以诱发他们的购买意识和行动。《中华人民共和国广告法》第三条规定："广告应当真实、合法。"第四条规定："广告不得含有虚假的内容，不得欺骗和误导消费者。"

有说服力的广告离不开真实，而真实性的体现，又是通过广告的各类要素起作用的。强调广告语言文字类要素的真实性，主要是指广告语言文字的信息内容必须真实可靠、清楚明白、准确无误，禁止歪曲事实、虚假夸张、伪造欺骗；不能利用广告弄虚作假坑害消费者。广告中对商品性能、产地、用途、质量、价格、生产者、有效期限、允诺或者服务的内容、形式、质量、价格应当清楚明白；广告中使用的数据、统计资料、调查结果、文摘、引用语应当真实、准确并标明出处。

（2）简明性原则　单纯、简洁、明晰是广告信息传达的一项重要原则。广告信息总是依附于媒介的时间或空间进行传播，必然在时空的占有量上受到制约。最大限度地有效利用媒介的时空是广告信息传达应该注意的问题。一方面有利于受众在被动接收广告信息时（绝大部分情况如此）能够便捷、明了地知晓和理解广告的重点内容，而不至于在那些头绪繁杂、语言晦涩的长篇大论面前产生厌烦甚至拒绝心理；另一方面可以避免对广告刊播费用不必要的浪费。因此，广告语言文字信息有必要使内容尽可能地单纯化，使之简明扼要、深入浅出，突出诉求重点，去除不必要的语词及内容的重复。

广告，特别是电台和电视台播放的广告，是一听而过、一看而过的，文字太多，听不清，看不清，记不清，收不到好效果。所以广告要力求简洁，文约事丰。在读图时代的今天，人们是在匆忙之中阅读广告的，文案的趋向越来越短。广告文案是一种代价昂贵的作品，必须由较少的符号传达出较多的信息。"最简单地把一个复杂的思想表达出来，是信息传播的最高艺术。"[1] 高度浓缩的文字会促使受众思维活跃，情感兴奋，积极去寻找作者的真意。如大众汽车广告：画面是一辆汽车在崎岖的山坡上行驶，文案仅仅两个字，"山羊"，直接推出概念，使人一见而惊，对该车型的卓越越野性能留下难以磨灭的印象，想象空间极为广阔。

（3）整合性原则　广告信息传达是对多种艺术表现形式的综合运用，它最大限度地吸收了文学、音乐、绘画、舞蹈、戏剧等各门艺术的表现手段和技巧，这就决定了广告是一种多层次、多环节的综合创作的艺术。即使是一幅简单的平面广告，也必须具备语言的文学性、图像的绘画性、词句的节奏感、色彩的音乐感等。如果创意运用了或戏剧或舞蹈或民间艺术的元素，还要具有戏剧、舞蹈、民间文艺的内涵；如果是一个有深度的文案，甚至还要涉及哲学、宗教、考古、历史等。

广告的语言文字还必须与各类广告媒体相协调，因为不同的广告媒体具有不同的艺术表现形式。如报刊广告侧重于文字、图案；广播广告要符合听觉习惯，并讲求音乐、音响的效果；电视广告是综合艺术，融多种艺术形式于一体；路牌广告、橱窗广告除必要的文案、画面外还很重视造型。广告如果忽视了不同广告媒介的艺术特征，也会造成广告的失败。

三、各类常见的广告语言文字构成要素解析

一则完整的广告，一般会包括广告标题、广告正文、广告口号、广告附文等几部分，这些是广告实践中比较常见的广告语言文字构成要素。下面对各类广告语言文字构成要素的功能和创作要求进行分析。

（1）广告标题　广告标题是广告文案的一个重要的构成要素。它在广告作品的整个版面和构图中，始终处于最醒目、最有效的位置。以致成为整个广告文案乃至整个广告作品的总题目，它为整个广告提纲挈领，将广告中最重要的、最吸引人的信息进行富于创意性的表现，以吸引受众对广告的注意力。它昭示广告中信息的类型和最佳利益点，使受众继续关注正文。

广告标题的作用为整个广告提纲挈领，让广告的最重要、最吸引人的信息在创意的表现中得到展现。即以最醒目的方式对应受众的内在需求，以引起他们的关注。广告标题提出了广告信息中的产品利益点，使得利益点成为受众中的潜在消费欲望的对应物，让他们自觉地对广告内容产生继续再度关注的好奇和渴望。同时，标题还诱使被分离出来的目标消费者进一步关注正文，直接诱发消费者产生购买行为。标题在形式和内容上都引导着目标消费者继续关注正文表现：在内容上，提示正文中将表现的信息内容；在形式上，对应他们的好奇、审美和新闻记者冲动，以诱导目标消费者进一步关注正文。

广告标题的写作原则应遵循体现广告主题、表现消费者利益、诱发受众好奇和

---

[1] 大卫·奥格威. 一个广告人的自白. 北京：中国友谊出版公司，1991：173.

简洁明快的表现形式。

（2）广告正文 广告正文是指广告文案中处于主体地位的语言文字部分，这部分构成要素的主要功能是，展开解释或说明广告主题，将在广告标题中引出的广告信息进行较详细的介绍，对受众特别是目标消费者展开细部诉求。

广告文案的正文，是广告文案中的主体部分，是广告标题和副标题的延续和细部展开的诉求。它运用其主体的篇幅，或者对标题中提出的商品特色、消费者问题给予解释和说明、证实，或者对广告对象的特点、功能等方面进行细部介绍，或者详细表现广告对象的背景情况，或者告知受众获得广告中产品的途径和方法，是广告文案传播信息、说服受众、促动消费者产生消费行为主要的诉求力量。

（3）广告口号 广告口号也叫广告语、广告主题句、广告中心用语、广告标语等。它是企业和团体为了加强受众对企业、商品或服务等的一贯印象，在广告中长期反复使用的一两句简明扼要的、口号性的、表现商品特性或企业理念的句子。它是基于企业长远的销售利益，向消费者传达一种长期不变的观念的重要渠道。广告口号首先是企业、商品、服务与受众之间的认知桥梁。通过它可以传达长期不变的观念，在改变消费者指向的同时，产生长远的销售利益。

广告口号因为其肩负的作用和目的，在其形式上体现了自身的独特性。这个独特性从以下方面来表现：信息单一，内涵丰富；句式简短，朴素流畅；反复运用，印象深刻。我们在写作广告口号时，要更重视口号的口头传播的适宜性，立足多度传播的产生。这样才能使广告口号得到广泛的传播，形成深广的影响力。

（4）广告附文 广告附文是在广告正文之后向受众传达企业名称、地址、购买商品或接受服务的方法的附加性文字，因为是附加性文字，它在广告作品中的位置一般总是居于正文之后，因此，也称广告随文、尾文。附文的具体表现内容大致分为以下几个部分：品牌名称；企业名称；企业标志或品牌标志；企业地址、电话、邮编、联系人；购买商品或获得服务的途径和方式；权威机构证明标志；特殊信息：奖励的品种、数量，赠送的品种、数量和方法等。

附文对广告正文起补充和辅助的作用，可产生固定性记忆和认知铺垫，促进销售行为的实施。

第二节 广告中非语言符号的心理效应及创作原则

美国著名传播学大师威尔伯·施拉姆说："仔细地注意一下，传播不是全都（甚至大部分不是）通过言词进行的。一个姿势、一种面部表情、声调类型、响亮程度、一个强调语气、一次接吻、把手搭在肩上、理发或不理发、八角形的停车志牌，这一切都携带着信息。"❶ 非语言符号，是相对于语言符号而言的。语言符号是指信息传播的主要载体，是人类特有的形声符号集合和符号系统，它涵括了书写符号和语言符号两大系统。非语言符号是指语言、书写等符号以外的在信息交流活

---

❶ 李彬．传播学引论．北京：新华出版社，1993：64.

动中能够有效发挥作用的其他符号形式，诸如物体、体态、色彩、图形、时空、停顿、乐音等，都属于非语言符号。

当今社会，由于工作节奏相当快，人们对非语言的追求甚于语言，甚至有人认为我们正走入一个"图行天下"的"读图时代"。比如说，报纸版面大量照片、大幅图片的增加；电视越来越追求画面细节，利用画面细节来强调新闻的可信度；教师授课越来越重视通过图片、动画来弥补语言和文字的不足，提高课堂效率等，都在一定程度上说明非语言符号在现代传播中的地位和作用。非语言符号在人类传播史上占有重要地位，它与语言符号互相渗透，并有着自己的发展规律，值得我们研究。

一、非语言符号在广告创作中的心理效应

广告非语言符号的应用历史可以追溯到原始社会末期商品经济萌芽时期。最初的广告传播活动，譬如叫卖广告，通过吆喝来兜售商品，或者以各种声响等非语言来招徕顾客。我国《诗经》中就有商人在卖麦芽糖时吹箫为号的记载，还有实物广告、幌子广告、招牌广告、印刷广告等都渗透着非语言符号，甚至实物、幌子等众多古代广告形式更多地用非语言符号来传播。在人类进行广告传播过程中，传播者都或多或少，或自觉或不自觉地运用了非语言符号进行传播。可见，非语言符号传播在广告传播史上是非常重要的，它的功劳是不能抹杀的。

美国口语传播学者雷蒙德·罗斯认为，在人际传播活动中，人们所得到的信息总量中，只有35%是语言符号传播的，而其余65%的信息是非语言符号传播的，其中仅面部表情就可传递65%中55%的信息。美国心理学家艾伯特·梅拉宾也认为，面部表情最具信息冲击力，并远远超过声音和言辞。他为此专门设计了一个信息冲击力的计算公式：信息冲击力 $1 = 0.07 \times$ 言辞 $+ 0.38 \times$ 声音 $+ 0.55 \times$ 面部表情。[1] 可见，非语言符号在成功的信息传播中，占有很大的分量。

我们知道，广告信息由直接信息和间接信息两大部分构成。直接信息是指用通用符号所传达的广告信息，它包括语言、构图、声音、色彩；间接信息是除了商品之外的信息，是为强化某一直接信息而附加的内容。间接信息主要有人物、道具、情节等。从中可以看出，虽然语言、文字等语言符号是广告信息的主体，但是广告信息还是离不开非语言符号，因为非语言符号在广告创作中具有语言符号无法代替的作用。因此广告从业者只有学会运用非语言符号，培养广告画面思维，才能更好地有效地传播广告信息，达到广告传播的目的。

非语言符号在广告创作中的心理效用有以下几方面。

（1）非语言符号激发消费者的兴趣　一般而言，单纯只有文字或语言的广告很难引起消费者注意，更无法激发消费者的兴趣。这是因为，信息化时代人们面对大量的信息，一般广告难以满足人们的好奇心。非语言符号的表现形象直观，具有鲜明的外显动作。这些外显形象生动的行为表现，刺激强度大，可唤醒和引发人的注意力，激发受众的兴趣。在视觉广告的创作中，非语言的表现行为，诸如面部表

---

❶ 李彬.传播学引论.北京：新华出版社，1993：70.

情、身姿手势、声高语调、位置变化、色彩变化等，通过受众的视觉，吸引他们的注意力并引发他们的兴趣，提高对广告的注目率。生理学研究表明，人的视、听觉注意力不宜长久地集中在一个固定的信息源上，这样易于疲劳。广告传播者在广告制作中适时地安排一些非语言行为，使受众的视、听觉不断变化集中点，获得新刺激，有利于保持注意力的集中和提高广告的注目率。

（2）增强广告的可读性和可视性　我们看到的许多广告，通过传授有关产品的知识，对产品的科学原理进行解释、介绍等手段来教育消费者，增加消费者的产品知识，使人们在不知不觉中对广告所宣传的产品服务产生兴趣与好感。但是，消费者的文化层次是不同的，许多消费者对比较专业的知识往往听不懂。由于非语言符号具有替代、补充、印证、暗示等功能，因此，恰当地利用非语言符号可有效地减少产品专业术语的介入。广告中一些专业人士的许多讲解、论述等需用说明的地方，往往可借助非语言符号进行替代或印证，从而减少专业术语的出现。

以电视广告中的很多药品广告为例，电视画面上一条鲜红的血管中流淌的血液被血管壁上的血栓阻挡，缓慢地流动，"××药物因子"进入血管，迅速融掉血栓，同时推动溶解的血栓向前流去。接下来，整条血管变得畅通……药品机理广告多数是通过三维动画技术将发病的病灶或病菌以拟人或拟物的形式表现在画面上，同时，将药品的某种成分或所谓秘密成分以对立面的方式或形象（正面形象）直接破坏或杀死病灶或致病菌。整个过程用非语言符号来表达，给人非常鲜明和直接的认识。整个广告没有过多涉及专业术语，这是语言、文字等语言符号无法企及的。

（3）追求润物细无声的传播效果　非语言符号有美化、愉悦的功能。如果我们的广告创作人员能在准确传达广告主题的基础上，重视广告演员的舞姿、动作、外貌、服装，色彩，图形，报刊的空白、线条、底纹等非语言符号，往往比单纯只有产品名称和产品介绍的语言更有吸引力。因为优美的风景、靓丽的演员、和谐的色彩、动听的音乐等非语言符号都可以给受众带来心灵的亢奋和愉悦的情绪，满足人们的审美需求。所以，非语言符号的美化、愉悦功能给我们在视觉、听觉、视听两用媒介中的广告提出新的要求：

视觉媒介要求广告作品具有视觉刺激性，能对消费者产生刺激，吸引其注意，使其产生深刻印象。同时，还要求广告作品富于艺术创造，能够唤起消费者美的联想，引发想象，使其产生愉悦、欢乐的心理体验，这样便可加深消费者对广告的记忆和理解。

听觉媒介要求广告作品能够通过悦耳的声音和逼真的音响，刺激消费者的听觉器官，使之在享受艺术的同时加深对广告内容的理解和记忆。

视听两用媒介要求广告作品通过活泼生动、富于戏剧性和富有人情味的广告情节，来刺激消费者的视觉器官和听觉器官，在使其产生身临其境感受的同时带给他们视听的享受，使其处于一种娱乐性的、富于人情味的气氛之中，产生愉悦、欢乐的情感，从而使广告在消费者的心中留下深刻的印象。

（4）具有强化广告诉求的效果　我们知道，非语言符号具有强化或者弱化语言符号的功能，所以，在创作广告时要充分认识到它的这一作用，为广告传播服务。

在广播广告中，声音的停顿、语气、语调，对某些词、句故意提高音量或者拖长，都能产生不同的认知效果，值得我们重视；在平面广告中，空白、套红、加大加黑字体，图片的大小，标题、商标、厂名的位置及大小等以及电视广告的重复播放，网络广告的跳出和移动出现，都能起到强化或者弱化广告主题的作用。例如，著名设计师靳埭强许多广告作品都出现了一个重要的元素——红点，一个朱红而鲜亮的红点。靳埭强说"红点是我在 20 世纪 80 年代开始衍生的一个视觉元素，也是精神元素，它可以融汇我的设计意念，有生命地传递着丰富的信息"。如同靳埭强说的那样，在作品中反复出现的红点成了他设计中的一个重要的视觉元素和精神元素（见图 11-1）。红点在不同的作品中奇妙的融入，成为画龙点睛的神来之笔，既令人惊讶，又令人叹服。在十几年的时间里，红点反复进入他的作品。作为一个视觉元素，红点是艺术家作品中的一个中心和焦点；作为一个精神元素，红点是艺术家精神在作品中的凝聚和爆发。这个红点作为一种非语言符号，无疑对设计大师的广告作品有强化主题的作用。

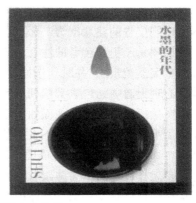

图 11-1　靳埭强招贴广告作品

（5）直观画面提高广告传播的效果　俗话说"百闻不如一见"，一般而言，如果我们仅仅看到广告中的文字或者听到声音，容易产生半信半疑的心理，原因在于文字和声音等语言符号不够直观、具体、真实，比较抽象，而物体、体态、色彩、图形等非语言符号却能客观真实地把产品外形、部分性能等呈现出来，让受众有感性认识，"一图胜千言"正是对这一问题的生动描述。例如，电视画面上一位年轻的爸爸正在与女儿亲热拥抱，父女面颊接触，这时镜头拉近，三维效果真实地呈现父亲皮肤毛孔中蠕动的大号螨虫向女儿幼嫩的皮肤爬去……将所要诉求的广告卖点以非语言符号真实显现出来，对于那些目标消费群体来说无疑是一种震惊或威胁！可以想象，经过频繁的直观的呈现，那些担心自己被螨虫或其他病菌所侵犯的对象就会心甘情愿地掏出钞票购买产品了。

（6）暗示、迁移、转喻的作用　众所周知，非语言符号具有暗示、迁移和转喻的作用。合理恰当地运用它们进行广告信息的传达，是广告创作需要研究的问题。我们知道，香烟的广告有诸多限制，但是，优秀的传播者通过非语言符号同样可以达到传播的目的。譬如，香烟广告不能说出香烟这个信息，只能通过非语言符号的暗示，通过对其他事物的演绎来达到他们的目的。又如安全套、卫生巾以及与性有关的产品也要依靠非语言符号的含蓄传播。

二、视觉类元素的心理效应

图形、色彩和布局构图是各类广告作品视觉元素的三个主要组成成分，各类成分对消费者的心理效应和影响不同。这里重点讨论一下图形和色彩的心理功能。

1. 图形的心理效应

广告图形在印刷媒体上常称为插图，在电视媒体上有时称为画面，有时称为图像。插图是静态的，图像一般是动态。插图和图像在一则广告中具有某些相同的功能，但也存在着某些差异。

（1）吸引和维持受众的注意力　国外有一家化妆品公司曾以一张普通的黑白广告和一张相同图案的彩色广告进行注意效果程度差异的调查。其结论是，两幅广告中，最引人注意的地方同样是商品的照片，彩色印刷广告的注意率达 84.1％，黑白印刷广告的注意率为 46％。文案部分注意率都比较低，注意率最低的是文字标题，彩色印刷广告的注意率为 7％，黑白广告第一眼注意标题的几乎为零。❶

广告插图易于引起读者的注意，广告艺术顾问安辛·阿姆斯特朗把插图的这一作用称为"突然袭击"，并对其作如下描述："假设你的读者正在小心谨慎地阅读杂志。他从心理上对一切广告都感到天生的厌烦。在他的缓慢阅读过程中，你为他设置了一个突然的陷阱——让他面临一个突然的断崖绝壁而茫然无措。他急忙悬崖勒马，失去了平衡而险些一头栽下去。他手足无措，终于像爱丽斯掉进兔窝那样地跌入深渊。在那里他却发现了简单的真理而马上掌握了它——这是他从前未见到过的。这就是怎样让他跌下去并跟着你爬上来的办法。"❷

图像能够维持观众注意，其原因有三个方面：首先，图像提供了丰富的视觉刺激，因而能有效地把观众的注意力从别的方面吸引过来。心理学的研究表明，人需要适当的刺激量才能维持注意状态，当人面临的情境刺激量太小时，就容易分心或疲劳。其次，图像能适当地满足观众娱乐欣赏的需要。观众观看电视节目往往是带有某种目的的，如消遣娱乐，欣赏一些美妙的景物等。只要节目能满足他们的需要，他们就会认真地观看欣赏。商业电视广告一般只有 15 秒钟或 30 秒钟，在这短短的时间里，投入广告的人力财力往往要比电视上其他节目高得多，因而画面视觉效果比较理想，具有较强的吸引力。最后，图像提供不断变化的刺激。对变化的刺激感兴趣，是动物都具有的本能，人类也不例外。

（2）强化受众对语言信息的理解和记忆　广告向受众传递情报性信息主要是借助于广告语言来实现的。通过广告语言，广告主能够向受众比较详细地描述商品的

❶ 纪华强等 . 中国报纸杂志和电视广告信息的内容分析 . 福建省报纸广告优秀论文选 . 厦门：厦门大学出版社，1993.

❷ Stapel J. Recall and recognition：A very close relationship. Journal of Advertising Research，1998，38 (4)：41～45.

性能、用途、质量等各方面情况，为广大消费者提供确切的信息。我国心理学家彭聃龄等人在一项研究中探讨了电视图像对观众理解记忆节目内容的影响。他们以电视新闻为材料，比较了图像加声音的电视呈现方式和只有声音没有图像的广播呈现方式的记忆效果。结果发现，不管是采用自由回忆，还是采用提示回忆，被试对电视呈现方式的记忆水平都高于广播呈现方式。这说明图像促进了受众对电视传播内容的理解记忆（见图 11-2）。

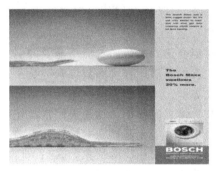 

图 11-2　超乎想象的"大容量"、"速干"概念，生动形象，一目了然

画面强化广告语言信息记忆的心理机制有二：其一，广告语言与画面中特定的人物、景物由于同时或连续呈现，受众会产生联想记忆。这样，那些比较容易记住的人物、景物便可能成为广告语言的有效提取线索。其二（针对电视广告而言），图像与语言表达内容相同时，它们同时刺激人的视觉和听觉器官，信息分别由视觉系统和听觉系统进入记忆系统，因而达到双重编码的功效，所以记忆效果比较好。

（3）起边缘说服作用　据广告心理学家佩蒂和卡西奥波的观点，广告说服有两条线路，即中心线路和边缘线路。广告画面能作为说服的中心线索负载某些情报性信息，达到中心线路说服的作用。但是相对而言，广告画面更主要是作为边缘线索起边缘说服作用。边缘说服是指运用非论据性的信息如使用有吸引力的人物、展示精美的包装或配上悦耳的音乐等，使受众将对这些边缘线索产生的情感或态度直接迁移到广告品牌或广告主上，即所谓的爱屋及乌。例如，在动感地带广告中，观众可能因为对明星周杰伦有良好的印象，因而对动感地带产生良好的评价。不过，大量研究表明，边缘说服作用只是暂时的，随着时间的推移，这种作用将逐渐消减。

2. 广告色彩的心理效应

颜色是光波作用于人的眼睛所引起的视觉经验。广义的颜色包括无彩色（白色、黑色和各种不同程度的灰色）和彩色（红、橙、黄、绿、青、蓝、紫）；狭义的颜色仅指彩色。在电子技术和印刷技术高度发展的今天，彩色在广告中的运用已经相当普遍。

从彩色广告与黑白广告的对比研究情形来看，彩色的确有助于提高广告的吸引力，使广告得到更多受众的注意。日本新闻协会 1975 年的研究表明，同样版面的彩色广告，其注意率比黑白广告增加 10％，注意时间和记忆效果也提高两倍以上。

在彩色被运用于广告之后，人们一直就很重视彩色的作用及彩色运用效果的研究。美国广告学家 T. B. 斯坦利曾经归纳认为彩色在广告中具有如下作用：吸引人们对广告的注意力；完全真实地反映人、物和景；强调产品和宣传内容的特定部位；表明销售魅力中的抽象质量；使广告在第一眼就给人以良好印象；为产品、劳务和广告主本身树立威信；给人们记忆里留下更深的印象。❶

　　罗斯伯格研究也发现，彩色广告能引起更多人的注意。但是如果把广告费也考虑进去，以每元为单位计算，彩色广告则不如黑白广告有效。不过，另有一项研究则发现，四色广告的成本比黑白广告高出 50％，但通常它们的记忆度高出 100％。上述研究可以看出，彩色广告总的来说比黑白广告能达到更好的注意和记忆效果。不过值得注意的是，黑白广告的适当运用有时也会达到彩色广告所不能及的引人注目的效果。根据强烈的对比反差能吸引人们注意的原理，在大多数广告都是彩色广告的时候，以黑白为基调的广告就容易"鹤立鸡群"。

　　颜色具有使人产生某种心理联想和唤起某种情感的作用，这是人们常常在特定情况下使用特定色彩，或者在特定的颜色情境中经常发生某些带有情感色彩的事所造成的心理联想关系。一般来说，每一种颜色都与一些相应的情感相联系。白色一般会使人想到清洁、纯洁、神圣、诚实。少女穿上白色的服装会给人纯洁的感觉。但在中国的许多地方，送葬时穿的是白色服装，因此，白色也会令人产生死亡的联想；黑色是夜晚的象征，因而会使人产生罪恶、悲哀、压抑、死亡、庄重的感觉；红色具有刺激人的生理欲望的作用，同时与温暖、危险、争斗、愤怒以及吉利、吉祥、好运气相联系；黄色表示愉快、舒适，同时也可能使人产生富裕、高贵的联想；绿色是生命的象征，容易使人产生和平、充满生机以及平静、安宁的感觉；蓝色与广阔的天空和大海相联系，会使人联想到遥远、冷淡、寂寞、朴素；紫色可以使人联想到优雅和威严，还有优美、满意、希望、生机的感觉；青色是鬼火的颜色，具有冰冷、恐怖、神秘的感觉。由于不同的颜色各有其不同的心理意义，所以在进行企业形象的视觉设计以及个别广告的创作设计时，应该注意颜色的运用要与广告活动的理念、主题、基调以及产品的特点相协调。从一些国际知名品牌的广告活动中，我们也可以看出，它们非常重视广告色彩的选择运用。

　　但是，在选择使用颜色时，也要注意到颜色的心理意义因地区和文化的不同而不同。在许多国家，绿色都象征着生命与和平，而在马来西亚，绿色则会让人想到森林和疾病；绿色还是埃及和叙利亚的国色，用在商品上不受欢迎。在我国，红色象征着喜庆、欢乐和胜利等，爆竹染上红色是合情合理的事，而西德和瑞典人不爱滥用红色，所以我国原先出口到这两个国家的红色爆竹不受欢迎，改为灰色后则销路大增。爱尔兰、瑞典的国旗上有红、白、蓝三种颜色，所以在食品中禁止使用这些颜色。在伊拉克，商业上避免使用橄榄色，因为伊拉克国旗上有这种颜色。蓝色是伊朗人丧服的颜色，用在商品上会引起反感。在大多数拉丁美洲的市场中，紫色普遍被排斥，因为它象征着死亡。面向法国的广告和包装就要尽量避免墨绿色，因

---

　　❶ Patzer G L. Multiple dimensions of performance for 30-second and 15-second commercials. Journal of Advertising Research，1991，31（4）：18～25.

为法国人十分仇视希特勒军队的墨绿色军服。

三、听觉类元素的心理效应

音响是广播、电视广告的一个重要组成成分，由于音响不能直接负载商品信息，所以在广告创作中常常被放在次要的位置，一直没有得到充分的重视。不过，20世纪80年代以后，广告音乐越来越受到人们的重视。例如，在美国的电视广告中，以音乐为主的产品广告占有相当的分量（大约三分之一），越来越多的歌唱家进入广告圈。有些广告主也不惜重金制作广告音乐片。

音响包括音乐和效果声。由于一般广告都是以音乐为主，所以下面我们着重探讨音乐的心理功能。

（1）辅助画面和解说词塑造出某种情感气氛　例如，节奏明快的音乐可以创造出欢快活泼的气氛。在饮料广告中，配上这种音乐能让人体验到喝这种饮料的乐趣；运用于服装广告中，则可使人感到服装的现代感。节奏舒缓的音乐配在广告中，可给人以舒适、浪漫的感觉。

（2）唤起人们的注意　人们接受外界信息主要是通过眼睛和耳朵，眼耳的协调配合使人们的注意不仅能抓住某一目标对象，还能监控周围环境发生的事情。在一般情况下，当人用眼睛去捕捉注意对象时，人就用耳朵来监控其他事物。反之亦然。受众对广播电视媒体的接触，常常是边进行其他活动（如聊天、做作业、织毛衣等），边收听广播或边观看电视。因此，当他们的注意力不在媒体时，一个美妙的音乐旋律可能就会引起他们的注意，使他们不自觉地认真看、认真听。不过，能唤起听众注意的音乐一般是听众比较熟悉、比较喜欢的曲调。不然就是广告音乐与其他节目的音乐大不相同。

（3）加强广告信息的记忆　根据联想记忆原理，当两种刺激物在相邻或相近的时空出现时，人们就容易把它们联系起来储存在记忆中。之后，当一种刺激物重现时，另一种刺激物也容易被唤起。在广告中，一首曲子，一个旋律经过多次重复之后，就会跟广告产品名称及有关的广告信息发生联想关系。这种联想关系是很有益的，受众以后在其他场合再次听到该曲子或旋律时，就会不自觉地联想起该产品的广告，这有利于巩固受众对广告产品品牌和广告信息的记忆。

（4）发挥边缘说服的作用　广告心理学家帕克（Park）和杨（Young）进行过一项研究，通过控制被试的卷入条件（包括认知卷入、情感卷入和低卷入），来检查音乐对 Ab（对品牌的态度）和 BI（行为意图）的影响。该研究发现，在认知卷入条件下，没有音乐的电视广告比有音乐的电视广告对观众的 Ab 和 BI 的改变影响较大，说明音乐起了消极的作用；在情感卷入的情况下，有、无音乐差异不大；但是在低卷入条件下，有音乐对 Ab 和 BI 的积极影响比没有音乐大（见表11-1）。❶令人庆幸的是，在大多数情况下，观众和听众都是在低卷入条件下接触广告的。因此，可以认为广告音乐一般起着积极的作用。

---

❶ Park C W & S M Young Consumer Response to Television Commercials：The Impact of Involvement and Background Music on Brand Attitude Formation. Journal of Marketing Research，1986，23.

表 11-1　音乐对 Ab 和 BI 的影响

		认知卷入	情感卷入	低卷入
Ab	有音乐	4.10	4.40	4.00
	无音乐	4.65	4.25	3.60
BI	有音乐	3.00	3.15	2.80
	无音乐	3.70	3.25	2.10

（5）娱乐听众的作用　众所周知，广告的插播对受众是一种侵扰，一般受众并不喜欢广告，并且尽量避开它。因此，一条广告若配有优美的旋律，就能部分地减少他们对广告的厌烦，并给他们带来一点乐趣。正如不喜欢跳舞的人进入舞场，他们会从欣赏舞曲和别人的舞姿中获得快乐。

广告音乐具有上述多种功能，但是要有效地发挥它的积极作用，在音乐的选择或创作时，应该注意三点：第一，不要使用其他竞争产品使用过的曲子或旋律。否则，你初期发布的广告实质上部分是在替竞争产品做宣传。第二，选用现成的曲子应该是知名度高、大众较为熟悉的。如流行曲及一些经久不衰的名曲。创作新乐曲应该让听众易学、易唱。曲调流畅、节奏感强的曲谱比较容易学，也比较容易流行。第三，使用于广告中的乐曲要与广告所要制造的情感气氛相适合。例如，在制造一种怀旧气氛时，可用柔板、慢板的乐曲；创造欢快气氛时，可用节奏快的曲子如圆舞曲；要使人产生古朴的情感联想时，则用空灵的、意境深远的古典器乐曲。

四、广告中视听类元素的配合

画面和语言的配合是许多媒体广告（特别是电视广告、杂志广告）创作设计中的一个重要问题。画面和语言配合得恰当，有利于广告的宣传效果。配合得不恰当，则会影响广告的信息传递及说服作用。

（1）关联与否　从信息内容上看，画面和语言配合经常出现两种情况，一种是二者都描述商品或劳务的特点、属性，即关联情况；另一种是画面和语言所描述的信息内容截然不同，二者之间没有必然的逻辑关系，即不关联情况。例如，画面表现一个翩翩起舞的漂亮女郎，解说词则在陈述与模特儿联系不上的某种品牌鞋油的特点。在关联的范围里，又可以分出两种情形：相同和相异。相同指画面和语言共同描述商品或劳务的某些特点、某些方面；相异指画面描绘商品的某一特点如功能，而语言陈述商品的另一特点如价格。

一般来说，不关联广告是广告表现上的失败。但有时也可能是广告创作者有意设计制作的。根据认知心理学关于记忆的双重编码理论和深度加工理论，关联性广告或由于它能使受众在接受广告信息时进行双重编码（表象编码和语言编码），或由于它能促使受众进行深度认知加工，广告信息的记忆效果优于不关联广告。对关联广告中的相同情形而言，广告由画面和语言向受众呈现相同信息，使受众对同一信息进行双重编码，因而记忆较为牢固，容易回忆起来。在相异情形下，由于语言和画面描述商品的不同侧面，受众在接受画面信息的同时，会对语言内容产生期待，期待相同信息的出现。当语言描述的内容与他们所期待的内容不一致时，受众就会进行深入的认知加工，即对从外界输入头脑中的信息进行分析、综合，并将它们与已有的知识经验联系起来，从而达到较佳的记忆效果。

在印刷广告的研究中，伊德尔和斯特林根据被试对与品牌有关项目和广告各方面（如版面编排、色彩）的回忆，将系统化图画、非系统化图画和纯语言内容三种广告加以比较。系统化图画指包含等同于图画内容的语言材料的广告画，即关联广告；非系统化图画指仅有画面内容没有语言叙述的广告画；纯语言内容指仅有语言描述的广告。由于不关联广告中不相干的信息会相互干扰，所以非系统化图画和纯语言内容的广告在宣传效果上等效或者优于不关联广告。他们的研究结果表明，系统化图画的信息记忆与非系统化图画、纯语言内容广告相比，有明显的优势。换句话说，关联广告比不关联广告的信息更易于记忆。

对于电视媒体来说，关联广告比不关联广告有利于广告信息的记忆，这是不言而喻的。然而，电视广告的图像和语言是在一段有限的时间内呈现出来的，每一个画面、每一句解说词都是稍纵即逝的，观众对广告信息的深度加工受到时间的限制。因此，如果图像和解说词分别描述商品的不同方面，由于没有足够的时间进行认知加工，记忆效果就不会太好。在这种情况下，要使广告信息得到有效的记忆，图像和解说词描述同一信息内容是较为合适的。在印刷广告中，有一项关于普通杂志中广告插图关联性的价值的研究指出，包含关联插图的广告的回忆率大约是无关插图广告的10倍。

（2）同步与否　　画面和语言同步与否这一问题主要是针对电视广告而言的。将画面和语言表现的同步与否和它们描述的信息内容相同与否结合起来，可分为四种情况，即：描述同一内容的图像和解说词同步呈现；描述同一内容的图像和解说词不同步呈现；描述不同内容的图像和解说词同步呈现；描述不同内容的图像和解说词不同步呈现。其中第二、第三种情况实质是一样的。根据注意原理，不同的刺激作用于不同的感觉器官，如眼睛接受的是一种信息，耳朵接受的又是另一种信息，那么两种刺激之间就会相互干扰，影响人们对信息的心理加工；在另一种情况下，如果作用于不同感觉器官的刺激包含不同的信息内容，呈现又不是同步的，那么只要信息量不太大，观众也是可以顺利接受的。据此，在上述四种情况中，第一种情况最有利于观众的认知加工，第二、第三种情况对信息加工不利，第四种情况视广告所传递的信息量的大小而定，这实质上也说明了在电视广告中信息量大是不理想的。

（3）画面表现充分与否　　语言是一种约定俗成的社会交际工具，它能被准确地用以描述某种事物或概念。在这一点上，画面则远为逊色。正是由于这一原因，画面表现往往带有很大的随意性。那么如何把这种随意的画面表现和语言结合起来以达到较佳的信息传递效果呢？英国心理学家甘特（Gunter）以电视新闻为材料，比较了下列三种材料的记忆效果：解说词＋电影剪辑画面、解说词＋静态画面、解说词＋播音员画面，结果发现，第一种结合方式效果最佳，其次是第二种，第三种效果最差。这是可以预料的结果，但它说明了画面表现充分的重要性。美国国家广播公司NBC和丘斯林调查公司于70年代的广告效力调查也表明，画面表现要充分体现解说词的内容，才能使广告达到更佳的效果。例如，在一则电视机的广告中，广告的中心意思是要大家明了该电视机的技术设计。研究者用了两种不同的画面表现作比较，一种画面表现是仅由播音员手指完整的电视机解释装配过程；另一种画面表现则将电视机内部的主要零件陈列在桌上，由播音员一边解释其优点和装配过程，一边作表演。结果前一种画面表现的被试记忆率仅为5％，而后一种画面表现的记忆率高达41％，二者差距非常明显。❶

（4）画面为主还是语言为主　在广告创作设计中，创作者经常要考虑到以画面表现为主体，还是以语言描述为主体，才能达到理想的宣传效果。关于这方面的研究有很多，结论莫衷一是。泰勒和汤普逊（1982）指出，画面内容过多地加到语言信息上，比起单独地呈现语言信息没有明显的作用；吉斯流斯和斯腾塔尔1984年的报告显示，与单独的语言陈述相比较，产品的语言陈述伴随着线条画的类似物会增加品牌信息记忆，但减弱了积极的品牌态度；罗斯特和佩斯（1978）发现，以画面为主语言为辅比以语言为主画面为辅的广告容易产生更积极的情感；伊丽莎白（1986）研究表明，纯语言的广告刺激与受众的实用和理性知觉相联系，纯视觉刺激的广告与受众的亲密性知觉相联系。❷由此可见，对以画面为主或语言为主两种表现形式的任何断言都可能导致错误。在实际广告创作设计中，究竟采用哪一种表现形式，似乎应根据广告宣传的目的和重点来决定。美国广告学家沃森·邓恩在《广告与商业》一书中对在印刷广告中什么情况下强调语言，什么情况下强调画面作了如下概括：①当你要推销的产品注重外形时，那就应该强调它的视觉效果；②如欲使产品引起人们情感上的联想，那么就应该强调视觉效果；③为了达到广告的宣传目的，越注重事实，则运用文字宣传的重要性越高；④在广告说明中如叙述部分很重要，则文字部分亦趋重要；⑤产品越新则你更需要强调广告的文字；⑥为了强调所要采取的行动，一般最好用文字说明。沃森·邓恩所概括的这些方面虽然来自于印刷广告，但对于其他广告同样具有指导意义。

第三节　广告中人物模特的作用及运用

在现代广告中，大量广告都运用人物来表现产品的功能、用途，介绍产品的使用方法、特点，以及树立品牌形象。那么，在广告中对人物应如何运用？人物广告的运用能获得什么样的效果？这些问题都是广告主、广告创作者和广告研究者共同关心的问题。下面将分三个方面加以探讨。

一、用或者不用人物

社会心理学家弗里德曼等人1976年的研究曾涉及这一问题。他们在一则关于

❶ Gronhaug K，Kvitastein O ＆ Gronmo S. Factors moderating advertising effectiveness as reflected in 333 tested advertisements. Journal of Advertising Research，1991，31（5）：42～50.

❷ Gronhaug K，Kvitastein O ＆ Gronmo S. Factors moderating advertising effectiveness as reflected in 333 tested advertisements. Journal of Advertising Research，1991，31（5）：42～50.

酒的广告中分别用四种类型的产品介绍人，即演员、学生（典型消费者）、酒专家和公司经理，在另一广告副本中则没有人物。在被试看完广告后，要求他们对酒的味道、价格、广告的可信性和购买意图作回答。结果发现：不管用什么介绍人，有介绍人的广告总比没有介绍人的广告取得的宣传效果更佳。黄合水和彭聃龄在一项有关电视广告的研究中，也得到与此一致的结果。他们让被试者对 56 则电视广告作印象评价，56 则广告中有 27 则有人物（包括动画人物），29 则没有人物。结果是有人物的广告的平均印象评价明显高于没有人物的广告。著名广告研究者斯塔奇（Starch）对广告中人物模特儿的作用也曾进行研究。在该研究中，他让被试挑选出 50 幅最好看和最不好看的广告。研究结果发现，在被认为最好看的 50 幅广告中，有 29 幅插图中心集中于人物上。而在被认为最不好看的 50 幅广告中，只有 10 幅插图中心集中在人物上。另外，在前 50 幅广告中，没有一幅是单独介绍产品的图片，而后 50 幅广告中就有 32 幅只是介绍产品的图片。这些研究结果说明，从总体上看，运用人物于广告中是有益的。据此，建议广告创作者在广告创作实践中，尽量考虑运用人物。

运用人物有利于提高广告的效果，这也可以从理论上找到依据。根据社会心理学家奥斯古德的适应性理论，"倾听某人对某对象的主张，听者对主张者的评价与对对象的评价有一种趋于一致（均衡）的倾向"。❶ 在人物型广告中，由于人物一般都是经过严格挑选出来的，人物形象比较好。这样，由人物来发表他们对产品的评价，也就会促使消费者对广告和产品产生较为有利的态度。

二、用什么样的人物

广告中使用的人物大致分为下列三种类型：名人、专家和普通人物。在广告中选用什么样的人物，应注意人物运用后的正、反作用。

（1）名人 名人一般指知名度大或众所周知的歌星、影星、体育运动明星等。20 世纪初，美国汤普森广告公司率先在力士香皂的印刷广告中呈现明星照片，随后其他商品也纷纷采用名人作广告。例如，美国黑人田径名将欧文斯在 1936 年的柏林奥运会上脚穿德国的阿迪达斯牌运动鞋；巴西足球球王贝利在日本索尼公司贝塔牌录像带印刷广告上踢球；法国著名影星阿兰德龙在广告中佩带太阳镜；英国著名摇滚歌星斯汀仰天痛饮日本麒麟牌啤酒；美国著名篮球巨星乔丹穿着耐克运动鞋打球等。美国《商业周刊》上曾有一文估计，1976 年美国的电视广告中含有名人的片子占总数的 33％。

我国广告界自艺术家李默然初次在电视广告中介绍三九胃泰后，许多影视运动明星也纷纷登台亮相。例如，笑星马季推荐山海丹、活心牌胶囊和张弓酒；影星葛优与双汇牌火腿肠、体育明星李宁与健力宝、姚明与中国联通等。近年来，名人、明星代言广告已不胜枚举，企业在给他们支付巨额广告费用的同时，又从信赖名人、追捧明星的消费者那里得到高额的回报。

名人出现在商品广告中，具有多种作用。第一，邀请名人做广告需要付出大笔

---

❶ 彭聃龄．普通心理学．北京：北京师范大学出版社，2001：139．

的酬金，请得起名人做广告的公司或企业通常会给人以实力雄厚、财大气粗的印象。换言之，名人可以帮助企业或品牌树立良好形象，吸引经销商加盟。第二，名人对普通消费者具有很大的影响力，人们在生活方式、衣着打扮和行为举止上常常会仿效名人。请名人在广告中表演、介绍和推荐产品，能产生较强的感染力和说服力，从而达到促进产品销售的目的。第三，名人容易引起人们的注意，增加人们对品牌名字的记忆。不管名人在什么地方出现，人们总想目睹一下明星风采，在广告中出现也是如此。所以，名人广告会因名人而得益，提高广告的受众接触率和品牌知名度。

然而，名人广告也并非是绝对的广告杀手锏，2008年，继央视"3.15"晚会曝光某知名相声演员代言的"藏秘排油"虚假广告后，另一位影视明星代言的"胡师傅"牌无油烟不粘锅虚假广告也被曝光。这样的代言行为危害很大，不仅侵犯了消费者的合法权益，扰乱市场交易活动，而且引发了公众对广告市场的信任危机。采用名人做广告也存在很多问题，其中包括虚假广告、名人形象与产品或品牌不相吻合、名人代言过多品牌造成的效果稀释和品牌混淆等，这些都需要在实际的广告应用中尽量避免。

（2）专家　专家是指在某一科学技术领域有较深造诣的学者。专家在一般人眼里具有相当的权威性，专家的观点、意见容易为一般人所接受。专家往往被看做可靠的信息来源，在广告中利用他们来介绍产品特点，具有很强的说服效果。例如，让医生介绍药品，让工程师推荐机械设备，让营养师介绍营养品等都是有效的宣传手段。著名社会心理学家霍夫兰和苇斯1951年的研究向许多人提出一种观点："不久的将来即可造出核潜艇"，然后告诉一些人，该观点是由一位著名的威望极高的原子能专家罗伯特·奥本海默提出的；而告诉另一些人则说，该观点是由真实性和客观性有问题的苏联《真理报》报道的。研究结果表明，那些相信宣传来自专家的人，大部分都接受这一观点，而另一部分得自《真理报》同样宣传的人很少有人相信。❶

以电动自行车行业为例，时下明星代言电动自行车成风，且此风愈刮愈烈。有业内人士戏侃：我们的行业真的成了"明星"行业！在星光璀璨中各个品牌被淹没得无影无踪。而"小鸟"电动自行车却在利用专家代言，在业界取得了不俗的成绩。2006年年初，小鸟聘请国家自行车质量检测中心培训中心主任、工程师郑培东作为品牌代言人，此举剑走偏锋独辟蹊径，被业界称为妙手偶得神来之笔。郑培东是国家自行车检测中心培训中心的主任、工程师，专家代表的是质量与技术，而小鸟一直在走精品文化、技术立厂之路，郑培东的个人形象与小鸟的品牌内涵高度吻合，两者的合作相得益彰。同时，电动自行车还是一个不很成熟的行业，在此阶段技术与质量是否过关成为经销商、消费者最关心的问题。推出专家代言，能够很好地传达出小鸟的品牌追求。选择明星，诉求的是消费终端，对经销商只有一个辅助促销作用；选择专家代言，能够取信经销商和消费者，这也体现了"小鸟"品牌选择代言的高明之处。

（3）普通人物　广告运用的普通人物一般是产品或劳务的潜在顾客。例如，药

---

❶ 张国良.传播学原理.上海：复旦大学出版社，2001：115.

品广告以病患者为模特，女性化妆品以青年女郎当模特，儿童食品则以儿童作模特。普通人物用于广告宣传中的作用也是多方面的。第一，人物模特有利于创造产品使用的真实情景，促使受众把产品或劳务与自己的生活联系起来；第二，良好的人物形象能使受众产生情感迁移作用，即把对人物的良好印象迁移到产品或劳务上；第三，普通人物的运用能使广告更具有人情味和亲和力，如"螨婷"、"大宝"等化妆品的品牌代言，清新可人的"邻家女孩"人物形象并非高不可攀的明星，让消费者觉得产品功效可触可及，这有助于广告为受众所接受。

由上述分析可见，在选择人物模特类型的问题上，要考虑到广告费用投入、广告目标和产品的类型。当广告以树立品牌或企业形象为目的且广告费用投入充足时，就可以采用名人做广告；当产品专业性、技术性比较强，适用面比较窄时，聘请专家来推荐产品就比较合适；普通人物在一般广告中均可采用。

三、如何运用人物模特

人物模特的身份、形象及其在广告中的表演对于广告的宣传效果有着重要的影响。恰当地运用人物模特不仅能增强广告的说服力，也能提高广告信息的记忆水平。

人物的特征包括可信度、专业性、身体吸引力、熟悉性、可爱程度等，这些因素是选择明星代言人时必须考虑的标准，也是关于消费者研究中发现的影响明星代言广告效果的重要因素。可信度是指人物是否值得信赖的程度；专业性与代言人对所从事的工作以及在相关行业的造诣有关；身体吸引力指向外在形象的感召力；而熟悉性则是指代言人对所代言产品的熟悉程度，通常与代言人是否使用所代言的产品有关，可爱程度则指一个人的个性魅力，它与外在形象有关，但不完全决定外在吸引力。

除人物自身以外，人物的展示和表演在广告中也具有非凡的意义。众所周知，一个呆板的演员对观众是不会有太大吸引力的，在广告中也是如此，特别是一些介绍产品使用方法、表现产品功能的广告，演员充分的表演和展示会比语言描述给人更深的印象。有人曾经对电视广告宣传"容易洗掉油腻"的两个不同表演程度的清洁剂广告进行对比研究。一则广告让一位家庭主妇右手拿着一罐清洁剂，左手拿着一个干净发亮的平底锅，用解说词说明用该清洁剂洗锅毫不费力，但没有表现去污过程；另一则广告让家庭主妇表演了平底锅的整个去污过程，同时用解说词加以说明。结果记住第一则广告的被试仅占 6％，记住第二则广告的被试占 28％。如果我们留心宝洁公司的产品广告，不难发现，他们的模特一直都在表演，一直用"行动"说服消费者。

另有研究发现，"旁白"的说服方式相对于"演员直录"来说，吸引观众的能力要差。著名广告学人黄合水和彭聃龄的研究也发现，是否让人物模特说话与观众对广告的态度有显著的正相关。换句话说，由人物模特来表达解说词显得较为亲切、自然和真实，让人物模特来表达解说词的广告，比有人物模特但不说话的广告更能获得观众较高的评价。

人物形象作为广告表现的重要元素，在信息传达和接受中有着非常重要的意义，如何用好人物还涉及很多方面的因素，需要我们不断去挖掘和探讨。

思考题

（1）广告表现的基本要素有哪些？

（2）广告中的语言文字要素在广告传播中的心理效应以及创作原则是什么？

（3）广告中的非语言文字要素在广告传播中的心理效应以及创作原则有哪些？

（4）广告中人物模特的作用是什么？广告中应怎样运用人物模特？

实战模拟练习

（1）收集不同行业或产品类别的广告资料，总结不同色彩要素在其中的应用规律，并用相关心理原理进行分析。

（2）利用网络搜索"中国改革开放 20 年流行广告语"关键词，回忆并记录一下自己所熟悉和喜欢的电视广告，分析语言要素和非语言要素在广告记忆中的效果有什么不同。

第十二章

广告媒体接触心态与整合营销传播方略

【学习目标】

了解传统广告媒体和新型广告媒体的表现形式，把握受众对待各种媒体的接触心态，掌握整合营销传播模式和"多媒体"组合策略的运用。

基本知识点：广告传统媒体的接触心态及策划运用、广告新型媒体的接触心态及策划运用、整合营销传播模式、"多"媒体组合策略的运用。

重点：了解不同媒体的作用和优劣，能够根据不同的广告内容来选择不同的媒体，并能运用媒体组合策略于广告传播中。

难点：整合营销传播模式与"多"媒体组合策略的运用方法。

一个新颖的广告创意，一幅精彩的广告作品，或者一个出色的营销计划，都需要通过媒介来实现。如果选择不恰当的或者是不适合的媒体，就会适得其反，甚至会毁掉一个优秀的广告作品。这样，广告也就难以抵达自己的目标受众，无法实现广告主期望的传播效果或者销售效果。

广告媒体是广告信息和广告创意的物化形象的载体。广告媒体的使用直接关系到信息传播的影响范围和准确程度，也影响到策划创意的广告形象的渲染力、影响力。广告运作成功与否，广告媒体选择为至关重要的"临门一脚"。为此，我们需要对广告媒体进行全面了解，进而根据广告的具体内容进行选择、组合。在信息社会中，还要学会整合各种媒体，进行广告整体运作，实现广告的多方位覆盖。本章将对各种广告传统媒体和新型媒体的接触心态进行分析，并对整合营销传播模式与"多媒体"组合策略的运用进行讨论。

第一节　传统广告媒体的接触心态分析

根据广告媒体的性质、使用时间等可以把广告媒体分为不同的类别。如根据是否单一刊登广告可以将广告媒体分为混合媒体和专用媒体；根据使用时间可以分为长期媒体、暂用媒体和瞬时媒体。本书根据广告媒体的发展历程分为广告传统媒体和广告新型媒体。广告传统媒体包括电视、广播、报纸、杂志这四大传统媒体，以及路牌、霓虹灯、传统邮件等其他媒体。在过去，大部分的广告活动、广告费与这些媒体有关，当然，随着信息时代的到来，广告新型媒体开始崛起，影响逐渐扩大。本章第一、二节分别对广告传统媒体和新型媒体的接触心态进行分析，以供广告主、广告代理公司根据媒体本身的类型特征，结合各自的优势和劣势进行选择或组合运用。

一、四大传统广告媒体的接触心态

1. 电视广告媒体的接触心态

从 19 世纪初发明电视技术以来，电视以其愉悦的视听享受、灵活方便性、遥控选择性和期待性等独特优势，广为大众喜爱和欢迎，其广告刊播价值也深受广告主的认可。有调查表明，广告主把 22％的广告费用投放到了电视广告上。我国从 1979 年 2 月开始播出电视广告，现在电视广告的营业额已上升到所有广告媒体之首。

（1）电视广告便于受众接触的优势　与广播、报纸、杂志等传统媒体广告相比，电视广告媒体的优势如下。

第一，大的覆盖范围和高触达率、重复率。据国家广电总局发展研究中心公布的《2010 年中国广播电影电视发展报告》（广电蓝皮书）的数字，中国目前有电视台 272 座，广播电视台 2087 座，开办了 1310 套公开播出的电视节目，此外还有付费电视 139 套。中国有线电视网络覆盖 400 多万千米，电视综合人口覆盖率为 97.23％。中央电视台第一套、第七套节目的无线覆盖人口分别超过 11 亿、9 亿。此外，没有哪个媒体能像电视这样可以让广告主频繁地重复自己的信息。

第二，冲击力强。随着传输设备和接受设备的发展，普通家庭也有了清晰的图像和立体声。电视广告既是科学，又是综合性很强的艺术。它把语言、文字、音乐、舞蹈、绘画、戏剧、电影等诸多艺术因素集于一身，采用声、光、色俱全的艺术形式和表现手段，通过特技摄影和蒙太奇技巧，充分展现精美的创意，创造出美轮美奂的艺术效果，使传播的广告信息极为生动形象，吸引观众的注意力，使人产生欣赏的兴趣，产生强烈的视觉冲击力。

第三，单位接触成本较低，成本效益高。由于电视的覆盖范围大，受众广泛，对于针对广泛大众市场的广告主来说，播出的广告受众多，平均到单位接触成本就比较合算。黄金节目平均可以达到千万户家庭，收视率最高的节目则可以达到几亿家庭人口，如中央电视台的《春节联欢晚会》是世界收视率最高的综艺晚会，吸引了超过 40％的国内观众。《纽约时报》称其观众人数轻而易举地超过美国收视冠军"超级碗"橄榄球赛，甚至能与 2010 年世界杯决赛一较高低。电视广告能够在大部分普通消费者群中产生较高的接触频率水平，而且单位接触成本较低，是成本效益最高的主要媒体形式之一。

第四，受众针对性强。窄播就是指针对小范围目标观众专门制作并传送节目的做法。电视节目的编排设计能做到开发吸引小范围目标受众，相比而言，有线电视最能发挥这方面的优势。

第五，闯入式的方法增强了受众对广告的接触。电视广告能同步传递到多个家庭成员，是由广告主所驱动的，在这个过程中并不需要受众主动寻找广告，这种闯入式的方法增强了受众对广告的接触，有时候，受众不得不观看电视广告。

（2）电视影响受众接触的劣势　当然，电视媒体广告也有自身的不足，主要表现如下。

第一，传递信息较为混乱。各大电视频道黄金时段每小时的广告量约为 15 分钟，广告的时间一般为 30 秒、15 秒，现在 5 秒的广告也在增多。这就大大增加了受众面对的广告信息数量，同时也使传播和劝服环境变得更加拥挤不堪，从而影响到观众对广告信息的记忆。因此，电视也被认为是最"混乱"的广告媒体之一。

第二，绝对成本很高。广告要想取得高的覆盖率，就需要大量的投入，循环播放，从而强化效果。在黄金时段播出一则 30 秒的电视插播广告，费用要在 10 万元以上。由此可见，虽然电视广告的单位接触成本不高，但是绝对成本很高。

第三，信息短暂，容易产生抗拒心理。电视广告的图像和声音具有易逝性，想让受众深刻记忆非常困难，因此必须不断地重复广告信息，维持记忆，只有累积相当的次数才能产生明显的效果。为了克服此缺陷，广告主不得不耗费巨资投入电视广告，循环播放，以求增强效果。由于电视广告以插播的方式播出，强制性闯入受众的视野，经常打断观众的收看情绪，容易使观众产生逆反心理。事实上，在电视广告产生以来，观众对电视广告侵入电视节目一直不满，许多观众会在插播广告时换台或者去洗手间，以此来避开收看广告。

2. 广播广告媒体的接触心态

当电视出现以后，很多人认为广播会悄悄地退出历史舞台。但是，广播不但没有变得默默无闻，反而发挥出自身的优势，受到听众的喜爱。《2010 年中国广播电影电视发展报告》指出，2009 年全国共有广播电台 251 座，广播电视台 2087 座，开办了 2675 套开路播出的广播节目，还有付费广播 39 套。广播综合人口覆盖率为 96.31％，中央人民广播电台第一套节目的无线覆盖人口超过 11 亿。对于一些老练的广告主来说，广播已经成了他们媒体计划中的一个必要成分。标准的广播广告为 30 秒和 60 秒，当然也可购买长一些或者短一些的广告时段。

（1）广播广告媒体的传播优势　广播广告媒体的传播优势表现如下。

第一，目标受众的针对性。广播可以根据目标受众的地理范围、人口特征和消费心态有针对性地进行选择。地方电台的传输范围比较狭窄，一般局限于本地，这为广告主到达小范围地域的受众提供了最佳的条件。随着汽车业的发展，购买汽车的人们越来越多，开车听广播成为大多数司机的习惯，这也为广告主提供了一个良好的机会。

第二，较低的成本。无论按单位接触成本，还是按绝对成本计算，广播都是最经济划算的媒体。此外，广播广告的制作成本也非常低，如果在电台直播广告，广告主往往不需要花费广告制作的费用。

第三，较高的接触频率水平。广播的到达范围非常广泛，可以到达受众的家里、车上、办公室，甚至也可以在锻炼身体、做饭的时候到达。广播在大部分普通消费者群中能产生最高的触达率水平。

第四，快捷性和灵活性强。广播可以提供相对快捷的信息传递，可以很快让广告得到投放，为竞争争取宝贵的时间。另外，广播也是最灵活的媒体，甚至可以在离播出时间非常近的时候送交文稿。

第五，能给受众想象的空间。由于没有画面，广播在感官刺激上显得比较单一，这也给听众提供了一个可以进行丰富想象的空间。精彩的广告语言配上优美动听的声音，能够给听众带来美的想象，播出的广告常常令人难忘。

（2）广播广告媒体的缺陷　同样，广播广告媒体也有自身的缺陷。

第一，受众专注程度差。经常被认为是一种听众不总是或连续地全神贯注的一种背景媒介。有时广播成为一种背景声音，消费者会一边做事情、聊天，一边听广播。因此，一般需要相对较高的接触频率水平来弥补可能产生的消费者的不注意性。

第二，不提供实际可见的因素。广播只有声音，消费者不能够看到实际的物品，也不能提供任何实际可见的运动因素，这将影响到消费者对物品或品牌的判断。

第三，受众相对固定。电台为数众多，大的电台有中央广播电台、中国国际广播电台等，每个省都有电台，一般城市的广播分为音乐台、新闻台、交通台、经济台等。听众的选择相对多样，受众就会产生分流，一个电台的听众数目也就不会太多。一般的听众会固定的收听一个电台，使得受众相对固定，这势必会影响收听广告的人数。

3. 报纸的接触心态

报纸的发行量大、涉及面广、种类繁多、内容丰富多彩，吸引了越来越多的固定读者群。报纸已经成为仅次于电视的第二大广告媒体。报纸广告的心理特性如下。

第一，消息性。报纸是以消息为中心的，消息性反映在广告上，如新产品的发售、企业商家的开张庆典、劳务服务等广告内容。选择适当的版面栏目，还可发布各种综合性信息。

第二，保存性。报纸有留存原形的特性。不过虽有人保存报纸新闻或文章，却很少有人剪存广告，只有像烹饪等技术指导性较强之类的广告，才会有人保存。而一般广告，除非十分需要，大都会被丢弃。虽然报纸本身生命较长，但广告生命却短。

第三，可信赖性。报社的历史大都很长，因而读者对报纸这种媒体较易产生信赖感。在广告方面当然也有所谓的信赖性。权威报纸代表政府的形象，使得报纸广告有可信性与真实感。政府报业对虚假广告把关很严格。

第四，发布新闻的可能性。有些报纸经常报道企业新产品研制成功的消息。比如水稻杂交新品种的实验成功；生物工程在医药方面的推广；电信、电子等行业新技术应用导致产品的不断深化和研发成功等。有关这些报道容易成为报纸消息的材料，并且刊登消息是免费的，读者在看消息的同时等于是在看新产品的广告。许多报纸将全版面作为公共关系版面而以消息性公告的方式联合刊登广告。例如，一些报纸以"住的总汇"为标题，刊登消息性广告："如何申请住宅贷款"、"建设银行的住宅存款"、"家具介绍"、"新建筑材料介绍"、"住宅保险介绍"、"电气手册"等消息性广告，同时还夹杂着与房地产商、住宅有关的一些消息广告。

另外，报纸广告有并排性，如果同一行业的两家广告并排在同一个版面，较易引起读者的注意，如果其中某一家版面较大，更易受到读者的关注。

4. 杂志的接触心态

杂志是一种针对性强、形式和内容丰富多彩的媒体，能够为广告主提供精美的、可以长期保存的广告。杂志可以分为专业性杂志、行业性杂志、消费者杂志等。各类杂志的读者群比较固定和明确，可以为各类专业商品广告提供良好的宣传。杂志这种媒体形式层面广大，拥有自己的固定读者群，受到读者的欢迎和喜爱。杂志的心理特性有以下几个方面：

第一，消息性深入。刊登在杂志上的广告，不会有延误时间的感觉。因此适合对商品或服务做详细说明和展开销售重点的全面广告。

第二，保存性长。杂志保存时间比我们想象的时间还长。一般来讲，拥有最快的阅读速度的人 30 分钟至一个小时看完，慢的人需两三天看完，但也有保存下来反复阅读的人。

第三，具有选择特定阶层性。杂志的读者层面不像报纸广大，因此对于选择特定阶层的广告非常方便。同时，杂志读者在质的方面大致相同，因此亦较易制作广告文案。例如，《读者》、《妇女之友》、《当代歌坛》、《时装杂志》、《国际广告》等，有着完全不同的读者层。商家可根据产品的特性、适应人群选择适合发布广告的杂志。

第四，可以产生良好的新闻效果。杂志的做法，一般是针对杂志读者的求知欲望和娱乐或其他欲求，但也有类似报纸上的影射做法。杂志的消息新闻，可分为两种，其一为特辑消息，其二为普通消息。例如，在某企业杂志上刊登了这样一条消息，题目是："能使你的稻谷提高 30% 的产量"，这个消息一经刊登，就有农民来电来函。其结果是使袁隆平院士研制成功的杂交水稻这一科研成果得到了充分的推广，商家也跟着受益。这个消息以文摘的形式刊发，发挥了最大的效果。

二、其他传统广告媒体的接触心态

除了上面所说的广播、电视、报纸、杂志这四大媒体广告外，传统媒体广告还包括交通广告、户外广告、直函广告等形式。下面分别来介绍一下这些广告媒体的接触心态。

1. 交通广告媒体的接触心态

电车、火车、公共汽车的车厢内外广告，火车站公告栏的张贴等，总称为交通广告。交通广告的心理特性为：①媒体的移动性能使各层的乘客看到范围较大的广告。②容易触目，会吸引车厢里乘客无处排遣的眼睛。车站的张贴，则是让乘客在候车时间看的。③具有重复性效果。一般车厢广告大约可连续做一个月时间，因此上下班的人容易看了又看。

交通广告也存在缺点：①只局限于城市的某一个地域；②不容易针对特定的阶层，尤其无法吸引高阶层的注意；③彼此排斥性强。虽然如此，都市近郊的住宅逐渐扩大，由郊区涌向市中心的流量增多，因此交通广告的重要性越来越大。

2. 户外广告媒体的接触心态

户外广告是向行人或坐车、骑车、驾车的人诉求的广告。这种广告与电视、报纸等媒体不同，通常不提供任何设置广告信息的节目或版面等，大多数情况下，户外广告只承载广告信息。户外广告几乎可以在全国的任何地方购买到，当然，过多、过乱的户外广告也会影响到城市的美观、户外的风景。所以很多大城市都对户外广告的设置有严格的规范。

以人为对象的户外广告，有如下的心理特性：①对于经常看到同一广告的固定行人来说，在不知不觉中反复接触，他们容易形成潜在意识；②一般的户外广告富有美感，鲜艳生动，加上霓虹灯则更加具有动感的效果，因此容易引起行人的注意；③户外广告在都市体现明显，容易变成乡下人或观光客的话题，或被小说、电影、电视剧引用。

3. 直函广告的接触心态

近年来，商家寄往个人客户的直接函件不断增多，直接函件广告形式也逐渐得到了消费者的认可。例如，银行向信用卡客户寄送账单的同时寄送信用卡商城商品的信息，通过各种形式吸引消费者购买商品。直函广告直接面向个人，宣传商品信息，需要尽可能了解潜在客户的姓名和地址。从心理学来看，直接函件对消费者的接触心态如下：

第一，直函广告针对受信人的选择意识诉求，可以有选择性地针对某一种程度的特定阶层。但如果对特定人一天邮寄数封，将无法获得效果。同样，倘若同时送到几十万人手里，也会使人失去好感。

第二，运用"只有我这一张"的亲切感，与消费者拉近距离，增进感情。直接函件不宜充满广告文案，其内容必须是一种具有亲切感的文案。

第三，为消费者提供永久性的广告信息，消费者可以保存，可以第二次阅读。消费者在接到直函广告后，可能会把相关的广告信息传递给其他人。

第四，并排性少。直函广告可以直接寄给家中或工作地点的消费者，虽有好几封直接函件同时到达一个用户的情形，但也具有单独阅读性，只是一般函件都有被投邮后"直接进纸篓"的可能。但是只要充分注意制作，精心设计封面或信封以及慎重撰文，能防止"直送废纸篓"的事情发生。

4. 包装广告的接触心态

常言道："人靠衣装，佛靠金装。"人们总是乐意购买那些包装相对精致的商品。厂家重视包装的原因，完全是包装具有广告媒体的作用。对消费者而言，包装广告是看得见、摸得着的手中广告，其心理特性如下：

第一，具有单纯性，亦即设计单纯。具有独特的视觉象征的包装广告能够引起注意，留下印象。

第二，包装与商品的调和性。同样是化妆品，也必须分别作不同的包装设计。商品的内容与消费者亦应充分调和。

第三，具有依赖性。即使是优秀的商品，若装在设计不良的包装盒里，商品本身的可信度就容易降低。相反，若商品本身的性质相似时，包装的良莠足够左右销路。

包装不仅其本身是一种传播，亦可以加强透过其他媒体而传播其印象，具有广告媒体的机能。如果其他媒体所做的品牌映象融合起来，必有更佳的效果，包装、商品、广告三者大融合会产生最理想的销售形势。

第二节　广告新型媒体的接触心态分析

随着科技进步，越来越多的新型技术被应用到广告中，出现了许多广告新型媒体，诸如网络广告媒体、楼宇电视、LED电子屏等固定的新媒体以及车载电视、手机媒体等移动新媒体广告。与传统广告媒体不同，受众对这些新型媒体的接触心态也有差别。

一、网络广告的接触心态

最近几年，互联网技术普及迅速，网民数量呈几何数倍增。以我国为例，从1997年到2006年，不到10年间，我国网民人数从62万上升到1.11亿，增加近180倍。截至2010年12月底，我国网民规模达到了4.57亿，较2009年增加了2300万人；我国手机网民规模达3.03亿，成为中国总体网民规模攀升的主要动力。中国互联网的普及率已达到了34.3%。可以说，互联网已覆盖我们生活的各个方面。基于大众网络使用量的迅速增长，网络成为商家的新宠，网络广告投资逐年增加。如在美国，1995年仅为0.55亿美元，1997年便达9亿美元，1999年46亿，2001年71亿，2004年为94亿美元（引自Cho，＆ Khang，2006）。据统计，2008年全球网络广告开支总额已达652亿美元，并以15%～20%的年增长率发展。❶

美国传媒研究者霍金斯认为：网络广告即电子广告，指通过电子信息服务传播给消费者的广告。具体来说，网络广告是基于计算机、通信等多种网络技术和多媒体技术的广告形式。

1. 网络广告的接触心态

相对于传统媒体，采用新技术的网络广告显示出独特的优势，使得人们较容易接受网络广告。具体体现为如下几点：

（1）极大的传播范围　网络广告的传播范围非常广泛，可以24小时不间断地通过国际互联网络把广告信息传播到世界各个地方。

（2）非强迫性传送资讯　通过前面的学习可以知道，利用报纸、杂志、电视、广播、户外等媒体传递的广告信息都具有强迫性，通过各种方式试图强行灌输到受众的大脑中。而网络广告在很大程度上属于按需广告，上网的网民可以有选择地自由浏览。当然，现在的网络中也出现了强行观赏的广告，如在网上观看电影或视频时必须观看广告后方能观赏。

（3）强烈的交互性和感官性　网络广告运用的载体多是多媒体、超文本格式文

---

❶ 周象贤，孙鹏志. 网络广告的心理传播效果及其理论探讨. 心理科学进展，2010：790.

件，色彩鲜艳，并伴有运动的画面，给人以审美的愉悦。当受众对某样产品感兴趣时，仅需轻按鼠标就能进一步了解更多、更详细生动的信息，从而使消费者能具体了解产品、服务与品牌，并能在网上预订、交易与结算，这将大大增强网络广告的实效。随着科技的发展，虚拟现实等新技术被应用到网络广告上，可以让顾客身临其境般地感受商品或服务，加强了广告的感官性。

（4）更换灵活快速　广告主在传统媒体上发布广告后很难更改，一旦出现错误将会付出很大的经济代价。而在互联网上发布广告，变更广告则相对容易，当然包括改正错误。快速灵活的特性可以使广告主跟随经营决策的变化变换广告，受众也能最快地得到最新的信息。

当然，网络广告也会令人产生排斥心理。

（1）影响上网者的心情　上网的目的或查阅资料，或浏览新闻，或进行游戏等，而网络广告则影响上网者的目的实现。上网者不得不一个一个地关掉网络广告，如弹出式广告、图标广告等，从而耽误上网者的时间。总的看来，过多的网络广告会让上网者产生厌烦情绪。特别对于一些按流量或者按上网时间缴费的上网者来说，更会让他们排斥网络广告。

（2）大多数上网者倾向忽略网络广告　1998 年，美国的一项调查表明，在随机抽取的 1000 位网民中，只有 1% 的网民有点击广告的行为；2000 年底，著名的网络调查公司 A. G. Nielsen 和 NetRating 关于网上广告的调查数据显示，11 月份，家庭上网者平均仅 0.41% 点击了网上广告，而公司上网者仅有 0.23%。这也说明，点击式的网络广告并不受上网者的欢迎。

2. 网络媒体广告的心理策略

综合看来，网络广告的心理传播效果受到诸多因素的影响，如广告因素、受众因素、环境因素等。因此，在网络广告中，要注意以下心理策略。

（1）从广告因素来看　要注意选用合适的网络广告形式，易于上网者接受；注意广告的互动性，尽可能选用互动性强的网络广告形式；引进运动元素，运动型广告具有较强的注意捕获能力，能带来更佳的记忆成绩、更积极的广告态度，以及更高的点击意愿；运用情感因素、增加诱因信息，诱因信息的呈现可明显提高网络广告的点击率。

（2）从受众因素来看　受众的期待水平，或卷入度，或感知到的个人有用性越高，网络广告效果越佳。王詠、马谋超、雷莉和丁夏齐（2003）对网络旗帜广告记忆效果的测量结果显示，在单纯浏览的情况下，上网者对网络旗帜广告已经留有印象，但这种记忆效果并不会随着浏览次数的增加而显著改善，点击所能带来的广告记忆效果明显优于单纯浏览，前者约为后者对应效果的 1.4～1.5 倍。因此，吸引上网者点击网络广告变得更为重要。

（3）从环境因素来看　广告往往插播在一个较大的环境中，因此来自这方面的因素对广告效果的影响也不容忽视。需要注意的是，网络广告尽可能插播在和广告内容相关的网页中，这样能够使受众品牌记忆、点击意愿效果增强。

二、固定新媒体的接触心态

随着新技术的发展，出现了楼宇电视、LED 电子屏等固定的新媒体，成为一种新的广告媒体形式。

1. 楼宇电视的接触心态

以前，在楼堂馆所经常看到海报、招贴画等广告形式，随着技术的发展，楼宇电视开始进入宾馆、机场等公共空间，以崭新的面貌取代旧有的广告形式。楼宇电视的心理特性有以下两点。

（1）醒目，具有大的视觉冲击力　以电视的形式出现，画面多姿多彩，使人赏心悦目，对消费者具有较强的冲击力，能够吸引注意力，容易引起关注。

（2）帮助消费者打发无聊的时间　在等候的时候，消费者总是会感到无聊，短短的时间也不能去做什么事情，楼宇电视恰恰填补了这段无聊的时间，让消费者有事可干。

安装了楼宇电视后，可以在很长的时间内播放节目和广告，是一种比较经济的广告形式。虽然总体的成本较高，但是平均到单位成本则相对较低。

2. LED 电子屏的接触心态

传统的广告宣传方式中，用横幅、海报等方式来进行产品或者品牌的宣传，费时费力，而且浪费较大。LED 电子屏的出现则对这种宣传方式进行了改进，使之变得简单、快速和方便。

（1）形象生动，带来良好的视觉冲击力　LED 电子屏运用精良的制作，鲜艳的色彩，多样的表现形式进行广告信息传播，给受众带来欣赏的愉悦，具有强大的视觉冲击力。

（2）可以观看变换的节目和信息　LED 电子屏可以用滚动播放的形式播放广告或者节目，不断变换的形式给受众带来新鲜的感觉，能够引起受众观看的兴趣。

一般来讲，安装好 LED 电子屏后，会在很长的时间内使用。虽然制作一个LED 电子屏的成本很高，但是可以重复利用，如果使用次数多的话，单位成本反而会很低廉。

三、移动新媒体的接触心态

随着新技术的应用，也出现了一些移动新媒体，诸如车载电视、手机等，如今也成为广告的新媒体。移动媒体与传统媒体，甚至互联网媒体比较而言，有着独特的特点和优势，如高度的个性化、互动性以及作广告媒体的高性价比、利于对消费者资料的管理、信息制作和发布上的便捷性等。

1. 车载电视的接触心态

车载电视的出现，为拥挤、无聊的公汽空间增添了一道亮丽的新"风景"。这种建立在传统电视媒体基础之上新的可移动的媒体形态——车载电视受到了欢迎。它具备户外、电视、车载三重属性。车载电视的心理特性为：

（1）"移动"的优势　因为可以"移动"，这就为乘客带来了随身视听的方便。例如，车载电视可以提供重要赛事的直播，这样许多人就可以边乘车边看直播，而不耽误重要的比赛直播。

（2）为乘客打发无聊的时间提供了一种媒体　许多乘客在乘车时是非常无聊的，路边的风景也许看过多遍，而车载电视则提供了娱乐、新闻、旅游等丰富多彩的内容，帮助乘客打发无聊的时间。

（3）收看方便　对于乘客，尤其是站客来说，收看车载电视较读书看报或者看手机则方便很多，虽然有些时候比较嘈杂，但对于信息的接收妨碍不太明显。

（4）提供及时的信息　车载电视一般会直播比较重要的新闻事件、体育赛事等，能够通过车载电视了解及时的信息，增加乘客的消息来源。

目前，车载电视已经拓展到了出租汽车、地铁、火车等交通工具，但还需增加车载电视的数量，扩大覆盖范围，以赢取更多的广告客户。当然，在信号传播、抗干扰等方面还需要进一步改进。

2. 手机媒体的接触心态

手机媒体是依托于移动通信技术迅速发展的移动媒体，是一种全新的沟通和传播形态的载体，它是依托于通信网络的传播形态的一种飞跃。手机广告对于消费者来说，较为容易接受，但是，垃圾广告则是手机用户深恶痛绝的。手机媒体的心理特性有以下几点。

（1）针对手机用户本身，目标受众明确　针对手机用户本人，量身定做的个性化信息受到欢迎。然而，手机用户也担心个人信息的泄露，不愿经常受到推销电话和短信的骚扰，这也是广告商必须考虑的。

（2）效果显著　在某些时候，消费者可能刻意回避广播、电视、报纸等传统媒介上的信息，而将广告信息发送到个人移动通信工具上，可以达到几乎100％的到达率和阅读率，这就增强了广告效度。当然，阅读了不等于广告有效果，以垃圾短信的形式做的广告是没有效果的，反而引起手机用户的反感。

（3）成本低廉　与传统媒体相比，移动媒体的性价比较高，价格低廉。如平均发送一条短信费用不过0.1元，千人成本不过几百元，而且手机发布有点对点传播、点对面传播、互动传播等多样化方式。

（4）即时性强　移动媒介不像电子媒介和平面媒介那样，无须排版和周期，它不受时间和空间的限制，一条广告信息，在几秒之内就可以发送给数量众多的目标消费者。手机用户可以阅读到最新的信息，能够带来一定的新鲜感。

第三节　整合营销传播模式与媒体组合策略的运用

面对众多的媒体传播模式，聪明的广告主必须做出适合自己的选择，这就要引入媒介策划。媒介策划必须考虑以下几个问题：①需要达到的目标受众的人数和范围；②目标受众在一定时间内接触广告的频次；③广告投放的时间；④广告投放的市场和区域；⑤投放广告的媒体；⑥在各个媒体投入的资金数；⑦广告的最优效果和可行的方案。对以上问题进行深入的分析和定位之后，就能为下一步的媒介策划做好准备。

媒介策划是一个复杂而又深入的过程，影响到投放广告的最终效果。本节我们着重介绍广告媒介策划中的整合营销传播理念和广告"多"媒体组合策略。

一、广告媒介策划中的整合营销传播理念

整合营销传播模式，不论对广播、电视、报刊，还是网络传播，都是一个崭新的课题。近年来，许多企业或者制造商都在大力推广整合营销传播，他们与广播、电视等媒体频繁接触，以此整合自身的资源、扩大知名度、打开市场、提高销售量。

1. 整合营销传播的概念

整合营销传播（Integrated Marketing Communications，IMC），是美国学者哈伯在 20 世纪 50 年代提出的，经过半个多世纪的演变，已经成为广告营销界最为流行的营销传播理论之一。对营销传播理论进行深入论述，并产生巨大影响的是美国西北大学整合营销传播教授唐·舒尔茨（Don E. Schultz），其《整合营销传播》一书堪称是整合营销方面的扛鼎之作。在该书中，作者介绍的整合营销传播涉及两个主要概念。

（1）沟通概念　1990 年，整合营销传播的另一个倡导者美国市场营销专家劳特朋提出的整合营销概念，认为企业的全部活动都要以营销为主轴，相应地，他把营销要素进行了全新调整，用"4C"：Consumer（顾客欲望与需求）、Cost（满足欲望与需求的成本）、Convenience（购买的方便性）以及 Communication（沟通与传播）取代了传统的"4P"：Product（产品）、Price（价格）、Place（通路）、Promotion（促销）。从营销要素的调整可以看出一个显著的对比变化：传统的以"产品"为起点和中心的营销及营销传播，生产商掌握主动权，营销传播的过程就是促销的过程，运用促销、推销、诉求等手段。而在新的整合营销概念中，核心的概念只有一个，那就是沟通（Communication）。沟通就是以消费者需求为中心，每一个环节都是建立在对顾客的认同之上。它的一个突出特点是改变了传统营销传播的单向传输方式，通过传播过程中的反馈和交流实现双向的沟通，沟通进一步确立了企业、品牌和消费者之间的关系，优化三者之间的历史认知、共有的理解和对未来的期望。稳定的关系是营销价值实现的基础，所以整合营销传播在很大意义上，就是试图通过沟通确立关系。

（2）接触概念　舒尔茨等人对"接触"的定义是：凡是能够将品牌、产品类别和任何与市场有关的信息等资讯，传输给消费者或潜在消费者的"过程与经验"，都可称之为接触。按照这个定义，不难发现，与消费者接触的方式可谓多种多样，不仅是通过媒介传递品牌、产品信息，而要通过更多的途径去接触和影响消费者。接触概念对于传统营销人员来说，是一次思想的革命。

跟随接触的概念，给予消费者相关信息的"过程与经验"有很多，如人际交往中的口口传播、产品的包装、设计造型、公司环境、商场里的推销、货架陈列等。接触的开始并不是消费者知道品牌或者产品，也不是消费者有购买欲望；在购买结束后，接触仍在持续，而没有结束。我们就有了一个全新的思路，一方面要尽可能对消费者的多种"经验与过程"给予信息整合，另一方面要努力寻找到最佳的接触途径，尤其是在媒体广告投入增加边际效应却递减的情况下，这不失为一种提高营销传播效率的明智之举。

舒尔茨及全美广告协会对整合营销传播的定义是：一种作为行销传播计划的概念。确认一份完整透彻的传播计划有其附加价值存在，这份计划应评估不同的传播技能在策略思考中所扮演的角色。例如，一般广告、直接回应、销售促进以及公共关系——并且将之结合，透过天衣无缝的整合以提供清晰、一致的信息，并发挥最大的传播效果。

2. 媒体整合营销策略

(1) "三赢"策略　广告媒体的任务就是将广告商的"信息"通过有效的手段传递给受众（包括听众与观众），使他们能够从传递的信息中去接受这个广告商所在企业或者产品的形象，通过认知过程，即从知悉、认知、好恶到产生消费与否的决定。将广告、促销、直效营销和公关整合成了一条直接针对顾客和潜在顾客的"无缝隙"的传播信息流。钟灵毓认为，整合营销传播的过程，其实是不仅要使传播过程在广告商、媒体和受众三方的努力下得以充分完成，更要追求广告商、媒体、受众三方利益的"共赢"。

"三赢"是一个新的传播模式，即参与传播过程的传播者、接受者和承载传播的媒体都得到好处，表现为广告商通过传播自己企业形象或者产品之后得到良好的美誉度和知名度并且在业绩上实现攀升；接受者如听众、观众、读者等，或是在接受传播的过程中得到传播本身的愉悦与满足，或者接受传播后，得到自己中意的产品信息，或者进行购买实现消费，同时感到满足；作为媒体最大的好处就是既有了广告费收入又有了收听率与收视率的提高，既得名又得利。这就是"三赢"。如果达到了"三赢"状态，那么这样的传播就是极其成功的了。

(2) 资源整合优化　在传统的媒介策划中，广告策划主要是广告商的事情，广告媒体没有发挥主动性，导致广告投放效果比较低下。例如，电视广告商往往缺乏对于电视媒体的了解和沟通，制订媒体计划时不能有机结合电视频道（或节目、栏目）的定位等要素，只是一味地通过广告轰炸来追求高注意率，反而招致受众的反感。因此，广告媒体应该打破以往等待广告商上门要求投放广告的被动模式，在考虑广告商及其产品的公共形象（包括形象清晰度、美誉度），传播的准确性、完整性和有效性，以及传播后的信息反馈等一系列问题基础之上，承担起整合各种关系和资源的任务。

媒体整合的对象不仅是媒体内部的关系和资源，在媒体的外部也有无限资源等待开发和利用。媒体最大的"主顾"，也是它外部的第一大资源就是受众，让受众参与到节目中来，他们会作为媒体的一分子为节目的发展和提升出谋划策，还可以是媒体忠实的拥护者和支持者。当然在受众中还有一些具有非凡影响力的人，运用他们的人脉资源也可以为媒体所用。不仅受众可以是媒体的资源，广告主也可以充当媒体的资源。在广告主投放广告的时候，由于他们的目的与媒体一致，即将自己的品牌或者产品传播出去，所以在不涉及太多个体利益的时候，往往愿意拿出自己的资源分享；有时广告主的企业资源是非常专业的，比如一些食品企业就有营养顾问团，他们懂得搭配食物增加营养和吸收，可以利用这一点做成节目，达到不错的传播效果。当然政府的支持也是一个很好的资源，特别是有关公益广告的制作方面，政府可以提供相当多的免费资源。还有，与其他媒体的合作也很重要，其他媒体不一定仅仅是对手，有时也可以是合作伙伴。当然，这种合作不仅限于同类媒体，也包括跨媒体合作。

二、广告"多"媒体组合策略的运用

一般来讲，单一媒体难以满足广告商的需要，进行"多"媒体组合运用，才能实现良好的广告宣传效果。广告"多"媒体战略要求在广告媒体选择上力求多样化，整合媒体资源，从不同角度来强化广告受众，达到提高知名度、美誉度的广告效应。

1. 媒体组合的考虑因素

媒体组合要考虑多方面的因素，具体来说，包括以下几点。

（1）产品性质　产品性质不同，其消费对象也会不同，诉求方式自然也要有所区别，从而也就影响了投放广告时对广告媒体的选择与组合。如有些商品需用大量的文字说明，有些商品要求广告媒体在色彩或画面上有感染力，还有些商品则要求广告媒体诉求对象要有针对性。企业应针对商品种类和特点来选择广告媒体进行组合。产品特性与媒体传播特性越吻合，效果也越好。以日用消费品与科技新产品为例。日用消费品对消费者没有特殊的要求，利用媒体投放广告的目的主要在于产品知名度的提高，那么就要求媒体组合达到尽可能高的覆盖率和到达率，这就需要选择一些覆盖面广、受众多的媒体来进行组合。而科技新产品，由于技术复杂、工艺先进，就需要根据具体的受众，选择信息承载能力强、能够准确到达潜在消费者的媒体来进行组合。

（2）营销战略　从企业的角度出发，广告媒体策略是企业营销战略的重要一环，广告媒体组合的终极目标是协助达成营销目的。因此，广告媒体组合策略应依照企业总体的营销战略去思考和设计，选择最佳组合，避免因盲目投放造成的浪费。营销战略一般包括目标市场、市场定位以及发展规划几个方面。只有对这几方面有透彻的了解和把握，广告媒体组合策略才能做到有的放矢。

所谓目标市场，就是企业在市场细分的基础上拟投其所好或为其服务的、具有相似需求的客户群。在选择广告媒体前，企业应对其所处环境与自身能力进行综合分析，选择对自身最有利的一类或几类市场，从目标市场对象和目标市场区域两个方面来选择广告媒体进行组合。

选择的广告媒体要符合产品的市场定位，根据产品的特色和个性来进行定位，明确产品是高端、中端还是低端。选择的广告媒体组合必须与企业市场定位所决定的形象一致，否则会影响企业的美誉度。

企业要根据不同发展时期的发展规划，制定媒体组合策略。一般来讲，在建立品牌、提高企业知名度，强化产品在消费者头脑中的印象，提高市场占有率的阶段，应选择多样化的广告媒体予以组合，多种广告信息交叉重叠，达到覆盖区域广、接触率高的效果。若企业进入知名度高，品牌美誉度好的阶段，则可运用一些针对性强，对消费者吸引诱发性好的广告媒体。如果进行短期促销活动时，则选择时效性强、目标群体接触面广的广告媒体。

（3）市场占有率与市场规模　市场占有率为某类产品的整个市场规模除以企业自有品牌的消费量的比率。当产品的市场占有率有限，此时销售扩张将主要来自同其他品牌的竞争，广告媒体组合的诉求对象应是竞争品牌消费者。当产品的市场率占有领先时，广告媒体组合所针对的诉求对象，除了既有的本品牌和本品类的消费群体外，更要针对互有替代性的其他品类的消费者。如果产品处于垄断地位，市场规模巨大时，投放广告主要目的将在于巩固既有市场，广告媒体组合诉求对象将主要是既有消费者。

（4）目标顾客媒体偏好　消费者按人口统计指标，如年龄、职业类别、性别、购买力、心理层面等划分为不同的类型，其对广告媒体的接受能力和接受习惯不尽相同。

年龄因素。这与各广告媒体的特点有关，少儿由于知识水平较低，最爱看电视的动画片、儿童娱乐节目，或者收听少儿广播节目。因而送达儿童用品的广告信息，往往是电视、广播以及户外广告等广告媒体的组合，一般而言，电视是主导媒体。另外，儿童用品广告的黄金时段应在周末节假日以及每天的 17：00 至 20：00 之间。中青年与老年接触媒体的习惯则复杂得多，几乎所有广告媒体载具都有其独特的受众群，因此必须经过调查并与其他指标一起进行综合衡量做出判断。

职业因素。党政机关工作人员、教师等多爱看报，特别是国家级报纸，以及新闻栏目。学生多爱听广播，音乐、情感话题、点歌等栏目的收听率颇高；电视连续剧的收视率在农村相当高。普通市民则大多爱看晚报以及消遣娱乐性的电视栏目。

性别因素。有些产品有其特殊的适用对象，进行广告媒体组合时，也必须考虑到消费目标的性别差异。有些广告媒体及载体受众性别差异不大，而有些载体则受众性别差异明显。例如，体育类报刊、体育类电视如中央电视台体育频道等的受众多为男性，时尚杂志的受众则多为女性。

购买力水平因素。根据购买力水平不同，消费目标可分为高消费者、中消费者、低消费者，其购买力呈递减趋势。从投资效益考虑，广告媒体组合作业策略首先应将资源配置集中于高消费者的族群，其次才是中消费者，最后是低消费者。购买力水平的确定，不能仅仅依据收入水平，还应结合产品价格、消费观念等因素做整体的分析。

心理层面因素。受众因价值观、性格特征、兴趣取向、生活习惯不同，对广告媒体的接触选择也表现出相当大的差异。这属于心理层的因素，因人而异。

因此，从目标顾客媒体偏好的角度出发，选择目标顾客喜爱的广告媒体进行组合，能够有效地提高广告效率。

（5）广告预算　企业规模的大小直接影响着广告预算的多少，选择媒体组合时，要根据本身的经济实力，量力而行。

2. 媒体组合的原则

为了达到良好的广告效果，媒体组合必须要遵循一定的原则。这些原则包括如下几点。

（1）效益性原则 要对各类媒体进行综合运用，充分发挥各自的优势，产生最大的广告效益。

（2）互补性原则 各种媒体的受众、到达率是不一样的，有自身的优势和不足，因此，进行媒体组合时要综合考虑，选择多种媒体互相补充，进而实现广告宣传的目标。比如，报纸广告和电视广告之间互补，报纸广告进行深入报道，电视广告则侧重产品形象宣传、品牌塑造。

（3）可行性原则 广告宣传当然想达到最优的宣传效果，但是，在现实的宣传中往往是达不到的，不可能实现广告的全覆盖。因此，要在最优和可行之间寻找平衡点，结合企业自身的情况，进行切实可行的广告宣传。

3. 媒体组合的流程

进行媒体组合第一步要做什么？是从广告媒体本身出发，还是从企业的广告媒体传播目标开始？这里有不同的争论。我们认为，广告是为企业服务的，目的是推销产品，树立品牌形象，因此，首先要确定广告媒体的传播目标。媒体组合流程如图 12-1 所示。

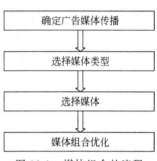

图 12-1 媒体组合的流程

（1）确定广告媒体传播目标 按照营销策略，明确广告传播的主要任务和要达到的目标。这目标包括五个方面，一是传播定位，即明确规定广告媒体传播的主要任务。比如推广新产品、扩大品牌知名度，建立品牌地位，提高产品和企业的美誉度，强化促销，提醒消费等。二是传播区域，即明确规定传播必须达到的地理区域、目标市场的主次地位、信息到达的先后安排等，并说明实行何种程度的覆盖等。三是传播目标对象，即媒体计划要规定传达到什么人。说明目标视听对象的社会及经济属性，其中包括年龄、性别、收入、消费水平、受教育程度等，并可根据营销推广的需要对传播目标做主、次规定。四是传播时机，即对广告活动规定明确的时间表。说明广告发布时间、持续时间，是时令性的还是常年性的，利用何种节目或热点机会等。五是传播的量度，即对广告期内的信息传达数量作明确规定。说明为达到广告的预期目的需要采集的到达率、频率以及广告接触人口的最低限度等指标。

（2）选择媒体类型 主要依据企业的产品对广告媒体类别特性的要求，以及其他相关因素，选择出可以良好承载广告信息的广告媒体类型。例如，根据产品特性，首选的是电视，还是报纸，或者是网络媒体，选择的时候还要考虑到广告费用。

（3）选择媒体 明确了广告媒体的类型后，就要把不同媒体的覆盖区域、目标受众等与企业的目标市场、目标顾客、追求的广告效果放到一起权衡，选择一个价格承受范围之内，又有良好宣传效果的媒体。

（4）组合优化 确定了媒体之后，还要对媒体不断地进行组合优化。在投放一段时间后，要对广告效果进行测评，并根据效果不断进行完善优化，以期达到良好的宣传效果。当企业的营销策略有变化时，广告媒体的组织策略也要重新按照这个流程进行改变。

4. 媒体组合的策略

根据人们接触媒介的方式和企业产品特点，媒体组合有四种基本形式，也可以说是媒体组合的四种策略。

（1）电子媒介与印刷媒介的组合　广告主不大可能在广播、电视、报纸、杂志上都投入广告，更多的是根据媒介的受众特点和购买力，结合企业的产品进行媒介组合。在这种组合中，电视和报纸的组合是一种最基本的组合方式，也是一种效果最好的组合方式。不但因为这两种媒介的信誉度较高，而且电视媒介与报纸媒介都具有较好的覆盖率和互补性。电视既覆盖城市又覆盖农村，特别是省级卫视对农村的极高覆盖率，加上城市电视台对城市居民的影响，其广告传播效果可以发挥最佳状态。至于具体怎么去选择哪种类型的电子媒介和印刷媒介并进行组合，就要根据企业的经济实力，产品的特性和对消费者的调查所获得的数据进行选择组合。

（2）不同电子媒体的组合　按覆盖面积大小划分电子媒介，有覆盖全国的中央台，有以本省为主的卫视台和省电台，有以城市居民为主的电台和有线电视台。按传播的方式和内容划分有广播媒介和电视媒介。电子媒介的组合还有广播与电视的结合，有线与无线的结合等多种形式。如中央一台在北京收视率最高，但在上海、广州则位于第三，上海人首选东方台，广州人首选翡翠台。从这三地对媒介的选择看有一种特点：即本地台和中央台是三地居民的重点选择对象，所以在这三地广告投放时的电视媒介组合的最佳方式是本地台加中央一台。对产品的消费者主要是农村的广告主来说，怎样进行电子媒介的组合呢？根据实力媒体的收视调查，卫视的观众分布趋向县城和农村，而中央电视台的观众更多是在大城市。所以对这些广告主来说，广告投放可选择多个卫视的媒介组合形式。

（3）不同印刷媒体的组合　印刷媒介种类繁多，就报纸来说有日报、晚报、都市报，生活服务类报和各种行业报。不同印刷媒介的组合还可以有多种形态。如全国大报与地方报的结合，报纸与杂志的组合等，不管如何组合，其标准只有一个就是在取得最佳的广告效果。

（4）电子媒介、印刷媒介与其他媒介的组合　在现代社会中，许多广告商还把户外广告等其他媒体作为媒介计划中的重要选项。例如，把户外广告与广播、电视结合起来，形成"电视（或广播、报纸）＋公交车"、"电视（或广播、报纸）＋候车厅"、"电视＋报纸＋公交车（候车厅）"等众多媒介组合形态。据调查，这种广告投放形式能在最短时间内，最大限度地提升品牌知名度，取得理想的广告效果。网络媒介的出现，也为广告主在媒介组合方式的选择上提供了较广的空间。特别是时兴的网络定向广告，随着电脑的普及，将会在未来扮演重要角色。广告主在媒体组合时，也可以根据产品的特点把网络媒介考虑进去。

总之，在媒介日益多样化的今天，进行广告媒介优化组合将是提高媒介投放的有效策略。随着广告客户的日益增加，每一广告的平均份额下降，广告主在广告投放上势必更加理性，把媒介组合的模式用好用活。

思考题

（1）传统广告媒体和新型广告媒体有何不同之处？

（2）思考栏目赞助与广告的区别，为什么一些大企业更愿意以栏目赞助的方式进行广告宣传？

（3）与传统媒体相比，网络广告媒体的优势何在？

（4）如何在广告中运用整合营销传播模式和"多"媒体组合策略？

实战模拟练习

（1）结合身边事例（如举行一个活动，进行一个产品宣传等）进行分析，探讨"多"媒体组合策略的运用。

（2）案例讨论

农夫山泉的整合营销策略❶

在市场激烈的竞争中，每个企业都力图使自己的产品以及企业的形象广为人知，并能够深入人心，千方百计运用各种广告宣传手段。每当提起农夫山泉，消费者脑海中首先闪现的是那句经典的广告语"农夫山泉有点甜"。广告中是一幅非常美丽的淳朴的千岛湖风景画面，青山绿水，又重点突出纯净的湖水，接着是几个非常富有人情味的人物描写，然后再用大量的"笔触"细腻地刻画了一个农家小孩饮用了湖水后非常甜蜜、纯真的微笑，最后才是一句画外音"农夫山泉有点甜"。"农夫山泉"的品牌名称透露出儒雅的文化品位，感性的名字却有着深刻丰富的内涵。"农夫"二字给人以淳朴、敦厚、实在的印象。"山泉"则给人以回归和拥抱大自然的美好联想。它从名称上吻合了人们回归自然向往自然的心理需求，引起消费者的心理共鸣。因此，在如今钢筋水泥混凝土的城市森林中，农夫山泉的品牌名称带有强大的品牌亲和力。

另一则广告为"课堂篇"：一女生上课时因欲喝农夫山泉而拉动瓶盖引起了"嘭嘭"声，被老师告诫其"上课时不要发出这种声音"，这更使一些上课爱搞小动作、恶作剧、具有逆反心理的调皮学生心情急切，从而对农夫山泉产生强烈的购买欲。用此小计，传递了一个产品包装上与众不同的信息，将无声之水变成有声，揭示了产品包装的吸引力，响声同时又起到了提醒和强化记忆的作用，引起了青少年消费者的关注和兴趣。

在饮用水品牌大战越来越激烈的情况下，农夫山泉又适时推出了理性诉求广告，提出"常喝天然弱碱性水有益健康"的观念，通过实验对比、水源地展示，引起消费者的关注和认可。尤其是其他的品牌饮用水还在强调"纯净"的时候，农夫山泉已经通过"有点甜"、"我们不生产水，我们只做大自然的搬运工"这样的广告

---

❶ 张延. 从"农夫山泉"看企业整合营销传播. 合作经济与科技，2010，（18）：64～65.

语，向消费者透露这样的信息：农夫山泉才是天然的、健康的。面对越来越理性的消费者，这样的理念无疑更能切入他们的内心需要。

在商业广告泛滥的今天，农夫山泉也结合社会上的重大活动和事件，积极参与社会公益事业，适时推出了公共关系广告宣传活动。"再小的力量也是一种支持。从现在起，购买一瓶农夫山泉，你就为申奥捐出一分钱。"伴随着奥运冠军颇具亲和力的笑脸，这个广告渗透在我们的生活中。企业不以个体的名义而是代表消费者群体的利益来支持北京申奥，这个策划在众企业行为中是一个创举。如果支持奥运是"锦上添花"，那么农夫山泉后来针对贫困山区孩子体育器材、学习和生活的"一分钱工程"就是"雪中送炭"了。广告片以纪实的手法，让山区孩子们渴望的眼睛和质朴的声音，深深感染了每个观众的内心。

现在的市场经济被称为"眼球经济"，关注重要赛事和奥运冠军会使企业赚足眼球。但是企业毕竟为社会之公器，在拥有一定的知名度以后，只有承担起更多的社会责任时，企业的美誉度和消费者的忠诚度才会得到提升。到现在，农夫山泉确立了在饮用水市场上的王者地位。

讨论题

① 农夫山泉的整合营销策略成功的原因是什么？

② 分析农夫山泉运动的多种广告策略，探讨下一步的广告策略。

第十三章
品牌塑造中的广告心理方略

【学习目标】

了解品牌与品牌个性的内涵，以及广告在品牌个性塑造中的作用，灵活掌握广告塑造品牌个性的多种策略，能在实际创作中有针对性地运用多种广告策略，达到提升品牌知名度、美誉度和忠诚度的目标。

基本知识点：品牌与品牌个性、广告在品牌个性塑造中的作用、塑造品牌个性的广告方略；提高品牌知名度、美誉度和忠诚度的广告策略。

重点：塑造品牌个性的广告策略和品牌建设的广告策略。

难点：在品牌建设的各个阶段，如何正确运用广告策略达到不同的品牌建设目标。

随着人们生活水平的提高以及产品同质化现象的日益严重，感性消费时代不约而至。面对琳琅满目的商品，消费者的品牌意识不断增强，品牌成为消费者选择商品的重要依据。在这样的市场环境下，品牌在企业竞争优势中的地位和作用越来越凸显，企业竞争优势的获取越来越依赖于品牌的经营。品牌成了企业抵御竞争者攻击的一面"盾牌"，品牌成了企业披荆斩棘的一把"利剑"。那么，什么是品牌与品牌个性？广告与品牌个性塑造是一种怎样的关系？品牌个性塑造与品牌建设的广告策略有哪些？本章将对这些问题进行探讨。

第一节　广告与品牌个性塑造

品牌为何能成为企业营销制胜的有力武器？因为品牌能有效地俘获消费者的心。具有独特品牌个性的品牌，就像在芸芸众生中具有鲜明个性的人一样，显得与众不同、格外引人注目。对于消费者来说，品牌意味着信誉，是一种质量的承诺，是一种利益的保障；品牌还意味着愉悦和满足，是一种身份的象征，是一种自我个性的彰显，能得到他人的尊重和仰慕。广告在品牌个性塑造中发挥着至关重要的作用。

一、品牌与品牌个性

1. 品牌的内涵

"品牌"（Brand）一词来源于古挪威文字"brandr"，意思是"烙印"。早期的人们在自家的牲畜身上烙下印记，以区别于不同的所有者。后来也运用到手工业中，古代手工艺人在他们制作的手工艺品上打上某种标记以利于顾客识别产品的来源。近代的起源则是宝洁的创始者哈利，他把肥皂做成小块并加以包装，并且以"IVORY"为商标进行销售。

时下，企业对品牌的理解已不再仅仅是用以识别的"标记"。品牌是一种错综复杂的象征，它由文字、标记、符号、图案和颜色等要素或这些要素的组合构成，通过这些要素或要素组合将产品的全方位信息传递给目标消费群，使自己的产品或服务有别于竞争者，在消费者的头脑里形成偏见。由于这种类似成见的偏见支持消费者进行重复性购买，并且获得购买后的满足感，达到品牌在消费者心中的情感巩固，有利于产品销售。

品牌包含许多丰富内涵，已成为一个复杂的符号。"现代营销学之父"、美国西北大学市场学教授菲利普·科特勒（Philip Kotler）指出品牌的内涵可以分成六个层次。

属性：一个品牌首先给人带来特定的属性，如质量、性能、用途、价格等。

利益：一个品牌不仅仅限于一组属性。顾客不是购买属性，他们是购买利益。属性需要转换成功能和（或）情感利益。例如，小轿车具有车速快、耗油量小、安全系数高等属性，这些属性带给消费者的利益则分别是：节约时间、体会到驾驶的乐趣；提高效率，节约开支；人身安全有保障。

价值：品牌还体现了该制造商的某些价值感，如声望、效率、用途等。例如，奔驰车实际上也代表了生产商重视高品质、高档次等的一些经营理念。

文化：品牌可能附加和象征了一定的文化。如可口可乐饮料代表了一种美国文化，奔驰汽车意味着一种德国文化。

个性：品牌还代表了一定的个性。不同的品牌会使人们产生不同的联想，这是由品牌个性所决定。如人们经常说开宝马坐奔驰，因为通常人们这样理解：宝马有更好的驾驭性，会给司机提供最好的驾驶体验；而奔驰有更好的舒适性和安全性，给乘坐者在带来安全的同时，也提供了非常舒适的享受。

使用者：品牌还体现了购买或使用这种产品的是哪一类消费者。如凯迪拉克和绅宝都属于高档汽车之列，它们的使用者类型却有天壤之别：前者是奢华、尊贵、张扬的非凡领袖群，后者是年轻、自由、时尚的成功绅士群。

在品牌的这六个层次中，品牌个性最能有效激发消费者的情感，增加对品牌的信任与忠诚，提升消费者的品牌偏好和促进消费者使用。因为品牌有个性，它才能成为重要的竞争武器，甚至代表一家企业的文化。

2. 品牌个性

品牌个性（Brand Personality）概念是 1985 年由 Sirg 明确提出，他认为"产品假设具有个性形象，就像人一样……这些个性形象不是单独由产品的物理特征所确定的"。品牌研究专家大卫·艾克（David Aaker）指出，品牌个性是品牌所联想出来的一组人格特性。品牌个性知名研究专家詹妮弗·艾克（Jennifer L Aaker）教授将品牌个性定义为"与品牌相连的一整套人格化特征"。作为实务界专家的林恩·阿普绍（Lynn B Upshaw）认为："品牌个性是指每个品牌向外展示的个性，……是品牌带给生活的东西，也是品牌与现在和将来的消费者相联系的纽带。它有魅力，也能与消费者和潜在消费者进行感情方面的交流。"❶

也就是说，品牌个性是品牌具有的和人一样的各种各样的身份和品格，它只是品牌形象当中的软性属性，甚至是软性属性中最能体现出与其他品牌的差异，最富有人性的部分。例如，海尔的品牌形象包括中国制造、高质材料、高价位、耐用、新款、真诚、无微不至的服务精神等，但它的品牌个性是真诚、无微不至的服务精神，其他部分则是海尔品牌形象当中的硬性属性。

没有个性的品牌，难以在消费者心中留下深刻、持久的印象。独特、鲜明的品牌个性也是消费者进行品牌选择至关重要的决定因素。因此，企业为了实现更好的传播沟通效果，应该将品牌人格化，找出其价值观、外观、行为、声音等特征，从而成功塑造独具一格、令人心动、历久不衰的品牌个性。

二、广告在品牌个性塑造中的作用

品牌个性的塑造过程，就是品牌与"人"、与消费者的沟通过程。企业塑造品牌个性的方法很多，广告作为一种直接面向广大消费者的营销推广与传播沟通工具，对塑造鲜明独特的品牌个性更是发挥了举足轻重的作用。

（1）广告打造新的品牌个性　一个新品牌或跻身于新市场的品牌，要在琳琅满目的商品汪洋大海中跳出来，让消费者过目不忘，就必须拥有特殊的内涵和气质，努力塑造自身品牌的鲜明个性，突出形象。广告责无旁贷成了"排头兵"。

被誉为世界"啤酒之王"的百威啤酒在进入日本市场之初，把广告目标消费者对准了日本25～35岁的男性青年。针对这个群体的特殊心理背景，诸如注重品牌和品质的结合，追求新奇而又昂贵的产品，但又不像美国青年那样富于冒险精神和个性特征，对美国有一种感激、向往、崇拜和超越的复杂情感……百威啤酒通过广告创意表现策略和广告投放策略，在日本青年心目中树立起啤酒王者风范的品牌个性，引发了广泛而强烈的心理共鸣。通过大力度的品牌传播，百威啤酒突出的品牌个性很快在日本青年一代中传开，品牌知名度和忠诚度迅速得到提高，成为日本青年最喜爱、最时尚的啤酒品牌，经营业绩突飞猛进。

（2）广告强化品牌个性　品牌个性的强化与深刻，不是靠单则广告创意的出彩，而是靠不同的内容和形式的系列广告演绎相同的主题，不断重复品牌最核心的东西。系列广告采用分期分批的形式，从不同的角度提供给消费者全新的信息，并保持风格的一致，有利于对消费者进行反复的刺激，并保持每次刺激的新鲜感。这样，品牌个性才具有持久性和成长性，才会在消费者心目中达成品牌积累。同样，在品牌个性把控下进行长期的广告演绎，也会使广告作品本身呈现出"独一无二"的个性面孔。广告通过个性的张扬，让消费者很容易地识别你，消费者看到作品就知道是谁在说话。许多成功的品牌都会逐渐形成自身的广告风格，且其所有的广告也都会遵循这个风格，以使品牌个性越来越清晰。

---

❶ 丁桂兰主编. 品牌管理. 武汉：华中科技大学出版社，2008：107.

日本沃尔沃汽车（VOLVO）素以"安全"为广告诉求，数十年不变。这也成了品牌耳熟能详的个性。下面我们看看沃尔沃的广告是如何形象、生动、一致地表达"安全"诉求的。

1996 年，获戛纳广告节平面广告全场大奖的《安全别针篇》（见图 13-1），通过一枚用大型安全别针卷曲成汽车的外壳来传递沃尔沃的"安全"。画面中，这枚安全别针的针尖并未扣在扣槽之内，而是跳了出来，给人以不安全稳妥的感觉，这便造成消费者极大的悬念。原来它是要告诉受众：别针的钢一定坚韧，不易变形，即使针尖跳出扣槽之外，也很难用外力碰撞使之变形。这和沃尔沃车一贯宣传的特点"车外壳钢特别好，碰车不变形，安全系数高"是相吻合的。受众从别针自然联想到沃尔沃汽车的外壳。别针针尖出槽尚且如此，何况谁都会知道别针使用时针尖绝不会出槽的。这当然就更是安全牢固无虑了。沃尔沃汽车所有结构精良合格，其安全牢固程度可想而知了。

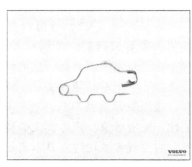

图 13-1　沃尔沃汽车广告：
《安全别针篇》

1997 年，又见沃尔沃戛纳获奖的力作：一位面露微笑，神情安然自怡的婴儿躺在母亲硕大的双乳间。看到这里，"安全感"油然而生。

沃尔沃还有一则经典广告（见图 13-2），利用双层核桃来比喻沃尔沃的安全性：核桃壳犹如沃尔沃的车身，层层把关、坚硬无比，要想轻易地破坏它可不是件容易的事情。广告画面不着一字，尽显"安全"。

图 13-2　即使外在受损，
内部依然完好

通过长期如一的广告塑造，沃尔沃"安全"的品牌个性已为世人皆知，且印象深刻。提到沃尔沃，人们会联想到"安全"；提及"安全"，人们会联想到沃尔沃。

（3）广告重塑品牌个性　当原有品牌个性定位失误，或者是某一品牌即使最初市场定位很好，随着时间推移，企业所面临的市场环境、消费者环境、传播环境等发生了巨大变化，都需要通过广告对品牌进行"变脸"，以根除原来不利的、老迈的品牌个性，重塑为目标消费者所认可、喜爱的品牌新个性。

三、塑造品牌个性的广告方略

运用科学合理的广告策略，有利于更有效地塑造鲜明、独特、富有沟通力的品牌个性，能形成更高的品牌认同与品牌识别，达到事半功倍的效力。

（1）根据品牌定位，塑造品牌个性　品牌定位是品牌个性的基础，而品牌个性是品牌定位的延伸。品牌个性能赋予消费者一些更亲近和更生动的东西，这些东西可能超越品牌定位，它远比定位传达的内容多。品牌定位与品牌个性联系得越紧密，消费者被品牌吸引的可能性就越大，品牌发展成强势品牌的可能性也越大。

以品牌定位作为原创动力支点，广告创意人不再是盯着一个作品，而是在品牌定位指引下以不同的内容和形式演绎相同的主题，不断重复核心的东西，并且追寻广告投入的终极目标——塑造个性、实现印象、建立地位、提高市场占有率。

例如，联合利华的力士香皂，是国际上风行的老品牌，长期以来，定位不是清洁、杀菌，而是美容。相对于清洁和杀菌来说，美容是更高层次的需求和心理满足，这一定位巧妙地抓住了人们的爱美之心。从1927年智威汤逊公司采用国际明星为力士香皂创作广告伊始，通过大打影星广告牌，力士又很好地把品牌独特优势传达给消费者，最终建立起"美丽、华贵、滋润、成功"的品牌个性。

（2）进行消费者洞察，塑造品牌个性　品牌的个性塑造要针对目标消费者的消费心理，消费者是有个性的，他喜欢的品牌也应该是跟他个性相符合的品牌。品牌个性中反映的内容、特性跟消费者的价值取向、心理追求越相近，他们就越乐意购买这种品牌。如摩托罗拉的品牌个性是成功、自信和注重效率，它的系列手机广告都以成功的商务人士作为目标消费群，使其品牌形象与消费者的形象相互融合，从而强化了品牌个性，使得自己与其他手机品牌区分开来。

品牌个性不仅要满足消费者现在的需要，还要及时预见消费者未来的期望。因此，广告不能简单地把消费者当成一个统计数字而已，而应该把他们看成是活生生的、有血有肉的、情感丰富的居住在环境四周的独特个人群体，仔细研究及发掘消费者内心真正的需求。

《耐克滑板》系列广告在1998年摘取第45届戛纳国际广告节影视全场大奖。该组片子将一系列"违规动作"与对运动的热爱以及穿耐克去运动的激情联系在一起。想做就去做！支持果敢的行为，对违规受到干涉打抱不平，确实是在帮消费者说话：不就是想打高尔夫嘛，不就是想打网球、想跑步嘛，有这么严重吗？（可能真的很严重，因为它会破坏一种秩序，但确实算不上犯法，有必要带上法庭吗？）影片所表达的一种无可奈何的情绪，特别对观众的胃口。广告把他想说的话，把他的那种运动的一种情愫、一种激情表述出来了。这种用情节打动受众的影视语言，让他们觅到知音，心里舒坦，真正实现了沟通。广告基于对作为普通人的体育爱好者的心理洞察，塑造出耐克果敢、亲切的品牌个性，同时也为品牌创造了额外的情感附加值，它使每一个热爱运动的人都觉得自己是耐克人。

（3）情感诉求塑造品牌个性　品牌个性具有强烈的情感方面的感染力，能够抓住消费者及潜在消费者的兴趣，不断地保持情感的转换。品牌个性中赋予情感内涵或人性化的内容，离目标消费者的个性越近，就越受欢迎。因此，广告要从消费者的心理需要出发，紧紧围绕消费者的情感需要进行诉求，塑造出品牌独特的个性和特征，使人们对同样的东西产生不同的感觉和情感。每一种情感都可能帮助形成品牌个性，广告中融入亲情、友情、爱情、乡情、同情、人情等情感，品牌就有了生命力。台湾中华汽车的电视广告用讲故事的方式，细腻而真情地演绎了父子情、母女情和兄弟情，篇篇温情脉脉、感人至深，为人们津津乐道、回味无穷。广告像面美丽的镜子折射出中华汽车温情亲切的品牌个性，点出了中华汽车对品质的孜孜追求，提供给消费者一个可靠的保证，亲情主题也勾出人们对于国货的偏好心理，给汽车带来远远大于其产品本身的附加值。

（4）广告对品牌个性进行长期一致的塑造　一个不停改变个性的品牌，是不会被人记住而终将被遗忘的。因此，在广告当中应该长期专注于和品牌个性相符的方面，以保证品牌形象持久的生命力。品牌策略专家大卫·马丁（David Martin）说，"著名的品牌是在很长的一段时期里塑造起来的，一直都会有广告诚实地介绍该产品的个性……"奥格威从为施威普斯柠檬水（Schweppes）制作第一则广告开始，就注重通过赋予其业主自己的形象来建立该品牌的形象与个性。广告首先显示公司特派员华特海德去大西洋彼岸当美国分部负责人的情景。图案采用制造师华特海德下飞机的大照片：他戴着礼貌，穿着西式大衣，扎着领带，留着大胡子，手里提着公文箱和长柄伞——一个典型的英国绅士的打扮。华特海德先生的目光中透着诚实、严谨和自信，还有其背后的贵宾级专机与红色地毯，都烘托出广告主的形象。照片下的标题是：施威普斯的人来到此地，让人感到这是来自英国的正宗威士忌。同样的形象也出现在生产厂实地，他也严格检查此地所煮的每一滴施威普斯柠檬水是否符合本地厂所独具的口味。其后的 18 个春秋，华特海德始终是施威普斯广告画面的主角。广告效果的累积使该品牌在人们心目中树立起较好的形象，获得了成功。

（5）稳中求变，塑造品牌个性持久魅力　维持品牌个性的长期一致性并不是反对创新，更不是一成不变。相反，要保持品牌个性历久弥新，广告应该在世袭原有品牌个性主体的基础上，稳中求变，不断地为品牌补充新鲜活力和能量。

提起轮胎，许多人的脑海中就会立刻浮现出一个卡通人物形象：由一些轮胎化身而来、简洁的线条、单纯的色调和无邪的笑容，既憨态可掬，又机灵俏皮，它就是世界轮胎业霸主、法国轮胎大王米其林公司的标识——轮胎人"必比登"（Bibendun）。"必比登"于 1898 年由恒美环球广告公司正式推出，该名字来自用米其林轮胎人做标识的第一张海报上的广告标题——Nuncestbibendum（"现在是举杯的时候了"），寓意是"米其林轮胎横扫一切道路障碍"。此后，这个米其林轮胎人成了广告明星，到处露面，出现在诸如巧克力、肥皂、香水瓶、墨水瓶、汽车仪表、导游地图、菜单、烟灰缸等各种商品上，还进入更多领域，剧院、影院、舞厅、邮票……他还周游世界、入乡随俗：从 1963 年起直至 20 世纪 70 年代，米其林轮胎先生走遍法国的 40 多个海滩，与人们一起玩杂耍，听爵士乐；在智利，他骑着一辆摩托车；在塞维利亚，他趴在一辆靠在城墙下的马车上；在印度，他又跑到了阿姆里扎市的金寺里……米其林轮胎先生就是个变色龙，他的国籍并不十分明确，但每个国家的人都把他当成自己人。

为了利于品牌营销，广告中，米其林轮胎先生的造型在保持了完美的可识别性的同时，也在不断修改、完善，一直持续到 80 年代初，才形成现在的模样（见图 13-3）。这位由 26 个白色轮胎组成的可爱轮胎人形象早已深入人心，并且成为全球知名度最高的品牌标识。首先，随着企业产品的变化，组成米其林轮胎人身躯的轮胎宽度也一直在加宽。其次，轮胎人的身材也随着时代的前进由肥胖笨重变得健壮修长，五官也做了相应的变化（做了面部去纹手术、一双圆圆的眼睛取代了夹鼻眼镜），使其看起来更加美观和年轻，具有青年人的姿态。这些大胆的调整很好地顺应了新时代的潮流，迎合了新时代人们的欣赏习惯，在为企业和产品赢得更多新顾客的同时，也让老顾客产生新鲜感。

图 13-3　米其林轮胎先生的造型

一个多世纪以来，米其林轮胎先生因不断地被赋予新生命而经久不衰，体现出一种极强的适应性和生命力。他以迷人的微笑，可爱的形象，成了家喻户晓的亲善大使，消除了人们对轮胎这一领域的障碍，让呆板笨重的轮胎也充满活力，充满亲切感，征服了消费者的心。米其林也因此而扬名天下。而不论风霜雨雪环境如何变换，米其林轮胎人为米其林呈现的是，不变的轻松和安全的品牌个性。

第二节　品牌建设的广告方略

广告是品牌最重要的传播手段之一，也是提高品牌知名度、美誉度和忠诚度的强有力工具。从企业创建品牌，利用广告传播品牌信息第一天开始，就要树立战略高度和长远目光，每一则广告创意都应该综合考虑提升品牌知名度、美誉度和忠诚度。当我们的品牌在目标消费者范围有了高知名度、高美誉度，有了目标消费者的真诚拥戴，长相厮守，我们的品牌建设才算成功。

在总体广告策略上，必须先打下牢固的功能基础，再循序渐进地将"务实"的功能个性转变为"务虚"的品牌个性，进而演变为一种生活方式。下面从品牌的知名度、美誉度和忠诚度三个方面展开讨论。

一、提高品牌知名度的方略

品牌知名度是指潜在消费者认识到或回忆起某一品牌是某类产品的能力。它涉及产品类别与品牌的联系，如在气球上写上 Levi's（李维斯）并不一定能提高其知名度，但如果将气球做成 Levi's 301 牛仔裤裤腿的形状，那就把品牌和气球联系起来了，就可以提高气球创建知名度的效果。

广告的第一作用便是创造性地传达信息以吸引目标消费者的注意，并使消费者对品牌名称留下不同程度的记忆。好的广告对品牌知名度的提升作用是显而易见的，如 Nike 独树一帜的乔丹代言广告就在短时间内打开了 Nike 品牌在全美国的知名度。

这一阶段的广告策略总体上应坚持两大原则：一是突出原则，二是关联原则。突出原则，是指广告中应尽量多地凸显品牌名称，包括画面、音乐、文字或语言等的使用。例如，人们熟知的燕舞收录机在早期的一则电视广告中，仅"燕舞"两个字在广告歌中就出现了六次，此外还打上了字幕，而其印制在舞者衣服上的 LOGO 也始终处于画面较为突出的位置。关联原则，是指必须把品牌名称与产品类别相联系。广告中必须给消费者提供该品牌产品有用、有趣、有利的信息，以建立品牌和产品之间的高关联性。这样，消费者才会在产品类别与特定品牌之间产生一种刺激反应关系。例如，大家提到可乐，就会想到"可口可乐"，提到果冻，就会想到"喜之郎"。

提高品牌知名度可以考虑如下的广告方略。

（1）广告集中投放方略　广告可以在较短时间内以一个统一的方式向广泛的消费者范围传递品牌信息，扩大产品的知名度。大量成功的知名度高的品牌的广告实践表明：在现代市场中，没有大量的广告投入，也就没有高的品牌知名度。广告信息要在消费者心中留下深刻印象，必须持久一致地密集式传播，在消费者的心理接受阈内，用不同媒体展示内容大致相同的广告，形成对消费者强烈的记忆表象。

在中国，如果谁提到"今年过节不收礼"，随便一个人都能跟你说"收礼只收脑白金"。脑白金已经成为中国保健品市场的代表。作为单一品种的保健品，脑白金以极短的时间迅速启动市场，并登上中国保健品行业"盟主"的宝座。其成功的最主要原因之一在于，动用多种媒体大打"送礼"广告，反复对其加深睡眠和改善肠胃的理性利益和送礼软性利益进行宣传。其报纸广告专攻功效，而电视广告专攻礼品宣传，同时广泛动用宣传手册、墙体广告、车身广告、POP、DM 以及传单等猛打广告立体战。虽然其广告创意被网传为"第一恶俗"，但狂轰滥炸的广告攻势成功地使脑白金妇孺皆知，这是不争的事实。显然，没有媒体上的高投入、高投放，其广告就达不到满意的效果。但是重复也要注意时机和次数的适当。据研究，广告展示的频次增加到一定程度，很可能引发消费者的负面心理，从而拖产品销售的后腿。如脑白金在 1999 年 3～6 月保健品淡季，也疯狂加大电视投入，费用花了一亿多元，可销售并未相应增加，反而引起消费者的普遍反感，可谓弄巧成拙。

（2）差异化广告创意方略　与众不同总是使人难忘。要提高知名度就必须让消费者注意到这一信息，并留下难以磨灭的印象，最关键的一点是制造差异和独特，做到与众不同。在提升品牌知名度时期，这种差异应该主要是功能利益上的体现，广告必须让消费者明白，购买产品可以获得什么独特的具体利益。当然，广告着眼于功能利益的差异，不等同于直白、枯燥的广告表现；相反，生动传神的创意表现更有助于消费者加强对产品功能利益差异的理解与记忆。就好比罗瑟·瑞夫斯所说，将"一个演讲者的穿戴、气质、说服力"等方面的外壳与"独特"的演讲内容相结合才可取。

农夫果园作为一个后进的品牌，能在短期内迅速成为强手如林的果汁市场中的新宠，差异化的广告表现功不可没。它彻底扬弃统一"鲜橙多"的美女路线和可口可乐"酷儿"的卡通路线，而以一个动作作为其独特的品牌识别——"摇一摇"。广告中，两个身着沙滩装的胖父子在一家饮料店前购买饮料；看见农夫果园的海报上写着一句"农夫果园，喝前摇一摇"；于是父子举起双手滑稽而又可爱地扭动着身体，美丽的售货小姐满脸狐疑地看着他俩；（镜头一转）口播：农夫果园由三种水果调制而成，喝前摇一摇；（远景）两个继续扭动屁股的父子走远。这个伟大的创意——"喝前摇一摇"，最形象直观地暗示消费者，它是由三种水果调制而成的混合饮料，摇一摇可以使口味统一；另外，更绝妙的是无声胜有声地传达了果汁含量高的概念——因为我的果汁"有大量果肉纤维"，摇一摇可以将较浓稠的物质摇匀。"摇一摇"的背后就是"我有货"的潜台词。立足于理性的广告诉求，独特、有趣的生活化表现，便于记忆和沟通，不失为绝妙的差异化策略。消费者既有效理解了混合饮料的概念，又充分感受到农夫果园带给他们鲜美口味和充满乐趣的双重刺激。

　　（3）制造悬念的广告创意方略　这种策略，就是事先不直接向消费者传达有关商品的某些信息，而是制造悬念让消费者感到好奇而加以猜测，然后一语道破。这种方式看起来似乎延缓了广告内容的出台时间，其实却延长了人们对广告的感受时间，并使原来分散杂乱的顾客心理在一定时间内围绕特定对象集中起来，从而达到更为深刻的广告记忆效果。用这种策略提升新产品知名度，可谓是屡试不爽。

　　（4）广告创意借力方略　当前热门话题、热门事件、突发事件或者热门赛事，具有极大的注意价值，广告创意如能及时抓住这些事件顺水推舟，借力使力，常常能达到事半功倍的效果。另外，广告还可以通过精心制造与安排轰动性事件，来吸引并保持消费者的高度注意力，借势提升品牌的市场知名度。

　　（5）广告创意媒体创新方略　广告信息是通过媒体渠道进行传播的，媒体本身的特性和定位，一方面限定了创意表现的范围，另一方面也为创意表现提供了创新源泉。根据产品本身的特定情况，巧妙地选择利用媒体的特性，可以使创意收到意想不到的认知、记忆效果。创作中，以创意媒体取胜的优秀例子不胜枚举。

　　散利痛《头痛欲裂篇》采用镂空海报的形式（见图13-4），将现实环境中的裂

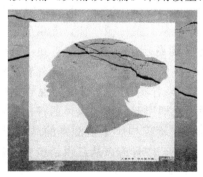

图 13-4　散利痛广告：《头痛欲裂篇》

缝与镂空的人头像结合起来，令每个路人对"头痛欲裂"感同身受，并且过目不忘。再配上标题文案：头痛欲裂，快用散利痛。产品名称也被牢牢记住。

二、提高品牌美誉度的方略

品牌美誉度是品牌在消费者心中的良好形象，它以品牌知名度为前提，真正反映了品牌在消费者心目中的价值水平，并为进一步的品牌建设打下了坚实的基础。美誉度的建立，需要通过长期细心的品牌经营，经久地保持良好的品牌形象。

这一阶段的广告策略总体上应坚持两大原则：一是品质原则，二是升华原则。

品质原则，是指无论广告使用的媒体还是广告本身的创意与制作表现，都应该是高品位、高档次的，这会对品牌美誉度的形成和提升产生决定性的影响。研究表

图13-5　爱丽舍轿车降价广告

明，同样内容的广告，刊登的版面越大，投放的电视频道权威性越高，消费者对品牌的印象也越好。同样，制作精美、愉悦受众心灵的创意表现，能有效向受众传达积极正面的品牌形象。例如，价格促销虽然能在短期内迅速掀起销售高潮，但往往会引起质量和服务打折的联想，降低消费者的知觉质量和品牌形象，对品牌忠诚不利。爱丽舍的降价广告却颇有创意（见图13-5），画面艺术性地表达了广告主题，不仅丝毫无害于品牌形象，而且通过将激动时的心电图与爱丽舍车标完美吻合，达到一箭双雕的作用：既表现了消费者对于爱丽舍品牌的心动，也表现了消费者对于全新价格的心动，爱丽舍的高品质不言而喻。

升华原则，是指每一则广告都必须有助于企业品牌形象的升华，有助于推动品牌从属性到利益再到更加抽象的价值的升华。

1994年，恒源祥在中央电视台一套黄金时段做了一个5秒钟的标版广告，其中以小囡用稚嫩的童声叫了三声"羊、羊、羊"印象最为深刻，引发了很高的关注度，也迅速打开了恒源祥的品牌知名度。之后恒源祥十几年如一日地重复"恒源祥羊羊羊"的广告，建立了极高的知名度，通过产品销售，也初步树立了美誉度。成为北京奥运赞助商后，正是传达品牌文化内涵、输出价值观、提升美誉度的好时机。可惜，2008年春节恒源祥的贺岁电视广告——十二生肖篇，彻底摧毁了其初步建立起来的美誉度。恒源祥的十二生肖电视广告从"恒—源—祥，北京奥运赞助商，鼠鼠鼠"一直到"恒—源—祥，北京奥运赞助商，猪猪猪"，在不到一分钟的时间里，由北京奥运会会徽和恒源祥商标组成的画面一直静止不动，画外音则将中国十二个生肖轮番重复念了十二次，狂轰滥炸之势着实让每个观众的视听饱受摧残。如此无视观众感受的"广告暴力"一经播出立即引起公愤与媒体的抨击，最终因观众强烈不满，而遭到电视台的停播。这则广告不但损害了恒源祥的品牌形象，也难以达到拉动销售的目的。企业想不被别人忘记，广告应该从赢得消费者的长期信任、赢得社会的认可上下工夫。

提高品牌美誉度的广告策略有以下方面。

（1）广告与文化结合方略　广告中好的创意，所蕴涵的文化内涵及外延张力，所推广产品的品牌及质量，是直接或间接地影响人们购物时的心理诱因。现代消费者对文化的积极认同和主动接受，使得广告中的文化媒介，越来越显示出它的独特魅力。实现广告与消费者文化心理沟通的途径有三。

第一，展示产品自身的文化因素。任何一家企业，任何一种产品，其本身都有历史、地域、品牌、功能等不同的文化特征。选取足以赢得消费者认同的文化因素，作为广告作品的表现要素，这不仅有助于产品个性的凸显和品牌形象的建立，更有助于消费者对品牌深刻的理解和共鸣。获 2010 年纽约广告节金奖的中央电视台形象广告《水墨篇》，秉承"民族的就是世界的"这一理念，以大气的黑白水墨作为核心载体，创造了一个新颖的表现形式，将古代文明通过水墨特有的灵动流畅的质感与现代动画技术相结合，通过一滴墨在水中晕染开来的方式，使墨的形态不断变幻，变幻为连绵起伏的山脉，生动的游鱼，飞扬的群鹤，腾飞的巨龙，万里长城，太极舞者，鸟巢，动车，央视大楼等一系列中国意象。整个过程完全突破时间和空间的界限，在恢弘的交响乐曲中，完美地诠释了"从无形到有形，从有界到无疆"的内涵。水墨的自然流动，一气呵成的形象串联，带给观众的是一种油然而发的力量感。这种强烈的视觉冲击力使观众真切地感受到中国品牌的力量。

第二，展示消费者熟知的文化情景。把消费者熟知、认同的文化情景，置于广告之中，依靠与产品的某种合理的联系，令消费者衍生出对产品的认可。如雕牌洗衣粉的广告，"妈妈，我能帮您干活了"，关注下岗工人弱势群体，以普通人的生活点滴，揭示"真情付出，心灵交汇"的生活哲理，激发起人们的感动。

第三，充分考虑消费者的文化观念。违背或无视社会文化的制约，必然导致消费者的强烈反感与抵制。2004 年一则名叫"滑龙篇"的立邦漆杂志广告作品遭到广泛的指责，画面上有一个中国古典式的亭子，亭子的两根立柱各盘着一条龙，左立柱因为没有涂抹立邦漆色彩黯淡，但龙紧紧攀附在柱子上；右立柱因为涂抹了立邦漆色彩光鲜，龙却跌落到地上。作品原意虽然是想通过对比的方式戏剧性地表现立邦漆的特点，但事与愿违，原因就在于它忽视了一个致命伤：龙是中华民族的象征与图腾，容不得丝毫轻侮与亵渎！

（2）广告与人性结合方略　营销界流传一种说法：不要给我衣服，我要的是迷人的外表；不要给我房子，我要的是安全、温暖、干净和快乐；不要给我磁带，我要的是美妙动听的乐曲；不要给我东西，我要的是想法、情绪、气氛、感觉和收益。消费者在观赏广告时，如果能获得某方面情感与人性的满足，产生美好的回忆，就会建立起对品牌的良好印象，甚至建立起其和品牌之间深厚的、割舍不断的情感联系，激发其购买欲望和行为。

从人性化视角来发掘广告说服策略，几乎是所有成功的广告策略的秘诀。玉兰油《中国式美丽》60 秒广告，展示了希望 OLAY 可以和中国女性一起拥有让世界为之心动的"中国式美丽"。OLAY 解读下的中国式美丽，是中国女人各个角度的美丽精华，它从现代中国女性的多个生活侧面诠释女性之美，很聪明地讨好了观众的眼球和芳心。

"世上什么最美？OLAY会说，是中国女人。你的凤眼，有种灵秀之美。你的肌肤，如白瓷细致光滑。每次见到你，都变得更美。你像水般柔软，也像水般刚强。你，拥有巨大爱的能量。你美，而不自知。18年来，你，一直是OLAY的美丽课题。因为懂你的美，OLAY能让你独特的美，变得更美。让你，继续美上五千年。OLAY，和你一起，活出中国式美丽。"这份广告词，配上陶喆的音乐，还有变幻着不同类型的中国女人的画面，让观众能体会到其中的感动，特别是女性观众，基本上简单的几个画面已经勾勒出中国二十岁到四十岁的女性特点。也许你是职业白领，也许你是已婚妈妈，也许你是充满理想的学生，你都能在广告里找到适合自己的角色，或者说你希望扮演的角色。OLAY在这一点上从情感方面迎合了中国女人的需求，侧面告诉中国女人什么是美，要怎样才能变美；最后OLAY用一句感人肺腑的话，表达了和中国女人同在的决心。

（3）广告与公益结合方略　在产品品质同质化的社会中，无论国际还是国内企业都已认识到企业的长期发展、生命力的可持续性，不能忽视企业形象的塑造与维护，公益广告作为商业广告宣传的辅助手段，是企业塑造自身形象、提升品牌美誉度的最佳切入点之一。

公益广告是指不以营利为直接目的，采用艺术性的表现手法，向社会公众传播对其有益的社会观念的广告活动。它是企业内在精神、素质、品性的映现，体现了一种社会责任，具有天然的与大众沟通的强大属性。如果人们认同了企业所作的公益广告，那么就会自觉自愿地维护企业的形象。从某种意义上说，这种不可替代的独特价值甚至可以与广告本身的商业意义相媲美。例如，哈药六厂耗资1亿买断了提倡家庭几代间表达爱的思想的公益广告《爱心传递篇》，并反复播放进行宣传，在扩大企业声誉、改善企业形象方面也取得了润物细无声的效果。故事讲的是年轻的妈妈辛劳一天回来仍不忘给年迈的老母亲洗脚，家里小孩一看到这情景似乎一切都明白了，忙给妈妈也端来了洗脚水。许多人认为该公益广告最令人感动，据说许多人看了这则广告都落泪了。企业与人们内心深处非商品买卖的情感交流、理念沟通，增强了人们对企业的好感与信任。这种因情与理的凝聚而产生的信任，在竞争中是最不宜被取代的，是企业最宝贵的品牌价值。

广告与公益相结合，还表现为在商业广告宣传中注入公益思想，展示自己的社会责任感，具体表现为结合一些公益问题发表意见，宣扬正面、积极乐观的社会精神等。例如，农夫山泉打出这样一则公益广告，"买一瓶农夫山泉就为希望工程捐助一分钱"。而蒙牛奶业则提出了"每天一杯奶强壮中国人"的口号。麦当劳呼吁大家养成良好的生活习惯，"Let's keep the city nice, Use the trash can"（保持城市美好，请使用垃圾桶）。这种做法对于企业传达企业对社会的责任感，树立企业的社会感召能力起到了重要的作用，同时使企业树立长久的竞争能力和品牌美誉度达到很好的效果。

（4）广告与体验结合方略　品牌美誉度是消费者的心理感受，是消费者在综合自己的使用经验和所接触到的多种品牌信息后对品牌价值认定的程度。体验式广告通过为消费者提供深切而美好的经验感受，增强消费者对品牌的好感与肯定。它将品牌个性与消费者生活及心理状态相结合，与目标消费者形成一种互动，让他们自身去参与，去感受，在不知不觉中接受这个品牌。形成了品牌爱好和品牌认同之后，消费者自然会去购买该品牌的产品。

就具体策略来说，体验式广告从传统的广告以产品功能或服务质量为主要诉求点转变为以消费者体验为主要诉求点，通过将无形的、不能直接被感觉或触摸的广告体验进行有形展示，用一些可视可听的、与体验有关的实物因素帮助消费者正确地理解、评价体验；通过营造某种戏剧性的情节和相应的环境氛围来表现体验过程，从而刺激起消费者的需求和欲望；通过夸张的艺术手法的运用来获得受众的注意和认同；通过给受众留下充分的想象空间，凸显其非常个性化的体验感受，引发消费者对品牌的忠诚与热爱。有特色的体验诉求和有效的表达会让诉诸目标消费者体验心理的广告卓有成效。

三、提高品牌忠诚度的方略

品牌忠诚是指消费者喜欢并持续不断购买同一品牌，即使竞争者提供更好的产品与更好的服务，也不会轻易转向购买竞争品牌。

发现和吸引新的潜在顾客固然重要，而留住顾客尤为重要。意大利经济和社会学家帕累托（Pareto）的 20/80 法则表明，企业经营利润的 80％ 来源于 20％ 的顾客贡献。品牌忠诚使用者能为企业以最低的成本赢得最为丰厚的利润。国外的研究显示，吸引一个新的消费者所花费的成本是保留一个老顾客的成本的 5 倍。根据赖克海德和萨瑟的理论，一个公司如果将其顾客流失率降低 5％，其利润就能增加 25％～85％。[1] 而且，每一个忠诚消费者都是企业的一个活广告，他的口耳相传能有效地帮助企业吸引和创造新的顾客。所以，留住顾客，提高顾客对品牌的忠诚度越来越成为品牌竞争的重点和目标。

广告的一个显著效果就是加强现实消费者与品牌的联想，并使他们变得更加忠诚，而不是说服非消费者从其他品牌转移过来。广告提高了消费者对品牌的忠诚程度，企业培植了对自身客户基础的一定的垄断力，从而可以获得更多的利润。这就是大量的知名企业仍然热衷于做广告的原因之一。

这一阶段的广告策略总体上应坚持提升消费者满意度的原则。"没有永远的忠诚，只有永远的利益"。不同程度的品牌忠诚度都是建立在消费者满意基础之上，当消费者的满意度达到一定程度并产生情感后，便会形成高度品牌忠诚。广告持续为顾客创造并提供超出顾客期望价值的高度满意和愉快，能形成完全异于理性偏好的消费者品牌情绪上的共鸣，正是这种共鸣创造了顾客的忠诚。

在提高品牌忠诚度上，广告可以采用下面的策略。

（1）提醒式的广告方略 从消费者的遗忘曲线上看，在没有任何提醒的情况下，每隔三个星期的时间，消费者对产品与品牌的记忆度与情感度就会下降 2～5

---

❶ Michael A. Jones．"Jaebeom Suh：Transaction-specific satisfaction and overall staisfaction：an empirical analysis"．Journal of Services Marketing，Vol 14 No. 2 2000，pp147～159．

个百分点。如果不阶段性地借助媒体进行广告投放，其他品牌的产品就可能乘虚而入，消费者就会以为它消失或过时，对品牌的喜爱和忠诚就难以为继。运用提醒式的广告传播策略，结合企业不同时期的发展进行相应的广告定位、创意诉求，相对稳定性和持续性地对某一主题进行诠释与宣扬，不断地强化消费者心目中的品牌印记，始终保持消费者对品牌情感的记忆热度，这对于培养和提升消费者对品牌的忠诚度是十分必要和有益的。

这种广告策略通常采取系列广告的表现形式。持续一致的系列广告在与消费者沟通时，经常从最初的产生知晓或改变态度转变到一种提醒和维持，达到看见由熟悉要素组成的新型系列广告，便能产生认同感和愉悦感的效果。例如，故事性是伊卡璐广告一大亮点，无论广告版本如何更替，伊卡璐广告始终延续它的故事篇，形成了伊卡璐独特的品牌个性。同时，其广告又在"故事性"的大创意把控下演绎出情节各异的伊卡璐故事，这种广告策略既保持了广告的"新鲜"，也保持了品牌的新鲜，给人留下品牌不断创新、层出不穷的印象。从偷用严厉管理员的洗发水到等女友等成了白胡子老头，每一则都别具一格。《妈妈回家篇》更延续了它的这种故事风格，一个叛逆少女，趁妈妈出门之际为所欲为，头发做成了"鸡冠头"。正当她自得其乐之时，妈妈一个马上到家的电话让她措手不及。紧急时刻她想到了伊卡璐，再难恢复的发型用了伊卡璐都变得丝柔顺滑，叛逆少女瞬间变回了乖乖女，等妈妈按响门铃时她已经回复了本来面目。之后伊卡璐又找到了新的魔法：伊卡璐童话梦。在延续原有广告欢欣、愉悦、浪漫的前提下，伊卡璐相继推出了《睡美人篇》和《伊甸园篇》，《灰姑娘篇》、《野蛮女友篇》，将耳熟能详的童话故事搬上了荧屏，通过对故事情节的细微改变，把伊卡璐品牌不露痕迹地嵌入其中。伊卡璐系列广告把洗发水与我们耳熟能详的故事巧妙的结合，戏剧性地表现伊卡璐洗发水，有利于保持品牌的青春活力，也适应了消费者善变的特点。

（2）个性化的广告方略　提升品牌的忠诚度，需要精准的点对点传播。如果一个品牌本身已经有了一定的知名度，同时有自己的目标消费群体，并希望消费者能够跟它的品牌定位达成一致且忠诚于它，就应该重新制作一些有针对性的彰显消费者独特个性的创意性广告。因为对这样的企业品牌来说，可能不需要去涵盖大众化的、很广泛的人群，它只需要覆盖某些人群，这样反而更能提升它的品牌价值，从而获取更高的品牌忠诚度。

个性化的广告策略可以通过广告营造一种只属于某些特定群体的独特生活方式，使消费者对品牌不仅有一种理性偏好，而且产生了情感上的共鸣，形成依恋感、归属感，这就是品牌忠诚的表现。

Diesel 是定位于年轻人的意大利品牌，一直努力探索能引领年轻人的时尚的想法和设计，多少年来一直保持着高品质和创新风格，也在世界奢侈品排行榜上留名。从品牌诞生伊始，它始终遵循着既个性十足，又不过分张扬的风格，号召消费者丢掉烦恼，快乐地享受生活，去掉伪装，以清醒、睿智的眼光审视我们的生活和所处的世界。Diesel 式广告宣扬对性、自然和美的理解，接受朋克、同性恋等一切被时代视作异类的现象，传递一种对生活的感受，吸引了众多的年轻人沉迷于这个时尚、精彩、活力四射、特立独行的 Diesel 世界。

系列平面"Nature（自然）"篇中，充斥着人与自然完美结合的生活向往。Diesel 的世界，是一个森林奇境，Diesel 模特退居到整个画面三分之一以后的树林中，在颓废深绿中或躺或卧，谛听神谕。从表情到姿态，Diesel 彻头彻尾的性感、时尚和优越感。画面流露出一股浓烈的、原始、野性的魅力，让我们联想到亚当和夏娃的故事。在圣经中，亚当和夏娃是因为偷吃了智慧之果才被上帝逐出伊甸园，同时也有了对自己身体的羞耻之心。广告主题——"Nature——Love it while it lasts（自然——在它气息尚存的时候爱它）"，倡导回归自然，其实也就是要抛弃这种由于道德而产生的羞耻之心，用一种最轻松、最惬意的方式拥抱自然。只有神灵附体、天赋异禀的人才会认可 Diesel，可这并不影响忠实者对它的狂热、痴迷与向往。

（3）互动式的广告方略　互动广告是指个人可以根据需求直接操控广告，选择所欲观看的内容，广告唯有提供弹性选择机会并响应消费者修改内容的指令，才是互动的广告。互动广告中，受众由被动者变为主动者，变低度参与为高度参与，由此拉近了广告与消费者之间的距离，更容易赢得消费者的好感和信赖，是提高品牌忠诚度的有力途径。广告主也可以通过互动广告更深入、细致地了解消费者，据此制定更加有针对性的广告策略，制作更加个性化的广告作品。

当前时代，互联网是互动广告最大且最为普遍的媒介或载体。网络广告的最大特点是授受之间互动性与可选择性。当受众在电脑屏幕前移动鼠标主动地选择信息时，许多因素在影响着广告信息的传播，同时也就在影响着受众的决定，进而影响着广告的传播效果。

互动广告也包括传统媒体中的互动形式的广告。传统广告只在有限的秒数或版面做单向的广播，常见的情况是一而再、再而三密集且重复的疲劳轰炸，阅听大众早已厌倦这种形式的广告，其广告效益也面临严厉的质疑与批评。但加入互动应用之后的传统媒体广告却可以带给观众新鲜感，观众在参与互动的过程中可能有意想不到的新发现或新体验，品牌随着广告深入人心。

英国有一个嘻哈音乐网站，位于候车展台上面，画面看上去只是一个抽象晕开的墨点，并没有什么特别，但有意思的是当候车的乘客坐在画面前座位上时，便立即成了画面中的一个主角，墨点的位置通过设计恰巧地被安排在人的头部，猛一看以为是这位候车人非常时尚的"爆炸头"（见图 13-6）。本来普通的乘客，经过这一坐，便立即摇身变成疯狂、具有活力的"Hip-Hop"风格。这让人在忍俊不禁的同时，记住了这个网站奔放不羁的街头文化和生活态度。并且，由于参与者的不同，而使广告画面产生了不同的变化效果，在候车的同时增添一份愉悦。

（4）广告整合营销传播方略　广告作为传播手段之一，需要与其他营销推广手段结合起来才能发挥最佳效果，尤其是在提高品牌忠诚度这一品牌建设的高级阶段，各种不同的品牌传播手段需要进行整合，以传达一致的信息，从不同的信息接触点上来共同提升消费者的满意与忠诚。

图 13-6 嘻哈音乐网站候车厅广告

培育和提升品牌忠诚度是一个极为复杂的系统工程，并不是由单一的广告方式就能达成的，营销传播过程中的每一个环节、每一个工具都会对品牌忠诚度产生综合效应，消费者对品牌的综合评价得分越高，其品牌忠诚度越大。

在不同的品牌传播手段进行整合过程中，广告应发挥穿针引线的作用。整合营销传播时代，把广告作为系统整合其他品牌传播手段的工具和纽带，以消费者为中心，注重在每一个环节与消费者沟通，尽可能使消费者了解产品、品牌和企业的信息，加深消费者对产品、品牌或企业的认识和理解以培养他们对企业的情感和信赖，从而实现长期的关系营销，维系与消费者的关系，才是建立和提升品牌忠诚度的不二法门。

思考题

（1）在塑造品牌个性时，广告起到什么作用？请联系自己熟悉的品牌案例进行具体分析。

（2）塑造品牌个性的广告策略有哪些？

（3）提高品牌知名度、美誉度和忠诚度的广告策略分别有哪些？你认为在整个品牌建设过程中，总体上应该如何灵活运用广告策略？

实战模拟练习

（1）联系下面的材料，分析广告应该如何兼顾品牌的知名度、美誉度和忠诚度。

有一张报纸的头版曾刊登过一则手机软文广告，题为《领导啥也不缺，该送什么礼》："公务繁忙的领导官员，用上它会耳根清净，省心省力。用它来答谢这一年来上级领导的赏识和提拔，不就是送到领导的心里去了嘛！"在权威性的报纸上刊登如此广告，直接鼓吹着官场腐败风气，必会对整个社会造成很大的影响。又如，一城市商业中心立过这样一幅巨型广告牌：以圣旨的形式写着"奉天承运、皇帝诏曰"，展示着皇帝的威严，带有明显的封建迷信色彩。这种宣扬落后的封建皇权制度、官场制度、等级制度的广告案例还有很多。这些广告在没有深入分析产品内涵的前提下，随意改变或恶意戏弄民族文化，甚至表现封建传统文化的不健康内容，虽然使产品获得了短期利益，但却造成了不良的社会影响，也不利于企业的长远发展。

（2）结合阅读材料，具体分析宜家在品牌建设中采用的广告策略。

宜家：电梯中的"样板间"

经过宜家和尚扬媒介对于北京工薪家庭的调研发现，目标顾客的家庭一般都居住在20世纪80年代末、90年代初修建的比较老式的居民楼公寓中，他们目前使用的都是10多年以前的笨拙的老式家居，有家具更新换代的需求，但是之前从来没有购买过宜家的产品。这些工薪家庭普遍认为，要改变自己的居住环境比较困难。这些消费者觉得，宜家家居是年轻、时尚、昂贵的西方品牌，离他们的生活太远了。

要找到一个合适的渠道来和这些消费者沟通，既要改变他们对于宜家家居昂贵的老看法，又不损害品牌时尚的形象，"改变很简单"主题营销活动正是在这种背景下提出来的，目的是建立宜家与这些主流工薪家庭的沟通和联系，教育和鼓励他们尝试宜家产品。除了运用报纸夹带广告、海报和定点发放目录册等比较常规的手段来引起目标顾客的注意外，宜家和尚扬媒介中国创造性地选择了北京老式居民楼中的20栋进行旧电梯翻新改造。这20栋居民楼都位于工薪家庭居住非常密集的地区，宜家和尚扬媒介将这些居民楼原先又黑又旧的电梯间改头换面，变成了一个个宜家样板间（见图13-7），整洁、舒适、亮堂，还未进入家门就已经感受到了家的温馨。这些居民楼里的老百姓，都说现在坐在电梯间里比在家里还舒适，有的小朋友还开玩笑说晚上干脆搬到电梯间里睡觉算了。

图 13-7　电梯中的"样板间"

根据第三方的跟踪调查，这次广告活动的回响度达到了 100％，受众对于广告的喜好度达到了 60％，受众对于宜家品牌的亲密感提升了 14％，购买意图提升了 20％。怪不得戛纳广告节将 2004 年度"用较少的预算达到最佳的营销目的"的称号给了这次广告活动。

第十四章
广告心理效果测量的方略

【学习目标】

　　了解广告效果的多种复杂特征，广告效果测量对于广告市场三大主体的现实意义，以及广告效果测量所涉及的具体范畴，熟知广告心理效果测量的程序和原则，重点掌握广告心理效果测量的内容，并能够在实践中灵活地选择一种或多种合适有效的方法与技术，对广告心理效果做出科学的评估与检验。

　　基本知识点：广告心理效果测量的内容、广告心理效果测量的程序、广告心理效果测量的原则和方法（技术）。

　　重点：广告心理效果测量的内容、广告心理效果测量的方法（技术）。

　　难点：广告心理效果测量实践中如何根据广告目标灵活选择一种或多种合适有效的方法与技术，为广告活动提供参考。

　　广告界有一个较为流行的说法，商家投入的广告费用中只有一半的广告费是起了作用的。为什么会有许多广告费白白打了水漂？这就涉及广告心理效果的测量问题。当前，随着营销环境、传播环境的日益复杂，以及科学技术的不断进步，对广告效果尤其是对广告心理效果的测量越来越受到企业和广告主的重视，针对广告心理效果所进行的一系列测量活动，其水平也在日渐提高。本章将对广告心理效果测量的内容和程序、方法等问题展开讨论。

第一节　广告心理效果测量的内容

　　广告效果的测定是广告活动必不可少的一个步骤，是对广告进行检验和评价的环节，也是从实践中发现问题，进而提高广告效果的途径之一。其中，广告心理效果是综合评估广告效果的关键内容之一，居于各种广告效果的核心地位。

一、广告效果测量概述

　　广告效果测量就是指测量广告目标经过广告活动之后所实现的程度，即验证广告活动是否取得了预期效果。科学、全面地评估和测定广告效果，直接关系到广告客户的切身利益，也是对广告公司专业能力、广告媒体价值和影响力的巨大考验，影响着整个广告市场的微观合作关系和宏观良性发展。

　　1. 广告效果的特征

由于广告效果的取得具有多方面的影响因素，因此决定了广告效果具有复杂的特性，而这些特性恰恰就是影响广告效果测量的主要因素，因而这也给广告效果的测定造成一定的难度。具体来说，广告效果具有以下特性：

第一，迟延性。广告对消费者的影响程度具有迟延性，是指广告效果往往不能立竿见影，必须经过一定的时间周期之后才能反映出来。有些广告发布后，对商品促销没有明显的作用，没有形成购买高峰，但却在较长时间里影响深远，能改变或树立某种消费观念、产品信誉和企业形象，达到宣传企业精神，塑造企业形象，树立企业观念的目的。时间的滞后性使广告效果不能很快、很明显地表现出来。因此，评估广告效果首先要把握广告产生作用的周期，准确地确定效果发生的时间间隔，区别广告的即时性和迟效性。只有这样，才能准确地预测某次广告活动的效果。

第二，累积性。除了某些展销类的促销广告外，大多数广告效果往往并不是一次、一时或一种信息和媒体作用的结果，而是广告信息的多次重复，造成累积效果的体现。以往的广告会作为信息转化为消费者的意识，沉淀和积累下来，并不断地对其以后的购买行为发生影响。因此，某一时点的广告效果都是这一时点以前的多次广告宣传积累的结果。例如，某广告连续播放 5 次，前四次消费者都未采取购买行动，可是到了第五次广告时，却产生了反应，这种反应不仅是第五次广告之功，也包括了前 4 次广告所累积的结果。

第三，复合性。不同的广告媒体具有不同的特点，广告主可以综合利用，因而广告效果具有复合性，某一时期的广告效果也许是多种媒体广而告之的结果。另外，广告效果绝不是单一的广告活动所为，而是多种营销策略的复合体现。广告只是营销组合中的推广工具之一，消费者在与品牌的沟通过程中还会面对其他不同的营销组合，如产品组合、价格组合、通路组合以及推广组合的其他营销传播形式和工具。甚至于消费者与品牌接触的各个接触点的经验，都会对纯粹广告效果产生相加相乘或相减相除的效果。若不进行专门的测定，很难从相互交融的因素中，明显地从量上辨别出哪些是广告在经营活动中发挥的作用。比如，某保鲜奶品牌诉求的是"新鲜"，新颖、独特的广告让消费者心动，美轮美奂的终端展示让消费者不由自主地伸出了手，可是拿起来一看，又放下了。为什么呢？生产日期不是当天的，如何与其他接触点上的"新鲜"相呼应呢！

第四，间接性。广告效果的间接性主要是指由广告引起的连锁反应，产生了连续购买的效果。它表现在两个方面：一方面，受广告影响的消费者，在购买与使用商品之后形成了对该商品的满意与信任感，就会重复购买；另一方面，对某一品牌商品产生信任感的消费者就会将该品牌推荐给亲朋好友，激发他人的购买欲望，从而间接地扩大了广告效果。譬如一位家庭主妇，由于某品牌电视机的广告，引起她购买的意欲，于是就买了它。之后由于她对该商品大加吹嘘，使邻居的另一位主妇也购买了它，这是一种连锁反应。换言之，它是以原来广告激起购买行动为因，而发生了连锁购买力的结果。从事广告者虽然可以达到第一位主妇因广告而购买电视机的广告技术，却可能难以制定广告的间接效果测试方法。

第五，竞争性。广告是带有竞争性的，是向消费者推介你的商品以取代竞争者的商品。市场上不同品牌的商品力和传播力都在做复杂的角力，因此，广告效果还是这些商品力和传播力之间的向力拉扯抵消制衡的结果的体现。当竞争商品甚至异业商品同时做广告或开展促销活动时，测定广告效果往往偏低。例如，2000年联想为了推广FM365.com门户网站，设计出系列"谁让我心动？"悬念广告。4月12日，谢霆锋蓦然回首的"4月18日，谁让我心动？"路牌广告一夜之间占据了北京、上海、广州三地的街头，广告上除了上述广告词及"谢霆锋"三字外，不着一字。与此同时，主题相同的电视广告也在京沪穗三地的电视台同步播出。最初在计划广告发布日期时，原本打算让谢霆锋多保持几天神秘，不过考虑到可能有竞争对手搭车，就将时间缩短为6天。"4月18日，谁让我心动？"路牌全部被换成谢霆锋张臂迎接"真情互动FM365.com"的广告。但是令联想万万没有想到的是，4月18日百事可乐在北京某报发布了整版彩色广告，上面是歌星王菲的半身像和一句广告语："谁令你心动——百事令你心动！"当时正值"锋菲恋"闹得沸沸扬扬，王菲代言的百事差点横刀夺爱。

2. 广告效果测量的意义

广告是企业角逐市场的主要营销工具之一，也是企业的一项投资行为，它的产出状况直接关系着企业的命运。在市场经济条件下，企业是国民经济运行的基本细胞，是社会财富的主要创造者。企业的命运实际上也就是经济整体的命运。因此，广告效果与国民经济的整体运行有着密切的关系。除此之外，广告效果测定对广告市场的三大主体（广告主、广告公司和广告媒体）都有着重大的现实意义。

第一，广告效果测量是广告主切身利益的要求。

广告的花费是广告主的一种投资，因而必然要求得到回报，这种回报就是广告效果。每笔广告费起到了什么作用，直接影响着广告主今后的广告行为。具体来说，可以从以下几方面理解广告测量对广告主的意义：①广告效果测量是广告主进行广告决策的依据。某一时期广告活动结束之后，必须客观地测量广告效果，检查广告目标与企业目标、目标市场、营销目标的吻合程度，为新一轮的广告活动提供翔实准确的参考资料。如果对广告活动的成效心中无数，就会使广告主在经营决策上盲目行动，误入歧途。②广告效果是整个广告活动经验的总结。广告效果测量是检验广告计划、广告活动合理与否的有效途径。在测量过程中，要求与计划方案设计的广告目标进行对比，衡量其达到预期效果的程度，从中总结经验，吸取教训，为下一阶段的广告促销打下良好的基础。③促进企业改进广告作品与媒体投放。通过广告效果的测量，可以了解消费者对广告作品的接受程度，鉴定广告主题是否突出，广告形象是否富有艺术感染力，广告语言是否简洁、鲜明、生动，是否符合消费者的心理需求，广告媒体选择与组合以及媒体计划排期是否符合消费者的媒介行程等。这些都为如何进一步完善广告的内容与表现形式，以及广告媒体投放决策，提供了丰富的创作源泉和改进作品的参考依据。④促进整体营销目标与计划的实现。广告效果测量能够比较客观地肯定广告活动所取得的效益，也可以找到除广告宣传因素外影响企业产品销售的原因，如产品的款式、包装、质量、价格等问题。企业可据此调整生产经营结构，开发新产品，生产适销对路的产品，实现经营目标，取得良好的经济效益。

第二，广告效果是广告公司专业能力的集中体现。

广告公司的专业化水平是广告主选择广告公司的主要标准。广告公司的产品——专业化服务包括两个方面，一方面是专业的广告策划、创意、制作能力，甚至是专业的整合营销传播服务能力；另一方面是专业的媒体分析与媒体组合投放的能力。广告效果是否突出，既能反映广告公司"产品"质量的优劣，又能体现出广告公司角逐广告市场的核心竞争优势。

第三，广告效果是广告媒体获得生存与发展的有力武器。

众所周知，"广告是现代媒体生存的血液"，无论是传统四大媒体还是以网络为代表的新型媒体，广告收入都是其主要经济来源之一，广告效果对其自身的生存与发展至关重要。如果媒介所播出的广告效果不错，引起了大多数人的共鸣，使得受众能成功转变成消费者，就可以使广告主获利，媒介自身也会获利，而且这种利润会随着越来越多广告主的信赖而不断攀升。因此，广告效果日益成为媒介发展当中的一个重要课题。

3. 广告效果测量的范畴

为了保证广告活动自始至终按照正确的方向进行，能在合适的时间、合适的地点，以合适的表现形式向消费者传递他们最愿意视听、最喜欢视听的广告信息，最有效的方法即在于将广告效果的测量贯穿于整个广告活动当中。全程进行广告效果动态测量，不仅能为广告作品创作提供丰富的创作源泉和改进作品的参考依据，还能为广告刊播策略进行有效调整提供有力支持，更能为广告主开展新一轮的广告活动提供翔实准确的参考资料。

根据广告活动的展开进程，广告效果测量关涉广告作品测量、广告媒体组合测量和广告活动效果测量几个方面。

(1) 广告作品本身测量　广告作品测评就是对构成广告作品的各要素进行检验与测定，以便使广告作品在发布之前解决诸如广告产品定位是否准确、广告创意是否新颖、广告文案是否引人入胜、广告完成稿是否体现创意等问题，从而使广告作品具有冲击力和感染力，激发起消费者的购买欲望。广告作品本身的测量包括以下具体内容：①广告主题测评；②创意概念测评；③广告文案及作品测评。

(2) 广告媒体组合测量　在广告活动中，一般80%的费用都用来购买媒体的时间和空间。媒体选择或组合不当，都会造成广告费用的极大浪费，也会影响广告的效果。对广告媒体组合的测评，主要是根据目标受众接收媒体的一般规律，来测定正在进行的广告活动在媒体组合过程中是否切合目标受众，是否是目标受众最常接触的媒体，是否投入成本费最低，媒体组合是否综合考虑了目标受众的接收习惯等。

广告媒体的调查通常根据三个测定标准进行：一是媒体分布。例如，报纸、杂志的发行量，电视广播的到达范围，户外广告的装置情况。二是媒体的受众群，系读者群和收视群。三是广告的受众群，系对各媒体刊播的广告的接触群体。后两者的测量主要是考察媒体受众群与广告受众群之间的关系，以便于制订出更精确的媒体计划。具体采用诸如视听率、到达率、毛评点、阅读率、传阅率、千人成本、每收视点成本，以及广告消费指数（ACI，Advertising Consumption Index）等，来测量广告媒体组合的有效性。根据前后数据的对比，可以准确掌握目前广告活动的媒体组合是否得当，是否有需要改进的地方，从而有效避免浪费。

（3）广告活动效果测量　广告活动影响力测评，是在广告活动全部结束后对广告活动传播效果的总体评价，是广告活动的事后测评，这也是广告主最关心的问题。因为，前两个方面的测评结果，还可以对广告活动进行修正和调整，而事后测评已经不能影响已进行过的广告活动，但可以全面评估广告活动效果，并为新的广告活动提供资料，指导以后的广告活动。广告活动效果测量的内容包括：

① 广告心理效果测量。广告心理效果是指广告传播活动在消费者心理上引起的各种反应，主要表现为对消费者认知、态度、行为、记忆、理解、情绪、情感等方面的心理影响。一则广告的目的并不一定是直接获得销售效果，有时是引起消费者的心理变化，改变消费者对品牌的态度，增加消费者对品牌的认知度、好感度直至对品牌的忠诚度，保持持续购买。广告心理效果测量主要是测定广告在受众心目中留下了什么样的印象，如记忆、理解、信赖、好感等。对广告心理效果进行测量，能进一步明确广告投放和广告心理效果之间的关系，是广告活动的一个关键环节和核心内容。随着广告运作过程的进一步规范化，越来越多的广告主在投放广告时，越来越注重广告心理效果的测量。

② 广告销售效果测量。广告的销售效果测量，就是测量在投入一定广告费用及广告刊播之后，广告引起的产品销售额、利润、市场占有率等经济指标的变化状况。在测量广告效果时，应注意区分长期销售效果和短期促销效果。另外，由于营销组合中的其他因素对销售效果也有作用，故测量广告销售效果时还应尽可能地排除其他因素，只测量因广告而增加的销售，否则广告销售效果的测定结果是不准确的。广告销售效果是广告投入与产出的比较，是评价一项广告活动成败的关键指标。

③ 广告社会效果测量。广告评估活动切不可忽视广告社会效果的测量。广告的社会效果是指广告对社会道德、价值观念、消费观念、风俗习惯、语言文字等方面的影响。广告从一个侧面反映了社会、国家的伦理道德与文明建设水准，也折射出广告主自身的道德观念、价值追求、思想文化、社会责任意识、经营观念等评判一个企业"人格"的信息，社会公众通过这些"人格"的信息会产生对于企业的爱憎好恶。因此，在企业形象竞争的时代，广告主的广告活动，不能仅仅追求广告心理效果和广告销售效果的提高，从更深远的意义来看，应该注重广告的社会效果的提高。一般来说，广告策划者往往无法用数量指标来衡量这种影响，只能根据公众及媒体的反应来进行定性的评估。

二、广告心理效果测量的内容

在现实生活中，人们往往只注意到广告的销售效果，而忽略了广告的心理效果及其对品牌提升的影响。从本质上说，广告属于一种信息传播活动，广告能否达到将产品推销出去，这一最终目的取决于广告能否对消费者产生深刻的心理影响。因此，在进行广告效果测量时，应该将由于广告信息的传达对受众产生的系列心理效果作为测量的主要标准。

从传播的角度来分析广告效果，就会发现，广告效果的显现往往不是立即产生购买行为，而是通过一个具有明显的阶段特征的心理过程来实现的。我们将广告心理效果分为 3 个层次进行测量，即认知反应、情感反应、意向反应（见图 14-1）。

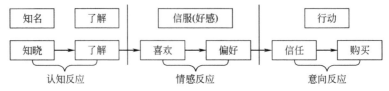

图 14-1 广告心理效果层次图

（1）认知反应 认知反应属于一种知识性和理性层次的心理状态，它反映了消费者对广告的了解和认识程度，主要考察消费者是否知晓广告商品与品牌，是否注意广告信息内容尤其是关于产品特性功能方面的信息，受众对广告传递主要信息的记忆情况，以及消费者是否正确领会了广告传达信息和对广告重要信息的认同程度等。认知是消费者从接触广告到最终做出购买决策的核心要素。消费者的认知反应测量包括如下几个维度：

① 知晓度。所谓知晓，是指消费者发觉到广告或产品的存在，它发生于消费者与广告接触之际。广告知晓度是指受众知道某则广告或产品的比率和程度。询问的问题如"您能说出哪些电视机品牌？""您还能说出其他的吗？""您能记住某品牌的产品广告吗？""在这个表中（表中包含许多品牌和企业名称），您听说过哪种品牌、哪个公司？""这条广告有句什么口号？""有什么画面？"等。

对于平面媒体广告，我们可以用注目率、阅读率、精读率等吸引受众眼球的评估指标来测量广告的知晓度。注目率（Noted）指被测者在特定媒体中曾经看到要测定的广告的频率。这里，被测者仅仅是见到过要测试的广告，但可以不曾留心广告的具体内容。阅读率（Seen-associated）指被测者看到广告后在何种程度上阅读了该广告，并且能够明确地指出广告的品牌或服务。这里，被测者充分地看过要测试的广告，大概知道广告中曾出现的一些最突出的广告要素，如产品名称、企业名称、商标、主题、插图等元素，但对更具体的内容则不甚了解。精度率（Read-most）指被测者不仅留意看了广告，而且认真了解了广告的内容，浏览过该广告50％以上的内容。

对于视听媒体广告，我们可以用视听率、认知率等吸引受众耳朵的评估指标来测量广告的知晓度。视听率是指某一时段内收看（收听）某电视（某广播）广告的人数（或家户数）占电视观众（广播听众）总人数（或家户数）的百分比。认知率是指让被测者看一则广告，问他是否看过，如果回答是"看过"，说明他对这个广告有所认知；反之则无认知。例如，在对电视广告进行测试时，调查人员把脚本连同与之相配的图片一起拿给被测者看。比如，认知测试可能会这样提问："你记得看过图示中的这条广告吗?"

② 记忆度。记忆是指接触广告信息的人能重述或复制他们所接触到的某些部分或某些构想。记忆度指消费者对广告印象的深刻程度，广告记忆度越高，说明该品牌占据消费者心智的比例越大，越能够影响消费者的购买决策。它包括瞬间记忆广度、事后回忆率等指标。

瞬间记忆广度是利用速示器测验所得的指标，在极短时间内向消费者呈现广告后，要求消费者立即报告广告中某些对象的内容，从而得出消费者观看广告时的瞬间记忆广度。报告的内容越多，瞬间记忆广度越大。

广告效果延时性和累积性特点，要求广告能给人留下印象并长久保持。事后回忆率即消费者在接触广告一段时间之后对广告内容（主要是消费者对商品、企业标志、广告创意等）的理解、记忆与联想的情况。

③ 理解度。在知晓与记忆的基础上，受众对广告的认识进一步上升到理解层次。理解是受众在对广告内容的认同与共鸣，对广告内容的全面认识，包括对广告产品性能、效用、品质等各方面特点的认识。理解度就是指受众对于广告内容有较深入的了解的比率和程度，受众从广告传播中所得到的信息与广告主想要传达的信息一致的程度。毫无疑问，受众对广告的理解程度越低，广告效果越差。例如，受众一定要了解这个品牌或企业的存在，以及这个产品能为他做什么。消费者不但知道这个商品或服务，还认识这个厂牌的名称、包装和商标。此外，对于这个产品是什么、有什么用途都有一定程度的了解。

（2）情感反应 情感反应属于一种较偏重于情绪与情感层面的心理状态，是消费者接受广告信息后在态度上发生的变化，它体现的是广告对消费者的影响状况和渗透程度，主要考察消费者在理解的基础之上所形成的对于广告或产品的喜欢与偏好程度。

① 喜欢。广告喜欢程度又称对广告的接受度，是消费者对广告的良好态度，它告诉我们多少人喜欢看到这则广告。研究表明，消费者对产品的喜欢程度越高，影响消费者购买产品的可能性就越大。一般情况下，企业应该尽可能地让消费者喜欢自己的广告，因为这样会带来积极的购买决策；但如果企业做不到让消费者喜欢自己的广告，消费者一旦对广告表现出不喜欢的情绪，将会有许多消费者（近20%）拒绝购买该产品。❶ 广告是否具有有趣性、享受性、实用性和可信性等，都会对喜欢产生显著影响。

② 偏好。偏好是指如果产品的类别与实体优势基本相同，消费者只购买其中某一种品牌，它是消费者对广告的良好态度扩大到其他方面。"偏好"有特定的爱好或喜好之意，这种喜好并没有单纯的对错之分，只是消费者对于某些同类产品中

---

❶ 马国良，张兴全. 电影中隐性广告效果评估分析. 电影评介，2009：74.

具有不同个性的那些产品的特殊喜好。偏好一旦形成，在一切条件相同的情况下，消费者购买广告品牌的可能性更大，因此，"偏好"是测量广告效果中的最强效果之一。在创造消费者对某产品的偏好中，如果广告是主要影响因素，那么，不管是否形成销售效果，这则广告活动都被认为是成功的。

（3）意向反应　意向是指即将采取行动前的意念。在接受了某种广告信息之后，消费者可能会对广告刺激做出某种意向性的反应，如信服与购买意图。意向反应为一种驱策力的心理状态，能够使个体产生最终行为。它可以通过以下两个方面表现出来：

① 信服。由于偏好，消费者产生了购买欲望，而且认为购买该产品是明智的，这就是信服。广告的信服，是指消费者对这则广告中所说的觉得是可信的，而愿意接受广告中所说有关商品的好处。例如，消费者会说："C厂牌是由X公司所生产的一种新的合成纤维。这种布料做的衣服可以防破，耐穿而且不变形。无论在什么时候，我都购买这种布料做的衣服。"

广告能否传达重要的、有价值的、有说服力的信息，内容是否真实可信，代言人是否权威专业，广告表现是否愉悦等，都是非常重要的信服要素。

② 购买意图。广告传播最终目标是使受众达成购买产品的倾向或意愿，因此购买意图被认为是广告成功的强有力标志，与购买行为的发生具有密切关系。当然，从购买意图到购买行为的发生又是一个复杂的心理过程，它会受到其他各种市场因素及非预期因素的综合影响。假如广告信息的沟通是有效的，而市场因素等也是有利的，如产品、价格、渠道、促销等，那么购买意图则最终转变为实际的购买行为。

第二节　广告心理效果测量的程序

对广告心理效果进行测量，是广告效果测量最核心的部分。为了保证测量结果的科学性和有效性，必须有计划、按步骤地进行。总体上讲，广告心理效果测量的程序（见图14-2）大体上为"确定测量问题，获取相关资料，整理和分析资料，论证分析结果和撰写分析报告"的过程。

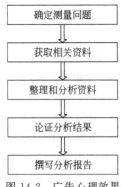

图14-2　广告心理效果
测量的程序

一、根据广告目标确定具体的测量问题

由前述关于广告心理效果测量的内容可知，消费者在接触广告之后，对于品牌会经历从不知道到知道、从不喜欢到喜欢、从喜欢到特别偏好、从信服到产生购买意图的一个螺旋的、迂回的心理推移过程。企业在制订广告计划时，会根据自身所处的市场状况、产品状况等明确广告所要达到的主要目标。如当产品新上市或不为人知时，其广告目标是提高产品的知名度，让更多的消费者了解企业产品；而对于一既存品牌或广为人知的品牌而言，成长期的广告目标则是让更多的消费者知道并了解产品和企业在市

场上的比较优势，喜欢企业产品；成熟期的广告目标则是形成消费者的品牌偏好，树立企业或产品在消费者心目中的美誉度和忠诚度等。

进行广告心理效果测量，应该根据广告目标事先决定测量的具体对象，以及从哪些方面对该问题进行剖析。广告效果测定人员要把广告主广告活动中存在的最关键和最迫切需要了解的效果问题作为测量的重点，设立正式的测量目标，选定测量课题。例如，许衍风等做的关于"小天鹅"洗衣机电视广告的大学生受众心理效果的实证研究中，根据这则广告的两大目标——介绍新产品"净先锋"洗衣机和提高"小天鹅"品牌知名度，以消费者满意度 CSI 为指标，对电视广告心理效果从广告可信度、认知度、亲和度、记忆度、行为度五方面进行测量，目标是希望通过对消费者满意度的研究，在企业投放广告之前预测广告各项内容对消费者和市场的影响效果，发现问题，从而对广告做出修正，降低企业投放广告的风险。❶

二、进行调查活动，获取相关资料

这一阶段主要包括制订计划、组建调查研究组、收集资料和深入调查等内容。

（1）制订计划　根据广告主与测量研究人员双方的洽谈协商，广告公司应该委派课题负责人，写出与实际情况相符的广告效果测定工作计划。该计划内容包括课题的进行步骤、调查范围与内容、人员组织等。如果广告效果测量小组与广告主不存在隶属关系，就有必要签订有关协议。按照测量要求，双方应在协商的基础上就广告效果测量研究的实施、目的、范围、内容、质量要求、完成时间、费用酬金、双方应承担的权利与责任等内容订立正式的广告效果测量调查研究合同。

（2）组建调查研究组　在确定广告效果测量课题并签订测量合同之后，测量研究部门应根据广告主所提课题的要求和测量调查研究人员的构成情况，综合考虑，组建测量研究组。测量研究组应是由各类调查研究人员组成的优化组合群体，做到综合、专业测定人员相结合，高、中、低层次测定人员相结合，理论部门、实际部门专家相结合，老、中、青相结合。这种"三结合"的测量研究组，有利于理论与实际的统一，使课题分析比较全面，论证质量较高。在课题组的组建中，应选择好课题负责人，然后根据课题的要求分工负责、群策群力地进行课题研究，才能产生高质量的测量成果。

（3）展开调查，收集有关资料　广告效果测量研究组成立之后，要按照测量课题的要求通过合适的市场调查方法与工具收集有关资料。调查应遵循市场调查的基本规律和方法，保证所有必需数据的完整性和准确性。调查可以针对目标消费者进行，也可以向广告专家、媒体人士、其他相关企业征询意见。收集的资料包括企业外部资料和企业内部资料。企业外部资料主要是与企业广告活动有联系的政策、法规、计划及部分统计资料；企业所在地的经济状况，市场供求变化状况，主要媒体

---

❶ 许衍风等. 广告心理效果评价实证研究——"小天鹅"洗衣机电视广告大学生受众心理分析. 桂林电子工业学院学报，2006，（4）：133～135.

状况，目标市场上消费者的媒体习惯以及竞争企业的广告促销状况。企业内部资料包括企业近年来的销售、利润状况，广告预算状况，广告媒体选择情况等。例如，"小天鹅"（净先锋）洗衣机电视广告心理效果实证调查中，采取发放问卷的方式，抽取了来自全国不同地区（东部、中部和西部），且具有一定代表性的 300 名江南大学设计学院学生（本科生和研究生），进行测评。他们可以从专家与消费者双重的角度对广告进行评价，因此，调研的结果更具有实用价值。

三、整理和分析资料

整理和分析资料，即对通过调查和其他方法所收集的大量信息资料进行分类整理、综合分析和专题分析，对广告心理效果获得一个全面、准确的认识。资料归纳的基本方法有：按时间序列分类、按问题分类、按专题分类、按因素分类等。在分类整理资料的基础上进行初步分析，摘出可以用于广告心理效果测量的资料。

分析方法有综合分析和专题分析两类。综合分析是从企业的整体出发，综合分析企业的广告心理效果。例如，广告主的企业知名度提高率分析、记忆程度分析、偏好分析等。专题分析是根据广告心理效果测量课题的要求，在对调查资料汇总以后，对企业广告心理效果的某一方面进行详尽的分析。在"小天鹅"（净先锋）洗衣机电视广告心理效果实证调查中，回收问卷后，项目小组利用将原始数据录入社会科学统计软件包 SPSS11.0 进行统计分析，建立了"净先锋"洗衣机电视广告 CSI 数据库，并对 CSI 与人口特征进行关联分析，从广告可信度、认知度、亲和度、记忆度、行为度五方面对广告心理效果进行分析。

四、论证分析结果

论证分析结果，即召开分析结果论证会。论证会应由广告效果测量研究组负责召开，邀请社会上有关专家、学者参加。广告主有关负责人出席，运用科学方法，对广告心理效果的测量结果进行全方位的评议论证，使测量结果进一步科学合理。常用的论证评议方法有以下两点。

（1）判断分析法　由测定研究组召集课题组成员，邀请专家和广告主负责人员参加，对提供的分析结果进行研究和论证，然后由主持人集中起来，并根据参加讨论人员的身份、工作性质、发表意见的权威程度等因素确定一个综合权数，提出分析效果的改进意见。

（2）集体思考法　由测量研究组邀请专家、学者参加，对广告心理效果测量的结果进行讨论研究，发表独创性意见，尽量使会议参加者畅所欲言，集体修正，综合分析，并认真做好分析，以便会后进行整理。

五、撰写测量分析报告

广告策划者要对经过分析讨论并征得广告主同意的分析结果，进行认真的文字加工，写成分析报告。企业广告效果测量分析报告的内容主要包括：①绪言：阐明测量广告心理效果的背景、目的与意义；②广告主概况：说明广告主的人、财、物等资源状况，广告主广告活动的具体情况；③广告心理效果测量的调查内容、范围与基本方法；④广告心理效果测量的实际步骤；⑤广告心理效果测量的具体结果；

⑥改善广告的具体意见。根据测定结果，可以发现广告效果在哪些方面没达到预期目标，效果不理想的原因何在，从而有针对性地进行改进和完善，在以后的广告活动中提高广告效果。通过对"'小天鹅'洗衣机电视广告心理效果调查问卷"的分析，结合广告开始设立的目标，该报告得出如下结论：这则"净先锋"洗衣机电视广告达到了第二个广告目标——提高"小天鹅"品牌知名度的目标，但是没有传达出新产品的具体特点，没有达到第一个具体目标。为此该报告对"五度"提出了可供参考的修正意见。

第三节　广告心理效果测量的原则、方法和技术

广告心理效果各种复杂的特性给我们进行广告心理效果的测量带来了多方面的困难。例如，广告本身所引发的心理效果往往和其他多种因素所引发的心理效果纠结在一起，广告即时效果又是以往广告的综合累积，并会对今后的广告效果产生影响，广告市场三大主体出于自身利益对广告效果测量方法与标准难以统一等。因此，为了客观公正地评价广告心理效果，在测量过程中我们还须在遵循一定原则的基础上，单独或组合采用合适的方法与技术。

一、广告心理效果测量的原则

和所有的市场调查活动一样，广告心理效果测量同样遵循一定的原则。

（1）目标性原则　由于广告效果的发生贯穿于整个广告活动过程，任何一个环节都会对消费者产生不同层次的心理影响，这种广告效果的动态性与多面性使得广告效果测定标准也复杂多样、难以统一。为了更加科学地评价广告心理效果，应该坚持一个基本原则：以广告目标来衡量广告心理效果。在广告结束后，将广告心理效果测量与广告活动开展之前制定的详细目标和计划联系起来，把要达成的广告目标分解成一些评价广告心理效果的具体指标体系，选择相应的科学测量方法与技术，以此来衡量企业广告主目标的完成情况。

（2）实效性原则　测量既不能夸大广告活动的效果，也不能缩小广告活动的效果，必须真实有效地反映广告活动本身的心理层级效果和综合心理效果。因此，在效果测量中，样本选取一定要有代表性、典型性，样本的选取数量要根据测量的要求，尽量选取较大的样本；所构建的指标体系应能够多角度、多层次反映企业广告效果；测量要多次进行，反复验证，这样才能取得可靠的检测效果。另外，还要尽可能地将广告的心理效果与其他外部影响因素剥离开来，充分预测并尽可能剔除它们对广告活动所形成的正面或负面影响，取得客观有效的测量结果。

（3）动态性全程跟踪原则　广告效果不是静止的，而是处于不断变化发展的过程之中。特别是广告效果具有滞后性、积累性以及间接性等特征，这就更要求广告效果评估不能采用临时性或一成不变的事后评估传统，而应采用更为科学先进的动态性全程跟踪的原则，使之成为监控广告活动的有效手段。

（4）经济性原则　进行广告效果的测量，所选取的样本数量、测量模式、地点、方法以及相关指标等，既要有利于测量工作的展开，同时也要从经济效益出

发，考虑测量费用的额度，充分利用有限资源取得最好效果，否则广告心理效果测量就会成为一种负担或者是一种资源浪费。为此，应严格进行经济核算，做到以较少成本投入取得较高的评估产出，提高广告投资的经济效益。

二、广告心理效果测量的方法和技术

广告心理效果的测量，主要是通过一定的技术、方法，考察广告活动在促进消费者认知、吸引注意、强化印象记忆、说服受众、诱导受众行为等方面的效果和能力，它应贯穿广告活动的全程，进行事前测量、事中测量和事后测量。这里介绍一些各阶段常用的测量方法和技术。

1. 广告心理效果事前测量的方法和技术

广告心理效果事前测量是在广告正式投放之前，对印刷广告中的文案，广播、电视广告中的脚本以及其他广告形式信息内容的心理层级效果的检验与测定，可以将广告创意策略、传播策略中某些错误和不合理、不当之处消灭在萌芽状态，为广告作品创作提供丰富的创作源泉和改进作品的参考依据。广告心理效果事前测量的方法和技术包括意见评定法、仪器测试法、雪林测定法等具体方法和技术。

（1）意见评定法　意见评定法是在广告作品的各个创作阶段或广告作品、媒体组合计划做好后，拿出几种可供选择的方案或多份广告原稿，直接征求相关人员的意见，进行效果的测定。根据评审人员身份的不同，可以分为专家意见综合法和消费者评定法。

专家意见综合法是邀请有经验的广告专家、心理学专家、营销专家等进行测定，多方面、多层次地对广告作品和媒体组合方式将会产生的效果做出预测，然后综合所有专家的意见，作为预测效果的基础。运用此法事前要给专家提供一些必要的资料，包括设计的广告方案、广告产品的特点、广告主生产经营活动的现状及背景资料等。另外，专家意见综合法虽然简便易行，但主观性较强。因此，所邀请的专家应能代表不同的广告创意趋势，他们通过独立思考，对广告设计方案提出自己的见解，以确保所提供意见的全面性和权威性。一般来说，聘请的专家人数以10~15人为宜，少了不能全面反映问题，多了则浪费时间。

消费者评定法是把供选择的广告展露给具有代表性的一组消费者，并请他们对这些广告进行评比打分。这种评比法用于评估消费者对广告的注意力、认知、情绪和行动等方面的强度。虽然这种测定广告实际效果的方法还不够完善，但一则广告如果得分较高，也可说明该广告是可能有效的。广告评分表见表14-1。

（2）仪器测试法　仪器测试法主要是在实验室场景内，在目标对象观看广告的过程中，使用不同的仪器设备测定不同目的的广告作品。仪器测试目前在广告界只作为一种辅助性手段，对设计制作的广告作品进行测试，以期了解和研究相关作品为媒体受众接受和喜好的程度。根据作用原理的不同，可以分为测试注意力的方法和测试心理变化的方法。

第一，测试注意力的方法。测试消费者注意力常运用视向测验、瞬间显露测定、双目镜测试等方法和技术。

表 14-1　广告评分表

评价项目	评价依据				满分	打分
吸引力	广告能否吸引消费者的注意				15	
理解度	广告表述的清晰程度和理解程度				15	
记忆度	广告是否易于记忆				15	
表现力	广告表现给人的艺术印象				15	
行为度	广告吸引购买行为的程度				20	
好感度	广告诉求的好感程度				20	
得分	81～100	61～80	41～60	21～40	1～20	100
等级	优秀	良好	中等	较差	极差	

① 视向测验——使用眼睛活动瞬间摄影机（眼动仪），测定人的双眼在广告上的移动状况，以此确定广告主题是否突出、布局是否合理（见图 14-3）。人们在观看广告时，眼睛并不是不动的，而是不断地运动着，这种运动就是对广告的连续不断的扫描活动。眼动仪可以逼真地记录出被测者观察广告时的眼动特征，并记录人们观察各种广告时的顺序、对每幅广告的注视时间、次数及扫描广告的轨迹等眼动指标，是对视觉注意有效的测量手段。

实验人员可根据测知的视线移动图和各部位注目时间长短的比例等情况，推断广告设计的合理性，具体包括：广告文案文字字体的易读性如何，从而适当安排文字的排列；视线顺序是否符合广告策划者的意图，有

图 14-3　志愿者通过眼动仪
测试体验平面广告

无被人忽视或不留意的部分，如果有，则要进行调整；广告画面中最突出或最吸引人的部分，是否符合设计者的意图，如果不符，应立即予以调整。例如，布雷恩英神经咨询公司采用 Tobii X120 眼动仪为某公司平面广告进行心理效果测量，实验结果显示，两幅设计不同的平面广告中一个微小的变化，完全可以改变整个广告的效用。图 14-4（a）中广告中女模特眼睛为直视，被测消费者的目光大都集中到了广告语及广告模特脸上，品牌商标完全没有被关注；图 14-4（b）对比图（a）有一处微小的改动——模特的眼睛变为侧目注视着广告产品。这个改动使消费者关注到了企业的品牌商标，改变了整个广告的效果。

② 瞬间显露测定——根据瞬间显示器的显示频率和明暗变动来测试受众对广告各要素注目程度的视觉反应。运用速示器这种仪器，可以按操作要求在 1/1000 秒至数秒间，向被测者显示广告海报、实物广告之类文案，让被测者予以辨认，由此判定广告作品的辨识度与记忆度、理解度，鉴定作品传播信息的效力。

③ 双目镜测试——利用双目镜测试广告内容各部分对每只眼睛产生的影响，

(a) 广告中女模特眼睛为直视　　　　　　　(b) 模特的眼睛变为侧目注视着广告产品

图 14-4　模特眼睛直视与侧目对广告效果的影响

以确定广告主题是否突出，要传达的信息能否尽快地被读者抓住。试验时，同时将两个广告置于被测者眼睛的两侧（一只眼看一则广告）。利用双眼竞争来确定哪个广告占主导地位，从而判定他们的相对优劣。被看到次数多的或占据时间长的广告草案，说明其具有吸引力，处于主导地位。

第二，测试消费者心理变化的方法和技术。皮肤电流反应法、瞳孔变化装置测试、唾液测试、声音测试与分析、节目分析器法，都是测试消费者心理变化的常用方法和技术。

① 皮肤电流反应法——通过对人的汗腺活动等本能反应的测定，来确定广告影响的心理变化状况。这个方法是根据人们在感情变化时引起皮肤的汗腺扩张而出汗，造成皮肤电阻减小，电流容易通过这一生理反应来测定的，其原理与测谎器一样。测量时，被测者手指夹上电极，通微量的电流，当他接触广告时感情上发生变化，扩大后在记录纸上记录了皮肤电阻的微小变化。皮肤电流反应法可以单独使用，但在测量时往往同时测出被测者的脉搏和呼吸。根据测试的结果，大体上可以确知最能激起受众情感起伏的地方，以此检查此处"高潮"是否符合广告策划者的意图。

② 瞳孔变化装置测试——利用测定瞳孔变化的状况，来反映广告引起的兴趣大小。当人们注视有趣的东西时，会伴随着瞳孔的扩大反应。这样就可以根据观看广告时瞳孔的扩大或缩小来判定人们对该广告是否感兴趣。瞳孔放大，说明兴趣增强，反之，说明兴趣减弱。这种瞳孔的变化可以借助于视向测检仪加以记录。

③ 唾液测试——主要适用于食品广告。通过测定被测者唾液分泌的多少，来说明广告诱人的程度。

④ 声音测试与分析——人对外界的不同心理感受直接反映在语调和声音上，通过语调和声音的状况可以知道人的心理变化。

⑤ 节目分析器法——也称作节目分析机，是和电子计算机连接在一起使用的测定装置，被用来记录被测者对节目的喜欢与否。被测验的人 20～50 人集合在一个实验室里，给每人 3～5 个按钮的开关，每个按钮代表一种对广告的评价。然后进行广告演示，演示的广告可以是画面、图像或声音。被测者根据各自的感觉按回答装置上的按钮，与回答装置相接的计算机迅速进行汇总分析，并在荧光屏上反映出分析结果。但是，在一般情况下并不仅只用这种装置来测定，而且同时让被测者

回答更详细的提问内容，从而测到兴趣程度大小的材料。

（3）雪林测定法 雪林测定法是由美国雪林调查公司发明的测定电视广告影片心理效果的方法。其具体做法是：邀请有代表性的视听众到剧场，欣赏接受测试的各电视广告影片。在看影片之前，要求入场者选择自己喜爱的商品，并按其所持号码记录，在供选择的这些商品中，既有企业在广告影片中要宣传的品牌，也包括其他有竞争力的同类商品。看完影片之后，请被测者再做一次选择。如果这次对所测验的广告商品偏爱转换度高，那么就归功于广告的心理沟通效果。最后，把各人所选择的商品赠送给被测者。

2. 广告心理效果事中测量的方法和技术

广告心理效果事中测量是在广告作品正式刊播之后直到整个广告活动结束之前的广告心理效果的检测与评估。同广告前测比，广告前测是在人为的情境中、在较小范围内进行的，而广告中测可以直接了解消费者在实际环境中对广告活动的反应，得出的结论将比事前预测更加准确可靠。当然，事中测量很难对广告作品和媒介方案做出重新修改，但是它可以为广告刊播策略进行适当的弥补或调整提供有力支持。

广告心理效果事中测量的方法和技术包括函询法、市场试验法、邮寄调查法和追踪研究法等几种。

（1）函询法 这种方法一般采用调查问卷的形式进行。函询法一般要给回函者一定报酬，以鼓励他们积极回函反馈信息。调查问卷通常以不记名的方式，要求调查者将自己的年龄、职业、文化层次、家庭住址、家庭年人均收入等基本情况填在问卷上。调查表中要尽可能详细地列置调查问题，以便对广告的心理效果进行测试。常见的调查问题如下：

① 您看过或听过有关某品牌产品的广告吗？

② 通过什么媒体您接触到某品牌产品的广告？

③ 该广告的主要内容是什么？

④ 您认为该广告有特色吗？

⑤ 您认为该广告的构图如何？

⑥ 您认为该广告的缺点是什么？

⑦ 您经常购买什么品牌的产品？

……

（2）市场试验法 先选定一两个试验地区刊播已设计好的广告，然后观察试验地区与尚未推出广告的一般地区，根据媒体受众的反映情况，比较试验区与一般地区之间的差异就可以对广告活动的心理效果做出测量。

（3）邮寄调查法 邮寄调查法是以邮寄方式分送问卷取得评估效果的方法。主要有回函测定法和分割刊载法两种。

① 回函测定法。回函测定法是邮寄调查的一种。在广告策划过程中，对广告作品和广告媒介的运用尚未最终确定，处于一种选择阶段。这时，可以投入少量费用，多选择几种媒体加以运用，在不同的媒体上刊登的广告大致相同，其中有一个广告构成要素（如文字、图画、标题、布局、色彩或广告口号等）不同。在每则广

告上都附有一个条件，就是受众接触到广告后，按一定的要求或者将回条（报刊）寄回，或者给有关部门回信、打电话等。在一定的时间内，有关人员可以凭借消费者寄回的回条，来分析哪一个广告作品最有效，哪一种或几种广告媒体也适合本广告，借其传播广告最容易让消费者接触到并引起他们的兴趣。以往这种方法仅仅局限于报刊广告效果的测定，后来扩展到广播广告和电视广告效果的测定，或者广播电视与报刊广告组合使用。其缺点是费用比较大，因为寄回回条的消费者要获得一定的好处，他们才会配合。另外，有时很难判明回函者是否为目标消费者。

② 分割刊载法。在国外，这种方法很常见。它比回函测定法更加复杂和严格，其目的是检测同一媒体上唯有某一因素不同的广告效果。当一则广告文本大体确定下来，而某一要素或某些要素尚未确定下来时，就可以将广告作品分成两种，上面编好号码，例如 A、B。然后由于印刷轮转机的特殊操作，在同一种报纸、同一日期、同一版位、同一面积的 AB 两种广告文案，交互印刷。结果印刷出来的 AB 两种文案各占所有印数的一半。例如，这家报社每日发行 100 万份，那么 AB 两种文案各有 50 万份，然后将两者平均分送给读者，并通过回函统计后就可以测定出哪则广告、哪种标题或哪家媒体效果最好。这种方法的优点是简便易行，可以在各种印刷媒体上同时进行，而且可以用来比较广告任何构成要素的相对功能及效果。但是由于排版问题，能够提供这种服务的媒体非常有限，在我国报纸一般拒绝在同一期上刊登两种版本的广告。并且由于读者对象的成分十分复杂，有时两部分杂志报纸的读者的条件很难对等，甚至可能大相径庭，如一半杂志正好全部发行到了城市，而另一半杂志发行到农村，这就给准确测定广告效果带来很大的难度。

（4）追踪研究法　可选择代表性样本对消费者作一系列随机电话访问，或采用消费者日记法进行研究。

随机电话访问可分作两次不同时期进行，两次询问相同的问题，类似于："您记住某种品牌的产品广告吗？""是从何种媒体上看到或听到的？""广告说了些什么？""有什么画面？""当您看到该广告时，有何心理反应？""您看完该广告后，购买该产品的欲望是提高了还是降低了？""该广告中，什么因素影响您购买该品牌产品的欲望？""您最近购买此种产品的品牌是什么？"等。在样本是可比的情况下，对两次调查结果进行比较或研究，以确定可能发生的任何改变。此外，还可以了解第一次调查所发现的问题，在采取措施改正以后，是否已得到了相应解决。

消费者日记法被广告主用来记录各个活动进行中其目标市场中人们的行为。顾客或潜在顾客可能记入日记的活动有：所买产品的品牌、为不同活动所使用的品牌、品牌转换、媒介使用习惯、对竞争推广的暴露、使用折价券及其他的类似行动。广告主检查这些日记，可以了解广告信息是否被暴露于目标市场，以及这一暴露获得了什么效果，被测者如果接触了广告信息但在态度或行为上没有发生任何改变，即可确定某信息没有产生效果。当然经由消费者日记所能获得的资料信息数量有很明显的局限性，但该方式常能在广告活动中作为早期预警系统找出潜在强点与弱点，从而使计划者在尚不太迟的情况下，调整广告策略，减少不必要的损失。

3. 广告心理效果事后测量的方法和技术

广告心理效果事后测量是在整个广告活动进行之后通过一定的方法和技术来测验广告是否达到目标或者广告播出后取得了什么样的心理反应。它建立在广告心理目标的基础上，是评估和检验广告运动的最终指标。广告后测虽然于此次广告活动不再具有任何补益，但能为广告主开展新一轮的广告活动提供翔实准确的参考资料，广告公司也能从中总结经验教训，提高代理能力和服务质量。广告心理效果事后测量包括回忆测量法、再认测验法、态度测量法、投射法等几种方法和技术。

　　（1）回忆测量法　这种方法主要是用来测量广告的记忆度和理解度。广告推出以后，到消费者购买产品，中间会有一段时间差。为了促成消费者的购买行为，广告必须能给人留下记忆。同时，广告还具有学习的功能，而学习又是与记忆分不开的。因此，尽管还没有人证明这种理论：越容易被记住的广告，对促销的效果就越好，但长期以来，广告的可记忆性一直被作为评价广告的重要指标。这种方法不仅仅要了解消费者能回忆起多少广告信息，更主要的是能查明消费者对商品、品牌名称、创意等内容的理解与联想能力，甚至他们相信广告的程度。

　　对广告回忆的方法，主要有无辅助回忆和辅助回忆两种。无辅助回忆（又称纯粹回忆）是指让媒体受众独立地对某些广告进行回忆，调查人员只如实记录回忆情况，不作任何提示。如问："请您想想在过去几周中看过哪些房地产的电视广告？""请您说出几种在电视广告上出现过的汽车品牌。"辅助回忆这种方法是调查人员在调查时，适当地给被调查者某种提示。例如，提示广告的商标、品牌或色彩、标题，广告语或插图等。如问："您记得最近看过或听过 POLO 汽车的任何广告吗？"辅助回忆法询问的项目或内容越具体，获得的信息就越能鉴定媒体受众对广告了解程度的高低。

　　一般来说，采用回忆测量法时，只要被测者记得广告活动的信息，或者记得某些部分，就可以认定消费者对产品的理解度与广告活动有关联。当然，这种方法也有局限，主要在于回忆与购买行为可能不直接在一起。也就是说，消费者可能会回忆出一些信息，但其在做购买决策时，这些信息可能不发生影响。

　　（2）再认测验法　再认测验法是将待评价的广告先呈现给被测者，过一段时间后，再向被测者呈现一些包括先前广告在内的若干广告，让其判断哪个是先前呈现过的广告。例如，如果想测量某食品广告的效果，就可以将"不加防腐剂"、"低脂肪"、"低胆固醇"、"低热量"等候选项目一起呈现给被测者，要求被测者从中选择出正确的目标特征。被测者在回答时必须将呈现的目标刺激与观看时对广告形成的记忆痕迹相匹配才能识别。研究者将目标广告的正确击中（识别）率作为广告再认效果的指标。

　　（3）态度测量法　所谓态度测量法，就是通过测量广告对消费者的态度改变、购买意向的影响，来评价广告的一种方法。这种方法能够提供一些具体信息，同回忆或再认分数相比，态度改变是未来购买行为的更好预测指标，有助于决策者做出决策，因此，至今仍广泛应用。主要由广告态度总加量表、语义差异量表等测量工具辅助完成。

　　总加量表类似一个综合指标，由一组陈述组成，每一陈述有"非常同意"、"同意"、"不一定"、"不同意"、"非常不同意"五种回答，分别记为 1，2，3，4，5

（也可分为三级、五级或七级及以上回答），每个被测者的广告态度总分就是他对各道题的回答所得分数的加总，这一总分可说明他的态度强弱或他在这一量表上的不同状态（见表14-2）。

表 14-2　总加量表示例

评价元素	1 非常反对	2 反对	3 无所谓	4 赞成	5 非常赞成
很美的广告	√				
产品优良的广告		√			
有趣的广告				√	
……			√		

语义差异量表是设计一系列形容词和它们的反义词，作为极端对立的两端，在每一对形容词和反义词之间又设计若干等级（一般7～11个），每一等级的分数从左至右分别为7，6，5，4，3，2，1，或+3，+2，+1，0，−1，−2，−3。最后，由被测者按照自己的感觉在每一量表的适当位置画上记号。广告测量者可透过记号所代表的分数进行统计，了解人们对广告的态度和看法。比如：

请您按××品牌给您的印象，在下列最能反映您看法的数字上画个圈：

暗淡的　1　2　3　4　5　6　7　明朗的

现实的　1　2　3　4　5　6　7　幻想的

刚毅的　1　2　3　4　5　6　7　柔和的

正经的　1　2　3　4　5　6　7　幽默的

通过对测量的结果进行统计分析，就可以得知该品牌在消费者心目中的形象。

（4）投射法　为了获知人们对于广告真实的情感、意图和动机的调查，探究隐藏在表面反映下的真实心理，我们可以采用投射法。在投射法中，并不要求被测者描述自己的行为和心理，而是要他们解释其他人的行为和心理。在解释他人的行为和心理时，被测者就间接地将他们自己的动机、态度或感情投影到了有关的情景之中。因此，通过分析被测者对那些没有结构的、不明确而且模棱两可的"剧本"的反应，他们的态度也就被揭示出来了。投射法包括文字联想法、文句完成法、漫画测验法、主题统觉测验等方法和技术。

① 文字联想法。提出几个词语，请消费者按顺序回答他们所能联想到的情形，多用于商品、企业名称、广告语等的态度调查。例如，"当你听到小轿车这个词时，你首先想到的品牌是什么？"被测者只要说出他们心目中的第一联想到的小轿车品牌，配合后续提问，便可以得知他们第一联想到这一品牌的原因。

② 文句完成法。请消费者将不完整的句子填充好。与词语联想法类似，给被测者提出一些不完整的句子，要求他们完成。例如，"我认为可口可乐_____"；"_____时，药是必需的"；"一个家庭必需拥有的交通工具是_____"。

③ 绘画联想法。预先画好人物，将其中一个人的讲话空出来，使被测者填充空白部分。这一方法可以测量出难以表达的感受。例如，图14-5中，只将女士的讲话标识出来，男士的回答和反应则由被测者来回答完成。

④ 主题统觉测验。画一幅有购买或使用情况的图片，请被测者将画中购买人的想法说出来，画面上没有任何提示信息，因此，被测者说出的情形就是自己本人的想法。日本舆论科学协会曾用这个方法做过钢笔、钟表、照相机等购买动机的调查，收到很好的效果。例如（见图 14-6），你认为哪一个孩子所饮的牛奶较多？为什么？通过被测者对图画的解释，可以反映出牛奶在他们心目中的特性或他们对于牛奶的认知、情感与态度。

图 14-5　绘画联想法

图 14-6　主题统觉测验材料

以上是现实中一些主要的广告心理效果测量方法和技术，并非一应俱全，而且事前、事中和事后心理效果测量的各个阶段所采用的具体方法和技术也并非是一成不变和孤立而为的，"测量有法，但无定法"，广告测量人员应该根据广告测量活动的目标和内容，遵循有效测量的原则，灵活采取一种或多种合适有效的方法与技术，对广告心理效果做出科学的评估与检验。

思考题

（1）广告效果的特性对广告心理效果测量有什么影响？

（2）广告心理效果测量的内容有哪些？广告心理效果测量要遵循什么原则？

（3）广告作品本身测量、广告媒体组合测量与广告活动效果测量之间有什么联系和区别？广告心理效果与它们又是什么关系？

（4）在选择广告心理效果测量方法和技术时，应该考虑哪些因素？

实战模拟练习

（1）阅读下列材料，你认为在云南盘龙云海推出的新产品"灵丹草"的这场广告大败局中，主要问题出现在哪些方面？为了避免出现这些问题，又该如何做有效的事前防范措施？可以运用哪些广告心理效果测量的方法与技术进行具体的效果测量，来为即将采取的广告调整措施提供参考依据？

盘龙云海灵丹草电视广告《山歌篇》

2000年云南盘龙云海生产了一种"灵丹草"的清咽利喉的新药。前期自己做广告在各地推广得还不错，后来由奥美代理制作广告《山歌篇》及相关报纸平面广告。这一系列的广告以"清热解毒灵丹草，去痰利咽快又好"为中心句，广告创意是用云南少数民族对山歌的方式，来诉求灵丹草可以去痰利咽。

电视广告情节大意是：在青山绿水间，一个少数民族小伙子对着一间木屋唱情歌，唱了半天里面却没有应答，反而传来阵阵咳嗽的声音；小伙子明白了是怎么回事，马上张弓搭箭把一盒灵丹草射进屋内，一会儿屋门打开，阿妹用清亮的嗓音唱起了山歌，阿哥脸上露出了笑容。

《山歌篇》广告在电视和报纸上投放之后，灵丹草的品牌知名度和认知度并没有在短时间内得到明显提升。在终端药店，尽管店员对灵丹草的推荐率居高不下，但大多数消费者都以坚决的态度予以回绝，因此灵丹草的实际购买率并不高。对于为何拒绝购买，绝大部分消费者的回答是"好像没有什么特别的功效，价格又特贵"。

显然《山歌篇》广告是彻底失败的，不但没有将灵丹草的功效说清楚，而且没有在广告中留下一个记忆点，让消费者记住灵丹草这个品牌。

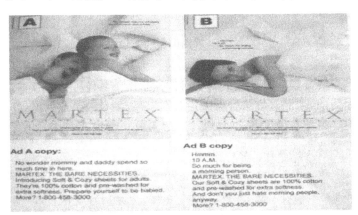

图 14-7　某广告公司创意设计人员
给 MARTEX 品牌床上用品完成的 A、B 两则广告作品

（2）某广告公司创意设计人员给 MARTEX 品牌床上用品完成了 A、B 两则广告作品（见图14-7）。但暂时还无法确定哪则广告更适合目标消费者。请你根据广告心理效果测量的程序，并遵循测量原则，为他制定一套比较 A、B 两则广告心理效果的可实施方案。

A 广告语：难怪爸爸妈妈在这待这么久。MARTEX，你不可缺少的床上用品。请享用柔软而舒适的成人床上用品。100%纯棉，事先经过洗涤面料更加柔软，让您能得到婴儿般的享受。

B 广告语：嘿！10 点了，没想到晚一会起床能得到这么多的享受。MARTEX，你不可缺少的床上用品。这是 100%纯棉面料，经过事先洗涤做成的床上用品，更加柔软舒适。"看来，你不能只怪人们起床晚。"

参 考 文 献

[1] 黄合水. 广告心理学. 北京：高等教育出版社，2005.

[2] 王怀明，王詠. 广告心理学：广告活动中心理奥秘的透视. 长沙：中南大学出版社，2010.

[3] 舒咏平. 广告心理学教程. 北京：北京大学出版社，2010.

[4] 江波. 广告心理新论. 广州：暨南大学出版社，2002.

[5] 马谋超. 广告心理. 北京：中国市场出版社，2002.

[6] 马谋超等. 广告与消费心理学. 北京：人民教育出版社，2001.

[7] 冯江平. 广告心理学. 上海：华东师范大学出版社，2003.

[8] 许春珍. 广告心理学. 合肥：合肥工业大学出版社，2005.

[9] 余小梅. 广告心理学. 北京：中国传媒大学出版社，2003.

[10] 黄合水. 广告心理学. 厦门：厦门大学出版社，2010.

[11] 王怀明. 广告心理. 济南：山东大学出版社，2004.

[12] 王詠，管益杰. 现代广告心理学. 北京：首都经济贸易大学出版社，2005.

[13] 柯洪霞，张婷婷. 消费心理学. 北京：对外经贸大学出版社，2009.

[14] 彭聃龄. 普通心理学. 北京：北京师范大学出版社，1988.

[15] 沙莲香. 社会心理学. 北京：中国人民大学出版社，2003.

[16] 薛振田. 管理心理学原理与应用. 青岛：中国海洋大学出版社，2005.

[17] 孙时进. 社会心理学. 上海：复旦大学出版社，2004.

[18] 刘金铭，薛振田等. 心理学. 北京：中国三峡出版社，1999.

[19] 陈培爱. 广告学概论. 北京：高等教育出版社，2004.

[20] 胡川妮. 广告设计. 北京：高等教育出版社，2009.

[21] 倪宁. 广告学教程. 北京：中国人民大学出版社，2009.

[22] 何佳讯. 广告案例教程. 上海：复旦大学出版社，2002.

[23] 邵培仁. 传播学导论. 杭州：浙江大学出版社，1997.

[24] 吴文虎. 传播学概论. 武汉：武汉大学出版社，2000.

[25] 金定海，郑欢. 广告创意学. 北京：高等教育出版社，2008.

[26] 胡晓云. 世界广告经典案例——经典广告作品评析. 北京：高等教育出版社，2004.

[27] 黎青，孙丰国. 广告策划与创意. 长沙：湖南大学出版社，2006.

[28] 舒咏平. 广告创意思维教程. 上海：复旦大学出版社，2009.

[29] 余明阳，陈先红. 广告策划创意学. 上海：复旦大学出版社，2007.

[30] 方茜. 广告创意. 上海：上海交通大学出版社，2008.

[31] 蒋旭峰，杜骏飞. 广告策划与创意. 北京：中国人民大学出版社，2006.

[32] 黎青，孙丰国. 广告策划与创意. 长沙：湖南大学出版社，2006.

[33] 黄合水. 品牌学概论. 北京：高等教育出版社，2009.

[34] 舒咏平，郑伶俐. 品牌传播与管理. 北京：首都经济贸易大学出版社，2008.

[35] 余明阳，朱纪达，肖俊崧. 品牌传播学. 上海：上海交通大学出版社，2005.

[36] 王军元，钟旭东，许俊义. 广告通论. 上海：上海三联书店，2006.

[37] 夏洪波，洪艳. 电视媒体广告经营. 北京：北京大学出版社，2003.

[38] 赵劲松. 广告媒介实务. 北京：世界知识出版社，2001.

[39] 高萍. 广告媒介. 长沙：中南大学出版社，2005.

[40] 王沛. 广告心理效果与评价. 北京：科学出版社，2008.

[41] 宋若涛. 广告效果分析. 郑州：郑州大学出版社，2008.

[42] 王晓华. 广告效果测定——效果评估理论与运用. 长沙：中南大学出版社，2004.

[43] [美] 沃纳·赛佛林，小詹姆斯. 坦卡德. 传播理论起源、方法与应用. 北京：华夏出版社，2002.

[44] 王怀明，马谋超. 名人与产品一致性对名人广告效果影响的实验研究. 心理科学，2004，1.

[45] 陈宁. 不同年龄广告名人效应的心理加工机制研究. 心理科学，2003，(1).

[46] 王怀明. 理性广告和情感广告对消费者品牌态度的影响. 心理学动态，1999，(7).

[47] 程宇宁. 广告创意的价值转换与体现——广告行业在创意产业发展背景下的反思. 中国广告，2008，(2).

[48] 罗慧. 挪用与再造——论现代广告创意中的"旧元素新组合". 艺术. 生活，2009，(3).

[49] 张莉. 优秀广告创意的三大原则. 青年记者，2010，(12).

[50] 朱晶. 论电视广告中的人文关怀. 新闻爱好者，2008，(3).

[51] 于向东. 浅析广告媒体的心理特性. 哈尔滨学院学报，2001，22 (5).

[52] 胡建. 浅谈网络广告媒体策略. 中国商人，2005，(1).

[53] 周象贤，孙鹏志. 网络广告的心理传播效果及其理论探讨. 心理科学进展，2010，(5).

[54] 钟灵毓. 媒体整合营销传播模式探究. 中国广播，2004，(10).

[55] 刘学平. 提高品牌忠诚度的策略. 商场现代化，2006，(12).

[56] 于洪彦. 品牌忠诚度的构成及其测量. 吉林大学社会科学学报，2003，(9).

[57] 陈经超，李雨芩，杨帆. 电子杂志广告效果探析——基于消费者的广告效果实验比较分析. 广告大观理论版，2008，1.

[58] 江波. 网络广告心理效果模式初探. 心理学动态. 2001，3.

[59] 史晓华. 广告效果的测定. 中外管理导报，2002，2.

[60] Resnik, A. & Stern, B. L：An Analysis of Information Content in Television in Television Advertising. Joural of Marketing，1977，41 (1)，50~53.

[61] P. De Pelsmakcr and M. Geucns：Emotional appeals and information cues in Belgian magazine Advertisements. International Journal of Advertising，1997，16 (2)，123~147.

[62] J. S. Johar and M. Joseph Sirgy Self Expressive Versus Utilitarian Advertising Appeals：When and Why to Use Which Appeal. ，Journal of Advertising，1991，No. 3，23~33.

[63] Burnett J J，Examining the media habits of the affluent elderly，Journal of Advertising Research，1991，31 (5)：33~41.

[64] Z Baldinger A L & Rubinson J，Brand loyalty：The link between attitude and behavior. Journal of Advertising Research，1996，36.

[65] Gibson L D，What can one TV exposure do Journal of Advertising Research，1996，36 (2).